2009年度国家哲学社会科学基金重大招标项目"中国特色社会主义司法制度研究"（项目批准号：09&ZD062）最终成果
国家"2011 计划"司法文明协同创新中心标志性成果

中国特色社会主义司法制度研究
对策篇

江国华／著

科学出版社
北京

内 容 简 介

本书以完善中国特色社会主义司法制度的对策为主题，分别提出了完善司法法体系之对策和完善司法运行机制之对策。在完善司法法体系方面，具体提出了为司法正本、为司法定位、为改革立据、改旧法促改革、立新法促改革等改革建议。在完善司法运行机制方面，提出了以完善法官员额制度和经费保障体制等为代表的完善建议。

本书内容对从事司法理论研究与司法实务工作的法律工作者具有较高的参考价值。

图书在版编目（CIP）数据

中国特色社会主义司法制度研究. 对策篇 / 江国华著. —北京：科学出版社，2019.11
ISBN 978-7-03-062947-0

Ⅰ. ①中… Ⅱ. ①江… Ⅲ. ①司法制度–研究–中国 Ⅳ. ①D926

中国版本图书馆 CIP 数据核字（2019）第 241007 号

责任编辑：杭 玫／责任校对：王丹妮
责任印制：张 伟／封面设计：黄华斌

科 学 出 版 社 出版
北京东黄城根北街 16 号
邮政编码：100717
http://www.sciencep.com

北京虎彩文化传播有限公司 印刷
科学出版社发行 各地新华书店经销

*

2019 年 11 月第 一 版 开本：720×1000 B5
2020 年 1 月第二次印刷 印张：21 3/4
字数：390 000

定价：168.00 元
（如有印装质量问题，我社负责调换）

走向实践主义的中国司法

从清末修律引入西方司法制度至今，中国司法已经走过了百年。对于建设什么样的司法制度、怎样建设与发展中国的司法制度等问题，不同的时代给出了不同的答案。在中国特色社会主义发展的新时代，为了解决人民日益增长的美好生活需要和不平衡不充分的发展之间的矛盾，司法制度的发展也应作出相应调整，而立足当下、着眼实效的实践主义应当成为未来中国司法发展的方向。

一、原则与方法：司法实践主义的基本定位

实践主义的司法，或言"司法实践主义"，它是一种"正在行动中"的司法哲学，也是以"实践"为全部基础的司法哲学，它既是一种原则，也是一种方法。①

其一，作为原则的实践主义，以唯物实践主义为理论指导，要求充分重视司法实践在所有司法活动中的中心地位。社会生活在本质上是实践的，实践是观察、思索一切自然现象、社会现象和思维现象的基础和出发点。②①一切从实践出发。反对从纯粹的理论出发，透过西方理论的针孔来观察中国的实际问题。正如习近平同志所指出的："不能把西方的理论、观点生搬硬套在自己身上。要从我国国情出发、从经济社会发展实际

---

① 江国华：《常识与理性：走向实践主义的司法哲学》，生活·读书·新知三联书店2017年版，第1页。

② 俞吾金：《论实践维度的优先性——马克思实践哲学新探》，《现代哲学》2011年第6期，第3页。

出发，有领导有步骤推进改革，不求轰动效应，不做表面文章，始终坚持改革开放正确方向。"①②实践是检验真理的唯一标准。实践作为检验真理的标准，本质上并不是一个认识论命题，而是存在论命题，其意义在于打破教条主义的思维方式，使理论研究回归常识与理性、回归事实与现实。具体而言，实践的需要决定了理论研究需要的产生和方向，实践的现状划定了理论研究的基本范围，实践的发展为理论研究的深入提供了条件，最终，理论研究的成果要在实践中接受检验，其合理性要靠实践中的实效来验证。

其二，作为方法的实践主义，在贯彻实践主义哲学的基础上，要求司法权力的配置和制度设计能够切实提高司法实效②，其核心要义如下。①司法必须讲求效率：在司法审判工作中——法官必须在有限的时间内解决问题，"正义的第二种意义，简单地说来，就是效益"③，时间也是正义的一部分，延迟诉讼与积案实际上等于拒绝审判④；在司法管理工作中——司法管理活动作为司法活动的辅助，必须以最便捷的方式、最大限度地保障司法审判的进行，减少一线办案人员的工作负担和管理压力。②司法必须讲求效果：但法律源于社会，一切形式的法律效果都是以社会为其基本场域的，社会对审判结果的认同程度，在相当程度上决定了审判结果与法律所预设的目标之间的缝隙宽度。因此，审判者在作出任何判决或者裁决之前，亦当理性面对其结果所可能产生的社会效应，并在法律框架内力求达成最优社会效果。⑤简而言之，法官必须要充分考虑其判决所可能带来的系统性后果，必须有效杜绝对法律的机械适用，司法的使命不在于"走程序"，而在于以最优方式追求"实质正义"。

二、国情与民意：司法实践主义的逻辑元点

法律是对社会现实的一种回应，是社会既定规则的总结和提炼，其

---

① 习近平：《习近平关于全面深化改革论述摘编》，中央文献出版社 2014 年版，第 20 页。

② 江国华：《常识与理性：走向实践主义的司法哲学》，生活·读书·新知三联书店 2017 年版，第 1 页。

③ 〔美〕理查德·A. 波斯纳：《法律的经济分析》，蒋兆康译，中国大百科全书出版社 1997 年版，第 16 页。

④ 〔日〕谷口安平：《程序的正义与诉讼》，王亚新、刘荣军译，中国政法大学出版社 2002 年版，第 52 页。

⑤ 江国华：《审判的社会效果寓于其法律效果之中》，《湖南社会科学》2011 年第 4 期，第 56 页。

"以整个社会的福利为其真正的目标"①。作为法律实施的重要手段，司法工作也不能脱离社会之需求，必须从实际出发，综合考虑国情、社情与民意，此即为司法实践主义的逻辑起点。

其一，正确认识当前的司法国情。对于我国的现实国情，习近平同志在中共中央政治局第二十次集体学习时就指出，"当代中国最大的客观实际，就是我国仍处于并将长期处于社会主义初级阶段，这是我们认识当下、规划未来、制定政策、推进事业的客观基点，不能脱离这个基点"②。法治建设和法治发展也必须从我国仍处于并将长期处于社会主义初级阶段的基本国情出发。在此前提之下，习近平同志进一步指出，我们应当以发展的眼光去认识当前的中国法治建设实际，虽然社会主义初级阶段基本国情没有变，但新时代社会的主要矛盾已经发生变化，针对"人民日益增长的美好生活需要和不平衡不充分的发展之间的矛盾"③，司法机关也要重新认识并审视我国司法国情的基本面貌和基本矛盾，各级司法机关就应当以满足群众的司法需求为根本出发点，解决人民日益增长的多元司法需求与司法能力不足的矛盾，努力破解当前司法体制中存在制约司法能力和影响司法权威的重大问题。④

其二，积极回应人民群众对司法工作的需要。公平正义是司法工作永恒的追求，只有"让人民群众在每一个司法案件中都能感受到公平正义"⑤，人民的权利诉求和对司法工作的要求才能实现。个案正义的承诺，既是新时代司法工作的鲜明特征和具体目标，也是人民群众评价司法效能、司法改革成效的重要尺度。事实上，只有在每一个案件都能够实现公平正义，司法实践的整体公正和司法机关的公信力才能得以实现。正如习近平同志指出的，"要懂得'100-1=0'的道理。一个错案的负面影响足以摧毁九十九个公平裁判积累起来的良好形象。执法司法中万分之一的失误，对当事人就是百分之百的伤害"⑥。正是有了这样的改革勇气和决

---

① 〔意〕阿奎那：《阿奎那政治著作选》，马清槐译，商务印书馆 1997 年版，第 161 页。

② 习近平：《坚持运用辩证唯物主义世界观方法论　提高解决我国改革发展基本问题本领》，《人民日报》2015 年 1 月 25 日，第 1 版。

③ 习近平：《决胜全面建成小康社会 夺取新时代中国特色社会主义伟大胜利》，2017 年 11 月 3 日，http://news.xinhuanet.com/politics/19cpcnc/2017-10/18/c_1121822489.htm。

④ 佚名：《以习近平总书记系列重要讲话指导司法改革司法实践》，《法制日报》2015 年 7 月 3 日，第 1 版。

⑤ 习近平：《〈关于中共中央关于全面推进依法治国若干重大问题的决定〉的说明》，《〈中共中央关于全面深化改革若干重大问题的决定〉辅导读本》，人民出版社 2013 年版，第 57 页。

⑥ 习近平：《习近平关于全面依法治国论述摘编》，中央文献出版社 2015 年版，第 96 页。

心，党的十八大以来，包括张氏叔侄案、呼格吉勒图案、聂树斌案等在内的一系列具有重大社会影响的错案最终得以昭雪。从实效上来看，司法改革之后我国各级法院的服判息诉率逐年提高，2016 年全国法院服判息诉率更是创纪录地达到了 89.2%，在绝大多数案件能够"案结事了"的背后，正是个案正义理念的落实和彰显，通过对个案的公正裁判，整个社会的公平正义才能得以实现。

其三，解决影响司法公正和制约司法能力的深层次问题。全面梳理、准确分析和客观评价司法领域中存在的客观问题，是司法制度发展与完善的必要前提。[①]当前司法运行过程中所遇到的问题纷繁复杂，有的是机制问题，有的是体制问题，还有的是社会问题在司法场域中的投射。所以，我们必须"紧紧抓住影响司法公正、制约司法能力的重大问题和关键问题"[②]，才能避免改革的盲目性。具体而言，这些问题包括以下几个方面。①司法不公的问题。作为社会公平正义的最后一道防线，司法公正是司法工作的基本价值追求。近年来，群众对司法不公的意见比较集中[③]，权利保障不足、裁判标准不统一及频发的冤假错案等问题都成为影响司法权威和司法公信力的核心问题。②司法权的独立行使问题。在我国当前司法实践中，司法机关在办案过程中还无法实现完全的独立，"以言代法""以权压法"的现象时有发生，地方政府和党委及司法机关内部的干涉与制约，既破坏了司法机关独立性，也是对司法公正的极大损害。③司法腐败的问题。针对"人情案、金钱案、关系案"等司法机关内部的顽疾，习近平同志明确指出，"对司法腐败要零容忍，坚决清除害群之马"[④]，解决司法队伍中存在的作风不正、职业道德水平低下的问题，保证在任的法官和检察官符合"政治过硬、业务过硬、责任过硬、纪律过硬、作风过硬"的基本素质。[⑤]④司法公信力不足的问题。近年来，受"执行难"和"涉诉信访"等问题的影响，司法裁判的权威性和终局性在社会中始终得不到充分承认，严重影响了司法机关职能的有效发挥。针对以上问题，中央在十八大以来分别提出了 200 多项司法改革举措，这些措施直击当前司

---

① 江国华：《司法立宪主义与中国司法改革》，《法制与社会发展》2016 年第 1 期，第 58 页。

② 习近平：《以提高司法公信力为根本尺度 坚定不移深化司法体制改革》，《人民日报》2015 年 3 月 26 日，第 1 版。

③ 习近平：《〈中共中央关于全面深化改革若干重大问题的决定〉辅导读本》，人民出版社 2013 年版，第 79 页。

④ 本书编写组：《将改革进行到底》，人民出版社 2017 年版，第 85 页。

⑤ 习近平：《习近平关于全面依法治国论述摘编》，中央文献出版社 2015 年版，第 78 页。

法体制中存在的重大体制问题，在中央的改革决心之下，各级司法机关在司法改革敢于"啃硬骨头""涉险滩"，这些都推动了司法改革取得实质性突破。①

三、民本与民心：司法实践主义的价值取向

实践主义和人民主体是一个问题的两个方面，司法为民已经成为中国现代司法理念的重要内容，其要求始终把保障人民群众的根本利益作为司法工作的出发点和落脚点，将解决好人民群众最关心、最直接、最现实的诉讼利益和权益保障问题作为司法工作的宗旨与根本任务，做到司法工作"为了人民、依靠人民、造福人民"②。

其一，司法要为人民服务。司法机关的根本任务就是解决群众的司法需求，所以各项司法活动的开展都必须以便利群众进行诉讼为中心，简单而言，人民群众的司法需求发展到哪里，司法机关的司法服务就要跟进到哪里。③长期以来，我国司法实践中出现了不少"有案难立"、"有诉难理"、诉讼拖延、司法裁决执行难等现实问题，司法活动中各项程序的设置充分考虑其所可能带来的系统性后果，司法程序的设置是为了方便群众而不是难为群众的，正义的第二种意义是效益④，让群众"等到黄花菜都凉了"的司法绝对不是良好的司法。所以，在本轮司法改革中，司法机关对于这些群众反映强烈的问题，下了大功夫进行解决，如针对"立案难"的问题，大力推动了立案登记制改革、异地立案、网上立案等立案服务。针对"执行难"的问题，通过建立执行查控机制和信用惩戒机制，承诺在"用两到三年时间基本解决执行难"的问题。此外，各级司法机关还充分利用现代信息技术对传统的诉讼服务进行了优化升级，努力为人民群众提供更多优质的司法服务。

其二，司法要有人民的参与。司法工作要坚持"从群众中来到群众中去"的群众路线，积极发挥人民群众的独特作用，尊重人民群众的首创精

---

① 习近平：《敢于啃硬骨头、涉险滩、闯难关——学习贯彻习近平总书记重要指示精神坚定不移推进司法体制改革系列评论之一》，《人民法院报》2017 年 7 月 12 日，第 1 版。

② 习近平：《以提高司法公信力为根本尺度 坚定不移深化司法体制改革》，《人民日报》2015 年 3 月 26 日，第 1 版。

③ 佚名：《司法便民：人民需求到哪里 法院服务就到哪里》，2017 年 7 月 30 日，http://www.chinacourt.org/article/detail/2016/03/id/1820559.shtml。

④〔美〕理查德·A. 波斯纳：《法律的经济分析》，蒋兆康译，中国大百科全书出版社 1997 年版，第 16 页。

神，充分保障人民群众对司法工作的知情权、参与权、表达权和监督权。在当前司法实践中，为了让更多群众参与到司法工作中来，本轮司法改革对人民陪审员制度和人民监督员制度等司法民主的重要形式予以了全面的更新和优化。2015 年 4 月 1 日，中共中央全面深化改革领导小组第十一次会议审议通过了专门的《人民陪审员制度改革试点方案》，对提升人民陪审员代表性、扩大陪审案件范围，明确人民陪审员职能等方面做了重要改进。截止到 2016 年底，全国 22 万名人民陪审员共参审案件 306.3 万件，占一审普通程序案件的 77.2%。[①]通过人民陪审员的助力和监督，我国司法审判的公信力有望得到提升。另外，从人民监督员制度来看，2015 年 2 月 27 日召开的中共中央全面深化改革领导小组第十次会议审议通过了专门的《深化人民监督员制度改革方案》，在人民监督员的选任管理、监督范围、监督程序等方面进行了完善，从制度上解决了"检察机关自己选人监督自己"的问题，提高了人民监督员的代表性和权威性，加强了人民群众对司法工作的监督。

其三，司法公信要由人民来评判。我国的司法制度从建立之始就把满足人民群众司法的需求放在了中心位置[②]，以人民是否满意作为审判、检察工作的出发点和落脚点，每年全国人民代表大会对法院、检察院工作报告的审查和表决被视为人民满意度的年度检验标准之一。在司法改革之中，人民是否满意也同样是检验司法改革成效如何的核心尺度，正如习近平同志所提出的，"司法体制改革成效如何，说一千道一万，要由人民来评判，归根到底要看司法公信力是否提高了"[③]。而司法改革三年以来，最高人民法院和最高人民检察院（简称"两高"）的工作报告在人大会议上的赞成率不断攀升，2017 年"两高"的工作报告更是同时达到了 91.83%的赞成率，双双创下了历史新高，而这一成绩反映的正是人民对司法改革的满意程度。

四、规范与规律：司法实践主义的内在要求

规律就是事物本身所固有的本质的、必然的、稳定的联系，是"事物

---

① 周强：《最高人民法院工作报告（摘要）》，《人民日报》2017 年 3 月 13 日，第 1 版。
② 参见公丕祥：《董必武司法思想述要》，《法制与社会发展》2006 年第 1 期，第 12 页。
③ 习近平：《以提高司法公信力为根本尺度 坚定不移深化司法体制改革》，《人民日报》2015 年 3 月 26 日，第 1 版。

运动变化发展中确定不移的秩序"①。司法规律生成并作用于司法实践之中，只有在司法实践的目标指引下，司法规律才能发挥出积极的正面效用，而宪法和法律规范则构成了司法实践必须要遵循的基本依据，因此司法实践主义既要求司法应当回缚于宪法和法律规范，又要求司法应当遵循司法规律。

其一，遵守宪法和法律规范。从规范意义上而言，司法之本源在于宪法。在我国宪法不仅规定了司法权与司法机关之性质和地位，而且规定了司法权独立行使之原则、司法机关与人民代表大会之间、公检监法诸机关之间的关系。故而，司法权的运行在遵循自身规律之外，还须恪守宪法之规定，符合宪法对人民法院和人民检察院之角色定位，履行好审判职责和法律监督职责，维护好人民法院、人民检察院与公安机关、监察机关和人民代表大会之间的关系。同时，作为"法"表现于外的一种方式，司法是正义的守护者和提供者，司法机关应当充当守法的模范和表率。因此，司法权的任何作用方式都应当严格依法进行，司法制度的运行、发展与变革均须于法有据，涉及司法组织、司法程序及司法人员管理等方面的事项和改革，应当全部、全面、全程纳入宪法和法律之轨道②，接受宪法和法律的拘束。如若不然，即对宪法和法治精神之悖反，是对业已形成的司法制度和司法实践模式之违背，长此以往，将会带来司法权威不彰、公信不存的严重问题。

其二，坚持庭审的中心地位。庭审程序是整个诉讼制度的中心，庭审中心主义要求诉讼证据质证在法庭、案件事实查明在法庭、诉辩意见发表在法庭、裁判理由形成在法庭③，以避免和防止司法机关在庭前的"暗箱操作"，造成庭审活动的虚置。循此逻辑，本轮司法改革通过以审判为中心的诉讼制度改革，积极推进庭审实质化。各级法院完善侦查人员、鉴定人、证人出庭作证机制，强化控辩平等对抗，保障被告人和律师诉讼权利，发挥庭审在查明事实、认定证据、保护诉权、公正裁判中的决定性作用。以借此来扭转在刑事司法活动中司法权力的逆向运转，改变当前以侦查为中心的权力配置的错乱，以及在公检法三机关中形成的"流水作业式"的权力运行模式。其通过调转诉讼制度的实际重心的方式，健全了司法权力分工负责互相配合、互相制约的制度安排，也由此彻底改变了坊间

① 杨俊一：《马克思主义哲学原理》，上海大学出版社 2003 年版，第 73 页。
② 江国华：《司法立宪主义与中国司法改革》，《法制与社会发展》2016 年第 1 期，第 62 页。
③ 《最高人民法院关于全面深化人民法院改革的意见》，法发〔2015〕3 号。

对刑事司法活动中所"公安做饭、检察院端饭、法院吃饭"的诟病。

其三，坚持法官的主体地位。司法改革的核心问题仍然是"人"的问题，司法权的本质是判断权，法官作为审判活动的主体，只有通过法官的意识结构和认识活动，才能实现对案件事实"有与无"和法律适用"应与不应"的判断，审判程序和整个司法程序都只有在法官成为主体的前提下才能发挥作用。①在此逻辑之下，本轮司法改革以司法责任制为重点，通过以下改革措施，着力凸显法官的主体地位：①推行司法人员分类管理改革，以员额制改革为中心，将当前混同管理的司法人员分为了法官和检察官、司法辅助人员、司法行政人员三类，通过赋予法官、检察官的专门的职业身份，实现了对法官和检察官的单独管理，进一步划清了法官范围，明确了法官的主体地位；②推行主审法官、合议庭办案责任制，遵循司法的亲历性原则，解决了司法实践中出现的"审者不判、判者不审"的实际问题，实现了"让审理者裁判、由裁判者负责"这一司法权运行的基本要求；③以办案质量终身负责制为中心，建立起了新的法官、检察官惩戒和职业保障制度，并推行了新的绩效考核方式，作为司法改革的配套措施，2015 年中央政法委正式取消批捕率、起诉率、有罪判决率、结案率等不合理的考核项目，进一步排除了干扰司法活动的非理性因素；④对饱受社会诟病的审判委员会制度进行了大刀阔斧的改革，并推动了司法机关内设机构的改革，以进一步实现司法机关管理体制的优化。通过以上改革措施，基本上形成了以司法责任制为中心，司法人员分类管理制度、司法人员职业保障、省以下地方法院检察院人财物统一管理等为内容的，保障司法权独立公正行使，防止违法干预司法活动的体制和机制。

五、本书的体例与说明

党的十八大以来，中国司法体制的改革进入了全面改革的时期，在变革的时代，司法制度的研究再难固守以往的理论，而必须着眼实践，不断地吸收改革之后的新经验与新理念。依托笔者承担的 2009 年度国家哲学社会科学基金重大招标项目"中国特色社会主义司法制度研究"的相关成果，本书以"中国特色社会主义司法制度研究"为题，以司法实践主义为原则和方法，分别对中国司法制度的理论内核、现实图景及未来的改革方向等内容进行了深入的研究。

---

① 孙万胜：《司法权的法理之维》，法律出版社 2002 年版，第 48—49 页。

　　本丛书由理论篇、规范篇、实证篇和对策篇等四部分组成。其中,理论篇重点阐述了司法制度何以产生、何以必然,中国特色体现在何处等重大理论问题;规范篇对司法组织、司法官、司法程序、司法解释、司法伦理、司法责任等重要的司法制度和司法规范问题进行了研究;实证篇以实证调研的方式对当前司法制度之运行状况进行了观察研究;最后,对策篇系统地提出了为司法正本、为司法定位、为司法立据、改旧法促改革、立新法促改革等囊括了宪法、基本法、部门法和具体机制层面的改革建议。

　　需要说明的是,由于在本书写作过程中司法改革正在进行,笔者虽一直跟进改革进程进行补充更新,甚至是推倒重来,但改革毕竟是无限向前的,出版时间却难以继续拖延下去。所以,2017 年底,在改革进入实施阶段之后,本书即交付了初稿,对于未能及时纳入书中的改革内容,虽然不影响本书主体内容的展开,但毕竟也是有所缺憾,只能留待日后予以完善。对于在此之后部分法律进行修改或修订的情况,也通过注释的形式对书中各处所引用的法律条文进行了具体说明,便于读者查阅。剖析理论,发掘制度内核,记录改革,推动改革深入,希望我们这份努力能够对司法制度的研究与发展尽到一份绵薄之力,这既是我们研究中国特色社会主义司法制度的初心,也是我们这一代学者难以推却的历史使命。

江国华
2018.5.20

目　录

上篇　司法法体系之完善

下篇　司法运行机制之完善

上　篇

司法法体系之完善

司法改革首先应当解决其本身的"合宪性""必要性"与"导向性"等基本问题，即要厘定司法改革的禁止空间与作用空间，要理清"司法为什么要改"以及"哪些问题是非改不可的"，要告诉人民"司法到底要改到哪里去"以及"我们通过什么路径实现改革愿景"。故此，中国司法改革的当务之急在于：通过释宪或者修宪，完善《中华人民共和国宪法》（以下简称《宪法》）中的司法条款，明确司法机关的宪法定位及其与人民代表大会制度的关系；通过制定司法改革法，将改革的顶层设计和改革清单法律化和规范化，让司法改革于法有据、统筹兼进；通过制定司法基本法，明确司法权配置、司法机构设置、司法程序设计、司法人员管理等基本内容，落实和具化《宪法》中的司法条款；通过修改旧法与制定新法等方式，完善中国司法法体系，为司法运行铺就法治轨道。

第一章
为司法正本：完善《宪法》中的司法条款

国家司法之本源在于宪法，鉴于司法制度本身的特殊性及其在法治国家建设中的重要地位，有必要通过释宪或者修宪方式，明确其宪法定位和宪法拘束。在明确司法权国家属性的基础上，有必要就司法机关的组织法内容在《宪法》中予以体现，具体包括明确司法机关与人民代表大会之间的关系、规范公检法三机关的相互关系等。此外，还应当重视司法原则的作用，将重要的司法原则上升为宪法原则以加大保障的力度，有必要更新我国《宪法》对司法原则的规定，在审判公开和审判独立等已有原则之外，增加司法为民原则、司法法治原则、无罪推定原则等规定。通过以上方式，为司法"正本"，完善《宪法》中的司法条款，为司法改革的推进提供合宪性依据。

一、明确司法权的国家属性

在现代国家，司法权与立法权、行政权一样，都属于国家权力。但是，司法权并不遵从立法和行政的分权原则，而是遵循司法权统一原则[1]。正如凯尔森所言："法院被认为是国家的法院，而不是自治省的法院。这意味着司法已不再有相当于行政分权类型那样的分权了。只有立法和行政，而不是司法，才具有自治性质；只有立法和行政才在中央和地方的法

---

[1] 秦倩、李晓新：《国家结构形式中的司法权配置问题研究》，《政治与法律》2012 年第 10 期，第 29 页。

律共同体之间加以划分。"①在我国，《宪法》第128条和第134条将人民法院和人民检察院定位为"国家"审判机关和法律监督机关，其中"国家"二字即意味着人民法院和人民检察院属于"国家机关"之范畴。"国家机关"当然地具有"国家性"，《宪法》配置给它并规定依法独立行使的司法权也当然地具有"国家性"。据此，尽管我国《宪法》设置了"最高级"司法机关和"地方各级"司法机关，但其所行使的司法权都是"国家司法权"，不存在"中央与地方"之划分。申言之，司法权的"国家性"排除了"中央司法权"和"地方司法权"两说。这就意味着：①司法权的"国家性"不等于司法权的"中央性"，司法改革当警惕国家司法权向"最高法院集中"所可能带来的新的"高度行政化"倾向；②组织法和程序法以"管辖权"的方式，对各级司法机关裁决案件的范围作了明确划分，非经法定程序，不得擅自变更各级法院的管辖范围，司法改革应当警惕将地方各级司法机关依法行使司法管辖权夸饰成"司法权的地方化"或者"地方绑架司法"所可能带来的地方各级司法机关"主体性"被掏空之困厄。

二、明确司法机关与人民代表大会之关系

目前实行的司法改革试点涉及司法权配置、司法人员选任、司法权运行机制等问题，这些问题都涉及司法与人民代表大会的关系。根据《宪法》第133条和第138条之规定，最高人民法院和最高人民检察院对全国人民代表大会和全国人民代表大会常务委员会负责，地方各级人民法院对产生它的国家权力机关负责，地方各级人民检察院对产生它的国家权力机关和上级人民检察院负责。这些条款基本框定了司法机关由人民代表大会产生、对人民代表大会负责、受人民代表大会监督等基本关系。结合《宪法》第3条、第62条、第63条、第67条、第101条，以及第104条之规定来考察，司法机关与人民代表大会之关系至少有三：①各级人民代表大会选举产生同级人民法院院长、人民检察院检察长。②各级人民代表大会有权罢免由其选举产生的本级人民法院院长、检察院检察长。③人民代表大会常务委员会有权监督本级人民法院和人民检察院的工作，并根据本级法院院长的提请，任免法院副院长、审判员、审判委员会委员和军事法院院长；根据本级检察院检察长的提请，任免检察院副检察长、检察员、检

---

① [奥]凯尔森：《法与国家的一般理论》，沈宗灵译，中国大百科全书出版社1996年版，第348页。

察委员会委员和军事检察院检察长。为确保司法改革在宪法的轨道上运行，有必要对《宪法》第133条和第138条以及相关条款作出解释，着重明确两个基本问题：一是司法机关以何种方式对人民代表大会负责？不负责的后果是什么？二是人民代表大会以何种方式监督司法机关的工作？不接受监督的后果如何？

三、明确公检法三机关之关系

现行《宪法》第140条规定："人民法院、人民检察院和公安机关办理刑事案件，应当分工负责，互相配合，互相制约，以保证准确有效地执行法律。"据此，《中华人民共和国刑事诉讼法》（以下简称《刑事诉讼法》）第7条规定："人民法院、人民检察院和公安机关进行刑事诉讼，应当分工负责，互相配合，互相制约，以保证准确有效地执行法律。"由于规定本身过于模糊，实践中出现分工不明、配合不足、制约不够等问题。为此，有必要通过专门立法的方式对《宪法》第140条进行细则化和规范化。结合《宪法》第128条、第134条之规定，涉及《宪法》第140条的专门立法至少应当阐释三层意思：①分工负责是前提。所谓分工负责，是指公检法三机关根据法律规定各司其职、各负其责，既不越权代办和任意干涉，也不互相推诿和不履行职责。在刑事案件中具体表现为：公安机关负责查证事实，找到证据；检察机关负责批准逮捕、审查起诉到法院；而法院则在事实认定和证据认证的基础上作出罪与非罪的判断——此即无罪推定原则的"默示"表达。②互相配合是补充，即三机关在各自履职的基础上，依法做到通力合作、互相支持，不存在地位高低、谁服从谁的问题。因为，从程序上而言，公安机关的侦查活动、检察机关的公诉行为，以及人民法院的审判活动是相互衔接的，其最终目的都是实现案件的依法顺利解决。因此，可以说公安机关和检察机关的活动是为审判服务的[①]——由此，可以通过《宪法》第140条的解释，补强"审判中心主

[①] 在三机关的排列顺序上，中共八大政治报告将其表述为"公安机关、检察院和法院"。这一表述着重突出了公安机关的地位，在当时具有现实的合理性。因为中华人民共和国成立之初，阶级斗争仍较大范围存在，社会治安形势比较严峻。为了镇压一切反革命分子的反抗，建立革命秩序，公安机关理所当然地成为巩固新政权的重要力量，而检察机关位于第二，则是基于从速起诉、从速审判的要求。然而，作为国家的根本法，宪法体现的不仅仅是治国安邦之需要，更体现了一国的法治意识，故此1982年《宪法》在第135条规定："人民法院、人民检察院和公安机关办理刑事案件，应当分工负责，互相配合，互相制约，以保证准确有效地执行法律。"三机关的顺序在宪法上得以明确，突出了法院的优先地位。详情请参见韩大元、于文豪：《法院、检察院和公安机关的宪法关系》，《法学研究》2011年第3期，第6页。

义"的宪法依据。③互相制约是核心。在整个《宪法》文本中，只有第140条明确写有"制约"二字。其意在于强化对"犯罪与刑罚"事项之规控。结合《中华人民共和国立法法》（以下简称《立法法》）第8条、第9条将"犯罪与刑罚"列入法律绝对保留事项的规定考察，可以说，我国《宪法》对于刑事案件的侦查、公诉和审判三权的规控是持严格主义原则的。因此，对于《宪法》第140条之立法，应当进一步明确公检法三机关相互制约的方式、程序以及责任等内容。

四、明确审判独立原则

我国现行《宪法》第131条规定："人民法院依照法律规定独立行使审判权，不受行政机关、社会团体和个人的干涉。"该规定相较于之前的宪法对于司法权的规定而言已有很大进步，但是，受当时特殊历史时期的限制，现行《宪法》的第131条在表述上易被选择性误读，成为干涉司法的借口。因此，有必要对《宪法》第131条进行修改，在《宪法》中更加明确审判独立的要求，以维护司法公平公正。

为更好地保障审判独立，《宪法》第131条应进一步明确审判独立主体，同时将具体列举的排除干涉的主体改为概括性的排除主体。第一，宪法保留：明确规定审判权由人民法院行使。在法理上，审判权的配置属于宪法保留的事项，由此应当在《宪法》中确保人民法院的职权是行使审判权，与审判权无关的其他权力应归于司法行政部门。以宪法形式明确法院的审判职权在有利于保障审判独立的同时，反过来也让法院恪守职业本分，更好地行使审判权。第二，法律保留：明确人民法院在行使审判权时只服从于法律，法院行使审判权的方式也只能由法律规定。要明确司法独立，首先应将该条文中的反向具体列举替换为正向概括式的排除，以宪法形式确立法院在行使审判权时只服从于法律，这既可以排除所有可能干涉审判的主体，又为立法机关对审判权的配置和检察机关对审判权的监督留有法律空间。此外，审判权的行使方式与程序则属于法律保留的事项，只能由法律规定。审判权的行使应是神圣而严肃的，有严格的程序要求，审判权的行使方式由法律规定也避免了地方通过制定地方性规章等形式变相地对人民法院案件裁判进行干涉，在确保审判独立的同时也有利于司法独立。

综上，可考虑将《宪法》第131条内容分解成3款，其中：第1款规定"国家审判权由人民法院行使"；第2款规定"人民法院行使审判权的方式和程序由法律规定"；第 3 款规定"人民法院独立进行审判，只服从法律"（承袭"五四宪法"第 78 条之规定）。鉴于"审判独立"原则的内在逻辑，在《宪法》第 131 条之后，应当增设专条"法官保障"之规定，可考虑将 1912 年《中华民国临时约法》第 52 条的规定"法官在任中不得减俸或转职。非依法律受刑罚宣告或应免职之惩戒处分，不得解职。惩戒条规以法律定之"略作修改，规定为"法官不接受法律明文规定的以外的任何奖励与惩戒"，即可增补为《宪法》第 132 条。

五、明确司法为民原则

我国《宪法》第 1 条明确规定："中华人民共和国是工人阶级领导的、以工农联盟为基础的人民民主专政的社会主义国家。"国家的一切权力属于人民，司法权力当然不可例外。法院和法官基于人民的授权与委托执掌司法权力，人民是司法权力的最终源泉，当然应该要求法院和法官正确履行其被授予的司法权力，来为人民谋求法益。从宪法意义上看，司法为民是人民民主专政在司法权力上的体现，是"主权在民"现代政治思想对司法权力的要求。提出司法为民的要求就是要将其更加旗帜化、明确化、具体化，以推进中国司法改革"新民本"主义的进程。

为完善中国特色社会主义司法制度，必须坚持以《宪法》为核心，坚持司法为民之原则，规范《宪法》中司法为民条款的解释机制，并建议在适当时候将"司法为民原则"明确写进宪法文本之中。同时，对于推进司法为民原则的实现，还必须做好以下工作：①保持司法对人民的开放状态。司法过程必须接受权力机关和人民群众的正当监督，体现公民对国家权力的民主参与。另外，还要保障诉讼当事人和诉讼参与人充分参与诉讼进程。诉讼当事人各方的实力可能差距很大，如果没有特殊的制度保护，强者和弱者在形式正义面前很难获得实质正义的衡平。②注重司法的社会效果。法院必须将自己置身于大环境中，一方面要严格依照法律，另一方面需要在关注社会效果的指导原则下运用自由裁量权，作出符合社会情势的判决。司法为民的直接内涵之一，就是要求人民司法必须在"为民"思想的指导下，严格适用法律，关注适用法律的社会效果，最大限度地以个案的判决反映社会的民意要求，保证人民群众安居乐业。③司法要尊重和保障人权。其要义有三：一是司法要平等保护人民。法律面前人人平等是我国《宪法》规定的基本原则之一，司法为民，要求以民为本，并不是说无条件地迁就某个具体当事人的要求，而是要对所有当事人负责，要平等保护所有当事人。在形式正义的基础上，调整实质正义可能出现的不平衡。二是司法要强调对弱势群体的保护。人民司法强调平等保护人民，现代司法理念也要求司法的中立和消极，但是现代司法理念的应有含义也应当包括保护弱者、实现正义。三是司法要尊重和保障当事人的人权。保障诉讼当事人、诉讼参与人充分参与诉讼，直接的要求就是司法要充分保障诉讼当事人、诉讼参与人的诉讼权利。

六、增加司法法治原则

司法法治原则作为法治原则的内容之一，其具体表现为以下几个方面：①依法行使司法权。在内容上，司法法治包括两大内涵：其一，司法须合法。司法人员进行司法活动时必须严格依照法律条文，排除恣意专断、情绪、偏见或同情干扰。其二，违反司法受追究。作为正义的守护使者，司法人员不但要"护法"，更要"守法"，其违反法律的行为应被追究相应的法律责任。②应用法律的合法性。在某种程度上，行使司法权的过程就是作出法律判断的过程，即应用法律得出具有拘束力的结论。这个过程的实质是具体的法律事实与抽象的法律规范相关联。尽管这种判断和关联是司法者主观的认识过程，然而司法法治的原则却要求这种主观认识不能陷入恣意妄为的状态，其受制性正体现为应用法律的合法性的要求。③适用程序的法定性：在司法中，正当程序原则包括程序本身的正当性和程序设置的法定性。程序设置的法定性，一方面是指诉讼程序、审理程序应当由法律加以规定，而且程序规范应该保持稳定、具体和清晰。另一方面是指诉讼过程必须遵循程序法的规定，裁判者在适用程序上的自由裁量权应该受到适度的限制，程序的运作应当符合程序法的规定。

司法法治亦法治司法，是法治原则和理论在司法领域的具体化，它与"司法人治"相对应，就是给现代司法一枚法律标尺，使司法者的行为服从规则治理的事业。其核心是法治，目标是维护法律的尊严，追求法律上和事实上的平等，因而坚持司法法治，对于正义的实现，一国司法实践的有序进行有着重要的作用。贯彻司法法治原则，让司法权力建立在规范的基础上，使之受到规则有效的限制，从而形成良好的制度环境，杜绝司法腐败，保护公民权利不受侵犯，从而维护整个社会的公平与正义。在我国《宪法》中，司法法治有一定的体现，但不够明确，为此有必要规范《宪法》中司法法治条款的解释机制，并建议在适当时候将"司法法治原则"明确写进《宪法》文本之中。

七、增加无罪推定原则

无罪推定原则是现代刑事司法活动中的核心原则，是受国际公约确认和保护的基本人权，也是联合国在刑事司法领域制定和推行的最低限度标准之一。无罪推定原则最早由意大利启蒙思想家贝卡利亚提出，之后无罪推定原则的内涵不断丰富，逐渐成为刑事司法领域的基石，并包含了以下内容：①任何人在被法院判决有罪之前，应当被推定为无罪；②任何人在未经法定的司法程序最终确认为有罪之前，应当被推定为无罪。而从其内容中也引出了三条基本的诉讼原则，即被告人不负有证明自己无罪的义务、被告人有沉默权，以及有利于被告的原则。无罪推定原则的出现和不断完善，在有力地保护被告人合法权益的同时，也起到了规控刑事司法权滥用的作用，现代法治国家已普遍确立了无罪推定原则。

我国《刑事诉讼法》中已经完整地确立了无罪推定原则，主要包括在总则规定了"未经人民法院依法判决，对任何人都不得确定有罪"，这也是我国法律体系中对无罪推定原则所作出的明确表述。此外，《刑事诉讼法》①第 50 条还正式作出了"不得强迫任何人证实自己有罪"的法律规定，正式确立了不得自证其罪的原则，同时还确立了疑罪从无原则，要求在刑事诉讼全过程中，包括侦查阶段、审查起诉阶段和审判阶段都要遵循疑罪从无的原则，对于证据不足、不能认定犯罪嫌疑人或者被告人有罪的就不应移送检察机关审查起诉、不应作出向人民法院的起诉决定、不应作出有罪判决等。最后，《刑事诉讼法》还通过举证责任的分配规则，指派由检察机关承担公诉案件的证明责任，并通过非法证据排除规则的完善，确保诉讼平等和司法正义。但基于我国司法人权保障工作的不足，以及无罪推定原则对公民基本权益保障和社会公平正义维护的极端重要性，有必要将这一刑事司法领域中的基本原则上升到宪法原则的高度，适时在国家根本大法《宪法》中予以规定，以促进国家人权保障工作的进展，确保社会的公平正义。

---

① 本书中所涉及《刑事诉讼法》，除文中另行注明年份的，其余均采用的是 2012 年修订版。

第二章
为司法定位：制定司法基本法

自 1982 年以来，以三个"五年改革纲要"的制定为标志，我国进行了三次司法改革。三次改革取得了丰富的成果，但也存在改革"依据不足"的困境，改革的推进缺乏必要的法律依据。为此，我国司法改革的推进，应当以选择"法律"而非"制度"为突破口，从法律规范的层面推进司法改革，统合现有的司法法资源，制定统一的司法基本法；在此基础上，以司法基本法为依据，推动司法改革的整体深化。制定后的统一司法基本法，在内容上以《宪法》为依据，将《宪法》中的司法制度与司法的基本规则予以具体化，在法律位阶上属于基本法律，具有高于普通法律的地位，因而能够全面回应司法改革对法治资源的需求，确保改革在法律的框架内有序行进。

一、司法基本法制定的必要性

自 1978 年以来，随着改革开放的深化，我国社会领域经历着一场波澜壮阔的社会变革，推进了中国社会从传统社会向现代社会的转型。这场声势浩大的社会变革对政治、经济、法制等领域产生了深远的影响。以法社会学的范式审视这一社会转型的过程，转型所具有的法治内涵则表现为社会主体的单一性向多元化的转化和个人身份从"单位人"向"社会人"的转化。这两种转化最终演化出多元化的利益诉求，利益诉求的多元性最终引起社会矛盾的急剧增加，带动中国社会进入矛盾凸显期。而社会的转型弱化了"单位"这一社会组织的行政色彩和社会管理职能。"单位"的式微，随之而来的是其矛盾调处能力的下降甚至是消失。急剧增长的社会矛盾不得已涌入了作为纠纷解决的专业机构的司法机关。汹涌而至的社会纠纷给司法机关以巨大压力，司法机关唯有深入改革才能回应社会需求。肖扬时代的司法职业化改革和王胜俊时代的能动司法改革取得了诸多成果，也带给我们些许思考。我们认为，司法改革的最终途径，应当回归到规则主义的立场，司法职业化亦可，司法能动主义也行，司法权及其运行始终处于规则的范围内，方为司法的核心要义。因而，司法规则主义应当是未来司法改革之最终归途。然而，我们也应当看到，规则缺失是我国当前司法法之基本现状，其主要表现为司法法体系的不完整和内容的不完善。为此，制定统一的司法基本法、完善司法法体系，应是当前司法改革的目标，也是今后司法改革之深入的根本依据。

（一）社会转型与司法改革

20 世纪末的中国，开展了一场浩大的社会改革，经历了一场传统社会向现代社会的转型。这场变革始于经济领域，最终对政治、社会乃至人民的日常生活方式和思想观点产生了重大影响。也就是说，这是一场综合性的改革，既有经济上的转型，亦有政治上的开放，更有思想观念上的更新和法治上的进步。而这场变革对法治之关键性影响则在于变革促使了多元权利主体的形成和个人身份的变更。

1. 社会转型的法治内涵

（1）利益多元主体的形成。如前所述，20 世纪末中国社会转型首先是经济上的转型，即由计划经济体制向市场经济体制的转变。应该说，我国经济体制由计划经济体制向市场经济体制的转变，不仅是经济领域的转变，而且涉及了社会生活的方方面面；这种转变不是一蹴而就的，不是在《宪法》中将"国家在社会主义公有制基础上实行计划经济"修改为"国家实行社会主义市场经济"即宣告完成，而是整个经济状况和社会生活面貌的改变。其中，最为关键的改革是个体经济和私营经济得到政治层面以渐进的方式加以认可并最终体现于《宪法》之中成为国家的最高意志。

众所周知，在计划经济时代，国家是整个社会生活的规划者，也是其计划的实施者。社会经济的各个方面，从生产、分配、交换到消费，皆被纳入国家统筹的范围，国家既担任"舵手"，又亲自组织"划船"。而国家对经济领域之控制与计划的合法方式即对国营企业和集体企业的经营。国营企业和集体企业的所有权属于国家或地方政府所代表的"集体"，经营管理权亦由国家和地方政府行使。基于此，国家对国营企业之生产、分配、交换和消费的掌控在民法上即具有足够的合法性。这种合法性足以保障国家通过占有主导地位的国营经济以及集体而将其计划指令贯彻落实于社会生活的各个领域。而市场经济本质上是一种自由的经济，是竞争的经济形态，其活力来源于具有不同利益诉求的社会主体公平参与竞争实现优胜劣汰。基于此，计划经济向市场经济的转型则需要在国家计划指令之外的，或称国家意志之外的经济主体之存在。社会现实的变化最终影响到国家意志层面的变动，从而推动了作为国家最高意志之《宪法》的修改——《宪法》不应当成为政治、经济形态变动的"晴雨表"，然而政治、经济形态的成功变动总需要从《宪法》中寻求其合宪性基础。在《宪法》中，个体经济和私营经济可谓是以"犹抱琵琶半遮面"的姿态出现的。1982年《宪法》规定了个体经济是公有制经济的必要补充，1988 年《宪法修正案》在《宪法》第 11 条中增加规定："国家允许私营经济在法律规定的范围内存在和发展。私营经济是社会主义公有制经济的补充。国家保护私营经济的合法的权利和利益，对私营经济实行引导、监督和管理。"私营经济首次在宪法上获得了其合法地位。1999 年的《宪法修正案》将《宪法》第 11 条修改为在法律规定范围内的个体经济、私营经济等非公有制经济，是社会主义市场经济的重要组成部分。由此，个体经济和私营经济获得了与国有经济相平等的地位，从而形成了以坚持公有制为主体、多种所有制经济共同发展的基本经济制度。

个体经济和私营经济在宪法上的合法性地位之取得以及其与国有经济之平等性得以确认，标志着社会领域之多元权利主体的形成。就是说，在计划经济体制时代，国家是社会经济事务的计划者，是经济活动的决策者，整个社会的经济事务皆处于国家的统筹和规制之下，因而国家也是社会利益的唯一代表。国有企业、社会组织和个人只不过是国家计划的实施者，其既无经营管理上的自主性，亦无经济利益上的独立性，因而不能构成自主从事生产活动和参与社会治理的独立主体。基于个人利益、社会利益与国家利益的高度同构性，国有企业和个人不能作为具有独立地位之复位主体而存在，其利益诉求被纳入国家利益体系之中。而在市场经济条件下，计划之外的个体经济企业和私营经济企业的出现，标志着独立于国家、具有依自己的意志而从事经营活动并独立承担相应的法律责任主体的产生，这些主体具有独立的利益诉求和社会地位，成为独立的社会主体。特别是 1993 年《宪法修正案》将"国营企业在服从国家的统一领导和全面完成国家计划的前提下，在法律规定的范围内，有经营管理的自主权"修改为"国有企业在法律规定的范围内有权自主经营"。这一修改标志着国有企业的所有权与经营权的分离，从而使国有企业在法律规定的范围内可以依自己的意志从事经营管理活动，而无须遵从于国家意志，国有企业具有其自身的利益诉求，成为相对独立于国家的社会主体。至此，在我国经济领域存在个人、私营企业、国有企业等独立于国家的社会主体，多元化的利益诉求格局基本形成。

（2）单位体制的瓦解。在计划经济时代，社会基本结构是由"单位"构成的。在整个社会体系中，政府处于金字塔的顶端位置，金字塔的下部则由形态各异、大小不一的单位组成，单位实际上分解了政府的社会管理和公共服务职能。这种体制之下的单位不是按照市场规则要求来构建其内部体系和从事生产经营活动，"而是从国家指令性计划和满足单位成员的各种需要出发，将企业塑造成一个万能的微型社会。在这个微型社会中，企业履行着众多的社会职能和公共职能。企业既要承担生产经营职能，又要承担动员、宣传、教育、安抚甚至治安、国防等与生产经营不相关的职能。企业不仅要为其成员提供工资报酬和就业场所，而且还要为他们的子女教育和就业、家庭邻里矛盾纠纷、休闲娱乐、婚丧嫁娶、生老病死等承担广泛的责任"①。而在这种"单位制"之下，单位实际充当着个人与国家进行联系之纽带的角色，国家的计划指令分解至单位，再由单位下达个人，由个人完成；国家的行政管理职能实际上也是通过单位规制个人而得以完成，公共福利自然亦由单位提供，一个单位就相当于一个小社会。在这种体制之下，城市从业人员由其工作单位管理，城市无业人员和农民则由居民委员会和村民委员会管理，每个人都被纳入一定的单位，使国家管理职能得以覆盖所有公民。"单位人"成了那个时代之公民的基本特征，每个公民的所有重要的社会关系都处于单位之内，在单位内部扮演的社会角色成了公民的基本角色。"'单位体制'曾使中国社会进入高度的组织化状态。那时，几乎所有的人都有自己归属的单位。单位内部关系是他们主要的和长期的社会关系，在单位内部所承担的角色就是他们最主要的社会角色。单位的性质、规模和特点也在某种程度上决定了他们的社会身份和地位。单位实际构成了他们社会化进程的全部空间"②。

随着计划经济向市场经济的转化，单位体制得以瓦解，单位回归其经济组织的本来面目，其所承担的社会管理职能向两个方向转移，一是向国

---

① 陈志成：《从"单位人"转向"社会人"——论我国城市社区发展的必然性趋势》，《温州大学学报》2001年第3期，第70页。

② 彭穗宁：《市民的再社会化——由"单位人"、"新单位人"到"社区人"》，《天府新论》1997年第6期，第49页。

家的回归，二是向自治组织的转移。此种情况之下，动员、宣传、教育、安抚、治安等社会管理职能自然不再由单位承担，个人与单位的关系，仅仅存在着劳务供需的经济联系，个人得以从单位中解放出来。"中国改革的显著成果之一，就是单位外社会领域的生长和非单位组织形式的成长，以单位作为基本单元的社会结构逐渐趋于消解。单位外社会体系的日渐成长，为个人通过单位之外完成其社会化的进程和寻求满足自身资源需求的通道提供了保障，人们的生活空间逐渐从单位内转移到了单位外的公共空间之中。单位成员已逐渐摆脱了对单位的全面依附"①。随着单位行政管理职能的消解，单位由"国家行政管理之辅助机构"的角色回归到民事法律关系之主体的地位，其与政府、其他单位、单位成员处于平等的法律关系之中。

（3）社会变革对司法之要求。多元权利主体的形成和单位制的瓦解最终回归到了对司法公正的需要上。这是因为，一方面，多元权利主体的形成和"单位人"向"社会人"的转变引起社会矛盾的增多。第一，多元权利主体的形成客观促成了权利意识的觉醒和权利需要的旺盛。与多元权利主体格局相对应的是多元的利益诉求，各权利主体根据自身生存发展的需要提出了对公共资源的分配诉求。基于公共资源的有限性，各权利主体之间的矛盾纠纷会不可避免地产生。第二，在主体多元化的背景下，各主体之间的经济联系相应增长，相互间权利义务的不明确将导致纠纷的产生。第三，"单位制"的瓦解，使得社会成员得以完成了"单位人"向"社会人"的转化。"社会人"的本质是公民，与公民切身利益紧密相关的重大事项不再由单位一手操纵，而由公民依其意志通过行使或履行法律规定的权利义务而实现，法律下的权利义务成了社会人的基本特征。这种转化促成了公民权利义务意识的觉醒，公民主张权利的过程必然亦为矛盾多发的阶段。另一方面，单位制的瓦解又使得原来的纠纷处理机制不复存在。前文提到，在"单位制"体制下，一个单位就相当于一个功能齐全的小社会，宣传、教育、安抚甚至治安、就业、家庭邻里矛盾纠纷、休闲娱乐、婚丧嫁娶、生老病死等事项皆可经由单位之调处而得以消弭。"单位制"的瓦解和单位向经济组织的回归，使得其本来具备的纠纷解决功能相应地消失。在这种情况下，一方面是矛盾的增多，另一方面是原有纠纷解决机制的瓦解，社会自然进入矛盾的凸显期。这些矛盾自然而然地涌向作

---

① 陈志成：《从"单位人"转向"社会人"——论我国城市社区发展的必然性趋势》，《温州大学学报》2001 年第 3 期，第 73 页。

为专门的纠纷处理机构的司法机关，而权利意识的觉醒自然就演化为对公正司法的诉求。"改革开放以来积累起来的深层次矛盾日益凸现，各种社会矛盾处于高发多发阶段。随着城市化和企业制度改革的深化，必然产生许多社会热点和难点问题，其中不少问题要通过司法手段加以解决"①。"经济发展，人员流动，社会的陌生化，这本身必然导致各种纠纷增加，而与之前社会相适应的传统的纠纷防范和解决机制必然部分失效，由此导致人们更多诉诸司法或其他权威机构来解决纠纷"②。

2. 司法改革

随着社会的转型和矛盾的增多，民众对司法公正提出了更高的要求。然而，从"文化大革命"中走来的司法机关自身弊病重重，难以有效回应公众的需要。应当说，司法体制和司法工作中所存在的问题与计划经济有着直接的联系。原有的司法体制是与条块分割的计划经济相适应的，并对计划经济的建立和发展发挥了重要作用。而市场经济本质是法制经济，为了有力地保障经济主体的公平竞争，解决相互间的纠纷，维护基本经济秩序，必须大力维护法制的统一和尊严。为此，司法改革成为国家政治生活的重要议程③。正如《人民法院第一个五年改革纲要（1999—2003）》所指出的，人民司法活动中的地方保护主义产生、蔓延，法官整体素质难以适应审判工作的专业化要求，人民法院特别是基层人民法院经费困难。面对挑战，人民法院不改革就没有出路。只有通过改革，逐步建立依法独立公正审判的机制，才能适应社会主义市场经济的发展、满足民主法制建设的需要。当然，作为司法机关，与审判机关相比而言，检察机关并非纠纷的最终处理机关，因而其面临的改革压力明显小于法院，这也是我国检察机关恢复重建以来一直未进行大规模的改革的原因。因而，本书对司法改革之论述实质仅涉及审判机关的改革。

（1）《人民法院第一个五年改革纲要（1999—2003）》和《人民法院第二个五年改革纲要（2004—2008）》之改革是政治司法向职业司法的转变。肖扬于1998年至2008年任最高人民法院院长，1998年就任后，随即着手开展审判体制的改革。1999年，最高人民法院发布了《人民法院第一个五年改革纲要（1999—2003）》，标志着人民法院改革的全面展

---

① 李玉明：《中国特色社会主义司法制度的构建与完善——以司法传统与司法国情为视角》，《法律适用》2009年第1期，第15页。

② 苏力：《关于能动司法与大调解》，《中国法学》2010年第1期，第6页。

③ 谭世贵：《我国司法改革研究》，《现代法学》1998年第5期，第67页。

开。2004 年，《人民法院第二个五年改革纲要（2004—2008）》，标志着改革的深入。

通过对《人民法院第一个五年改革纲要（1999—2003）》的分析，我们认为，《人民法院第一个五年改革纲要（1999—2003）》的改革是顺应经济社会之转型而对人民法院体制所进行的全方位的改革。改革的目标包括依据宪法和法律规定的基本原则，健全人民法院的组织体系；进一步完善独立、公正、公开、高效、廉洁，运行良好的审判工作机制；造就一支高素质的法官队伍；建立保障人民法院充分履行审判职能的经费管理体制；真正建立起中国特色社会主义司法制度。改革举措包括建立符合审判工作规律的审判组织形式、科学设置法院内设机构、法官的职业化、审判机关内部监督的规范化等方面的内容。如果说《人民法院第一个五年改革纲要（1999—2003）》的改革是一场涉及司法体制的大刀阔斧的改革，《人民法院第二个五年改革纲要（2004—2008）》所做的就是在《人民法院第一个五年改革纲要（1999—2003）》已经取得的成果上所进行的技术性修整。此次改革的目标包括改革和完善诉讼程序制度，实现司法公正，提高司法效率，维护司法权威；改革和完善执行体制和工作机制，健全执行机构，进一步解决"执行难"的问题；改革和完善审判组织和审判机构，实现审与判的有机统一；改革和完善司法审判管理和司法政务管理制度；改革和完善司法人事管理制度，加强法官职业保障，推进法官职业化建设进程。具体举措包括改革和完善诉讼程序制度；改革和完善审判指导制度与法律统一适用机制；改革和完善执行体制与工作机制；改革和完善审判组织与审判机构；改革和完善司法审判管理与司法政务管理制度。

从以上对肖扬法院所进行的改革的简介中我们可以看到，肖扬时代的改革实际上是一场促使政治司法向职业司法转变的改革。在中华人民共和国成立之后，甚至恢复重建之后、改革之前，以法院为代表的司法机关在一定程度上充当着"专政机关"的政治角色。这一观点，从《中华人民共和国人民法院组织法》（以下简称《人民法院组织法》）、《人民检察院组织法》的有关规定中即可证成。《人民法院组织法》规定，人民法院的任务是审判刑事案件和民事案件，并且通过审判活动，惩办一切犯罪分子，解决民事纠纷，以保卫无产阶级专政制度，维护社会主义法制和社会秩序……《人民检察院组织法》规定，人民检察院通过行使检察权，镇压一切叛国的、分裂国家的和其他反革命活动，打击反革命分子和其他犯罪分子，维护国家的统一，维护无产阶级专政制度……据此，我们可以看到，司法机关的任务即通过司法权之行使维护社会基本秩序和维护无产阶级专政制度，在将犯罪视为"敌我矛盾"的时代，司法机关在一定程度上充当着镇压、惩办"反革命分子和其他犯罪分子"之专政机关的角色，司法机关在本质上掺杂着浓重的政治色彩而非单纯的法律适用机关。另外，改革之前法官身着具有专政色彩的肩章大盖帽也能证成上述观点。肖扬时代的改革，代表了政治司法向职业司法转变的趋势。两次改革都是在探索司法自身规律的基础之上，按照司法规律去建构司法组织形式、改革内部机构设置，强制司法组织体系、司法权运作模式、司法官角色等司法基本要素"去政治化"的过程，使司法回归其应有的本质，成为本来意义上的司法。特别是司法考试制度的建构和法官人事管理制度的改革，使得法律职业共同体得以形成，也为法律人进入司法系统承担审判业务提供了畅通的渠道。司法考试制度的确立，首先使得具有法律专业知识和忠于法律之精神的职业法律人得以进入司法系统，而忠于法律、将法律视为唯一的上司的职业法官的存在，无疑是保障审判权独立行使的必然要求。其次，司法人事管理制度的改革和法官职业保障的加强，无疑为法官提供了免于外部干预的审判环境，使法官能够真正做到依据其对事实的认定和对法律的理解而独立行使审判权。如此，法院得以免受政治的干预，法官得以依法判案，司法除去其"专政机关"的政治色彩而回归职业化的本色。

（2）《人民法院第三个五年改革纲要（2009—2013）》之改革是对"人民司法"的重述。2007 年，中国共产党第十七次全国代表大会提出了深化司法体制改革，优化司法职权配置，规范司法行为的要求。2009 年，最高人民法院发布《人民法院第三个五年改革纲要（2009—2013）》，据此更进一步地展开了司法体制的改革。此次改革的目标是：进一步优化人民法院职权配置，落实宽严相济刑事政策，加强队伍建设，改革经费保障体制，健全司法为民工作机制，着力解决人民群众日益增长的司法需求与人民法院司法能力相对不足的矛盾，推进中国特色社会主义审判制度的自我完善和发展，建设公正、高效、权威的社会主义司法制度。改革的主要任务包括优化人民法院职权配置、落实宽严相济刑事政策、加强人民法院队伍建设、加强人民法院经费保障和健全司法为民工作机制。

本次改革的前四个方面的内容，是对前两次改革的延续，即对法院内部管理体制、法庭审理规则、法院队伍建设等方面所做的技术性修正。而这次改革的第五个方面，即健全司法为民工作机制，则是本次改革的核心内容，是对"人民司法"之重述，这次改革之本质即司法体制向人民司法的回归。应该说，人民司法是我国司法的根本属性，这种属性主要通过两种方式得以体现。一是产生方式上的人民性，《宪法》第 3 条规定，全国人民代表大会和地方各级人民代表大会都由民主选举产生，对人民负责，受人民监督。审判机关、检察机关都由人民代表大会产生，对它负责，受它监督。人民代表大会由人民选举产生，司法机关又由人民代表大会产生，对它负责，受它监督，那么，司法机关也自然代表了人民的意志，具有了人民性。二是工作方式的人民性。《宪法》第 27 条规定，一切国家机关和国家工作人员必须依靠人民的支持，经常保持同人民的密切联系，倾听人民的意见和建议，接受人民的监督，努力为人民服务。作为国家机关的司法机关在工作过程中对公民意见的吸纳和对公民监督的接受，正是人民司法的基本要求，也能确保司法权运作结果之人民性。我们认为，司法为民工作机制的健全，是司法领域践行《宪法》第 27 条之规定的重要举措。司法为民工作机制的健全具体包括审判与执行公开制度的建构、多元纠纷解决机制的建立、民意沟通表达机制的建立和司法救助制度的完善等方面的内容。这些改革举措尽管形式各异、内容各不相同，但所有举措都指向司法机关与公民关系之密切化这一目标，通过要求司法机关听取公民意见、提高司法的透明度、增强裁判文书的说理性、为人民群众提供更多可供选择的纠纷解决途径、加强司法机关对困难群众的救济等方式，拉近司法机关与人民的距离，从而使司法回归人民司法的本色。

3. 司法改革之反思

纵观两次司法改革，我们认为，肖扬时代的司法改革通过对人民法院的组织体系、审判体制和法官人事管理体制等方面的改革，实现了对司法的重新定位，司法与政治之距离得以拉开，司法不再充当实现政治目的的工具而回归其本来的面目。因而，从这个角度而言，这场改革无疑是成功的。当然，由于司法体制本身积弊重重，一次的改革并未全部解决司法本身的问题，司法效率低下、司法腐败等现象在一定程度上还存在。另外，司法职业化本身亦有其局限性，如抗辩制显然更多适应城市工商社会的生活条件，不大适合目前中国广大农村和基层社会的条件。司法的法条主义造成某些判决不合情理，法律职业化和专业化以来进入法院的法官总体说来更擅长审判，相对缺乏调解和"案结事了"的技能①。基于此，《人民法院第三个五年改革纲要（2009—2013）》之改革拉开了一场重述"人民司法"本质的改革。这场改革以实现司法之人民性为其终极价值追求，其

---

① 苏力：《关于能动司法与大调解》，《中国法学》2010 年第 1 期，第 7 页。

核心内容是对司法回归人民之本质的探索。在方法论上，则以"能动司法"作为其突破口，鼓励司法权的"有所作为"，扩大司法调处之纠纷的范围，将司法作为纠纷解决的第一道防线，通过最大限度接纳和调处社会纠纷而实现"司法为民"的价值追求，证成"人民司法"的本质。这样一场改革，经受着理论与实践的双重考验。

（1）理论上的反思。就其本体论意义而言，司法改革对"人民司法"本质的重述具有合理性。这既是对宪法规定的"人民"法院、"人民"检察院、紧密联系群众等内容的落实，也是对司法公正之社会诉求的回应。然而，就其方法论而言，将"能动司法"作为"司法为民"的工作机制和实现人民司法的途径则是值得商榷的。

所谓能动司法，按照官方解释，则是要求司法超越被动性特征，主动参与到社会纠纷的解决过程中，更多地需要承担维护社会稳定职能，服务于经济社会发展的大局。"中国式的司法能动主义是人民法院立足司法职能，遵循司法基本规律，积极主动拓展司法功能，最大限度地发挥司法主观能动性，最大程度地实现司法的法律价值、社会价值、政治价值的司法活动。"关于能动司法之合理性论证，最高人民法院原院长王胜俊指出：从我国司法制度的本质属性和现实国情来看，能动司法更加符合当代中国经济社会发展的现实需求。人民法院作为司法机关，是人民民主专政的重要组成部分，在实现民主政治发展道路中肩负着重要的政治使命；司法权作为至关重要的执政权，是中国共产党领导人民管理国家与社会事务的重要方式，必须服务于党在不同历史时期所确立的根本任务和发展目标；法院队伍作为中国特色社会主义事业的建设者和捍卫者，必须把人民法院工作放在党和国家工作大局中加以考虑，把严格执行法律与贯彻党的路线方针政策结合起来，更好地履行人民法院的历史使命和崇高责任。

我们不否认司法机关是人民民主政权的重要组成部分及其肩负的政治使命，更不否认其作为国家权力之重要分支所具备的形塑社会秩序和社会道德的功能，然而，不管司法机关承担何种使命和功能，"法律适用机关"都是其原本的角色，适用法律解决纠纷都是其最基本的职责，司法机关所承载的政治功能和社会功能，终究需要通过其"适法"的功能加以实现，法律是司法机关的唯一上司，除适用法律之外，司法机关不应承载其他功能。换言之，司法并非国家意志和决策的执行工具和实现途径，司法之中立性要求司法活动一定是一种"价值无涉"的活动，人们不应当为司法活动提供预定的目标指引——正当程序要求"有意识的思维隔离"，这意味着司法官在司法权启动和行使的过程中对纠纷的最终处理结果及其意义不应怀有先入为主的偏好，而应当在严格按照证据规则认定法律事实的基础上，运用"三段论"的逻辑推理适用法律，推导出处理决定。这个决定不一定"服务大局"、不必然"符合当代中国经济社会发展"，然而，这样的决定是依法而为的，从而必然是合法的，更是公正的——如果我们尚且承认法律本身是关于正义与不正义的科学的话。就是说，人民司法的本质确实要求司法机关做到"司法为民"，承担服务人民的政治职能，然而司法机关的这种职能应当是通过每个个案追求法律的适用、裁决的公正从而化解纠纷、维护社会基本秩序而得以实现的。"司法机关必须在法律框架内实现司法为民的目的。在某种程度上，立法本身是民意的体现，司法机关正确适用法律，就可以体现立法的精神和民众的意愿"①。如果将人民司法之本质理解为司法机关可以超越适用法律的界限主动参与社会管理，把司法机关之工作"放在党和国家工作大局中加以考虑"，"服务于党在不同历史时期所确立的根本任务和发展目标"，那无疑是对人民司法的曲解，更是对司法机关本质的亵渎——"服务大局""促进经济社会的发展"等国家意志的实现，本应为行政机关分内之事，司法为之，无异于越俎代庖。

（2）实践上的反思。以强调"人民司法"为本位、"能动司法"为路径的司法改革，在实践的层面将司法机关作为社会治理机关，倡导司法于三个方面上的延伸。第一，在司法理论层面上，强调司法在大局利益前提下保障法治价值目标的实现，提倡司法主动服务理念，追求法律效果和社会效果的完美统一。第二，在司法权范围上，检察权、审判权之行使范围进一步扩大。第三，司法权在"司法"之外承担越来越多的社会职责。"我国现行的司法体制却使司法承担越来越多的其他社会职能：一方面，人民法院不仅承担了'定纷止争'的法律职能，而且其职能还延伸到了立法、法律宣传、法律监督、法律教育等方面；另一方面，人民法院对其他社会事务也表现出日益浓厚的'兴趣'，特别是对政治事务，人民法院更是在政治大局观念的指引下，积极介入，主动服务，协助政府开展工作。"

在其现实意义上，社会矛盾之多发和现有纠纷解决机制的瓦解，客观上促成了司法权范围之扩张。从这个角度而言，检察权、审判权之调理范围的扩大，是社会矛盾尖锐发展的必然产物，是司法权自觉回应社会诉求

---

① 张笑英、杨雄：《司法规律之诠释》，《法学杂志》2010年第2期，第78页。

的结果，因而也具有相当的合理性。然而，如果将司法机关推到社会纠纷处理的第一阵线，将会置司法机关于各种社会矛盾的风口浪尖，饱受非议的司法机关将难以承受巨大的社会纠纷解决压力，司法之权威性将不可避免地受到质疑。特别是强调司法机关为配合地方政府经济发展任务而在案例处理过程中对"大局"的考虑，甚至超出适用法律的范围参与社会管理，介入纠纷解决过程，为地方经济发展和稳定"保驾护航"，这首先是与司法规律相悖的。更为重要的是，司法官是法律职业家，其天赋在于适用法律解决纠纷，让司法官判读经济形势，服务社会发展，这不仅是对人性的扭曲，也让司法机关不堪重负。这些事务既影响了正常的司法职能的发挥，也使人民法院不堪重负，情况严重的甚至可能导致司法职能让位于社会事务的现象发生，这种情况若不加限制，必将弱化司法机关的司法权威。

（二）司法改革的前景：走向规则主义的司法①

如上所述，肖扬时代的司法改革解决了人民法院"专业性不足"的问题，使人民法院得以以"职业化"的面貌出现于世人面前，成为解决社会纠纷的专门机关。针对肖扬时代之司法改革所没有解决的、司法机关不能有效应对大量增长的社会纠纷的问题，王胜俊拉开了以"人民司法"为本质、以"能动司法"为突破口的司法改革。这场改革对"人民司法"之内涵的重述，以及意图通过"能动司法"这一途径扩大司法机关之社会纠纷解决面以回应社会需要的努力，无疑都是值得肯定的。然而，在"能动司法"名义下所实施的推进司法向人民回归的具体举措却有不符合司法规律的嫌疑。就是说，这场改革在本体论意义上对司法为民之本质的强调，甚至试图强调司法之"能动"以拉近司法与民众的关系、实现司法在更大范围内解决纠纷、回应民众诉求的意图都具有积极意义，而实现"司法为民"之具体方法在一定程度上则与司法规律相悖。

基于此，我们认为，我国司法改革应当超脱于"职业化"和"司法为民"孰优孰劣之争论，而"人民司法"之实现亦未必需要司法机关通过突破司法规律主动接触民众而证成。未来的司法制度应当兼具"职业化"和"司法为民"之特质，司法机关一方面需要具备相当的民主性，能够有效

---

① 该部分内容曾由作者指导的博士生周海源以"迈向规则主义的司法——中国司法改革回顾与展望"为题，发表至《天津行政学院学报》2015年第4期，第90-97页。文章收入本书时进行了部分修改，特此说明。

回应公众诉求，另一方面又需要依据司法基本规律谨慎行使其司法权。此两方面内容并非相悖的，二者可以通过在司法领域实现"规则之治"而得以统一，司法改革之前景在于走向规则主义之司法。

1. 司法规则主义释义

本书所倡导之司法规则主义是与"规则之治"相联系的，主张在司法领域内推行"规则至上"的理念。所谓"规则之治"，即要求司法权在不同的关系当中受到不同规则之约束。从法律与权力之关系看待司法权，司法权作为国家权力序列中的重要组成部分，其应当遵循权力行使的基本规则，服从宪法与法律之规制，在宪法和法律所确定的范围内运行——这也是我国《宪法》第131条、第136条规定的人民法院依照法律规定独立行使审判权、人民检察院依照法律规定独立行使检察权之基本要求；从国家权力架构的角度看待司法权，司法权作为现代分权原则之下国家权力的一支，其应当恪守司法的底线，坚守司法权固有的行使范围，对立法权、行政权之行使保持必要的尊重。基于此，我们认为司法规则主义具有以下内涵：司法规则主义是司法权总体运行情况之基本要求，强调司法对宪法和法律的绝对服从和遵守，在此基础上，法院、检察院之改革及审判权、检察权之行使受到法的约束。从这个角度而言，司法规则主义实质上是宪政主义在司法领域的具体体现。"宪政主义是一种规范性政治理论，支持着一种特殊的宪政秩序，其实践性的宗旨包括：政府权力的任何行使——不论是代表一个领导人、一群精英还是绝大多数公民的意志——应受制于重要的实体限制……有些事情是政府不能做的，不论它如何忠实地遵循宪法文本和更广义的宪法秩序所指定的程序，抑或它的行动甚至完美地模仿着一个魅力型（charismatic）暴君、一个乐善好施的政变集团或大多数选民的理智判断"①。就是说，在宪政主义之语境下，规则对权力的约束构成了追求政治正义的基本途径。而司法规则主义不仅是宪政主义在司法领域的具体体现，也是法治理念的根本要求。

从字面含义上理解，"规则主义"似乎与学者们论述的"严格规则主义"有一定的相似意义。所谓严格规则主义，又称法条主义，是指以法律的确定性为法律适用的前提，力图排除法官在司法活动中的自由裁量权，强调法官严格依照法律条文的规定进行裁决的一种司法观念。规则主义对

---

① [美]华尔特·墨菲：《宪政主义》，张千帆译，《南京大学法律评论》2000年第2期，第2页。

法的内在确定性的追求表现为对形式主义法治的尊重①。严格规则主义之"严格"性即表现在其对法官自由裁量权之约束上。基于此，严格规则主义受到两个方面的批判：其一，严格规则主义、严格约束法官之自由裁量权从而导致法官对法律的机械适用，从这个角度而言，法官被当成了"自动售货机"，当事人输入事实，法官则吐出判决。然而，"由法律条文构建的逻辑世界永远不可能取代活生生的现实世界，尤其是在社会转型变革时期，法官机械地依照法律条文作出的裁判，很可能会出现判非所愿的结果"②。"只有法官不只是一个按照逻辑力学的定律运转的法律自动售货机，立法者才能实现他的意图和满足生活的需要"③。其二，严格规则主义要求法官对法条及其字面意思的绝对服从，限制了法官对法之精神和根本目的的考量，约束了法官对正义和理想的追求，这一方面有利于现实法的确定性目标和形式主义法治的价值，但也从根本上阻止了法官对法之优劣的判断，容易导致恶法的横行。

在法理上，"规则主义司法"与上述"严格规则主义"有着根本的区别。首先，就其价值追求而言，司法规则主义追求司法领域之"规则之治"的实现，要求司法权力受到法律的约束，司法权应当在法的框架内运行；而严格规则主义则追求形式主义法治的实现。其次，就其规制范围而言，司法规则主义涉及司法体制的各个领域，司法权的配置、司法机关之组织及相互关系、司法官地位等皆受规则的约束，依规则而设置；而严格规则主义所规制的范围则仅仅涉及审判过程中法官之裁量权的行使问题。最后，就其规则对象而言，司法规则主义调整的对象是司法权，而不涉及司法官个人，不排除司法官个人依其"内心确信"而在法律的范围内行使其裁量权，"法官的内心确信历程是法律实现过程的润滑剂。如果说司法审判是社会正义的最后一道防线，那么法官就是这最后一道防线的'守门人'，倘若能放松对'守门人'的束缚，为他创造更加广阔的自由空间，让他'头顶是灿烂的星空，心中是崇高的道德法则'，正义的防线将更加巩固"④。严格规则主义规制的对象为法官个人，要求法律最大限度地缩减法官在审判过程中的自由裁量权。

---

① 付其运：《从规则主义到建构主义——以判文解释为视角》，《山东青年政治学院学报》2011年第4期，第103页。

② 公丕祥：《当代中国能动司法的意义分析》，《江苏社会科学》2010年第5期，第104页。

③ 张文显：《二十世纪西方法哲学思潮研究》，法律出版社1996年版，第130页。

④ 陶猛：《穿行于事实与法律之间——和谐社会语境下法官内心确信规则之治》，《法律适用》2007年第1期，第15页。

　　另外，与司法规则主义相近的概念还有"司法克制主义"。所谓司法克制主义，一方面要求法官对其他机关要持谦抑的姿态——不骄横、专断，而另一方面强调法官对法律的忠诚。司法克制主义理论认为，法律是已经存在的客观"现成"之物。法官的任务就是在司法过程中去发现、解释和服从法律；法官职业道德的最主要内容是要表达对法律的忠诚；把法律规则放到最高的位置，法律至上。"公正要求有规则可依，而且有规则必依，它是一种政策，也同样是一种心态，公正是贯穿守法主义道德、法律制度、法律政治的主线"①。从这个角度而言，司法规则主义和司法克制主义都强调对"规则"的尊重，认为司法对规则的遵守是正义的源泉。然而，与司法克制主义不同，司法规则主义不仅指导法官之审判权的行使，其着实规制着司法的全部领域和司法权运行的整个过程。

　　特别需要说明的是，司法规则主义并非是对"司法能动主义"的反动。司法规则主义并不排斥司法更多地接纳和消解社会矛盾，更不反对司法官对民意之吸纳和采用。司法规则主义强调司法受作为规则的法律的约束，司法权之运行及司法官之活动应依法律而为之。在司法规则主义之语境下评判能动司法，能动司法对社会矛盾的广泛吸纳和对民意的吸收只要是符合司法之基本规律，依法律规则而为之，则其完全是可以得到司法规则主义理念的支持的。

　　2. 规则主义司法之必要性

　　司法的生命在于公正，法律所蕴含的普遍公正须通过法官适用法律解决纠纷才能转化为针对个案的具体公正，对法律的忠实适用是法官的天职。司法恪守规则的底线，是司法的基本要求。司法改革走向规则主义路径，具有以下几个方面的必要性。

　　（1）职业化司法、人民司法抑或能动司法本身都是规则内的司法，职业化司法与人民司法在规则的范围内具有统一性。如前所述，肖扬时代所推行的职业化司法改革之主导旋律即对司法规则的回归，《人民法院第一个五年改革纲要（1999—2003）》和《人民法院第二个五年改革纲要（2004—2008）》之基本内容都是在探索司法自身规律的基础之上，按照司法规律建构司法组织形式、改革内部机构设置，推动司法组织体系、司

---

① 陈金钊：《法官司法缘何要奉行克制主义》，《扬州大学学报（人文社会科学版）》2008 年第1 期，第48 页。

法权运作模式、司法官角色等司法基本要素"去政治化"的过程，使司法回归其应有的本质，成为规则内的司法。换言之，肖扬时代所推行的司法改革是司法对作为人类优良生活经验之司法规律的回归。而人民司法或者能动司法亦非对司法规律的反动，实际上，不管是官方还是学界，始终坚持人民司法或者能动司法之改革应当在司法规律的范围内推行。《人民法院第三个五年改革纲要（2009—2013）》指出，人民法院司法体制和工作机制改革"始终坚持遵循司法工作的客观规律"，必须结合审判和执行工作自身特有的规律，注重探索司法规律在特定国情、特定环境下的具体应用和体现。而提倡司法能动主义的学者也坚持司法能动主义必须以遵守司法规律为前提。例如，江必新教授认为，"能动司法必须保持必要的限度，能动主体必须保持高度的自律和自我限制：必须恪守司法职权范围；必须遵循司法的运行规律；必须尊重当事人的诉讼权利；必须防止司法权的滥用；必须与司法职能具有必要的关联；必须具有科学务实的态度"[1]。公丕祥教授也认为，能动司法是有边界的，司法有其特有的规律，其调节经济社会关系的手段和效果有着固有的局限性。司法机关必须坚持适度能动，应当把自己应该做和可以做的事情办好办实，不能把什么事情都包揽过来。要做到既积极有为，又合理适度，必须坚持依法司法。人民法院的一切司法活动都必须遵守现行实体法和程序法的规定，即便是法官以行使自由裁量权的方式进行能动司法，也必须在依法司法的前提下进行。换言之，公丕祥教授所坚持的能动司法是规则限度内的能动司法，而非逾越规则的"能动"司法[2]。我们认为，司法能动主义之倡导者的某些观点和做法的确存在忽略司法规律的情形，如主张司法机关"超越司法被动性的特征，更多地需要承担维护社会稳定职能"，要求法院、法官主动出击，介入社会治理过程，积极化解社会纠纷等，皆是对司法被动性的反动。然而，这些具体的主张和改革措施并没有从根本上影响到能动司法对法律、对规则的尊重。从根本上而言，能动司法强调的是司法要人民性，司法机关应当回应民众对公正司法的诉求，"司法体制机制改革要坚持群众路线，充分尊重人民群众的知情权、参与权、表达权和监督权，充分倾听人民群众呼声，真正体现人民群众意愿"。司法能动主义的这些主张，不仅不会与司法规则主义之内涵相冲突，反而需要通过制定规则而得以实现，并通过尊重规则而得以升华。

---

① 江必新：《司法理念的辩证思考》，《法学》2011 年第 1 期，第 27 页。
② 公丕祥：《当代中国能动司法的意义分析》，《江苏社会科学》2010 年第 5 期，第 100-109 页。

（2）规则主义司法不仅是职业化司法与能动司法的统一，还是对后两者的超越。职业化司法强调司法对"司法独立""不告不理"等司法规律的回归，力图建构古典意义上的司法机关。"司法独立""不告不理"等司法规律实质上是人类在其长期的历史发展过程中形成的关于法律适用的体验，是长期的历史经验的结晶。职业化司法改革主张司法对这些价值的回归，其实质是对经验的认同。而人民司法则是强调司法对民主诉求的回应性，要求司法机关更大程度扩大其受案范围，司法过程更多地吸纳人民的意志，"司法改革必须体现人民意志、反映人民愿望，必须鼓励人民参与、倾听人民呼声，必须主动接受人民监督、自觉接受人民评判"。从这个角度而言，人民司法之实质是司法改革对理性的认同。而法律规则不仅是经验的，也是理性的。作为一般性规定之法律是久经历史考验的人类优良生活经验的结晶，也是人之理性的体现，是通过特定程序而凝结为"法律"的集体理性。司法走向规则主义的路径，严格遵守规则的规制，在规则确定的范围内行使审判权和检察权，不仅可以通过适用作为多数人理性之反映的规则而实现民主，还可以通过适用作为历史经验之规则而抑制民主的非理性冲动，从而使司法始终保持不偏不倚的态势。司法权运行同时兼具规则主义合法性和经验主义合法性，将促使司法既能吸纳民意，又能避免为多数人之非理性意志所左右而沦落为多数人实施暴政的工具。

（3）我国《宪法》第 5 条规定，中华人民共和国实行依法治国政策，建设社会主义法治国家。所谓依法治国，是指人民群众通过特定的方式和途径，依据法律的规定管理国家事务和社会事务。依法治国，即法治的实现，首先是要求宪法在国家法律体系中具有最高地位，任何法律都不得与宪法相抵触，这是依法治国的前提；其次是宪法和法律具有权威性，任何人和任何组织都应当严格遵守法律的规定，在法律的框架内活动，不得将其意志和行为凌驾于法律之上；最后还要求司法应当保持其独立性，司法官依据其对事实的认定和对法律的理解行使司法权，追诉活动和审判活动不受政治利益和社会舆论的干预。

从根本上而言，对于宪法具有一定的民主性和正义性、法律体系业已基本建立的国家来说，依法治国目标的实现最为重要的就是将纸面的宪法和法律落实到社会生活中，将宪法和法律规定的权利义务关系转化为人们的生活常态。因而，从这个角度而言，规则的遵守对于推进当今我国依法治国之进程具有决定性的意义。尚且不论我国违宪审查制度尚未发挥其应有的功能，现行立法中与宪法和法律之原则与精神相冲突的现象也时有发生。总体而言，历经 30 多年的发展，我国现已形成了完整的法律体系，社会生活的各个方面皆有法律予以规范。国务院新闻办公室发布的《中国特色社会主义法律体系》白皮书认为：截至2011年8月底，中国已制定现行宪法和有效法律共240部、行政法规706部、地方性法规8600多部，涵盖社会关系各个方面的法律部门已经齐全，各个法律部门中基本的、主要的法律已经制定，相应的行政法规和地方性法规比较完备，法律体系内部总体做到科学和谐统一，中国特色社会主义法律体系已经形成。基于此，我国实际上已经走过了追求"有法可依"的历史阶段，跨入了"有法必依、执法必严"的阶段。就其根本性质而言，法律无外于通过规定人们的权利和义务而调整人们行为的规则。因而，树立法律至上的理念，培养守规则的习惯，保证法律得到社会主体尤其是政府的遵守，无疑是当前建设法治国家的基本要义。"法治的意思就是指政府在一切行动中都受到事前规定并宣布的规则的约束——这种规则使得一个人有可能十分肯定地预见到当局在某一情况中会怎样使用它的强制权力，和根据对此的了解计划自己的个人事务"①。

法治国家之建设需要全社会形成"守规则"的氛围，而"守规则"对司法机关而言更为重要。培根曾说过，一次不公正判决比十次犯罪的危害还要大，因为犯罪只污染了"水流"，而不公正的判决却污染了"水源"。基于同样的道理，司法"守规则"之于全社会之规则意识的形成，确有正本清源的作用。司法是法治建设的最后支点，法在社会生活中所具备的定纷止争作用很大程度上需要司法机关严格适用法律作为保障。社会生活中因不法行为而被损害的社会关系需要司法机关予以修复，而社会关系被"损害"的判断标准为法律，则修复这种社会关系之依据当然亦为法律，司法机关在修复的过程中首先要严格按照民事、刑事、行政实体法行使司法权。为保障实体法得到司法机关之严格执行，并且使社会公众有理由相信司法机关严格遵守实体法解决纠纷，司法机关即需要以"看得见"的方式来行使其司法权，这种"看得见"的方式即严守组织法之权限和履行程序法上的义务。换言之，只有司法严格遵守组织法、程序法之规定，按照调整当事人之关系的法律作出审判，社会主体对规则之遵守才有意义，通过规则而寻求的有序的社会生活也才得以实现——此即规则主义司法对依法治国之重要意义。

（4）正当法律程序要求司法过程中实现"有意识的思维隔离"。所

① [英]哈耶克：《通过奴役之路》，王明毅译，中国社会科学出版社1997年版，第73页。

谓有意识的思维隔离,是指正当程序要求决定者有暂时忘却真正关心的实质性问题之最终结论,对案件当事人之自然身份采取置若罔闻的态度。这种情况下,程序具有超越个人意思和具体案件处理的特性,从而把纠纷的解决和决定的作出,建立在"结构化"和"一般化"的制度之上。在程序中适法者考虑的应当是"当前"的法律问题,即使有必要作道德、经济等事实方面的考虑,也都严格限制在程序之中,不允许决定者个人离开法律来作道义和功利方面的斟酌。

司法过程是公正性要求较高的社会活动,公正必须以看得见的方式实现。正当程序所具备的"有意识的思维隔离"的特征要求在司法程序行进过程中,适法者不应当受到法外的目标的指引,在程序完结之前,其对案件的最终处理结果应当是无知的。程序犹如一幅"无知之幕",隔断了法外目标和案例可能出现的处理结果对司法者的影响,从而避免司法者对某一可能出现的结果怀有先入为主的偏好。就是说,在程序的"无知之幕"下,司法者的意识被隔断在当前程序环节的范围内,仅对当前程序环节中的问题依其内心确信作出判断和选择,而不用顾及案例之最终处理结果。从这个角度而言,"无知之幕"的设置类似于西方的另一种正义观念——蒙眼的正义女神。蒙眼是一种遮蔽信息、保持公正的机制,也可以将其理解为一种程序,通过蒙眼的程序,一方面保证公正结果的获得,另一方面也为审判者的公正性提供合法性论证。正如柯维尔所言:"程序是正义的蒙眼布。"[1]

因为在司法过程中司法者之内心不能存在预先设定的某一目标追求,司法者在无目标指导之下,其应当做的就是在规则的指引下一步步地接近案例结果。换言之,在"无知之幕"下,规则对司法活动之行进具有不可或缺的意义,没有规则之指引,司法者将在"无知之幕"中徘徊不前。规则"是人们对于大多数难以测定的情势所作的一种应对或调适"。正因为人们不知道某一特定行动所可能产生的全部后果,所以,规则对于行动的引导能力才被认为是必不可缺的[2]。由于规则在正当程序所设置的"无知之幕"下具有指引作用,而正当程序本身又是司法生命之源,不言而喻,遵守规则对实现司法公正具有至关重要的作用,这正是正当程序理念对司法走向规则主义之需求。

---

① 姚志伟:《无知之幕与正义的蒙眼布——对程序正义的反思》,《政法学刊》2011 年第 1 期,第 51 页。

② 江国华:《论宪法能力》,《法律科学(西北政法大学学报)》2010 年第 2 期,第 58 页。

3. 司法规则主义的基本要求

如前所述，司法规则主义之核心要义在于强调规则之于司法的根本地位，要求在司法领域内贯彻"规则至上"的理论，一切司法活动皆在法律范围之内进行。司法规则主义作为法治理念在司法领域的具体反映，其对司法活动有多方面的要求。

（1）司法权范围受到法律的约束。司法权运行受法律的严格规制是司法规则主义的第一要义。司法改革走向规则主义路径是法治的基本要求，而法治在相当程度上是宪政的代名词，"从法治的角度看，宪政是法治的最高表现形式，从宪政的角度看，法治是实现宪政的基本原则和方式"[①]。而宪政之根本要求则是对权力的限制，权力只有被限制在法律的范围内，依作为规则的法律而活动，人之权利和安全才得以保障，宪政之于人之自由也才有其意义。基于此，司法规则主义之首要要求即司法权受到法律的约束。

我国《宪法》第 5 条规定，中华人民共和国实行依法治国，建设社会主义法治国家。一切国家机关和武装力量、各政党和各社会团体、各企业事业组织都必须遵守宪法和法律。一切违反宪法和法律的行为，必须予以追究。任何组织或者个人都不得有超越宪法和法律的特权。此条规定了承担遵守宪法和法律之义务的社会主体，在所有主体中，国家机关在排序上位列第一，这从一定程度上反映了法治国家之建设的首要任务为规制国家机关及其权力，司法权作为国家权力之重要分支，其当然受到宪法和法律的约束。另外，我国《宪法》第 131 条规定，人民法院依照法律规定独立行使审判权，不受行政机关、社会团体和个人的干涉；第 136 条规定，人民检察院依照法律规定独立行使检察权，不受行政机关、社会团体和个人的干涉。这两个条款皆规定了审判权和检察权的独立性，然而，这两个条款更着重强调了审判权和检察权之行使"依照法律规定"，基于此，运用法律对司法权进行规制无疑是建设法治国家的重要内容，从而也是司法规则主义的基本要求。

当然，我们说司法权之运行应当受到法律的限制，这并不意味着法律应当将司法权之范围限制在极为狭小的范围内，更不是用法律束缚司法机关之职能的展开。权力是必要的恶，之所以是必要的，其原因在于：尽管规则之施行强调人之自觉认同，"没有信仰，法律将形同虚设"，然而，

---

① 李龙：《西方宪法思想史》，高等教育出版社 2004 年版，第 4 页。

没有权力对违法行为予以强制规制，法律也将形同虚设，人之生活秩序将难以得到保障。尤其是自 20 世纪二三十年代西方经济危机以来，基于社会事务的繁杂性和矛盾的多样性，社会治理任务大量增加，传统法治理念所追求的那种"小国寡民"环境下的"无为而治"，实际上无法满足当代社会的需求，这也是"夜警国家"之管理模式为"行政国家"之模式所替代的原因。在这种情形下，与传统司法权相比，现代各国之司法权能一度呈扩张的态势，并在纠纷解决和公民权利保护方面取得良好效果。特别是对我国而言，由于我国社会处于社会矛盾的高发期，司法在更大范围内消解社会纠纷的确是时代的需求。另外，通过司法途径解决社会纠纷更是现代社会重要的政治智慧。基于此，我们强调司法权应当受到规则的制约，并不是要求司法退回"无为"的姿态，更不是倡导司法权对社会纠纷采取回避的做法，而是要求司法权之运行必须限于法律的范围，在法律的框架内寻求其活动的空间，其法律之适用为其根本职责之所在。

（2）司法权运作效果需要规范。所谓司法权运作效果，是指司法权通过法律的适用而达成的效应或影响结果。一般而言，司法权之运作效果包括两个方面：一是司法权运作之法律效果，表征法律之实现程度[①]；二是司法权运作之社会效果，表征司法权之运作对社会目标和社会追求的实现程度。

关于司法权之法律效果与社会效果之关系，实务界和学界普遍认同的观点为司法的法律效果与社会效果的有机统一。前任首席大法官肖扬认为，法律不可能成为解决所有纠纷的"灵丹妙药"，法律以外的因素如道德、情理也是司法过程中所不可忽略的。判决不仅是单纯的法律责任的判断，更重要的，它是一个可能造成一系列社会影响的司法决策。为此，中国司法机构提出了审判的法律效果与社会效果的有机统一问题[②]。在法律效果与社会效果之关系中，最大限度地寻求二者的统一无疑是学界和实务者的普遍共识。而在二者统一的过程中，何者处于优先的地位，抑或说当二者不能兼顾时何者是司法的第一追求确是值得讨论的问题。一些法官强调司法权之行使不仅应当追求正义的法律效果，还应当服务于政治、服务于大局。例如，最高人民法院原院长王胜俊在其工作报告中指出，司法应当"坚持为党和国家工作大局服务"，应当"高度关注国内外经济环境的新变化，高度关注国际金融危机影响下企业生产经营的新情况，高度关注人民群众日益增长的新需求，高度关注影响社会和谐稳定的新问题，紧紧

---

① 江国华：《审判的社会效果寓于其法律效果之中》，《湖南社会科学》2011 年第 4 期，第 54 页。

② 肖扬：《中国司法：挑战与改革》，《人民司法》2005 年第 1 期，第 6 页。

围绕中央确定的保增长、保民生、保稳定的战略决策，继续坚持为大局服务、为人民司法"[①]。公丕祥教授也认为，"在现阶段，人民司法的历史使命就是要深入贯彻落实科学发展观，为中国特色社会主义事业发展进步服务。人民法院必须根据自身的职能特点，找准贯彻落实科学发展观的结合点和着力点，正确履行宪法和法律赋予的职责，充分发挥司法能动作用，服务经济社会发展，促进社会和谐稳定，保障人民合法权益，维护社会公平正义"[②]。当然，也有学者在认同法律效果与社会效果之统一性的前提下倾向于前者之于后者的相对优越地位，如江国华教授在其《审判的社会效果寓于其法律效果之中》中认为，"审判之法律效果始终是而且必须是其社会效果乃至整个法治根基之所在，离开法律效果，不仅审判之社会效果无以为凭，整个法治亦必丧失根本"[③]。

　　故此，在规则主义司法语境下，司法官是法律的适用者，而非社会政策的制定者，作为法律适用者，其所要考量的根本问题是以法律形式表现出来的人民意志在具体案件中的实现程度，而非这种意志的实现对社会理想之实现有何意义——这个问题是立法者而非司法者的本职工作。司法官的某次依法审判，有可能对当前之社会理想的实现是无益的，甚至是具有阻碍作用的，就是说，这项审判依当前之评价标准来看是具有消极社会效果的，然而，这样的审判还是有其存在的必要。这是因为，规则的制定并不需要绝对服从于当前的社会理想，规则是理性的，又是经验的，经验维度的规则无疑是抑制理性之自负的最好工具。一项依规则而作出的审判，不仅需要放在"当前"之社会环境中加以考量，还应当置于历史的长廊中加以评价。如果我们承认自己并不具有超越历史的高度理性，我们就应当对那些与当前之社会理想所不相符合的"异议"保持谨慎的态度。公共意见并不能决定应当努力将公共意见引向何方的问题，"那种认为理性能够成为其自身的主宰并能控制其自身的发展的理念，却有可能摧毁理性"[④]。基于此，如果说司法应当追求法律效果与社会效果的统一，那么这种统一也应当是将社会效果寓于法律效果之中，在法律效果的范围内寻求统一，而不能是将二者相互妥协后的折中处理，更不能牺牲法律正义而追求所谓的"经济发展大局"。

---

　　① 《王胜俊：从5个方面做好为大局服务、为人民司法》，搜狐新闻：http://news.sohu.com/20090310/n262718898.shtml。

　　② 公丕祥：《当代中国能动司法的意义分析》，《江苏社会科学》2010年第5期，第104页。

　　③ 江国华：《审判的社会效果寓于其法律效果之中》，《湖南社会科学》2011年第4期，第57页。

　　④ [英]哈耶克：《自由秩序原理》，邓正来译，生活·读书·新知三联书店1997年版，第80页。

（3）司法运作过程需要规范。司法规则主义之目标在于确立"法律下的司法权"，基于此，司法规则主义不仅要求司法权之范围及其运作效果受到法律的规定，亦要求司法权之运作过程受到程序法的约束。

程序之于司法具有尤为重要的价值，马克思认为"审判程序和法律应该具有同样的精神，因为审判程序只是法律的生命形式，因而也是法律的内部生命的表现"[①]。程序之于司法之重要性不必赘述，规则主义之司法的实现当然也离不开司法运作之合程序性。就当前我国之司法现状而言，经三次司法改革和《中华人民共和国民事诉讼法》（以下简称《民事诉讼法》）、《刑事诉讼法》、《中华人民共和国行政诉讼法》（以下简称《行政诉讼法》）和《中华人民共和国国家赔偿法》的颁布和修改，司法程序纵使不是尽善尽美，但已建构成相对完善的体系。然而，诉讼法中建构有完善司法程序并没有彻底实现司法权运作过程之规范性，法律规定之外的司法权运行大行其道，主要表现为当前很多法院、检察院除了开展正常的审判、检察业务之外，还通过其他形式开展接访活动。而由于接访程序之不规范性，司法机关在接访过程中司法权运行具有一定的随意性，从而也破坏了司法机关的公正形象。我们认为，在当前社会矛盾突发期，司法机关作为纠纷解决的专业机关，其回应社会现实，扩大对社会纠纷的处理面是具有相当合理性的。然而，司法机关扩大对纠纷的调处一定要在法律的范围内实现。基于司法机关具备的纠纷调处的职能，我们并不反对司法机关开展接访活动，然而，司法机关之接访活动应当与其立案程序、申诉程序对接，对于应当按诉讼案件对待的，则建议当事人通过起诉的方式寻求权利救济，对于应当按申诉案件对待的，依法定程序由法院院长或者检察院检察长启动申诉程序；对于不属于本单位职权范围之内的案件，则要求当事人向有关机关反映，切不能为了实现所谓的"维稳"目标而自行接纳此类案件并通过法外程序予以解决。

（三）规则主义司法对制定统一司法法之需求

前文提到，规则主义司法要求司法权之运作范围和过程受到法的严格制约，司法权不得超越法律的规定而追求所谓的"社会效果"。然而，我们知道法治之实现不仅要求已经制定的法律得到人们的普遍遵守，还要求法律本身是正义的——如此，才能避免司法成为为虎作伥的工具。在这

[①] 中共中央马克思恩格斯列宁斯大林著作编译局：《马克思恩格斯全集（第 1 卷）》，人民出版社 1956 年版，第 178 页。

种目标追求之下，法律体系本身正义与否，特别是现行司法法体系是否体现了法之根本价值，是决定以规则主义为其实现途径的司法改革能否取得成功的关键因素①。我们认为，我国现行司法基本法存在体系不完整、内容不完善的状况。问题重重的司法基本法体系不能有效回应规则主义司法对良法资源的要求，尤其不能满足规则主义司法提出的规范司法权范围、司法权运作程序和司法权运作效果的要求。基于此，当前规则主义司法改革之着力点为制定一部体系统一、内容完善的司法基本法，并以司法基本法为规则，指导司法改革向纵深推进。

1. 我国现行司法法体系及其内容

我国《立法法》第 8 条规定，人民法院和人民检察院的产生、组织和职权以及诉讼制度只能由法律规定。据此，我们认为，我国《立法法》将司法制度纳入法律保留的范围，只能由法律规定，其他任务低位阶的规范皆不得规定。因而，我国司法法体系主要由《宪法》、《人民法院组织法》和《人民检察院组织法》、诉讼法和司法官法以及最高人民法院、最高人民检察院相关司法解释和行政法规构成。

1）宪法中的司法规范

宪法是国家的根本大法，国家政治生活中重要部分皆离不开宪法之规范。司法权作为国家权力的重要组成部分，其依宪法而产生，运行的范围、程序和效果受宪法约束。这些规范司法权之运行及其效果的规范构成了司法之宪法渊源。具体而言，我国《宪法》第三章第八节"人民法院和人民检察院"集中规定了人民法院、人民检察院之设立、性质、职权等事项，这些规范构成我国司法法的主要宪法渊源。另外，《宪法》第 37 条关于逮捕程序的规定、第 62 条关于最高人民法院院长和最高人民检察院检察长之产生的规定也构成司法法之宪法渊源。这些规范，既有对法院体制、检察院体制之规定，亦有对司法机关于国家机关序列中之地位、司法基本程序之规定②。

---

① 前文提到，我国已构建起较为完善的法律体系，这个判断是从整体上而言的，就是说，一方面，改革开放几十年以来，我国立法事业取得了巨大成效；另一方面，由于片面追求立法的数量而忽略了立法的质量。从整体上看，我国法律体系的整体框架是建构起来了，而这些粗线条式的立法没有形成精密的法律机制，部门法中依然存在规范体系不完善、内容冲突等问题，这些问题将是法治进程中必须尽快加以解决的问题。

② 严格来说，司法机关于国家机关序列中之地位亦属司法体制之基本面向之一，然而，由于我国国家机关序列中法院地位与检察院地位具有一定的相似性，为论述的方便，本书将"有关司法机关之地位的规范"从"有关法院体制之规范"和"有关检察院体制之规范"中单列出来，单独阐述。

（1）人民法院体制之宪法规范。所谓法院体制，是指由宪法和法律规定的人民法院之性质、职权、机构设置和相互关系、法官地位等事项的集合体。我国《宪法》中关于法院体制之规范主要包括以下三个方面。

一是关于人民法院之性质的宪法规范，即《宪法》的第128条。该条规定，中华人民共和国人民法院是国家的审判机关。根据此条之规定，首先，人民法院之基本性质为"审判机关"。所谓"审判"，即审理和判决的合称。审理是指搜集证据，审查证据，讯问当事人，询问证人等，以查清案件的事实，确定案件的性质。判决是指根据案件的事实和性质，适用有关的法律作出处理的决定。人民法院作为"审判机关"，其基本职责为查明案件和处理案件。当然，在控、辩、审三方三足鼎立的现代司法理念主导下，人民法院负有"查明案件"之义务并不表明其应当亲自收集证据，而是对检察机关提供的证据进行审查，在审查的基础上依证据认定事实。其次，人民法院之性质不仅为"审判机关"，还是"国家审判机关"。作为国家审判机关的人民法院应当是国家立法的维护者，以国家立法为其行为的基本依据，通过审判的进行维护国家法制统一。基于此，《宪法》关于人民法院之"国家审判机关"的性质的规定，是我们反对人民法院地方化的主要理由。

二是关于人民法院之组织的宪法规范。人民法院之组织包括人民法院的设置、人员任免和上下级法院之关系等事项。关于人民法院之设置，《宪法》第129条规定，中华人民共和国设立最高人民法院、地方各级人民法院和军事法院等专门人民法院。结合《人民法院组织法》理解，人民法院之设置分四级，即最高人民法院、高级人民法院、中级人民法院和基层人民法院。除此之外，专门法院则包括海事法院、铁路运输法院和军事法院。高级人民法院、中级人民法院和基层人民法院按行政区划设置在地方，其院长由地方人民代表大会选举产生，对地方人民代表大会负责。关于人民法院院长之任免，《宪法》第62条规定，全国人民代表大会选举最高人民法院院长和最高人民检察院检察长，第63条规定，全国人民代表大会有权罢免最高人民法院院长和最高人民检察院检察长；《宪法》第101条规定，地方各级人民代表大会选举并且有权罢免本级人民法院院长和本级人民检察院检察长。关于上下级法院之关系，《宪法》第132条规定，最高人民法院是最高审判机关，最高人民法院监督地方各级人民法院和专门人民法院的审判工作，上级人民法院监督下级人民法院的审判工作。就是说，在人民法院之金字塔体系中，最高人民法院处于该体系之"最高"地位，是国家最高审判机关，对民事、行政和刑事案件行使终审权，同时享有司法解释权、法院运作规则制定权、司法政策制定权等。从某种意义上说，它是全国法院的法院，它所作出的司法解释、所制定的规则及所发布的司法政策，对全国法院的审判工作具有最为直接的效力①。当然，最高人民法院具有"最高审判机关"地位之含义与国务院具有的"最高国家行政机关"地位之含义是不同的，国务院基于其"最高"地位，有权领导各部、委员会和地方各级行政机关工作，而最高人民法院对地方各级人民法院和专门人民法院之审判工作仅有进行监督的权力，并且这种监督权之行使应当遵循法定形式，即通过二审程序和审判监督程序行使。

三是关于人民法院之职权的宪法规范，即《宪法》131 条。该条规定，人民法院依照法律规定独立行使审判权，不受行政机关、社会团体和个人的干涉。根据此条规定，我国法院所享有的职权为"审判权"。审判权从其性质上而言，属于判断权，"司法判断是针对真与假、是与非、曲与直等问题，根据特定的证据（事实）与既定的规则（法律），通过一定的程序进行认识"②。就是说，审判权是一种对案件事实之真伪及其法律后果加以判断的权力。

（2）人民检察院体制之宪法规范。宪法中关于人民检察院体制之规范主要规定于《宪法》第三章第八节中，这些规范亦可分为以下三个方面。

一是关于检察院性质之规范，即《宪法》第 134 条。该条规定，中华人民共和国人民检察院是国家的法律监督机关。根据此条规定，可以对检察院之性质作以下理解：①检察机关是"国家"的法律监督机关。检察机关代表国家，并以国家的名义对法律的实施和遵守进行监督，它的监督应当以是否危害国家利益为标准，只要发生了危害国家的利益的行为，检察机关就应当予以监督。②人民检察院是专门的法律监督机关。与人民代表大会以及其他机关的监督相比，人民检察院的监督又是一种专门的监督，这不仅体现在宪法对其专门的监督职权的规定之上，还体现在其他法律对其监督手段的规定之上，如《人民检察院组织法》规定检察院对于公安机关的侦查活动是否合法实行监督，对于人民法院的审判活动是否合法实行监督。这些手段是检察院所专有的，也是检察院之法律监督机关性质的必要保障。

二是关于检察院之组织的宪法规范。检察院之组织亦包括检察院之设

---

① 刘练军：《我国宪法上的司法制度省思》，《江苏警官学院学报》2010 年第 3 期，第 27 页。
② 孙笑侠：《司法权的本质是判断权——司法权与行政权的十大区别》，《法学》1998 年第 8 期，第 34 页。

置、人员任免和内部关系等事项。《宪法》第135条规定，中华人民共和国设立最高人民检察院、地方各级人民检察院和军事检察院等专门人民检察院。关于人民检察院检察长之任免，《宪法》第62条规定，全国人民代表大会选举最高人民法院院长和最高人民检察院检察长，第63条规定，全国人民代表大会有权罢免最高人民法院院长和最高人民检察院检察长；《宪法》第101条规定，地方各级人民代表大会选举并且有权罢免本级人民法院院长和本级人民检察院检察长。关于检察院之内部关系，《宪法》第137条第2款规定，最高人民检察院领导地方各级人民检察院和专门人民检察院的工作，上级人民检察院领导下级人民检察院的工作。上下级人民法院之间是"监督"关系，而上下级人民检察院间是"领导"关系。这是因为，检察院系统具有一体性的要求。所谓检察一体性，是指为保持检察权行使的整体统一，在肯定检察官相对独立性的同时，将其组成统一的组织体，即采取检察官所有活动一体化的方针。其主要内容是上命下从，上级检察首长就下级检察官处理的检察事务，不但有指挥监督权，还有职务收取权和职务移转权，下级检察官则有相应的服从义务和报告义务。

三是有关人民检察院之职权的规范。《宪法》第136条规定，人民检察院依照法律规定独立行使检察权，不受行政机关、社会团体和个人的干涉。结合《检察院组织法》理解，我们认为，检察权之内涵包括了对破坏国家的政策、法律、法令、政令统一实施的重大犯罪案件的检察权、对公安机关的侦查活动是否合法之监督权、对刑事案件之公诉权等权能。就其性质而言，检察权为一种法律监督权，即对法律关系主体之行为是否合法进行监督，既包括对个人和社会团体之行为的监督，亦包括对行政机关、人民法院之行为的监督。

（3）司法机关在国家机关序列中之地位的宪法规范。我国宪法建构了人民代表大会之一的"一府一委两院"的国家政权组织形式。其中，作为司法机关的"两院"在国家机关序列中，既有其独立的一面，又要受到人民代表大会的监督。现行宪法中规定司法机关以上地位的规范主要包括《宪法》第62条、第63条、第67条、第101条、第104条、第131条、第133条、第136条、第138条。

就司法机关之独立地位，《宪法》第131条和第136条分别规定了司法机关依法律规定独立行使审判权和检察权。根据此两条之规定，审判权之行使具有独立的性质，司法机关依其对证据之审查结果而认定案例事实，依其对法律的理解而作出处理决定，在此过程中，法院之意志不受外界的干预。当然，审判权之独立行使也必须依"法律规定"，而不得违反法律的规定，或者超越法律之界限，否则构成违法司法。从中我们亦可看到，我国司法机关依照"法律规定"独立行使司法权，而非依照"《宪法》"规定独立行使司法权，因而司法权之独立是法律上的独立，而非宪法上的独立，司法机关不得以法律违反宪法为由而拒绝适用甚至作出撤销判决——这也是与我国人民代表大会制度相适应的。

另外人民法院审判权之行使亦受人民代表大会的监督。根据《宪法》第131条、第136条之规定，司法机关依独立行使审判权排除行政机关、社会团体和个人的干涉，但该条并非排除人民代表大会对司法机关工作的监督。《宪法》第67条规定，全国人民代表大会常务委员会行使监督国务院、中央军事委员会、最高人民法院和最高人民检察院的工作的权力。基于此，司法权之独立行使亦是人民代表大会监督下的独立行使。当然，人民代表大会的监督是对法院工作的整体监督，而非对个案的干预，在个案之处理过程中，司法权之独立行使受法律保护。另外，《宪法》第133条规定，最高人民法院对全国人民代表大会和全国人民代表大会常务委员会负责，地方各级人民法院对产生它的国家权力机关负责；第138条规定，最高人民检察院对全国人民代表大会和全国人民代表大会常务委员会负责，地方各级人民检察院对产生它的国家权力机关和上级人民检察院负责。基于此，司法机关不仅需要接受人民代表大会的监督，还需要对同级人民代表大会负责。

（4）司法基本程序的宪法规范。程序是司法的生命，"司法是司法机关严格按照法定职权和法定程序所进行的专门活动，因此，程序性是司法的最重要、最显著的特点之一"[1]。检察院与法院同为司法机关，其遵循着某些共同的司法程序，即司法基本程序。我国《宪法》中规定司法基本程序之规范主要包括以下三点。

一是《宪法》第139条。该条规定，各民族公民都有用本民族语言文字进行诉讼的权利。人民法院和人民检察院对于不通晓当地通用的语言文字的诉讼参与人，应当为他们翻译。在少数民族聚居或者多民族共同居住的地区，应当用当地通用的语言进行审理；起诉书、判决书、布告和其他文书应当根据实际需要使用当地通用的一种或者几种文字。根据此条规定，司法机关在诉讼程序之行进过程中，负有为少数民族公民提供翻译或利用民族语言进行诉讼的义务，这种程序义务对审判机关和检察机关皆有

---

[1] 张文显：《法理学》，高等教育出版社2005年版，第276页。

约束力，是具有我国特色的程序性规范，也是民族平等的必然要求。

二是《宪法》第130条。该条规定，人民法院审理案件，除法律规定的特别情况外，一律公开进行。被告人有权获得辩护。此条实质上规定了两项司法基本原则，即公开原则和辩护原则。所谓公开原则，是指司法机关在行使司法权之过程中应当将司法权之行使依据、据此认定事实的证据和最终处理决定以一定的形式让当事人知悉，保障其知情权。而辩护原则则由自然公正原则演化而来，该原则要求任何机关对他人之利益作出不利决定之前皆应当听取其意见，"当事人在其利益受到某决定影响的时候，作决定人应该充分听取其意见"[1]。听取意见原则经长期的历史过程演化为一项基本的程序性原则，这项原则在立法、执法和司法程序中均得以贯彻。《宪法》第130条规定人民法院审理案件应当遵循公正和辩护的原则，这两项原则自然可以作为审判之基本原则而存在。当然，我们应该看到，《宪法》第130条之主体为"人民法院"，这是否意味着公正原则和辩护原则仅仅是审判的基本原则，而非司法基本原则？我们认为不尽然。这两项原则在《刑事诉讼法》中均有体现，其约束对象同时包括检察院和法院，因而这两项原则应当具备司法基本原则之地位。

三是《宪法》第140条。该条规定，人民法院、人民检察院和公安机关办理刑事案件，应当分工负责，互相配合，互相制约，以保证准确有效地执行法律。根据这条规定，人民法院、人民检察院和公安机关在程序行进的过程中，事实上是存在相互独立、相互制约的关系，此种关系是我国《刑事诉讼法》领域中侦查、审查起诉和审判程序构建的纲领性条文，相互独立和分工合作亦是我国司法法的基本程序性原则，并体现到了司法领域的具体程序中。例如，《宪法》第37条第2款规定，任何公民，非经人民检察院批准或者决定或者人民法院决定，并由公安机关执行，不受逮捕。本条规定于《宪法》第二章即"公民基本权利与义务"一章，因而，从其字面意思而言，该条所彰显的是公民之人身自由权不受非法侵犯。然而，我们知道，公民权利既有主观公权利的属性，又有客观法秩序的属性。作为客观法秩序的公民基本权利，其指向对象为国家公权力，要求国家公权力负担不侵害公民权利的义务。因而，《宪法》第37条第2款所规定的公民人身自由不受非法侵害的权利，实际上赋予了人民检察院、人民法院和公安机关在对公民实施逮捕时所负担的程序性义务。这种义务有一定的权力分立的性质，即对公民实施逮捕应当按以下三种程序进行：一是

---

[1] 杨寅：《普通法传统中的自然正义原则》，《华东政法学院学报》2000年第3期，第10页。

在由公安机关侦查的案件中，公安机关将收集到的证据提交检察院并提出对犯罪嫌疑人予以逮捕的申请，检察院对证据予以审查之后，即作出批准逮捕的决定，再由公安机关执行该决定；二是在检察院自行侦查的案件中，由检察院中的侦查部门向批捕部门提出实施逮捕的申请，批捕部门对申请及其相应证据进行审查并批捕实施逮捕，该批准交由公安机关执行；三是在人民法院审判的过程中，认为需要对被告人实施逮捕的，自行作出逮捕决定并交公安机关执行。就是说，在逮捕程序中，批准权或决定权与执行权是相互独立的，批准或者决定逮捕的机关不得自行执行逮捕，三者在逮捕过程中相互独立、相互制约。

2）《人民法院组织法》和《人民检察院组织法》

《人民法院组织法》和《人民检察院组织法》是我国司法法规范体系的重要组成部分，是规范司法组织和司法官的重要法律渊源。

一是《人民法院组织法》。我国《人民法院组织法》由三章组成，即总则、人民法院的组织和职权、人民法院的审判人员和其他人员。该法中关于人民法院之性质、设置、审判权独立、审判原则和上下级法院之关系等事项的规定，都是《宪法》中相应规定的具体化，前文已有所涉及，因而本段不再赘述。

在《人民法院组织法》第一章中，第 3 条规定了人民法院的任务，即审判刑事案件和民事案件，并且通过审判活动，惩办一切犯罪分子，解决民事纠纷，以保卫无产阶级专政制度，维护社会主义法制和社会秩序，保护社会主义的全民所有的财产、劳动群众集体所有的财产，保护公民私人所有的合法财产，保护公民的人身权利、民主权利和其他权利，保障国家的社会主义革命和社会主义建设事业的顺利进行。据此，我们认为，人民法院之任务可以分解为两个方面，一是微观方面的任务，即通过审判保护社会主体的财产权以及公民的权利。这类任务可以在单个的个案中得以实现，对社会主体之权利的保护亦为人民法院在行使审判权过程中所必须遵循的基本规则。二是宏观方面的任务，即保卫无产阶级专政制度，维护社会主义法制和社会秩序，保障国家的社会主义革命和社会主义建设事业的顺利进行。这类任务之所以为"宏观"的，在于其不能在单个的个案中得以实现，人民法院只有通过审判权的行使，对其受理的所有案件皆加以公正解决，其才能完成"维护社会主义法制和社会秩序，保障国家的社会主义革命和社会主义建设事业的顺利进行"之任务。另外，对于人民法院所承担的这类宏观任务，我们当然可以将之视为人民法院审判权之行使所必须实现的"社会效果"和"政治效果"，这是因为，审判权之行使能否完成"维护社会主义法制和社会秩序,保障国家的社会主义革命和社会主义建设事业的顺利进行",并不能从个案中加以判断,而需要站在司法审判之效应之于全社会的影响之高度加以考虑。就是说,我国《人民法院组织法》并不反对审判权之行使以追求最优之社会效果和政治效果为其向导,审判权之行使要"以大局为重"不仅是司法政策的宣示,其亦有规范上的依据。然而,我们应当认识到,人民法院对社会效果和法律效果的追求,应当"通过审判活动"而予以实现,这是《人民法院组织法》第3条之根本要义。

《人民法院组织法》第一章第13条规定了死刑复核程序,第14条、第15条规定了审判监督程序,这些规定都是我国司法法体系的重要组成部分。《人民法院组织法》第二章规定了人民法院的组织和职权。其中第19条规定了人民法院的人员构成,第21条至第32条规定了人民法院的层级及各级人民法院的管辖权划分。《人民法院组织法》第三章规定了人民法院的审判人员和其他人员,其中,第33条规定审判员之条件,第34条、第35条规定审判员和法院院长之产生程序、院长任期、院长罢免程序等事项,第37条规定人民陪审员的产生和审判过程中的权利。

二是《人民检察院组织法》。《人民检察院组织法》由总则、人民检察院行使职权的程序、人民检察院的机构设置和人员的任免三章构成。总则中规定了人民法院的性质、机构设置、人员配备、任务、上下级人民检察院之关系等内容,这些内容是《宪法》相关条文的具体化。第二章规定了人民检察院行使检察权的程序,包括侦查程序、逮捕程序、审查起诉程序、侦查监督程序、公诉程序、抗诉程序等刑事诉讼程序。第三章规定人民检察院的机构设置和人员的任免,其中,第20条规定了人民检察院内部机构的设置,第21条至第24条规定检察长的任免,第25条规定检察长任期,第26条规定检察长的任免。

3)诉讼法

诉讼法规定了司法权运行之必经程序,亦是我国司法制度的重要组成部分。我国现存三大诉讼法,即《民事诉讼法》《刑事诉讼法》和《行政诉讼法》。三大诉讼法规范的侧重点不同,内容各异,特别是相应的诉讼程序更是各不相同。然而,三大诉讼法在诉讼的基本原则方面具有高度的一致性。

一是三大诉讼法都规定了审判独立原则。《民事诉讼法》第6条规定,民事案件的审判权由人民法院行使。人民法院依照法律规定对民事案件独立进行审判,不受行政机关、社会团体和个人的干涉;《行政诉法》第 4 条规定，人民法院依法对行政案件独立行使审判权，不受行政机关、社会团体和个人的干涉；《刑事诉讼法》第 5 条规定，人民法院依照法律规定独立行使审判权，人民检察院依照法律规定独立行使检察权，不受行政机关、社会团体和个人的干涉。审判独立贯穿于我国三大诉讼法中，是《宪法》第 131 条各个诉讼领域的具体体现，是我国司法的基本原则。

二是三大诉讼法都规定了以事实为根据，以法律为准绳的审判原则。这亦是我国诉讼法的基本原则，《民事诉讼法》第 7 条、《行政诉讼法》第 5 条、《刑事诉讼法》第 6 条都规定了该原则。当然，有学者认为，这里的"以事实为根据"指的是法律上的事实，即经法庭质证而认证的证据所证明的事实，而非客观真实意义上的事实。我们赞同这种观点。

三是合议、回避和两审终审运用本民族语言进行诉讼、适用法律一律平等等原则，这些原则涉及审判组织的组成、法院审级等方面的内容，我国三大诉讼领域都遵循这些基本原则。

另外，在我国现行司法法体系中，就其法律渊源形式而言，除了宪法、法律之外，还存在少量行政法规和司法解释①。例如，国务院制定的《诉讼费用交纳办法》，最高人民法院颁行的《最高人民法院关于进一步加强合议庭职责的若干规定》《最高人民法院关于审判人员在诉讼活动中执行回避制度若干问题的规定》和最高人民检察院制定的《人民检察院刑事诉讼规则》，这些法律规范主要是程序性的实施条例。

4）司法官法

司法官法即《中华人民共和国法官法》（以下简称《法官法》）和《中华人民共和国检察官法》（以下简称《检察官法》），这两个法对司法官之资格、任免程序、权利义务等事项作了详细规定。关于司法官的任免程序，前文已有介绍，本部分重点介绍司法官的任职条件、义务和权利、惩戒。

一是司法官的任职条件。《法官法》和《检察官法》规定了担任法官和检察官的条件，这些条件有较多相同之处，共同构成了我国司法官之任职条件。根据这两个法的规定，担任司法官之条件包括积极条件和消极条件。就其积极条件而言，司法官应当具有中华人民共和国国籍，年满二十三岁，拥护中华人民共和国宪法，有良好的政治、业务素质和良好的品

---

① 《立法法》第 8 条将司法制度纳入法律绝对保留的范围，从这个角度而言，以行政法规、司法解释等形式对司法制度事项作出规定有违《立法法》之精神。

行，身体健康，通过国家统一司法考试等条件。担任司法官的消极条件则包括：曾因犯罪受过刑事处罚、曾被开除公职。

二是司法官的义务和权利。根据《法官法》和《检察官法》的规定，担任司法官者负有以下义务：严格遵守宪法和法律；审判案件必须以事实为根据，以法律为准绳，秉公办案，不得徇私枉法；依法保障诉讼参与人的诉讼权利；维护国家利益、公共利益，维护自然人、法人和其他组织的合法权益；清正廉明，忠于职守，遵守纪律，恪守职业道德；保守国家秘密和审判工作秘密；接受法律监督和人民群众监督。享有以下权利：履行法官职责应当具有的职权和工作条件；依法审判案件不受行政机关、社会团体和个人的干涉；非因法定事由、非经法定程序，不被免职、降职、辞退或者处分；获得劳动报酬，享受保险、福利待遇；人身、财产和住所安全受法律保护；参加培训；提出申诉或者控告；辞职。

三是司法官的惩戒。在现代国家，基于司法官独立身份之保障，如无法律明文规定之情况不得罢免法官，从而保障司法官只对法律负责，而不用对所谓的"上司"负责。我国《法官法》和《检察官法》皆规定了司法官之惩戒，从而从反面维护司法官之独立地位。根据《法官法》和《检察官法》的规定，司法官不得有下列行为：散布有损国家声誉的言论，参加非法组织，参加旨在反对国家的集会、游行、示威等活动，参加罢工；贪污受贿；徇私枉法；刑讯逼供；隐瞒证据或者伪造证据；泄露国家秘密或者检察工作秘密；滥用职权，侵犯自然人、法人或者其他组织的合法权益；玩忽职守，造成错案或者给当事人造成严重损失；拖延办案，贻误工作；利用职权为自己或者他人谋取私利；从事营利性的经营活动；私自会见当事人及其代理人，接受当事人及其代理人的请客送礼；其他违法乱纪的行为。如有以上行为，则视情况轻重给予警告、记过、记大过、降级、撤职、开除等处分，乃至依法追究刑事责任。

2. 现行司法法之缺陷

如上所述，我国司法法在其体系上主要由宪法和法律以及部分司法解释行政法规等构成，在其内容上主要包括司法组织法、司法程序法和司法官法等规范。由司法组织法、司法程序法和司法官法等内容构成的司法法在其体系和内容上均存在一定的缺陷。

（1）体系上的缺陷。法的体系化是一国立法进步的重要标志。在现代国家，特别是在大陆法系国家，随着立法实践的深入推进，立法成果得以进一步丰富化。我国自改革开放后，经几十年的立法实践，法律体系包括司法体系业已建立，然而，司法体系之建立与司法体系的完善化还存在相当的距离，司法法体系上的缺陷依然存在—— 如前所述，我国司法法规范主要体现在宪法、司法组织法、司法程序法和司法官法当中，我国至今尚缺乏对司法权及其行使进行统一规制的司法法典。

单行立法的方式，确实有利于对司法领域的各个方面进行详细的规范，然而，单行立法应当是以统一的司法基本法为前提的，在统一司法法的指导下，分别就司法权运行的各个领域制定单行司法法，如此司法法体系才得以统一和有序。换言之，司法法体系应当呈现出金字塔形，金字塔的顶端为宪法中的司法法规范，其主要从国家权力架构的角度规定司法权的性质、地位及其配备以及司法权运行的基本原则。而统一的司法基本法则为衔接宪法和单行司法法的桥梁，其将宪法中的司法规范予以具体化，使之成为制定单行司法的指导原则，宪法的价值将可以通过司法基本法而传送至单行司法法中并落实到司法权行使的每一个环节。而通过司法基本法的规制，单行的司法法规则将得以形成统一、协调的体系，宪法与单行司法法之脱节问题也将得以解决。

另外，法的体系化亦是近代立法发展的重要现象，法律编纂在各国大为兴起。所谓的法律编纂，即由国家立法机关将属于某一法律部门的所有现行规范性法律文件进行清理和修改，创制新的规范，修改不适合的规范，废除过时的规范，从而编制成内容和谐一致、体例完整合理的系统化的新法律或者法典[①]。自改革开放之后，特别是"八二宪法"颁行之后，我国司法法立法得以长足发展，制定了门类较为齐全的单行司法法规范，并在实践中形成了众多的司法解释。司法法数量增长必然产生司法法体系化的要求，只有司法法规范按一定的标准进行有序排列，形成紧密的司法法体系，消除相互间的冲突，司法权之运行才有可能受到法的全程、全方位的约束。

（2）司法法之内核的错位。如上所述，当前我国司法法之体系主要包括宪法、司法组织法、司法程序法和司法官法等法律形式。在这些法律渊源中，《宪法》专列一节即第三章第八节规定司法制度，这一节共 13个条文，另外，《宪法》中其他章节的一些个别规范，如《宪法》第 37条，亦涉及了司法权运行的相关事项。《人民法院组织法》制定于 1979年，1983 年和 2006 年曾两次作小规模的修改。2006 年版《人民法院组织

---

① 沈宗灵：《法理学》，北京大学出版社 2003 年版，第 425 页。

法》分三章，共有条文 40 条；《人民检察院组织法》制定于 1979 年，1983 年和 1986 年进行修改，有条文 28 条。《法官法》和《检察官法》都制定于 1995 年，2001 年和 2017 年进行修改。与司法组织法、司法官法之单薄相对应的是，我国司法程序法较为发达。我国现有《民事诉讼法》《刑事诉讼法》和《行政诉讼法》三大诉讼法。《民事诉讼法》于 1991 年制定，2012 年第二次修改，2017 年第三次修改，共四编 27 章 284 条；《刑事诉讼法》于 1979 年制定，2012 年第二次修改，分五编，共有 290 条；《行政诉讼法》于 1989 年制定，2014 年和 2017 年进行修改，共有条文 103 条。相比司法组织法、司法官法而言，诉讼法可谓体系完备，内容丰富，对司法权之行使程序作了严密的规范。程序性规范在司法法体系中占据着重要地位，从这个角度而言，我国司法法形成了以司法程序法为重点的法体系。

司法的生命在于程序，正当的程序是司法公正的前提。"在很大程度上，社会公众对司法公正乃至社会公正的希冀，不是寄托在对某项制度价值与理念的判断上，而是孕育于制度设计者和操作者对程序环节的仔细推敲之中。司法的过程是一个多方参与和意见交涉的过程，程序性问题虽然并不直接决定司法的最终结果，但却对司法的最终结果产生间接的影响，并影响着社会对司法公正的认知程度。因此，司法过程应当是一个衔接紧密的程序性链条，在这一链条的每一环节，各项程序性争议得以消解"①。基于此，我们认为，我国诉讼法体系的完备既有其必要性，亦是法治进步的体现。

然而，从宪政的角度看待司法制度，司法不仅是诉讼程序的问题，还是关乎国家权力范围和国家权力在各个机关之配置的问题，在其中，司法权之范围、司法权在国家权力序列中的地位和司法官在宪政国家之地位等内容皆要作严密的考察和分析。基于此，司法法对诉讼程序作详细明晰的规定有其合理之处，然而将诉讼程序置于司法法之核心地位而忽略司法权配置法、司法组织法和司法官法的建构，无疑是本末倒置的——诉讼法的重要性在于其具有相当的实用性，其制定能够解决司法权运行之"有法可依"的问题并实实在在地规范司法权之运行过程，司法程序法之完善关乎每一个具体案例中每一位当事人得到公平的对待，保证案例结果的公平性。基于此，诉讼法得到更多公众关注，其立法水平在我国司法法体系中占据最高的地位也有其合理性因素。而司法组织法和司法权配置法一般体

---

① 高新华：《论司法程序性裁判》，《国家检察官学院学报》2008 年第 1 期，第 87 页。

现了宪政国家的司法原理和司法规律的终极追求，其对于规范和发挥司法权的历史作用具有重大意义。从这个角度而言，在国家司法法体系中，司法权配置法、司法组织法和司法官法在其地位上至少不应当低于司法程序法，我国司法法体系应当形成司法权配置法、司法组织法、司法官法和司法程序法并重的局面。

（3）内容上的重叠。如上所述，我国司法法应当划分为司法组织法、司法权配置法、司法程序法、司法官法四个部分，各部分皆有其特有的规制对象。就司法组织法而言，其主要对司法体制之建构作出规定，具体而言，应当规定司法机关组织系统、司法权范围、各司法机关之内部关系、司法机关内部机构的设置以及司法机关之性质、司法机关在国家权力体系中的地位等问题。而司法权配置法则主要规定司法权赋予主体、司法权在各司法机关之间的配置等问题，司法程序法则规范司法机关在适用法律解释具体的社会纠纷中所应当遵循的程序，司法官法则主要对司法官之地位、任免、惩戒等事项作出规定。然而，我国现行的司法组织法即《人民检察院组织法》和《人民法院组织法》不仅规定了司法机关之组织事项，还规定了司法权运行程序、司法官地位等事项，而诉讼法、司法官法对相关事项的规定基本上照抄了司法组织法的规定。这种情况下，司法组织法与司法程序法、司法官法即存在重叠之处。

（4）司法基本规律的缺失。如上所述，规则主义司法要求司法权对司法规律的尊重。司法独立和司法被动是司法领域最根本的规律。关于司法独立之于司法之重要性，学者已多有论述，此处不再赘述。至于司法被动性，许多学者对其重要性认识不足，认为其赞同于"不告不理"原则，将之作为一项程序性原则来理解，立法中亦有所缺漏。我们认为，司法被动与司法独立之于司法具有同等重要的地位，是司法的两大基本原则。

相对立法权而言，司法权一般具有保守性的特征。这是因为，立法机构是民意代表机构，而民意具有多变性的特点，社会生活中所出现的新动向和新思潮一旦获得了多数人的认同，即可能成为民意而左右着立法机关的决策。而司法权之本质在于适用法律，其所适用之法律不仅包括"主权者的命令"，亦包括作为人之理性所能理解的正义标准和经由社会历史之检验而认定为正确的"一般性规则"，这些标准和规则是经验性的，又是历史性的，其带有浓重的古典气息，是经验理性的结晶。在这种情况之下，以"一般性规则"为其最高依据的司法权当然具有保守性的特征。而立法权与司法权分立之精义则在于：以司法之经验理性制约民意的冲动倾向和迅速变革，防止社会发展过于向某一方向倾斜，从而维护社会发展之平衡性和稳定性。具体而言，司法之保守性体现于其被动性：一方面，司法并不主动地参与社会政策的制定，亦不作用于利益分配制度的建构，其与社会利益的分配过程保持必要的距离，从而处于一种相对超然的地位。只有在这种前提之下，司法者才能够以旁观者的身份对利益分配进行公正的评判，从而通过法律的适用而矫正受到损害的正义。另一方面，纵使司法具有适用法律维护社会秩序之基本职能，这种职能的履行亦不能过于积极，司法机关应当尊重社会本身所具有的自我纠正能力，在社会自组织力所不能及之时，才代表国家适用法律以解决纠纷。基于此，我们认为，在国家权力架构中，被动性是司法的本质属性。

当然，被动性之于审判机关和检察机关具有不同的内涵。对审判机关而言，被动性意味着"不告不理"，这不仅是审判的程序性原则，而且着实规制着司法的全过程。简言之，作为程序性原则，"不告不理"要求审判机关不得自动启动司法程序，待当事人将相关事实和诉求诉诸法院，法院才能以行使审判权对其进行审查和判断；作为实体性规则，"不告不理"还对审判权之行使范围具有限制性作用，即该原则要求审判权的行使不能超越当事人所提起的诉讼请求的范围。对检察机关而言，其被动性具有一定的特别之处。检察机关是国家法律监督机关，代表国家行使法律监督权，这种监督权之行使自然应当积极为之而不能懈怠，否则将造成设置检察机关这一宪政安排之目标的落空。然而，检察机关在行使其司法权能即侦查权和公诉权之时，其亦受到司法之被动性的约束，这种被动性实际上源于刑法之谦抑性，检察机关不得任意动用刑法对社会主体和社会事件进行评判。

尽管现行司法法规范体现了司法的被动性特征，然而，我们认为，现行司法法仅将司法的被动性当作一项程序性的原则而规定在诉讼法中，要求司法机关不经起诉不得自行启动司法程序，而未将被动性作为司法的基本原则，未在具体的司法权配置、司法组织设置中贯彻被动性的原则。

3. 规则主义司法与统一司法法的制定

如前所述，规则主义司法既是依法治国的必然要求，亦是司法正义的基本内涵。规则主义司法要求司法权运行之范围、过程及其效果受到法的严格约束。简言之，规则主义司法之要义在于建构宪法和法律之下的司法，确保司法权之运行受到法的全程、全方位的规制。从这个角度而言，司法规则主义确是司法改革的目标和方向。然而，现行司法法存在诸多的缺陷，导致了法对司法权之全程、全面制约目标的落空，司法权之行使在相当程度上实质上是无规则可循或有规则不循的。而统一司法基本法的制定，将能够为司法提供足够的良法资源，有效满足规则主义司法之要求，弥补司法法规范与规则主义司法之裂缝，推动司法改革向规则主义司法之进展，在司法领域内实行规则之治，从而为社会正义之实现建构具有本源地位之司法正义机制。

（1）司法基本法的制定是当前改革的逻辑前提。纵观我国业已进行的司法改革，这些改革更多的是一种"制度"层面的改革，而非制度之依据——"法"层面的完善。以人民法院的三个"五年改革纲要"为例，《人民法院第一个五年改革纲要（1999—2003）》就审判方式、审判组织形式、法院内设机构、法院人事管理制度改革和法院管理等方面进行了改革，《人民法院第二个五年改革纲要（2004—2008）》就诉讼程序、审判指导制度、执行体制、司法人事管理制度等方面进行了改革，《人民法院第三个五年改革纲要（2009—2013）》就法院职权配置、法院队伍建设、法院经费保障、司法为民工作机制等方面进行了改革，这些改革既无明确的法律依据，亦非对法本身的修改，而是对司法制度的变动。从这个角度而言，尽管现行司法改革之成效不容忽略，然而由于这种改革没有明确的法依据，其更多地体现为司法机关的自我调整行为而非经由法律确认的国家决策，因而其合法性是值得怀疑的。当然，这也从一定程度上反映了司法改革进程中规则意识的缺失。

基于对当今司法改革之合法性存疑，我们认为，当前我国司法改革应当从"制度"层面的改革转化为"法"层面的改革——司法制度之建构以法为依据，司法改革之行进绕开变"法"而着力于改"制度"则无异于缘木求鱼。在这种情况下，由于现行司法法存在诸多缺陷——体系不统一、内核错位、内容重叠、司法理念缺失，现行司法法这一"旧瓶"似乎难以装下司法规则主义的"新酒"，难以承载全面规范司法权运行之理想。而由于这些法规范在其体系方面存在缺陷，对其进行修修补补亦难以达到为司法规则主义提供足够的良法资源从而实现司法领域的规则之治的目标。因而，从"法"的层面推进司法改革，制定统一的司法基本法无疑是司法改革的根本出路，亦是当前改革的重点。统一司法基本法的制定，首先将使作为经验理性之司法基本规律体现于法律中而成为国民意志，从而在司法领域达成司法规律与司法民主之统一，实现司法的规则之治；更为重要的是，通过制定规则的方式推进司法改革，将表明改革本身亦受到规则的限制，因而不仅倡导了司法过程的"规则之治"

理念，更倡导了改革行进本身亦是依规则而为之，这当然是依法治国的应有之义。

（2）以司法基本法为指导的司法改革。司法基本法之制定，首先是当前司法改革之突破口，所制定的统一司法基本法不仅能够规制司法权之运行，亦可作为司法改革继续进行的指导性纲要。

司法改革是一个永无止境的过程。这是因为，社会本身是一个永无止境的变化过程，复杂多变的社会生活是司法改革的根本性动力，司法需要不断对其自身组织、职权和程序等事项进行调适，使之适应社会本身的发展。从实证的角度而言，在我国，人民法院之改革自《人民法院第一个五年改革纲要（1999—2003）》颁行至今已近二十年，而在该《纲要》颁行之前法院改革实质上业已进行。在长达二十多年的时间里，人民法院之改革可谓硕果累累，然而其改革进程从未间断。基于此，我们认为，以司法正义之实现为其终极价值追求的司法改革处于永无止境的过程中。

而改革与规则之关系如何，不同学者则有不同看法。有学者认为，司法改革是对司法体制机制的修正，在改革的过程中，司法组织、司法权配置、司法权范围、司法程序等事项处于不断的变化发展过程中，此过程不需要规则的存在，规则对司法体制本身的规范只会约束改革的行进和创新，简言之，规则将成为改革的阻力。因而，只有改革成功之后，待相应制度已基本成型，再将这些制度予以规范化从而使之成为司法规则。这种观点在我国社会领域具有一定的市场，亦是我国司法改革重制度层面的改革而轻法之变革的主要原因。

然而，我们认为，规则之制定，不仅是作为改革之成果而存在的，其更应当是改革据以深入的依据。简言之，司法改革之过程更需要规则的约束。这是因为，作为"一般性规则"的法律是人之经验理性的结晶，是经历史验证的社会赖以有序发展的基本规则。强调改革过程对规则的尊重，在特定情况下确有可能阻碍改革的行进，然而却可避免改革偏离正常的轨道而造成难以预计的后果。这是因为，人之理性具有时代局限性，改革纵使通过民主机制由多数人进行决策，这些决策在今天看来兴许是正确的，然而却未必经受得住历史的考验。司法不是任由当代人随意打扮的"小姑娘"，司法权性质和司法职能从历史深处走来，其超越某一时代、某一民族的具体要求，依自身规律而缓缓前行。今天，在我们看来，司法也许应当是"能动"的、司法机关应当主动发挥职能以服务大局、服务地方经济发展，然而，这些改革和看法是否是适当的，只能留待历史来评说。我们所要做的，就是在历史面前，对理性少一些自负，对经验怀一份敬畏，严守规则，依规则谨慎前行。基于此，具体到司法改革领域，改革之行进就需要一部纲领性的规则予以规范，改革过程对规则的遵守将能够避免改革误入歧途。而这部纲领性的规则，则为统一司法基本法。换言之，制定一部全面反映司法基本规则的统一司法基本法不仅应当成为当前司法之重要内容，亦可以成为司法改革得以深入推进的指导性规范。

二、司法基本法制定的可行性

统一司法基本法之制定的必要性在于适应司法规则主义之改革方向，为司法权之运行提供合乎司法规律又体现人民意志之基本规则。当然，统一司法基本法的制定尚需要立足于特定的社会条件，这些条件是其得以生成的土壤。如果缺乏这样的土壤，立法者妄自制定所谓的"统一司法基本法"抑或其他类似的法，无疑是"理性的自负"，是将社会视为立法的试验田，将其自身之观念和想法强加于社会，从而造成法与社会的脱节，导致社会主体无所适从或法律规则形同虚设。统一司法基本法之制定，在西方各国是从未有之事，其在我国的生根发芽，当然要立足于我国特殊的国情。这种国情体现在司法领域，即司法制度的中国特色。中国特色社会主义司法制度将司法机关（包括审判机关和检察机关）之根本性质统一定位为人民司法，将司法机关之根本任务统一设定为司法为民。审判机关和检察机关在其性质和任务方面的同构性将使统一司法基本法的制定具有坚实的基础。另外，我国宪法对审判机关和检察机关之地位的规定亦具有一定的同构性，审判机关和检察机关均是人民代表大会之下的"一府一委两院"下重要的一级，法官法和检察官法对法官、检察官之地位、任职条件和人事管理制度亦作出了基本相同的规定，特别是当前我国已制定《人民法院组织法》《人民检察院组织法》《法院法》《检察官法》和三大诉讼法、职业伦理规范等单行法。这些单行法之体系化要求构成了统一司法基本法制定的必要前提，其同时又是司法基本法之制定所必须依赖的法律资源。此外，传统司法文化和司法伦理的特性、司法改革的成效和司法政策亦为统一司法法之制定提供了广阔的社会基础，统一司法基本法的制定，将可以实现对人民法院、人民检察院的权力界限、组织体系、运行规则等内容予以统一的规制，并配之以单行法对各方的权限和职责作出具体的分工和制约。

（一）统一司法基本法制定的政治基础

在我国，人民法院和人民检察院之根本性质和根本任务，即人民司法和司法为民，既是中国特色社会主义司法的重要内容，是司法的政治属性和任务，又得到宪法的确认，是其法律属性。人民法院和人民检察院在其性质和任务方面的统一是统一司法基本法制定的根本基础。

1. 司法之人民性解读

通常来说，在我国社会实践中，"司法权"一般包括审判权和检察权两部分权能：一方面，审判和检察作为两种具有不同内涵和外延之社会活动，其具有各自独特的性质；另一方面，审判和检察同时作为司法之构成部分，其又具有相同的性质，即人民性。

1）审判之独特性质——判断和决断

审判作为一种社会活动，其社会功能在于解决社会纠纷和实现社会正义，基于此，从其本质而言，审判是一种具有判断性质的社会活动。

（1）审判活动是一种对社会事实进行"判断"的活动。所谓的判断，是指对相关事实和关系予以认定，从而解决"是"或"非"之问题的思维活动和实践活动。作为一种具判断性质之活动，审判需要对"法律事实"和"法律效果"予以认定。对事实之认定，主要通过证据之审查而得以实现，就是说，审判人员在审判过程中就当事人及其辩护人所提供的证据材料，对其合法性、真实性和关联性予以审查，对具备以上"三性"的证据材料予以采纳并使之成为具有法律意义的"证据"及至使之形成完整的证据链，并据此还原事实真相。当然，审判活动中对事实真相的认定是一种通过证据的事实认定，在此过程中，由于客观因素的制约，充分证明事实真相之证据材料并不一定能够为法院和当事人所取得。而证据缺失并非法院拒绝裁决的理由，在证据缺失的情形下，审判人员只能依据证据规则推导出"事实真相"，这种"事实真相"可能与客观事实存在差距。因而，审判作为一种具判断性质的社会活动，其是对"法律真相"的判断，而非对"客观真相"的判断。

（2）审判又是对已发生之事实的法律效果进行判断的行为。事实判断所要解决的是"是"或"非"的问题，而法律效果的判断则需要法官在某一事实语境下对当事人之间之权利义务关系作出认定。在此过程中，审判官之目光须在事实与法律之间"往返流转"，在事实的基础上根据实体法之规定判断当事人之间的权利义务关系。在实务中，审判人员对法律效果之判断一般通过判决书之说理部分而得以证成。

（3）审判活动又是一种"决断"活动。所谓决断，即在认定事实和关系的基础上形成新的法律关系的活动。对事实和法律关系的判断是基础性行为，而决断则是审判得以完成的最终行为。事实和关系的判断主要表现为审判官的思维过程，当然此过程需要吸纳当事人的材料与意见，而决断则是一种表意性的行为，其将审判官在通过质证和法庭辩论阶段而形成的意思表现于外，并借司法之权威而具强制力，形成当事人之间必须予以尊重的法律关系。实务中，审判之决断性质则通过判决书之主文而得以体现。当然，并非所有案例之审判皆经"事实认定""法律关系认定"和"决断"的过程，很多案件是以调解结案的方式而得以解决的。然而，这并不影响审判之判断的性质，在典型的审判活动中，"判断"贯彻了审判的全过程。

2）检察之性质——法律监督

我国《宪法》第 134 条规定，中华人民共和国人民检察院是国家的法律监督机关。根据本条之规定，学界一般将检察院之性质界定为法律监督机关。基于此，我们认为，检察之性质为法律监督。

所谓法律监督，既有广义的内涵，亦有狭义的内涵。就其广义内涵而言，法律监督是指对社会关系主体，即立法机关、行政机关、审判机关以及社会组织、个人之行为的合法性的监督。而狭义的监督则仅为对公权力主体行使权力行为之监督。在当代宪政国家，这种监督之于公民权利之保护具有不可替代的作用。检察院的监督是一种专门的监督，位列"一府一委两院"下的重要一级，是宪法专门设置的法律监督机关。之所以说检察之性质为法律监督，除宪法之直接规定之外，从《人民检察院组织法》所配置的检察权来看，检察机关之检察业务实质上更多地为对其他主体遵守法律之状况进行监督。

根据《人民检察院组织法》规定，各级人民检察院对破坏国家政策、法律、政令统一实施的重大犯罪案件行使检察权、对部分刑事案件行使侦查权、对公安机关之侦查行为实行监督、对刑事案件提起公诉、对人民法院审判活动之合法性实行监督、对刑事案件之执行实行监督。基于此，一则对公安机关之侦查行为实行监督、对人民法院审判活动之合法性实行监督、对刑事案件之执行实行监督等活动皆为对公权力行使之合法性进行监督的活动，从这个角度而言，检察活动之性质无疑是一种法律监督活动。二则对部分刑事案件行使侦查权、提起公诉等行为亦是对公民或者其他主体是否违反《中华人民共和国刑法》（以下简称《刑法》）

进行审查，从而亦是一种法律监督行为。故此，监督性无疑是检察的基本属性。

3）人民性——司法机关之根本属性①

如上所述，审判和检察作为司法之组成部分，各自具有其独特的性质，分别为判断性和法律监督性。当然，审判和检察共同作为社会主义国家之重要的重要职能，其立足于中国特色社会主义制度中，带有明显的人民性，司法的人民性正是社会主义司法的根本属性。

人民性一直是我国司法的基本属性，中华人民共和国司法制度之建构，是以人民性为司法之灵魂的。中华人民共和国成立初期起到临时宪法作用的《中国人民政治协商会议共同纲领》第 17 条即规定，废除国民党反动政府一切压迫人民的法律、法令和司法制度，制定保护人民的法律、法令，建立人民司法制度。这是司法之人民性的第一次正式表述。其后，《中央人民政府组织法》虽然建立了异于今天的司法体制，然而审判机关和检察机关皆以"人民"加机关名称为其命名规则，这足以从外在形式上表现司法机关之人民性。当然，人民司法绝非空泛的口号，其具有丰富的理论内涵。一是司法属于人民。人民司法工作者"必须站稳人民的立场"，使司法成为人民自己手中的工具，只有这样，司法才能成为"人民"的司法，才能真正属于人民。至于"站稳人民的立场"，一言以蔽之，就是以人民利益为出发点和落脚点。二是司法为了人民。董必武就曾指出："一切为人民服务，这是一个真理，我们应该坚持，司法工作也是为人民服务。""人民司法基本观点之一是群众观点，与群众联系，为人民服务，保障社会秩序，维护人民的正当权益。"三是司法依靠人民。董必武认为，全体政法工作人员，特别是领导干部，要深入群众中和基层组织中，深入工厂、矿山和各种经济部门以及农村中，虚心地向群众学习，细心地调查研究人民群众特别是工人、农民在实际生活中创造了什么，否定了什么，需要什么，反对什么②。

中华人民共和国成立初期即确立的人民司法性质，不仅得到了传承，且得以发扬光大。例如，《人民法院第一个五年改革纲要（1999—2003）》提出了完善人民陪审员制度的目标，在总结经验、充分论证的基础上，对担任人民陪审员的条件、产生程序、参加审判案件的范围、权利义务、经

---

① 本部分关于人民司法的相关观点曾以《司法民主与人权保障：司法改革中人民司法的双重价值意涵》为题，发表至《法律适用》2015 年第 6 期，第41-45 页。编入本书时经过了部分修改，特此说明。

② 吕伯涛：《董必武：人民司法传统的缔造者、传承者和发展者》，《法学杂志》2011 年第10 期，第 12 页。

费保障等问题，向全国人民代表大会常务委员会提出完善我国人民陪审员制度的建议，并于 1999 年向全国人民代表大会常务委员会提交了《关于提请审议〈关于完善人民陪审员制度的决定（草案）〉的议案》，进一步落实和加强了人民陪审员制度，使民意得以通过通畅的渠道进入司法权行使的过程而增强审判的民意整合度。更为重要的是，此举不仅从根本上坚持了人民司法之基本性质，亦使得人民司法之性质通过具体制度而得以体现和保障。而《人民法院第二个五年改革纲要（2004—2008）》也提出了落实依法公开审判原则的目标，逐步采取司法公开的新措施，确定案件运转过程中相关环节的公开范围和方式，为社会全面了解法院的职能、活动提供了各种渠道，提高了人民对法院工作之参与度。《人民法院第三个五年改革纲要（2009—2013）》更是对人民司法的全面回归。该《纲要》提出了改革的目标为健全司法为民工作机制，着力解决人民群众日益增长的司法需求与人民法院司法能力相对不足的矛盾，认为法体制和工作机制改革"必须充分听取人民群众的意见，充分体现人民群众的意愿，着眼于解决人民群众不满意的问题，自觉接受人民群众的监督和检验，真正做到改革为了人民、依靠人民、惠及人民"。尤其是该《纲要》专列一部分讨论司法为民机制的建构，研究建立人民法院网络民意表达和民意调查制度，力求充分保障人民群众的知情权、参与权、表达权和监督权，充分了解人民群众的司法需求。由此，我们可以看出，司法之人民性本质一直为我国司法机关所坚持和完善，人民性是司法的根本属性。

司法之人民性，不仅具有政治上的丰富内涵和司法制度、司法政策上的支持，更得到了宪法的确认。我国《宪法》第 1 条即规定，中华人民共和国是工人阶级领导的、以工农联盟为基础的人民民主专政的社会主义国家。所谓人民民主专政，其包括两方面的内涵，一是人民当家作主，人民是国家的主人，国家最高权力源于人民，由人民所有，即《宪法》第 2 条所规定的国家一切权力属于人民；二是对敌人的专政，人民民主专政的国家性质，保证了国家和政府的人民性，因而亦是作为国家职能之重要组成部分——司法具有人民性之性质的基础。而《宪法》第 2 条规定了人民主权原则，表明作为国家权力之重要组成部分的司法权同样来源于人民和属于人民。司法权属于人民，将从源头上保证和体现司法之人民性。另外，《宪法》第 3 条规定了人民代表大会制度，规定全国人民代表大会和地方各级人民代表大会都由民主选举产生，对人民负责，受人民监督；国家行政机关、审判机关、检察机关都由人民代表大会产生，对它负责，受它监督。作为权力机关的各级人民代表大会由人民选举产生和对人民负责、受人民监督，将可以保证权力机关的人民性。由权力机关产生审判机关和检察机关，并规定审判机关和检察机关向权力机关负责，受权力机关监督：一方面可以将权力机关之人民性通过"选举""监督"等渠道传递于审判机关和检察机关，从而使审判机关和检察机关之产生获得民意认同，具有经验维度上的合法性；另一方面，更保证了审判机关和检察机关之于人民的可控制性，即人民可以通过人民代表大会选举产生审判机关和检察机关，并由人民代表大会监督此两者的工作，从而影响司法权之运行，使之符合民意要求。而《宪法》第131条亦规定，人民法院依据法律的规定独立行使审判权，第136条规定，人民检察院依据法律的规定独立行使检察权。在我国，法律是由人民选举产生的人民代表大会所制定的，其是民意的反映，司法机关依法律行使司法权，表明司法权之运行受民意之规制，司法具有相当的民意基础，亦证成了司法之本质——为人民司法。

2. 司法为民之任务解读

司法之性质与任务是本质与现象之关系，司法之性质决定了司法的任务，司法任务又能反映司法性质。我国《人民法院组织法》和《人民检察院组织法》皆规定了法院和检察院的任务，而人民司法之本质从根本上决定了司法为民是司法的任务。

1）从《人民法院组织法》看法院任务

《人民法院组织法》制定于1979年，分别修改于1983年、2006年2018年，该法对人民法院之性质、组织、程序、任务等事项作出了详细的规定。《人民法院组织法》规定，人民法院的任务是审判刑事案件和民事案件，并且通过审判活动，惩办一切犯罪分子，解决民事纠纷，以保卫无产阶级专政制度，维护社会主义法制和社会秩序，保护社会主义的全民所有的财产、劳动群众集体所有的财产，保护公民私人所有的合法财产，保护公民的人身权利、民主权利和其他权利，保障国家的社会主义革命和社会主义建设事业的顺利进行。人民法院用它的全部活动教育公民忠于社会主义祖国，自觉地遵守宪法和法律。根据此条规定，我们认为，人民法院之任务可以分为以下四类。

（1）审判任务。所谓审判，即法院通过质证和听取辩论而认定事实并确立当事人双方之权利义务关系的社会活动。审判案件是人民法院之基础性的任务，我国《宪法》第128条规定了人民法院是国家的审判机关，宪法对法院之审判机关性质的规定，内在地包含了法院负有审判案件之任务。《人民法院组织法》规定了人民法院审判案件之范围为刑事案件和民事案件，实质上，自 1989 年以后，随着《行政诉讼法》的颁行，人民法院获得了行政案件之审判权。当然，法院对行政诉讼之审判权非源于组织法之规定，而是源于诉讼法之规定，这使得法院的这种权力之来源存在正当性不足的嫌疑，因而法院组织法应作出相应修改。

（2）惩办犯罪分子和解决民事纠纷。这是审判任务所衍生的任务。一般来说，惩办犯罪分子和解决民事纠纷事实上是审判的必然后果，可以归于审判任务中。然而，惩办犯罪分子和解决民事纠纷亦可视为审判所应当实现的法律效果，即这种效果之实现亦为司法之任务，因而，本书将惩办犯罪分子和解决民事纠纷单列为人民法院的任务之一。

（3）保护的任务，即保卫无产阶级专政制度，维护社会主义法制和社会秩序，保护社会主义的全民所有的财产、劳动群众集体所有的财产，保护公民私人所有的合法财产，保护公民的人身权利、民主权利和其他权利，保障国家的社会主义革命和社会主义建设事业的顺利进行。就是说，法院之保护任务所指向的对象包括了宏观层面、抽象层面的国家制度和社会秩序，亦包括了微观层面、具体层面上的集体财产和公民财产、人身、民主等方面的权利。

（4）教育任务，即通过审判教育公民忠于社会主义祖国，自觉地遵守宪法和法律。当然，审判任务是人民法院的基础性任务，亦是其他三种任务，即惩办犯罪分子和解决民事纠纷任务、教育任务、保护任务存在和实现的前提，此三者皆需要通过审判任务之落实而得以落实。就是说，人民法院必须在进行审判工作的过程中，以审判工作为依托，从事惩办犯罪分子和解决民事纠纷工作、保护国家制度、社会秩序和个人权利工作和教育工作，在审判中完成以上三种类型之任务。换言之，惩办犯罪分子和解决民事纠纷任务、教育任务和保护任务需要在审判中完成，离开审判追求前三者之实现，无疑会构成司法的越权。

2）从《人民检察院组织法》看检察院任务

《人民检察院组织法》规定，人民检察院通过行使检察权，镇压一切叛国的、分裂国家的和其他反革命活动，打击反革命分子和其他犯罪分子，维护国家的统一，维护无产阶级专政制度，维护社会主义法制，维护社会秩序、生产秩序、工作秩序、教学科研秩序和人民群众生活秩序，保护社会主义的全民所有的财产和劳动群众集体所有的财产，保护公民私人所有的合法财产，保护公民的人身权利、民主权利和其他权利，保卫社会主义现代化建设的顺利进行。人民检察院通过检察活动，教育公民忠于社会主义祖国，自觉地遵守宪法和法律，积极同违法行为作斗争。据此，我们亦认为，检察院之任务包括以下三类。

（1）检察任务。检察任务本质上具有法律监督的性质，其任务之设置和执行的目的在于维护法律的实施。当然，其中的"法律"采狭义说，即限于由全国人民代表大会及其常务委员会制定的普通法律，并不包括宪法和法规、规章。首先，宪法之实施之监督由全国人民代表大会常务委员会进行，检察院并无违宪审查权，当然，如果违宪行为造成严重社会危害性而构成犯罪，当然可以由检察院依《刑法》追诉；其次，依《宪法》第136条之规定，检察院行使检察权之依据为"法律"，基于检察权独立的需要，检察任务之执行可以不受作为政府及其部门、地方人民代表大会之意志体现的法规和规章的制约。相较于法院之审判任务而言，检察院之检察任务的执行则具有多种途径。根据《人民检察院组织法》第5条之规定，检察权之行使方式有：对于叛国案、分裂国家案以及严重破坏国家的政策、法律、法令、政令统一实施的重大犯罪案件，行使检察权；对于直接受理的刑事案件，进行侦查；对于公安机关侦查的案件，进行审查，决定是否逮捕、起诉或者免予起诉；对于公安机关的侦查活动是否合法，实行监督；对于刑事案件提起公诉，支持公诉，对于人民法院的审判活动是否合法，实行监督；对于刑事案件判决、裁定的执行和监狱、看守所、劳动改造机关的活动是否合法，实行监督。

（2）镇压和打击的任务。这种任务之实行，当然需要以检察权之行使为基础和前提。当然，基于我国《刑法》中已删除关于反革命犯罪的规定，并且"镇压"一词政治色彩过浓，不利于表现检察院在打击犯罪活动方面的中立性，故而"镇压""反革命活动""反革命分子"等规定应予以修改。

（3）维护国家利益、社会秩序和个人权利的任务。即通过检察权的行使，打击犯罪分子，维护国家的统一，维护无产阶级专政制度，维护社会主义法制，维护社会秩序、生产秩序、工作秩序、教学科研秩序和人民群众生活秩序，保护社会主义的全民所有的财产和劳动群众集体所有的财产，保护公民私人所有的合法财产，保护公民的人身权利、民主权利和其他权利，保卫社会主义现代化建设的顺利进行。

（4）教育任务。即通过检察权的行使，惩戒犯罪，提高公民守法的自觉性，教育公民自觉遵守法律的规定。

3）司法为民——司法机关之根本任务

通过对《人民法院组织法》和《人民检察院组织法》的考察，我们可以发现法院和检察院之基本任务在于进行审判活动和检察活动。然而，从政治学和宪法之角度看待，我们认为，法院和检察院作为司法机关之构成，其任务具有统一性，即司法为民。

在学理上，司法为民有着广泛而扎实的基础。现代司法理念与传统司法的国家主义和工具主义观念不同，其义为强调司法权的人民性和社会性。作为一种政治理念，司法权在本质上因为市民社会的存在而存在，黑格尔在《法哲学原理》中就把司法权归于市民社会这一环节，而不是归于国家范畴。按照社会契约论，司法权是市民社会委托给国家的，它不是国家压制社会的工具，而是以服务于市民社会为目的的[①]。

司法为民是由我国的国家性质决定的。我国是人民民主专政的社会主义国家，人民性是国家的根本属性。作为国家之代表和国家权力行使者的国家机关当然地具有人民性。而司法的人民性，决定了司法之任务必须以人民的意志为依托，以满足人民的需要为其目标。从这个角度而言，司法为民是由司法机关之人民性所决定的，亦是人民民主专政国家的必然要求。而《宪法》第 27 条更是直接规定，一切国家机关和国家工作人员必须依靠人民的支持，经常保持同人民的密切联系，倾听人民的意见和建议，接受人民的监督，努力为人民服务。作为国家机关之组成部分的司法机关当然受到《宪法》第 27 条之约束，其负有《宪法》所规定的"为人民服务"的义务。尽管这种"为人民服务"的义务具有一定的抽象性，其更多地表现为一种政治宣告而不约束司法权之运行过程。然而，《宪法》对国家机关"努力为人民服务"之规定，一方面构成司法机关之司法为民任务的直接渊源，另一方面亦可以作为制定规定司法机关之服务人民的具体义务的宪法依据。

司法为民不仅具有学理上和宪法上的依据，还是当前我国司法政策的重要内容。前任中华人民共和国首席大法官王胜俊强调，人民法院必须高度重视回应群众关切，把司法为民作为一切工作的出发点和落脚点，始终坚持群众观点、群众立场、群众方法，把群众是否满意作为检验工作的第一标准，通过审判工作回应群众要求和期待，努力实现好、维护好、发展好最广大人民群众的根本利益。为确保人民司法之任务得以实现，司法为民机制的建构亦成为人民法院改革的重要内容。《人民法院第三个五年改革纲要（2009—2013）》提出，要建立健全司法为民机制，加强诉讼引导、诉前调解、风险告知、诉讼救助、案件查询、诉讼材料收转、信访接

---

① 张卓明、倪斐：《司法为民的关键在于司法公正》，《法制现代化研究》2009 年第 12 卷主题研讨，第 28 页。

待、文书查阅等工作，切实方便人民群众诉讼；探索推行远程立案、网上立案查询、巡回审判、速裁法庭、远程审理等便民利民措施；建立健全基层司法服务网络，邀请人民调解员、司法行政部门、行业组织等协助化解社会矛盾纠纷。这些司法政策具有深厚的学理基础和宪法依据，其提出亦是对司法为民之任务的阐释，同时将司法为民之任务落到实处。

　　3. 立足于中国特色社会主义司法制度的统一司法基本法制定

　　一切法律的制定和制度的变革，既要有先进的理念为引导，又要立足于现有的法律制度，充分利用各种法律资源。我国司法具有人民性的根本性质，司法为民是司法的根本任务，而统一司法基本法的制定以人民司法之性质和司法为民之任务为基础，并通过对人民司法性质和司法为民任务的规定而得以融入中国特色社会主义司法制度中。就是说，人民法院和人民检察院在其性质和任务方面的统一性使统一司法法的制度成为可能，而立于人民司法和司法为民基础上的统一司法法亦将得以有效利用中国特色社会主义司法制度的制度资源，成为中国特色社会主义司法制度建构和完善的依据。

　　（1）司法性质和任务与统一司法法之制定。人民司法之性质和司法为民的任务作为中国特色社会主义司法制度的根本"特色"，其沟通了统一司法法和中国特色社会主义司法制度之关系，使得统一司法法能够融入中国特色社会主义司法制度中，成为中国特色社会主义司法制度之建构和完善的规范性依据。基于此种关系的存在，人民司法之性质和司法为民的任务是统一司法法制定的可行性依据。

　　人民法院和人民检察院统一的性质和任务为统一司法法之制定提供了可能。法本身既是人民意志的体现，又是社会规律的反映。对人民法院和人民检察院之权力配置、组织体系和权力运行规则、司法官地位等事项的规定需要立足于人民法院和人民检察院自身性质和特征。就是说，法既要规范社会生活，引领优良秩序的建构，又要立足于生活，符合生活自身的发展规律。司法法的制定既要有利于规范司法组织和司法权运行，促进规则主义司法的实现，更要立足于司法自身的性质、规律和任务。众所周知，我国司法架构具有审检并列的特点，审判机关与检察机关各自分设并自成体系，且检察机关与司法行政机关亦分别单设，形成"审检分设""检行分离"的基本架构模式[1]。在这种模式之下，人民法院与人民检察

----

① 沈德咏：《坚持中国特色社会主义司法制度》，《人民司法》2009年第11期，第12页。

院承载着不同的社会职能，具有不同的性质和组织体系，遵循不同的司法原理。特别是在上下级关系方面，各级法院之间的关系是指导关系，而基于检察一体性的要求，检察机关之设置及其隶属关系更多地体现了上级检察院对下级检察院的领导，如《人民检察院组织法》中规定了下级人民检察院检察长之任免由上级人民检察院检察长提名即体现了该特征。由于人民法院和人民检察院在诸多方面具有不同的特征和遵循不同原理，对人民法院和人民检察院之组织事项，当然亦采用制定单行法的模式。

当然，随着研究的加深，人民法院和人民检察院同作为司法机关，其共有的特性和应当共同遵循的基本规律为人民所重视和探索，人民司法之本质和司法为民之任务不断产生新的内涵，有了新的要求。正因如此，人民法院和人民检察院皆具有人民性的性质并承担着司法为民的任务，人民法院和人民检察院在此方面的统一性，使得对两者的规范可以统一在一部法典中。从这个角度而言，人民法院和人民检察院在其性质和任务上的统一性为统一司法基本法之制定提供了可能性。当然，在此基础上，我们亦可以延伸出这样的结论，即在制定统一司法法的过程中，司法机关，即人民法院和人民检察院所具有的统一性质和特征其及遵循的统一原则即应当成为统一司法基本法的主要内容。

（2）中国特色司法制度与统一司法法的制定。中国特色社会主义司法制度是中国特色社会主义的重要组成部分。中国特色社会主义是一个内涵丰富的概念，其内在地包括中国特色社会主义经济制度、中国特色社会主义政治制度和中国特色社会主义文化制度。

从中国特色"社会主义"之内涵来看，人民司法和司法为民是中国特色社会主义司法制度的重要内容。中国特色社会主义是指立足于中国国情又体现社会主义基本原则的社会制度。人民性是中国特色社会主义的重要面向，其贯彻了中国特色社会主义政治制度之全面领域，并最终落脚于一切权力最终归属于人民。人民司法之性质和司法为民之任务之所以是中国特色司法制度的重要内容，其原因在于中国特色社会主义司法制度作为中国特色社会主义制度之重要组成部分，其当然继承和贯彻了人民性之根本属性，这种属性在司法领域的展开，则体现为司法机关之性质为人民司法，司法机关之任务为司法为民。换言之，中国特色的社会主义司法，即要保障人民在司法领域的当家作主。而司法之人民属性，即保障了司法权来源的人民性和源于人民之司法权由人民选举之人员行使，司法为民之任务则保证了司法权之运行效果符合人民的预期期望。当然，司法之人民性及其司法为民的任务应当在法之范围内得以实现，即司法之人民性和司法为民的任务得到了包含着人民意志之法律的确认。

从中国特色社会主义"司法制度"之内涵出发，人民司法和司法为民亦为中国特色社会主义司法制度之重要"特色"。中国特色社会主义司法制度建立在中国几千年传统司法制度之上，通过对传统司法制度特别是民国时期司法制度的批判和吸收以及借鉴和移植国外先进司法制度，经历新民主主义革命年代、中华人民共和国成立初期、反右运动至"文化大革命"期间、改革开放后至党的十五大期间、十五大至今等重要历史阶段发展而来，其具有丰富的内涵。中国特色社会主义司法制度之主要"特色"集中在司法定位、司法架构、司法运行、司法功能、司法方式、司法为民、司法队伍、司法政治等，在司法定位上，我国司法审判机关与检察机关由国家权力机关所派生，其权力为人民授予，证成了司法的人民性；在司法方式上，刑事审判注重"宽严相济"，民事审判注重"调判结合"，同时形成了审判与人民调解、行政调解、诉讼调解、仲裁等方式并存的多元纠纷解决机制，注重人民对纠纷解决过程的参与，回应人民对矛盾化解的要求；尤其是司法机关重视走群众路线，实行就地办案、巡回审判和人民陪审制，使司法尽可能地贴近群众并依靠群众司法；注重便民诉讼，处处体现司法为民，最大限度地方便人民群众参与司法并减轻当事人诉累；重视群众申诉与再审申请，维护人民群众合法权益，为人民司法，使得人民司法和司法为民成为中国特色社会主义司法制度最为根本的特色之所在[①]。

由于中国特色社会主义司法制度以人民司法和司法为民为其根本特色，而统一司法法之制定又以司法之人民性和司法为民为其基础，所以人民司法和司法为民将成为中国特色社会主义司法制度和统一司法法之间的桥梁，这使得司法法之制定能够立足于中国特色社会主义司法制度的基础之上，从而使得该法之制定具备了可行性基础。具体而言，统一司法法之制定将由民意代表机关为之，其制定程序具有相当的人民性，而其内容亦为反映司法改革的成果，体现人民的意志，确认司法机关之人民司法的性质，细化司法机关之司法为民的任务，并规定司法为民的具体程序。在这种情况下，统一司法法和中国特色社会主义司法制度在人民司法和司法为民方面将具有高度的同构性，统一司法法将被纳入中国特色社会主义司法法体系中，成为司法法体系的直接依据，同时，统一司法法将为中国特色

---

① 沈德咏：《坚持中国特色社会主义司法制度》，《人民司法》2009 年第 11 期，第 12 页。

社会主义司法制度之建构和完善提供规范的依据，确保中国特色社会主义司法制度之建构和完善之过程和结果，尤其是司法改革之过程和结果在规则范围内实现，从而使司法制度走向规则主义。简言之，统一司法法和中国特色社会主义在人民司法和司法为民方面的同构性，使得统一司法法之统一能够有效对接中国特色社会主义司法制度，并为中国特色社会主义司法制度之发展制定指导性原则，因而，人民司法之性质和司法为民之任务为统一司法法之制定联接了丰富的制度资源，为统一司法法之制定奠定了坚实的可行性基础。

（二）统一司法基本法制定的法制基础

从根本上而言，人民司法之性质和司法为民之任务是由我国国家性质所决定的。从这个意义上而言，"人民司法"和"司法为民"之表述，纵使能够通过宪法解释而得以证成，然而，"人民司法"更多地是一种政治语境下的司法内涵之解读，是宪法化的司法政治属性。人民法院和人民检察院在其性质和任务方面的统一性，即人民司法属性和司法为民任务，构成了统一司法法得以制定的基础，亦使得统一司法基本法能够接入中国特色社会主义司法制度中，其自身是中国特色社会主义司法制度的一部分，又为中国特色社会主义司法制度之完善提供规范性依据。因而，从这个角度而言，人民司法之性质和司法为民之任务无疑是统一司法法得以制定的政治性基础。除此之外，经三十多年的立法实践，我国已基本形成中国特色社会主义法律体系，而关于司法事项之立法亦较为全面和科学。单行司法法体系已基本制定，已有的宪法规范和司法规范建构了人民代表大会下的"一府一委两院"的国家机关组织形式，规定了人民法院和人民检察院在国家机关序列中的统一地位，亦规定了统一的司法官地位。这些规定，是统一司法法制定的法律资源。

1. 从单行司法法体系看统一司法法制定的可行性

当前，我国已制定了《人民法院组织法》《人民检察院组织法》《民事诉讼法》《刑事诉讼法》《行政诉讼法》《法官法》《检察官法》《法官职业道德基本准则》《检察官职业道德基本准则》和相关的纪律处分条例，单行司法法体系已基本形成，为统一司法法的制定奠定了坚实的法制基础。

（1）司法法体系现状。如前所述，我国已制定了较为完整的单行司法法体系，这个体系由司法组织法、司法程序法、司法官法、司法职业道德准则等法律和规范。

司法组织法体系包括《人民法院组织法》《人民检察院组织法》以及《人民检察院检察委员会组织条例》。《人民法院组织法》由第五届全国人民代表大会二次会议于 1979 年通过,分别于 1983 年和 2006 年修改。《人民法院组织法》分三章,分别规定了审判机关的设置、审判原则和人民法院的组织和职权、人民法院的审判人员和其他人员等事项。《人民检察院组织法》于 1979 年由第五届全国人民代表大会第二次会议通过,1983 年和 1986 年修改了两次。该法规定了人民检察院的设置、组织体系、行使职权的程序和内部机构设置、人员的任免等事项。《人民检察院检察委员会组织条例》由最高人民检察院依《人民检察院组织法》《检察官法》的规定制定,其对检察委员会之人员构成、任职资格、检察委员会的职责、检察委员会决定的效力、检察委员会会议制度和表决制定等事项作出了规定。

司法程序法体系即由《民事诉讼法》《刑事诉讼法》《行政诉讼法》和相关司法解释构成。《民事诉讼法》于 1991 年由第七届全国人民代表大会第四次会议制定通过,于 2012 年和 2017 年进行修正。该法规定了民事诉讼的任务、适用范围、管辖、审判组织、回避、诉讼参加人、调解、审判程序、特殊案件的审理、判决、执行等事项。《刑事诉讼法》于 1979 年由第五届全国人民代表大会第二次会议制定通过,2012 年修正。该法规定了刑事诉讼管辖、回避、辩护与代理、证据、强制措施、立案、侦查、提起公诉、审判、审判监督程序、执行等事项。《行政诉讼法》由第七届全国人民代表大会第二次会议制定通过,2014 年和 2017 年进行修正,规定了行政诉讼法原则、受案范围、管辖、诉讼参加人、证据、起诉和受理、审理和判决、执行等事项,《最高人民法院关于执行〈中华人民共和国行政诉讼法〉若干问题的解释》对上述事项作了详细说明。以上法律规范形成了完整的诉讼法体系。

司法官法主要包括《法官法》《检察官法》《人民法院工作人员处分条例》《检察人员纪律处分条例(试行)》。《法官法》于 1995 年由第八届全国人民代表大会常务委员会第十二次会议通过,2001 年和 2017 年修改,主要规定了法官任职及其条件、法官义务和权利、法官人事管理等事项。《检察官法》于 1995 年由第八届全国人民代表大会常务委员会第十二次会议制定通过,2001 年和 2017 年修改了两次,该法主要规定了检察官任职、义务和权利、回避和检察官人事管理制度等事项。《人民法院工作人员处分条例》和《检察人员纪律处分条例》分别由最高人民法院和最高人民检察院制定，规定了对司法官纪律处分的种类和适用、纪律处分的期限、处分理由、申诉程序等事项。

司法职业伦理规范主要包括《法官职业道德基本准则》和《检察官职业道德基本准则》。《法官职业道德基本准则》以忠诚、公正、廉洁、为民为其主线，规定了法官之思想行为规范。《检察官职业道德基本准则》则规定了忠诚、公正、清廉、文明为其主要精神，规定了检察官在此方面所应当遵守的准则。

（2）从单行司法法体系现状看统一司法法制定的可行性。如前所述，我们认为我国司法法体系应当采用统一司法基本法加单行司法法的形式。这种形式下，司法基本法对司法领域的根本事项作出原则性规范，而单行司法法则在此基础上，对统一司法法中的原则性规定进行具体的细化。当前，司法组织法、司法程序法、司法官法和司法伦理规则等单行法律规范体系业已建成，这个体系之建成，为统一司法法的制定提供了丰富的法制资源，使统一司法基本法不至成为没有根基的"空中楼阁"。

一般来说，一国法律体系之完善需要具备以下四个方面的条件：第一，法律部门齐全，不同社会关系能够被这些法律部门所涵盖；第二，各个法律部门中基本的、主要的法律已经制定出来；第三，以法律为主干，以相应的行政法规、地方性法规、自治条例和单行条例为配套的法律规范，已经制定出来，相辅相成；第四，法律体系内部基本上做到了协调有序与和谐统一[①]。这个标准对评判一国法律体系之完备程度具有相当的科学性，我们亦可在借鉴和参考此标准的基础上提出评判某一部门法体系之完备程度的标准。具体而言，我们认为，某一部门法体系的完善，亦需要具备以下三个方面的条件：一是该部门法领域内的基本的法律已经制定，二是对基本法律进行细化的法律和其他规范亦得以规定，三是法律体系内部做到协调有序。以此标准评判我国司法法体系，我国《宪法》大致勾勒出了司法之基本架构，现有单行司法法已对司法机关之组织、职权、司法官地位、司法程序等事项作出了明确细致的规定[②]，这些规定之间具有较为合理的逻辑关系。从这个角度来看，我国司法法体系形成了"中部塌陷"的局面，即《宪法》和具体、细化的法律和司法解释业已制定，

---

① 陈俊：《中国特色社会主义法律体系的形成：内涵与走向》，《中国社会科学院研究生院学报》2011年第6期，第69页。

② 当然，基于司法之特殊性，依据《立法法》第8条的规定，司法事项属于绝对的法律保留范围内的事项，行政机关和地方权力机关具备就这些事项进行立法的权力。因而，对基本法律进行细化之任务就由单行司法法完成。

而基本的、主要的法律即统一的司法基本法却尚未制定。这种局面的存在，表征了统一司法基本法制定的必要性，亦是统一司法基本法得以制定的可行性基础——单行司法法的存在及其实施既为统一司法法的制定提供了可供借鉴的法制资源，又为统一司法法之实施提供了具体、明确和可操作规则，使得业已制定的统一司法法能够迅速融入现有的司法法体系中，并通过单行司法法的具体规定而得以在社会生活中发挥其指导、评价、预测、教育等规范性作用，从而成为"活着"的法。简言之，基于单行司法法的存在，统一司法基本法之制定将水到渠成。

2. 从司法组织法看统一司法法制定的可行性

就我国当前司法法现状而言，当前业已形成的单行司法法体系为统一司法法之制定奠定了基础，更为重要的是，从司法组织法之形式和内容上看，统一司法法之制定亦具有可行性基础。

（1）"两院"组织法结构体系之相似性。从形式上看，我国《人民法院组织法》共分为三章，第一章为总则，规定了人民法院的类别和平等原则、公开审判原则等司法的基本原则；第二章为人民法院的组织和职权，规定了人民法院的层级、法院的设置等内容；第三章为人民法院的审判人员和其他人员，规定了审判人员的产生、审判人员的资格、法院院长的产生及其任期等事项。《人民检察院组织法》亦分三章，第一章为总则，规定了人民检察院的分类和设置等事项，第二章规定了人民检察院行使职权的程序，第三章规定了人民检察院的机构设置和人员的任免等事项。

从内容上看，《人民法院组织法》和《人民检察院组织法》在结构体系上具有一定的相似性，两部组织法中的第一章皆为"总则"，且规定了司法的基本原则。而两部组织法也都规定了人民法院与人民检察院的类别设置、人员等事项，且各自之间具有一定的对应性。

（2）"两院"组织法内容的统一性。"两院"组织法不仅在其结构体例上具有一定的相似性，其内容上亦有诸多相对应之处。其中，最为典型的即司法组织法中"两院"地位的统一性。

在"一府一委两院"中，最高人民法院和最高人民检察院直接对最高国家权力机关负责，分别为最高审判机关和最高检察机关，且两者在此种体系中，其地位具有统一性。其统一性主要表现在以下两个方面。

一方面是"两院"的独立性。"两院"的独立是司法独立的必须要求和具体体现，是司法机关特有的秉性。"承认司法机关与司法权为相对独立的国家机关与国家权力的前提，是承认有区别于这一机关与权力的另外一些机关与权力的存在，这就是立法机关及立法权与行政机关及行政权。这是法治国家的逻辑结果，法治国家奉行法律至上，所有事务都围绕法律执行与适用展开。立法机关作为民意代表机构负责制定法律，行政机关执行法律，司法机关适用法律"[1]。我国《宪法》第 131 条和 136 条分别规定了人民法院和人民检察院依法律的规定独立行使审判权和检察权，这是"两院"具有独立性的宪法依据。同时，《人民法院组织法》和《人民检察院组织法》亦对"两院"之独立地位作了相关规定。根据这些规范的规定，行政机关和社会团体不得干涉司法机关之司法权的行使，据此，司法机关不仅在国家权力体系中具有独立性，其相对于作为市民社会组织的社会团体亦具有独立性。

另一方面是"两院"独立的相对性。在我国政治体制中，人民代表大会制度是根本政治制度，全国人民代表大会是最高国家权力机关，代表人民行使国家主权，"两院"之地位不得超越于全国人民代表大会之上，其司法独立相对于人民代表大会而言，亦具有一定的受限性。主要体现在以下几个方面：①"两院"由人民代表大会产生。在机构设置上，各级人民法院和人民检察院是根据宪法和法律创设的，在人员构成上，全国人民代表大会有权选举、罢免最高人民法院院长和人民检察院检察长。最高人民法院院长和人民检察院检察长的人选由全国人民代表大会主席团提名，经各代表团协商后由主席团根据多数代表的意见确定候选人名单，交由全国人民代表大会选举产生。人民检察院的副检察长也由人民代表大会常务委员会选举产生。②人民法院和人民检察院的职权来源于人民代表大会的授予。我国实行人民代表大会制度，国家的一切权力属于人民，而人民行使国家权力的机关是全国人民代表大会及其常务委员会，人民通过选举将权力授予全国人民代表大会，全国人民代表大会又通过制度宪法和法律的方式将检察权及其他职权授予人民法院和人民检察院。人民法院和人民检察院独立行使检察权但须接受人民代表大会的监督。③《宪法》规定人民法院和人民检察院在行使审判权和检察权时的独立性，同时，人民法院和人民检察院的权力由全国人民代表大会授予，因此，被授权者行使权力的活动自然要受到授予者的监督，这主要体现在最高人民法院和最高人民检察院对全国人民代表大会及其常务委员会负责并报告工作，地方各级人民法

---

[1] 韩大元、林来梵、郑贤君：《宪法学专题研究》，中国人民大学出版社 2008 年版，第 550-551 页。

院和人民检察院对产生它的人民代表大会负责并报告工作。

除此之外，在《人民法院组织法》和《人民检察院组织法》中，人民法院与人民检察院之类别、设置亦有一定的相似性。

（3）司法组织法之相似性与统一司法法的规定。我们认为，司法组织法的在其结构体例和主要内容方面所具备的相似性构成了统一司法法制定的可行性条件。在未来制定的统一司法基本法中，将专门设置一章规定司法组织的事项。而现有的组织法内容对人民法院和人民检察院之组织作了相关的规范，由于这些规范在其结构和体例上具有一定的相似性，其当然可以统一到未来所制定的司法基本法之中，成为司法基本法的重要内容。换言之，《人民法院组织法》和《人民检察院组织法》存在着的相似性，使得这两个法具有了相当的可协调性。在未来的司法法中，对现行"两院"组织法具有相似性的规范，司法基本法即可以用同一个条文予以规范。例如，《人民法院组织法》规定，各级人民法院设立审判委员会，实行民主集中制。审判委员会的任务是总结审判经验，讨论重大的或者疑难的案件和其他有关审判工作的问题。《人民检察院组织法》第 3 条规定，各级人民检察院设立检察委员会。检察委员会实行民主集中制，在检察长的主持下，讨论决定重大案件和其他重大问题。由于这两个条文规定了审判委员会、检察委员会的建立及其议事原则，两个条文在文字表述和具体内容方面具有高度的一致性，这种一致性使得两个处于不同法律规范中的条文可以合二为一，而出现于统一的司法基本法中。当然，在《人民法院组织法》和《人民检察院组织法》还有很多诸如此类相对应的、具有高度一致性的规范，这些规范规定了人民法院和人民检察院在其体制、人员产生、权力行使方式等方面的同构性，因而使得统一司法法之制定具有了可行性基础。

3. 从立法技术与立法程序之发展看统一司法法制定的可行性

改革开放以来，我们各级立法机关在短期内制定了大量的法律规范，社会主义法律体系初步形成，不仅实现了从"有法可依"向"有法必依"阶段的跨越，法本身的正义性与合理性已得到了立法机关更大的关注。在三十多年的立法实践过程中，立法机关在立法技术与立法程序方面获得了长足的发展，从而为统一司法法之制定提供了可靠的物质性基础。

（1）立法技术的发展与统一司法法的制定。所谓立法技术，是指立法者在创制法律的过程中所运用到知识、技艺、方法和技巧等的总和。立法是一门具有高度专业技能的事业，其不仅需要立法者具有扎实的法律功能，对该部门法领域之规律和原则有深入的了解，还要求立法者有纯熟的立法技艺，能够将法律知识与社会现实相结合从而归纳出社会发展的一般规律，并通过熟练的语言将其准确无误地表述为法律条文。有学者认为，立法技术可以分为宏观的立法技术和微观的立法技术，宏观的立法技术主要包括立法预测、立法规划和法律编纂技术，微观的立法技术则是指法律的形式、结构和语言方面的技术①。我们认为，立法预测、立法规划和法律编纂技术既涉及立法者对社会现实的抽象提炼，亦关系到立法者对法律知识和社会生活经验之考量的立法本身之品质，并最终关系到法律的制定。换言之，这些技术关系到立法者对法律知识和社会生活等实质性素材的取舍，因而，从这个角度而言，这些技术可以称为实质性的立法技术。而就法律的形式、结构和语言等方面的技术而言，这些技术关乎立法者能否将其内心的意思准确无误地表述出来和能否将数量众多的法律条文按特定逻辑排序，从而便于普通公民学习和理解。从这个角度而言，法律的形式、结构和语言等技术可以称为形式性的技术。近年来，随着立法实践的深入发展，我国立法机关之实质性立法技术和形式性立法技术皆获得了长足的发展。

就实质性立法技术而言，其包括了立法预测、立法规划和法律编纂技术。所谓立法预测，是指立法者根据当时、当地的社会发展需求，采用专门的科学方法和手段对有关立法的未来和发展趋势作出的预测和判断。进行立法预测时，科学的立法预测必须具备以下流程：一是明确立法预测的目标，确定立法预测的时间；二是通过各种手段，广泛收集与立法项目有关的信息；三是确定立法预测的调查范围并选择恰当的立法预测方法；四是对立法预测的误差进行分析评价①。

近年来，基于立法实践的需要，立法机关日趋重视对立法预测技术之发展和完善，细化了立法预测过程中所要完成的基本任务：一是科学地预测立法的发展规律和一般趋势；二是研究现行立法，预测立法的某一个部门或某一项立法文件达到预期的社会效果的程度，以及今后需要进行修改、补充、废除或进一步完善的各种有关问题；三是发现现阶段和今后一段时期内必须通过立法手段加以调整的社会关系的范围，从而确定需要制定新的法律文件的可能性；四是预测法律调整方法和手段可能发生的变化，以及立法部门可能出现的新原则，确定对社会关系进行法律调整的最

---

① 刘军平：《法治文明与立法科学化——立法技术略论》，《行政与法》2006年第4期，第113-114页。

有发展前途的方法和形式；五是在进行立法预测的过程中，获得有关经济、政治、科学技术革命等方面的材料，并加以综合利用①。

所谓立法规划，则是指一定的国家机关，依照一定的职权，在立法政策与原则的指导下，根据一定的方式、程序与技术，对立法及其进程进行的系统安排与设计。立法规划是对未来一段时间内需要以立法的形式予以调整的社会关系进行的安排。规划涉及国家的政治、经济、文化的基本制度、公民的政治与财产权利、基本民事制度、诉讼制度等②。近年来，我国立法规划技术亦有所有发展。例如，全国人民代表大会制定有五年立法计划，地方人民代表大会也有相关规划，从而使得立法工作得以在充分准备的基础之上依规划有序进行。

所谓法律编纂，是指有权机关将业已生效的规范性法律文件从体系、内容上加以整理，并作出继续适用、需要修改和补充或废止的决定，使相关法律规范以有序的方式排序组合的活动。法律编纂是一种职权活动，其作用的对象是业已生效的法律，因而必须由有权机关作出。就我国当前现状而言，法律编纂活动一般由全国人民代表大会或其常务委员会作出。近年来，全国人民代表大会在法律编纂方面的工作也是卓有成效的，如《中华人民共和国物权法》（以下简称《物权法》）于 2007 年得以规定，2009 年《中华人民共和国侵权责任法》（以下简称《侵权责任法》）亦得到规定。其实，从本质上而言，这两部法律与其说是"制定"，还不如说是"编纂"，即将之前在《中华人民共和国民法通则》（以下简称《民法通则》）、民通意见、《中华人民共和国担保法》以及其他司法解释所有的关于物权和侵权责任的条文予以规范化，使之以特定的结构体例排序组合，从而完成法典化的过程，制定出来《物权法》和《侵权责任法》。

近年来，我国立法机关在立法之形式技术的方面亦有很大进步。如上所述，立法之形式技术包括法律的形式、结构和语言等方面的处理技艺，这些技艺之使用的目的在于确保立法者意思的准确表述，防止歧义的产生。当前，全国人民代表大会常务委员会法制工作委员会制定了专门的《立法技术规范（试行）（一）》用以规范立法者意思的表达形式。《立法技术规范（试行）（一）》由全国人民代表大会常务委员会法制工作委员会于 2009 年制定，该《规范》分为五节，分别对法律结构、法律条文表述、法律常用词语、当选修改形式、法律废止形式等事项作出了规范要

---

① 全国人民代表大会：《立法预测》，《人大研究》1994 年第 12 期，第 11 页。
② 李雅琴：《论立法规划的性质》，《河北法学》2010 年第 9 期，第 79 页。

求。"法律结构规范"一节对制定法之目录、定义条款、过渡性条款、法律适用关系条款的设置、编排和内容作出详细的规定；"法律条文表述"一节则对立法目的与立法依据、适用法律、引用法律名称、标点符号的使用及数字的使用等立法中经常出现的表述形式作出了规范；法律常用词语规范对法律制定中经常需要使用到的汉字和词语，如"和""以及""或者""应当""必须""不得""禁止""以上""以下""以内""不满""超过"等常用语之使用作出了规范。

立法技术的发展，为统一司法法的制定奠定了技术性基础。这是因为，立法技术之于立法实践，相当于工具之于劳动，工具的好坏不仅影响着劳动的效率，亦影响劳动成果之质量。诚如古人所云，"工欲善其事，必先利其器"，立法技术的发展，将使得立法者能够科学地预测社会发展的必然趋势，把握社会发展规律，尤其是从业已完成的司法改革过程中汲取经验和教训，把握司法本身的发展规律，从规则主义司法之要求出发，对现有的司法法规则予以取舍精炼，以精确的语言表述司法规律对社会生活的要求，并使这些表述以符合规律自身逻辑、便于普通人理解和记忆的方式排列，从而制定出既反映优良的司法经验又符合社会未来发展的统一司法基本法法典。

（2）立法程序之完善与统一司法法的制定。在当前，立法程序之于立法结果之重要性是不言而喻的，在不公正的程序下，如果公民之意见没有得到充分表达，对立意见亦没有进行有效的交涉，那么此种情形下制定的法律的公正性是值得怀疑的。近年来，我国在立法程序之完善方面所取得的进步，为统一司法法之制定奠定了可行性基础。具体而言，程序之完善与否可以从以下几个方面加以判断：①形式的公正性，正当程序之价值在于以看得见的方式实现正义，实现其在外观上不能有使他人怀疑其公正性之理由。基于此，程序的主持人应当与程序行进过程中所讨论的事项保持利益无涉的关系和不偏不倚的态度。"构成一个程序必须具备两个先决条件：一是有一个预设的结构框架，二是能够同一般的社会环境相隔离。在这个相对独立于外部环境的决定的'隔音空间'，通过排除各种偏见、不必要的社会影响和不着边际的连环关系的重荷，来营造一个平等对话、自由判断的场所"①。因而，回避则是将不当利益之干扰排除于程序之外的机制。②有意识的思维隔离。所谓有意识的思维隔离，是指程序应当被设置成多个环节，在各个环节中人之思维依其对事物的理解而形成，不受前

---

① 张其山：《接近程序正义》，《华东政法学院学报》2004 年第 6 期，第 5 页。

一程序环节之结果的影响，以此维护人之思考和判断的独立性。③对立意见的交涉。正当程序本身既是信息交汇的渠道，亦是对立方意见进行交涉和协商的场所，在此场所内，各方当事人之意见将得到交换，并在协商的基础上相互让步。这些意见亦将为程序主持人听取并被记录在案，最终的决定者在"案卷排他性原则"的支配下依听证所取得的案卷而作出处理决定。为确保对立意见之交涉的充分性，参与机关和意见听取机制则必不可少。

依上述判断标准评判全国人民代表大会之立法程序，该程序是有相当的正义性的。就其形式公正性而言，立法程序的主持者——全国人民代表大会，是民意代表机关，其中立性和公正性自不待言。就思维隔离机制而言，根据《宪法》《立法法》和《中华人民共和国全国人民代表大会和地方各级人民代表大会代表法》《中华人民共和国全国人民代表大会组织法》的规定，立法程序包括了立法规划的制定、法律草案的起草、听取意见、审议通过、公布、备案等几个环节，各个环节相互独立，互不影响，具有一定的分权意味，确保了各个环节之行为主体思维判断的独立性。例如，根据《立法法》的规定，法律案的提出权由全国人民代表大会主席团或一个代表团等主体行使，或者由30名以上的代表联名行使，而法律案的审议而由全国人民代表大会会议进行。审议通过之后，再由国家主持予以公布。这种情况之下，各个环节之主体的意志皆不受前一环节之主体意志的干预，从而确保了法律之制定能够最大限度地体现各方主体之意志。就其意见交涉机制而言，我国《立法法》中第5条即规定，立法应当体现人民的意志，发扬社会主义民主，保障人民通过多种途径参与立法活动。此条具有统领全文的作用，为后文中意见交涉和听取规则之设置奠定了基础。就其意见交涉而言，《立法法》规定，各代表团审议法律案时，提案人应当派人听取意见，回答询问这两条规范即建构了提案主体与审议主体之间之意见交流的机制，为双方的协商设定了程序渠道。就其意见听取机制而言，《立法法》规定，各代表团审议法律案时，根据代表团的要求，有关机关、组织应当派人介绍情况。另外，实践中，对重要的法律案，全国人民代表大会还会通过非正式的形式将草案交由各大高校和专门的研究所，让专家和学者对其进行论证并提出建议。

立法程序之完善性，为统一司法法之制定奠定了程序法的基础。"法律是对国家、组织或个人权利、义务的分配。程序不公正，所立法律对国家、组织或个人权利和义务的规定就会失去平衡，有可能使国家、某些组织或公民不承担或少承担义务，享受更多的权利，而使另外一些组织或公民承担更多的义务而享受更少的权利"①。立法本身即一种利益分配机制，其目的在于将人之权利义务予以确定化，从而减少纠纷的产生。当然，司法法之立法具有一定的特殊性，司法法不调整一般状态下人之权利义务关系，其所调整的是司法组织之建构关系和权利救济过程中当事人之程序性的权利义务关系。而司法机构之设置和当事人之诉讼权利对于当事人之实体权利的维护又具有尤为重要的作用。如果说公正的司法是正义之源，那么公正的司法法更是公正司法的本源。立法程序之完善，为统一司法法之制定提供了完善的程序机制，使得各种不同的意见能够在程序机制中经交涉后消解分歧达成共识，从而确保所制定之统一司法法的公正性。从这个角度而言，现行法律中所建构的较为完善的立法程序确是统一司法基本法制定的可行性基础。

（三）统一司法基本法制定的社会基础

在当前中国特色社会主义制度下，司法之人民性和司法为民之任务构成了统一司法基本法得到制定的政治基础，以人民性和司法为民之理念为向导的统一司法基本法是历史经验与人民意志之融合，实现了经验理性与演绎理性的协调。而单行司法法体例及其内容的相对完善和立法程序的正义性，又为统一司法法之制定提供了充足的法制资源。当然，法是社会生活的凝结，是生活经验的结晶，统一司法法的制定，必须立足于特定的社会环境中，以经济发展为其物质基础，从该社会伦理文化中吸取合理的因素，并能够与当前奉行的司法政策并行不悖。

1. 统一司法法制定的经济基础

马克思主义政治经济学认为，经济是政治的基础，作为上层建筑的法律建构于经济基础之上，其制定及变动受到经济形态变化和经济发展的影响。从此种观念出发，统一司法基本法作为上层建筑的组成部分，其最为根本的经济基础即在于市场经济体制的确立。同时，社会财富的迅速增长亦为统一司法法之制定提供了丰富的物质基础。

（1）市场经济与统一司法法的制定。1992 年，中国共产党第十四次全国代表大会首次提出了建立社会主义市场经济体制的目标模式，经近二十年的发展，我国已基本建成了社会主义市场经济体制。首先，从其形式上看，我国《宪法》第 15 条规定，国家实行社会主义市场经济。而就其

---

① 吴明智：《论立法程序的公正性》，《广西民族大学学报》2006 年第 2 期，第 53 页。

实质看，市场经济具有平等和自由的特征，这些特征在我国经济领域可以得到体现。就其平等性而言，市场经济所要求的平等即市场主体之间特别是不同所有制结构的经济组织之间的平等，这种平等在我国法律上是可以得到保障的。具体而言，《宪法》第 6 条规定，国家在社会主义初级阶段，坚持公有制为主体、多种所有制经济共同发展的基本经济制度，坚持按劳分配为主体、多种分配方式并存的分配制度，该条规定了非公有制经济的合法地位，为公有制经济与非公有制经济之平等地位的建构奠定了基础。而《宪法》第 11 条更是规定了在法律规定范围内的个体经济、私营经济等非公有制经济都是社会主义市场经济的重要组成部分，直接建构了公有制经济和非公有制经济的平等地位。而在经济活动中，公有制企业亦被视为民事主体，《民法通则》第 3 条规定，当事人在民事活动中的地位平等，此条亦是市场经济之平等原则的体现。就其自由性而言，市场经济条件下的自由是指市场主体具有经营的自主权，能够依其自身的意志制订生产营销策略，自主地参与市场竞争并自负盈亏。当前，市场主体之经营自主权亦得到了宪法和法律的保障。《宪法》第 16 条规定，国有企业在法律规定的范围内有权自主经营；第 17 条规定，集体经济组织在遵守有关法律的前提下，有独立进行经济活动的自主权；第 11 条规定，国家保护个体经济、私营经济等非公有制经济的合法的权利和利益，据此，非公有制经济组织之经营自主权当然亦属于国家保护的范围。基于公有制经济组织和非公有制经济组织在法律层面皆享有自主经营的权利，我们认为我国市场经济体制的基本架构已建成。

而市场经济从其本质而言就是法制经济，"世界经济的实践证明，比较成熟的市场经济，必然要求并具备比较完备的法制。市场经营活动的运行，市场秩序的维系，国家对经济活动的宏观调控和管理，以及生产、交换、分配、消费等各个环节，都需要法律的引导和规范"[1]。更为重要的是，法治对于市场经济而言，其不仅是分配利益以实现公平的规则，更是解决纠纷以维护秩序的规则。市场主体的营利性特征，使得法律即使对各自的权利义务作出了明确的规定，各市场主体基于对其利益的追求和对法律的不同理解，相互之间利益纠纷之产生亦在所难免，如果任由这些纠纷发展，市场秩序将被扰乱，市场将演化成强食弱肉的"屠宰场"，公平的秩序则无从实现。这种情况之下，市场经济的健康运行，当然离不开公正的司法体制。而公正的司法应当是守规则的司法，并且司法所遵循的规则

---

① 沈宗灵：《法理学》，北京大学出版社 2003 年版，第 170 页。

本身亦具有相当的正当性和涵摄力，能够将司法的全部过程和全部领域纳入其规范的范围。基于此，市场经济对公正司法的要求，即构成了统一司法基本法制定的经济基础。

（2）社会物质财富的增长与统一司法法的制定。立法是一项耗资甚巨的社会工程。尤其是近年来，为确保立法的民主性和科学性，我国《立法法》中规定了完善的立法程序，这些程序展开的过程需要吸引众多的社会主体参与，因而需要大量的资金支持。从这个角度而言，统一司法法的制定，不仅需要立于市场经济的基础之上，还需要特定的社会财富予以支持。

具体而言，一项法律的制定，不仅仅是人民代表大会拟定草案和表决通过那么简单，立法程序的启动需要涉及方方面面的事项，动用到具体的人力物力，方能确保所立之法的民主性和公正性。一般来说，一项法律的制定大致需要以下成本：①立法资料和信息的收集费。任何法律之制定都必须建立在对社会发展规律之认识的基础之上，脱离社会发展之需要的法律一旦制定，其往往难以得到实施，仅仅作为纸面的法律而存在，难以对社会生活产生作用，在特定情况下，甚至会对社会发展产生阻碍的作用。基于此，为使法律之制定符合社会发展的需要，立法前的调研工作是科学立法的必然要求。并且，对于一项涉及全国的立法案而言，就该立法案的调研应当是遍及全国的，这个过程所要运用的社会资源当然是巨大的，其成本亦是高昂的。②法律草案制作过程的费用。法律草案的拟定是一项专门性较强的活动，其需要大量具有专业知识的长时间参与，其过程当然亦需要大量的经费支持。而立法又是一项具民主性的活动，法律草案的拟定既要求具备专业知识的人员主持，亦需要民众的广泛参与，从而确保立法的民主性。民主参与的过程更是一个耗费巨大的过程。③法律审议的成本和公布、宣传的成本。法律审议和公布、宣传的过程亦需要大量的资金予以支持。

总之，立法是一项耗资巨大的社会工作，一项立法的进行需要大量的物质财富予以支持。特别是对统一司法法之制定而言，这部法是将是司法领域的基本法，其涉及了司法领域的各个方面，对这些方面之现状的了解将需要耗费大量的资源；另外，由于当前我国司法法领域之中单行司法法已基本制定，统一司法制定过程中首先要对现有的司法进行归纳和清理，其过程亦耗资巨大。当然，从我国目前的经济发展情况来看，经济的蓬勃发展是可以为统一司法法之制定提供足够的物质支持的。以 2011 年的财政预算总体情况而言为例，在该财政年度，一般公共服务的财政拨款预算

数为 99 972.66 万元,其中行政运行 2011 年财政拨款预算数为 37 156.41
万元。而就我国立法机关的办公机构而言,全国人民代表大会常务委员会
办公厅 2011 年机关费用财政拨款支出总额为 22 154.30 万元,其中用于行
政运行的预算资金为 13 948.36 万元。扣除其他事项的支出,全国人民代
表大会常务委员会办公厅在行政运行方面的预算资金亦足以支持统一司法
法的制定。换言之,社会财富的增长和财政预算的充足为统一司法法之制
定提供了充足的物质支持。

2. 统一司法法制定的文化基础

从广义上而言,文化是指一个国家、地区或者民族在长期的历史进化
过程中归纳的经验、创造出来的思想、观念和生产的物质财富的总和。文
化是一种社会现象,是人之社会的产物,是人从"自然人"向"社会人"
进化的过程中创造的工具和产生的结果。司法文化是一国司法实践长期发
展的结果,其构成了司法规则得以形成的基础,司法规则本身亦是司法文
化的组成部分。我国司法制度在长期的历史发展过程中形成了独特的司法
文化,而强制司法的道德教化作用和倡导"恤民爱民"的思想是我国司法
文化的瑰宝,能对当前之司法观产生重要影响,其构成了统一司法法制定
的可行性基础。

(1)司法的伦理性与统一司法法的制定。在我国传统文化中,
"德"之价值与作用被提升到了极高的地位,"厚德"被认为是一种美好
的节操。这种情况反映到司法中,司法即披上了浓重的道德色彩。

司法的道德色彩首先表现为"明德慎罚"和"德主刑辅"的理念。德治
是传统国家治理理念的核心思想,在这种思想体系中,道德在社会生活中是
规范人之行为的主要法则,其强调人之自律和对良好品行的追求,并从外部
加以舆论压力,进而建构有序的社会秩序。"德治是儒家思想的核心内容。
中国古代伟大的哲学家孔子是儒家思想的创始人。孔子说'为政以德',认
为伦理道德可以发挥治理国家的功能,通过将伦理精神置于法律之上,影
响人的内心,达到不需要法律或超越法律的境界"[1]。在"德治"的理念
背景之下理解司法之道德性,则所谓的明德慎罚和德主刑辅,就是说在社
会生活中着重强调道德之教化作用,是指在司法过程中,一方面,应当重
视道德对案件处理之指导作用,据以断案的依据既包括法律亦包括道德规
则,甚至道德规则超越了法律成为断案过程中优先适用的对象。"中国古

---

[1] 沈德咏:《中国司法文化:从传统到现代》,《人民司法》2011 年第 9 期,第 4 页。

代判决过分注重人情，注重情理，注重道德伦理，虽然有些判词里边也讲依律怎样怎样、依例怎样怎样，然后才是情理化的诗赋性的语言表达。但是仔细阅读一些判词，发现即使是讲依律如何如何，它也不是直接引用法律条文，而是把法律条文作一个诗一般的简化归纳，把法律条文背后的含义用诗词的语言翻译过来"①。另一方面，古代司法官在"明德慎罚"的指导下，重视司法对当事人之教育作用，适用刑罚要谨慎、仁慈，要重视人的生命。为使此原则得以落实，我国古代司法制度还设置了一系列制度，如实行复奏、会审、录囚、直诉等做法，在刑罚方面体恤老幼妇残，注重弱势群体保护，纠正冤假错案，体现了审慎用刑的精神②。

　　当然，我国传统文化中的司法伦理内涵对当前之思想观产生了重要影响，这种影响构成了统一司法基本法制定之文化基础。具体而言，司法之伦理规则被加入当前法律体系之中，并构成了法的重要精神。就是说，中国传统司法高度重视道德的作用，历代法典均以伦理原则作为最高指导原则，法典中有不少由伦理原则转化而成的法律原则，而伦理规则亦通过法律得到了国家强制力的保障。司法之伦理性体现到当前司法法体系中，一方面体现为司法的教育功能，如我国《人民法院组织法》规定了人民法院用它的全部活动教育公民忠于社会主义祖国，自觉地遵守宪法和法律；《人民检察院组织法》中规定了教育公民忠于社会主义祖国，自觉地遵守宪法和法律，积极同违法行为作斗争。另一方面强调情理在司法中的作用。具体言之，《刑法》等诸多实体法中规定了"酌情"处理的情节，这些情节在司法中的适用，使得判决之说理性更为丰富，亦更容易得到当事人的认同；另外，诉讼法中规定了调解程序，且该程序在实践过程中得到了很高的重视。调解程序的适用使当事人之利益冲突和纠纷解决的形式降到了最低的程度，最大限制地维护了当事人之间的和谐，而调解过程更多地为情理的适用而非法律的适用，甚至在调解书中法官不用列明全部事实和解决措施之法律依据。如此，在审判活动中，通过司法伦理性之作用，"当事人及其他司法参与者接受了正义的洗礼，培育了健康向上的道德心理，道德付出被激发，作恶倾向被限制，社会稳定得以维护，社会公正得以实现。司法具有深厚的道德基础和丰富的人性内容，这正是现代社会文明进步的体现"③。司法之伦理性体现于统一司法法之中，一方面，将丰

----

① 范忠信：《中国传统司法的伦理属性及其影响》，《河南省政法管理干部学院学报》2005年第3期，第4页。

② 沈德咏：《中国司法文化：从传统到现代》，《人民司法》2011年第9期，第4页。

③ 周帼：《中国传统司法的伦理特质及其现代价值》，《河北学刊》2011年第1期，第160页。

富统一司法法的内涵，使之既符合传统司法文化之要求，又具有一定的时代特征。另一方面，统一司法法通过对现有的体现传统司法伦理价值之法律资源——如上述的调解制度和模糊处理技术，将可以立基于传统司法文化之上而得到民众之认同，从而可以成为社会生活中"活着"的法律。从这个角度而言，传统司法的伦理性反映到统一司法法中，将会使统一司法法之制定具有可行性基础。

（2）"恤民爱民"思想与统一司法法的制定。"恤民爱民"思想亦是古代司法文化的重要内容，其源于儒家的"仁政"思想。所谓恤民爱民，即要求统治者要体恤民之疾苦，爱惜人民，处庙堂之高者则要忧其民。这种思想体现在司法中，一方面表现为"轻刑"的做法，讲究刑罚之实施应当限于人民所能承受的范围内。具体而言，恤民爱民表现在司法上，则要求司法要"宽仁慎刑，体恤老幼妇残，注重对弱势群体的保护"①。另一方面，"恤民爱民"还表现为"司法为民"的观念，司法官以通过审判为民服务为己任，因而在诉讼中过程中亦奉行"纠问式"的程序理念，司法官承担收集证据之义务，力求通过司法权之行使而查明事实真相，实现司法为民之理念。恤民爱民的思想"并深深地影响着当时的司法实践者的伦理道德观念，才使得中国古代出现了许多恤民、爱民的清官。他们关心民间疾苦、为民兴利除弊和不畏权势、秉公断案，热情为老百姓伸张正义的义举广为流传"②。

当然，在"恤民爱民"文化影响下的"司法为民"理念与我们今天提倡的司法为民是有本质的区别的。后者以人民司法为其逻辑前提，倡导司法之人民性，确保作为主权之司法权始终掌握在人民的手中，并可以通过以整体形式制定法律和以个别形式担任陪审员参与审判的途径影响司法权的运作。在此基础之，司法为民即体现为司法对民意之回应与满足。而传统司法文化中的"司法为民"则是建立在封建主义制度基础之上，其缺乏民主主义的支撑，官吏对民之体恤更多地表现为一种"恩赐"而非履行权力本身所附带的义务。

恤民爱民之价值在当代经取舍后得到了彰显。一方面，我国当前体现出了"轻刑化"的趋势，特别是"疑罪从无"之原则在《刑事诉讼法》中的确立，体现了"慎刑"的价值追求。另一方面，当前"司法为民"理念

---

① 沈德咏：《中国司法文化：从传统到现代》，《人民司法》2011 年第 9 期，第 5 页。
② 李世书：《中国古代司法伦理道德观透视》，《信阳农业高等专科学校学报》2006 年第 1 期，第 28 页。

尽管与传统司法文化中的"司法为民"在内涵和本质上有着天壤之别，然而，两者从方法论上皆提倡司法官为人民服务，二者之间之源流关系是不容置疑的。而"恤民爱民"之司法文化无疑拉近了司法与民众之距离，使司法获得了人民的认同。在此基础上，以人民性和司法为民为其价值追求的统一司法法将可以轻易地实现与传统司法文化中之"恤民爱民"之对接。由于这种对接建立在传统司法文化深入人心的基础之上，这种对接将使统一司法法之制定及其内容能够获得民众的支持和认同，并能传承和弘扬传统司法文化中的正义价值，从而得以根源于社会生活之中。换言之，传统司法文化和司法观念中的恤民爱民思想亦充当连接统一司法法与社会生活的桥梁，构成了统一司法法制定的可行性基础。

3. 统一司法法制定的政策基础

所谓政策，是指由政党、国家或者其他社会组织制定的，用以指引社会生活之走向和社会秩序之建构的行为准则。政策与法律相比，其制定主体具有广泛性，不仅包括国家，亦包括政党和其他社会组织；而同样作为行为准则，法律之实施由国家强制力加以保障，政策之实施而由国家或政党通过宣传对人之行为加以引导而实施。当然，尽管政策之实施没有国家强制力作为后盾，对政策的违反亦不必然带来否定性的后果，然而，就其本来性质而言，政党为国家或政党之意志的体现，其在社会生活中具有相当的影响力。此种情况之下，法律与政策之协调性亦为国家在立法过程中所应当考虑的问题。从政策的角度考量统一司法法的制定，我们认为，当前的政策为统一司法法之制定提供了可行性基础。

（1）党和国家的政策与统一司法法的制定。依法治国是我国《宪法》中的基本原则，亦是当前党和国家奉行的基本治国方略。依法治国具有丰富的内涵，是法治国理念在中国的具体体现。法治国理念作为人类文明社会之基本共识，其不仅得到了宪法的确认，亦为党和国家之政策所认同和倡导。

依法治国理念在我国早就有之，而首次将依法治国确定为基本治国方略的文件则是中国共产党第十五次全国代表大会报告。十五大报告中指出，依法治国，就是广大人民群众在党的领导下，依照宪法和法律规定，通过各种途径和形式管理国家事务，管理经济文化事业，管理社会事务，保证国家各项工作都依法进行，逐步实现社会主义民主的制度化、法律化，使这种制度和法律不因领导人的改变而改变，不因领导人看法和注意力的改变而改变。依法治国，是党领导人民治理国家的基本方略，是发展社会主义市场经济的客观需要，是社会文明进步的重要标志，是国家长治久安的重要保障。该报告不仅将依法治国之内涵解读为党的领导、人民当家作主和依法治理的统一，丰富和发展了法治国理念，还将依法治国确立为治理国家的基本方略，使法治在当前社会建设中之地位得到空前提高。更为重要的是，十五大报告将"依法治国"确立为基本的治国方略，表明法治理念成为社会共识，而依法治国方略的提出，更是推进了宪法对法治理念的宣扬，1999 年修宪中，"依法治国"即被写进了宪法。从中，我们亦可以看到政策之于法治进程的强大的推动作用。

依法治国政策的提出为统一司法法之制定奠定了坚实的政策基础。这是因为，司法是法治的最后一道防线，法治包含着司法独立和司法公正的基本要求。例如，1959 年在印度召开的"国际法学家会议"上通过的《新德里宣言》，将法治作为一个"能动的概念"，赋予法治全新的内涵：维护人的尊严，防止行政权力的滥用，要求司法独立、公正和律师自由①。从《新德里宣言》中我们可以看出，法治与司法独立和司法公正无疑具有千丝万缕的关系。在此种背景下，依法治国政策促使了法治理念在社会获得广泛的认同，从而有利于司法改革的深入推进和统一司法法的制定。特别是依法治国政策本身所宣扬的是一种"守规则"的社会治理理念，在这种理念指导下，司法作为社会纠纷之解决的最后机制和社会利益平衡维护的最后方式，其本身是"规则"之适用者。作为"规则"之适用者，司法者不仅在解决纠纷之时需要适用规则以判明当事双方之权利义务，更重要的是司法权之组织、运行及其程序是符合规则的——司法只有"身正"才不会导致"影子歪"，司法权之运行只有是符合规则的，其对纠纷之解决才可能是符合规则的。而依法治国政策的提出将在全社会范围内倡导一种"守法"的气氛，这种气氛的形成，无疑能够感染司法，促使司法领域"守法"氛围的形成。而司法的"守法"既提出了制定统一司法基本法的要求，又为统一司法法之制定奠定了社会基础。

更为重要的是党的依法治国政策经过一段时期的发展，其不仅表现在治国方面，亦直接渗透到了司法领域。中国共产党第十七次全国代表大会报告即提出了要深化司法体制改革，优化司法职权配置，规范司法行为，建设公正高效权威的社会主义司法制度，保证审判机关、检察机关依法独立公正地行使审判权、检察权。加强政法队伍建设，做到严格、公正、文明执法。中国共产党对司法的深入认识，并提出要优化司法权配置，规范

---

① 李长健：《论法治概念与法治判断的要素》，《黑龙江社会科学》2005 年第 4 期，第 122 页。

司法行为，建设公正高效权威的社会主义司法制度的政治目标，将为司法改革的深入和统一司法法的制定奠定政策基础。这是因为，众所周知，中国共产党是我国的执政党，我国《宪法》规定，中国各族人民将继续在中国共产党领导下，……不断完善社会主义的各项制度，发展社会主义市场经济，发展社会主义民主，健全社会主义法制。中国共产党是我国政治生活中最为重要的政治力量，在历次的重大立法特别是在宪法修改中，往往先由中共中央政治局讨论，再向全国人民代表大会中的中共代表提出法律案，并最终促成法律案的通过。基于中国共产党在我国政治生活中的重要性，其提出的深化司法体制改革建设公正高效权威的社会主义司法制度的政策，将为统一司法法之制定扫清政治上的障碍，从而构成统一司法法制定的政策性基础。

（2）司法政策与统一司法法的制定。司法政策是司法精神和司法原则的体现，司法政策在司法领域的贯彻和司法官对司法政策的遵守，有利于解决成文法过于机械的状况。从这个角度而言，司法政策与司法法是相辅相成的，司法法之精神决定了司法政策的内容，司法政策的提出丰富了司法法的内涵，亦指导着法官对司法法的遵守和适用。基于此，我国司法存在着的宽严相济的刑事司法政策和能动司法政策亦构成了司法法得以制定和施行的政策基础。

宽严相济的刑事司法政策是在和谐社会背景下提出的。2004 年 12 月，中共中央政治局常务委员会委员、中共中央政法委员会书记罗干在全国政法工作会议上提出："正确运用宽严相济的刑事政策，对严重危害社会治安的犯罪活动严厉打击，绝不手软，同时要坚持惩办与宽大相结合，才能取得更好的法律和社会效果。"这是宽严相济的刑事司法政策的首次提出。2006 年中国共产党第十六届六中全会通过的《中共中央关于构建社会主义和谐社会若干重大问题的决定》明确要求："实施宽严相济的刑事司法政策，……"①这是宽严相济的刑事司法政策首次被中共中央的文件确认，基于中国共产党之执政地位，这项政策出现在中共中央的文件中，无疑使其成为国家的司法政策。《人民法院第三个五年改革纲要（2009—2013）》专列了一节规定宽严相济刑事政策的落实，该节提出了落实宽严相济的刑事政策的几项举措，即建立和完善依法从严惩处的审判制度与工作机制、建立和完善依法从宽处理的审判制度与工作机制、建立健全贯彻

---

① 李连博、潘霓：《和谐社会语境下宽严相济刑事司法政策之解读》，《广西警官高等专科学校学报》2009 年第 1 期，第 59 页。

宽严相济刑事政策的司法协调制度与保障制度。

宽严相济的刑事司法政策实际上是《刑法》中的罪责刑相适应原则的具体体现。罪责刑相适应原则的基本含义为，行为人犯多大的罪，就应当承担多大的刑事责任，法院也应该判处其相应轻重的刑罚[①]。宽严相济的刑事司法政策作为一项基本的司法政策，其不仅能指导法官行使审判权的过程，亦能指导检察官行使检察权的过程。当然，罪责刑相适应原则又是与罪刑法定原则相联系的，司法官必须根据《刑法》所规定的刑罚幅度及各种量刑情节最终确定对犯罪人判处宣告刑。换言之，从其本质而言，宽严相济的刑事司法政策之基本要义在于司法官对《刑法》的严格遵守和执行。就是说，宽严相济的刑事司法政策宣扬了一种遵守规则的司法氛围，这种遵守规则的司法氛围，正是统一司法法得以制定的基础。

三、司法基本法的可能框架

司法基本法的制定立基于社会现实，是社会变革与司法改革共同作用的产物。司法改革的推进需要突破在职业司法与人民司法之间徘徊的困境，将改革的方向定位于为司法权之配备、运行及其效果提供明确的规则指引，使司法走向规则主义的司法，让内含正义与权利保障价值的法律规则成为司法权行使之最高准则，从而使得这些价值通过司法权行使而在社会生活中落实。规则主义司法的改革趋向使制定统一的司法基本法成为现实之亟须，无此则司法法体系得不到完善。只有司法法体系足够完善，司法权的运行才有足够的法律资源以资利用，社会生活对公正司法的需求才能够在规则执行的范围内得以实现。从这个角度而言，司法基本法的制定，不仅是司法改革的突破口，更是司法改革取得成功的根本保障。只有司法基本法本身是制定得良好的，其才能得到司法者的普遍遵守；而通过遵守司法基本法，法律内包含的权利保护价值和社会发展对司法的诉求才能得到实现和满足。简言之，能否制定完备的司法基本法，决定了规则主义司法改革的成功与否。因此，我们在对制定司法基本法之必要性与可行性进行充分论述、对制定司法基本法之法制资源和社会资源进行充分挖掘之后，还需要对制定司法基本法中的具体问题进行细致的探讨。众所周知，当前我国已走过了追求"有法可依"

---

① 杨荣东：《浅析罪责刑相适应原则》，《云南警官学院学报》2009 年第 1 期，第 70 页。

的历史阶段，社会主义法律体系已基本建成，各部门法体系已建构完备。然而，我国当前之所以还没有充分完成"有法必依"的历史阶段，现实中存在的很多法律没有得到充分的执行和适用，其原因不仅在于这些法律之制定没有充分依托现有的法制资源，也没有与本土社会现实相对接，更重要在于这些法律的内容在制定前没有得到充分论证，没有综合运用各种立法技术与手段对其制度安排进行调整。因此，本章的目的在于：在前文论证司法基本法制定之必要性与可行性的基础之上，探讨司法基本法制定中需要解决的各种问题，特别是对司法基本法之立法目的、立法框架及其与单行司法基本法之关系进行探讨，以期使司法基本法成为一部"本身制定得良好"的法。

（一）司法基本法的立法目的

立法是一项有目的的人类活动，这项活动的开展必然包含人类对优良生活秩序的追求。人们对优良生活的理想内化为法律条文的规定，这些条文成为调整社会主体行为之基本规则，规则中包含的价值才得以在社会生活中实现。当然，人类对立法目的之追求是有层次性的。以《中华人民共和国行政许可法》（以下简称《行政许可法》）为例，该法第 1 条即规定，为了规范行政许可的设定和实施，保护公民、法人和其他组织的合法权益，维护公共利益和社会秩序，保障和监督行政机关有效实施行政管理，根据宪法，制定本法。该条将其立法目的定位为"规范行政许可的设定和实施""保护公民、法人和其他组织的合法权益""维护公共利益和社会秩序"等，这些目的亦具有层次性，第一层次为"规范行政许可的设定和实施"，第二层次则为"保护公民、法人和其他组织的合法权益"，第二层次目的的实现，需要以第一层次目的的实现为前提。因此，从这个角度而言，立法中第一层次必然为实现形式上的法治，人与政府服从于规则的规制和引领，这是所有我们能称之为正当的立法活动所应当具备的最低层次的目的。在形式法治的基础上，人们会追问立法之内容是否有利于公平、正义等目标的实现，因此，公平、正义等价值即构成立法的第二层次目的；而就立法的终极目的而言，立法作为一项有意志的人类活动，这项活动的开展必然是为着人类的解放而进行的，是人类走向自由王国的必由之路。自由的核心在于权利的保护，因而，立法的终极目的是权利的保护。司法基本法的制定同样包含了人类社会对司法的根本要求，此目标的达到，首先需要司法基本法为司法权之运行提供基本规则，而司法权遵循这些规则又能够达成司法公正之目的，最终利于公民权利的保护。从这个角度而言，制定司法基本法第一层级的目的即为司法权运行确立基本规则，第二层级的目的为构建最低限度的司法公正规则，第三层级的目的则为保护当事人利益。

1. 直接目的——为司法权运行确立基本规则

制定司法基本法第一层级的目的即为司法权之运行确立基本规则。正如前文所述，规则主义司法的基本要求是司法权之配备、范围及其运行过程、行使结果需要得到法的规制，符合法律的规定。司法基本法的制定是为满足此目的而进行的。司法基本法的制定，将对司法权运行的原则、司法权配备、司法机构的设置、司法官地位等内容进行详尽明确的规定。依这些规定，司法权行使的过程就是可以预测的。当然，此目的作为司法基本法制定的第一层级目的，其仅有形式法治上的意义，即仅能满足司法制度运行过程中对规则的需求，而司法权依这些规则配备和运行将会产生什么样的后果，不在此目的的涵盖范围之内。正如《行政许可法》第一层次的立法目的为"规范行政许可的设定和实施"，这些目的实现时，即行政机关对行政许可之设定和实施依规则作出之时，公民权利是否能得到保护、社会效益是否得以最大化，这并非"规范行政许可的设定和实施"这一目的本身所能够实现的价值，这些价值的形式，还应当在立法中设定实质性正义目的，即人权保护、自由、效率等目的。对于司法基本法而言亦是如此，为司法权运行确立基本规则只是司法基本法第一层级的目的，这一目的之上还存在其他更高级别的目的，相对于高级别的目的而言，第一层次的目的不是"目的"，而是手段。

2. 次级目的——确保最低限度的司法公正的实现

司法基本法制定的次级目的即为司法权之运行建构起最低限度的公正规则。所谓最低限度的司法公正，是指司法基本法之制度当然需要达到司法对公正之追求，司法基本法的制定成为司法公正的最终保障。而公正与正义一样，本身是一个包容性的概念，不同主体对公正具有不同的直观认识，公正亦具有"普洛透斯似的脸"。基于此，司法基本法对司法公正的保障，只能达成最低限度的保障，即司法基本法对司法权之规制，尚不一定能够达到公正的目的，但如果违反基本法这一最低限度的公正标准，即构成明显的司法不公。

（1）司法公正。司法公正是司法权运行的本来目的，即司法基本法的立法目的。司法权从其产生之时起，就是以解决纠纷为己任的。司法是人类社会发展的必然产物。在人类历史的发展长廊中，自私有权产生之后，人与人之间即结成了各种各样利益关系。在各种不同的利益关系中，不同主体基于其立场、价值追求的不同，当然具有不同的利益诉求，利益诉求之间的冲突，便引起了矛盾的产生。这个时候，司法作为矛盾解决机制而自然而然地产生。就是说，司法机制从其产生之时起就是以解决社会利益纠纷为目的的。而利益纠纷的解决当然需要裁决者的公正，裁决者只有在纠纷解决过程中做到没有利益牵连、不偏不倚，其对纠纷的裁决结果才有可能得到纠纷当事人的认同，从而利于纠纷的解决。如果司法机制本身是不公正的，则其对纠纷的解决结果就很难得到当事人的认同。这种情况不仅无助于纠纷的解决，还有可能扩大纠纷，进一步破坏社会关系。正如英国哲学家培根所说的：一次违法行为，污染的只是河流；而一次不公正的判决，污染的却是水源。因此，公正是司法的根本追求，亦是司法赖以存在的基础。

司法机制作为一种纠纷解决机制，其基本追求在于实现案件处理的公正。而此目的的实现，则需要相关的规则对司法权进行规制。这是因为：一方面，纵使司法部门是国家机关中的"最小危险部门"，法官手中仅掌握书写判决书的笔，但司法权作为国家权力的重要组成，其源于法律的赋予，以国家强制力为后盾，这种权力如无法律予以规制，则有可能偏离其目的而成为侵害公民权利的利器。另一方面，正如前文所述，司法作为一项专业性极高的活动，在这项活动完结之前，司法者对判决结果不能存在先入为主的偏见，而只能严格按照法定程序、依证据所认定的事实、运用法律适用逻辑而推演出判决结果。换言之，判决的达到是司法者依规则的指引而推演而来的，指导司法者走出程序所设置的"无知之幕"的则是司法规则。因此，规则对于司法公正目的的达成之作用是不言而喻的。

由于司法存在着对公正的需要，而公正的实现又需要规则的作用，司法基本法的立法目的，当然在于通过为司法权配备与运行建立起公正规则，确保司法权的运行能够符合公正的要求。换言之，司法基本法的立法目的在于维护司法公正，此目的亦构成了司法基本法的正当性基础。当然，此目的，需要在司法基本法上得到完整的表述。实质上，对立法目的的表述一般构成法律条文中的第一条。例如，《刑事诉讼法》第一条即规定："为了保证刑法的正确实施，惩罚犯罪，保护人民，保障国家安全和社会公共安全，维护社会主义社会秩序，根据宪法，制定本法。"因此，对此立法目的的表述，即应当规定在司法基本法的第 1 条中。

（2）最低限度的司法公正。司法基本法之制定以实现司法公正为其目的，而司法基本法作为司法领域的"基本法"，其当然需要构建起规范司法权配备、运行及其效果的基本规则，通过这些规则的适用，司法所追求之公正目的将可以得到实现。当然，基于司法基本法的基本性及公正标准的多样性，司法基本法所追求的司法公正只能是最低限度的司法公正。

所谓最低限度的司法公正，是指司法公正的最低点。就是说，司法基本法作为一种规则，这种规则是衡量司法公正的最低刻度，在这个刻度以下的，当然构成司法不公，而在这个刻度之上的，则未必为司法公正。司法基本法之目的在于实现最低限度的司法公正，也就是说，司法基本法的制定将为人们提供一种判断司法公正与否的最低规则和标准体系，坚持这些价值标准不一定能确保司法公正绝对实现，但不坚持这些价值标准的司法肯定是不公正的，是非正义的。这些旨在克服人们不公正感的司法公正标准就构成了实现司法公正必不可少的条件，从而成为一种最低限度的司法公正标准[1]。

司法基本法以规制司法权、实现司法公正为其直接目的，而司法基本法对司法公正的追求之所以是最低限度的，即建立起最低限度的司法公正标准，是由公正的不确切性所决定的。

具体而言，纵使正义和公正被认为是法律的本质属性及其最终价值追求，"法是关于正义与非正义的标准"，然而，公正本身是一个开放性的概念，不同的社会主体基于不同的立场，不可能形成一致的正义标准。"虽然通常将正义公式化理解为'给予每个人以应得的权益'，但'应得的权益'仍然是一种标准不确定的表述。不同社会背景下的人们会对每个人应得的权益是什么作出不同的判断。因此，尽管我们总是使用正义这一概念来评判法律制度，但直至今天人们始终未能给正义下一个完整的定义"[1]。因此，从消极性正义理论出发，对公正的界定亦是难以形成统一意见的，而人们对非公正的情形则有更为直观的感受，"如刑事案件庭审中，如果法官数次粗暴打断被告辩护律师的发言，被告及旁听人员就会对该庭审程序产生不公正感，人们很容易就会作出这样的庭审程序是非正义的判断"[1]。简言之，用一句话来概括"消极性正义理论"，就是"我们不能描述什么样的情形是正义的，但我们确切知道什么样的情形是非正义的"，消极性正义理论要求法律必须建构起最低限度的正义标准——守

---

① 应松年：《中国行政程序法立法展望》，《中国法学》2010 年第 2 期，第 7 页。

法不一定是正义的，但违法绝对是非正义的。从消极正义性理论出发，基于正义的多样性，我们与其苦苦追索"什么是公正"，倒不如划定公正的最低标准，对于处于该标准之下的情形则认定为非公正的。

同样的，对于何谓司法公正，或者司法公正需要具备哪些构成要素，这将是一个仁者见仁、智者见智的问题，公众、学界和实务界难以达成统一的定义。这种情形下，司法基本法则只有反其道而行。就是说，司法基本法难以规定司法权如何配备和运行就能达到司法公正的目的，但可以退而求其次，建立起最低限度的司法公正标准，通过该标准的建立而规范司法权的运行。因此从这个角度而言，司法基本法的立法目的为实现最低限度的司法公正。

3. 终极目的——权利保护

司法的公正既包括实体上的公正又包括程序上的公正，程序上的公正指向司法程序的参与性与平等性，实体的公正则要求司法机关严格依据法律之规定作出判决以分配权利义务。因此，相对于使"司法权服从于规则"这一目的而言，司法公正目的具有一定的实质性，构成制定司法基本法所追求的第二层级的价值。然而，"司法公正就是一种价值判断，但这种价值相对于司法的宗旨而言，具有工具性或形式性，因此，司法公正还应有更高的价值追求"。有学者认为，在司法公正之上，司法应当追求的价值包括秩序、保障安全、社会正义等，这些都是司法公正之上的价值，是通过司法公正所追求的优良生活情境[1]。我们认为，在司法公正之上，司法所应当追求的终极价值为权利保护。这是因为，从自然法的角度出发，权利是法律得以存在的源泉，亦是评判法律正当与否的标准，法律制定的根本目的，是为人们的权利提供充足的保护。因此，权利尤其是作为基本权利之人权的保护是法的是终极目的。"人权与法律具有不可分离的密切关系，在法的价值体系中，人权居于最高层次，是法的核心价值。人权的法律化是现代法治社会形成的根本标准"[2]。司法作为适用法律解决具体争议的机制，而法律的目的是需要司法机制通过法律的适用来实现的。因而，法律所包含的人权保障的目的当然亦构成司法的目的。司法基本法作为为司法过程提供约束性规则的法律，其当然亦以权利保护为其最高目的，权利的保护为司法基本法的终极目的。

总之，司法基本法的立法目的保障了为司法权运行确立基本规则、确

---

① 吕忠梅：《司法公正价值论》，《法制与社会发展》2003 年第 4 期，第 77 页。
② 李龙：《法理学》，人民法院出版社、中国社会科学出版社 2003 年版，第 147 页。

保最低限度的司法公正的实现和权利保护这三个层次的目的，司法基本法条文在建构具体的司法制度的过程中应当以实现这些目的为导向，这也是司法基本法条文之正当性的基础。在立法过程中，此三个层级的目的都应当明确包含于司法基本法的第 1 条中。具体可以表述为：为规范司法权的配备和运行，实现司法公正，保护当事人权利，依据宪法，制定本法。

（二）司法基本法的内容体系

在确定司法基本法的立法目的之后，以这些目的为依据，司法基本法应当具备哪些内容，或者说司法基本法中设置哪些程序和制度来实现司法基本法立法的目的，则是制定司法基本法过程中所要重点考察的问题。从某种程度上而言，立法目的决定了立法内容，而立法内容本身又关系着立法目的能否实现；只有司法基本法条文形成内容完整、逻辑统一的体系，这些内容所包含的正义、秩序等价值才得以落实，司法基本法的立法目的也才得以实现。司法基本法的内容体系包括了两方面的含义：一是司法基本法的内容，即司法基本法主要包括哪些制度，这些制度的落实又有哪些保障措施；二是司法基本法之内容所构成的体系。也就是说，司法基本法的条文对基本的司法制度进行了全面的规定，而这些规定按什么样的逻辑排列，则是司法基本法之体系所要解决的问题。

参照一般的立法例及司法基本法可能具备的内容，我们认为，司法基本法在其体系上可以按章来设置。在其具体内容上，第一章为总则，主要规定立法目的、基本法的原则等内容；第二章为司法机构设置，主要包括各级司法机构的设置及其相互关系等内容；第三章为司法权配置，主要包括司法权配置、司法权范围、司法权运行等内容；第四章为司法程序，包括审判程序和检察程序等内容；第五章为司法官法，包括司法官的地位、保障等内容。以下将对这些内容进行详细阐述。

1. 总则

总则部分将主要介绍司法基本法的立法目的与原则。司法基本法的立法目的在前文已有介绍，本部分不再赘述，而仅就司法基本法中的原则进行探讨。一部法律的总则部分当然是需要规定该部法律及其适用过程中所应当遵循的基本原则的，这已成为成文法系国家立法的一个惯例。这是因为，成文法的缺点在于其在规范社会生活方面的不周延性——也就是说，基于立法者理性的有限性，立法者不可能对社会发展的趋势作出完全准确的判断，而立法又必须是面向未来的，因此，立法不可能对未来的生活及其中的法律关系进行无隙缝的规范。因此，在具有成文法传统的国家，成文法的总则一般规定有立法原则。将立法原则规定在法典中，便可以使法官面对具有特殊性的案件而现有的法律资源无法将此情形涵盖在内时，运用法律原则及法律精神对该情形进行判断，从而使个案中的正义得到维护。因此，从这个角度而言，我国司法基本法的制定，当然也需要在其总则中规定司法基本法的基本原则。

我们认为，由于司法基本法所要囊括的内容包括了司法权配置、司法机构设置、司法权运行和司法官身份地位保障等方面的内容，因此，司法基本法中的基本原则亦应当涵盖以下方面。具体而言，就司法权之配置而言，不仅司法权配置需要利于国家权力体系的平衡，各项司法权，如审判权、检察权、侦查权等权力的设置也需要达成平衡的状态，因此，平衡原则即司法权配置的基本原则。就司法机构之设置而言，司法机构及其审判组织只有具有独立的地位，其才能依自己对事实的认定和对法律的理解而作出符合法律规定的判断，因此，司法独立原则将是司法机构设置的基本原则。就司法权运行而言，司法权的行使过程即诉讼进行的过程，这个过程中，司法官作出的判断既需要以事实为基础，又要依法律之规定确定当事人的权利义务。因此，以事实为依据、以法律为准绳是诉讼过程的基本原则。基于此，在司法基本法的制定中，需要贯彻制衡原则、司法独立原则和"以事实为依据、以法律为准绳"原则三项原则。

（1）制衡原则。制衡原则应当成为司法基本法的基本原则，这是由司法之社会功能所决定的。具体而言，在司法诞生之初，司法的社会功能即在于解决利益纠纷、维护社会稳定。因此，定纷止争便是司法的最初社会职能。而到了现代，随着国家权力体系的进一步发展，司法权成为国家权力序列中的重要组成部分，这种情况之下，司法权的社会作用则不仅在于解决社会纠纷，更在于通过社会纠纷的解决而维系国家权力之间的平衡，防范权力的滥用而危害公民的权利。"司法一方面通过统一适用法律来表达权力，为政治权力提供合法性资源，另一方面又通过行政诉讼、违宪审查等手段制约政治权力的滥用。在民主政体的制度保障下，通过分权制衡的形式体现司法的至上性，树立起司法的权威"①。

当然，司法权之制衡功能的实现是需要以分权为基础的，即只有行政权、司法权和立法权分别由不同的机关行使，司法权的制衡功能才得以实现。当然，我们所说的分权，并不一定是美国法上的三权分立与制衡。实

---

① 季金华：《制衡与互动：司法权威的制度支撑》，《新疆大学学报》2002年第3期，第46页。

质上，不同的国家具有不同的法传统和制度构架，不能因其分权制衡制度构架的不同而否认其分权制衡的实质。尽管我国并不实行美国法意义上的三权分立制度，但我国的各项国家权力之间亦存在一定的分工，这既是司法权之制衡功能存在的宪法基础，也是司法基本法应当将制衡原则规定为司法之基本原则的法治基础。具体而言，我国《宪法》分别将立法权、行政权、司法权赋予全国人民代表大会、国务院和法院、检察院，并规定法院、检察院独立行使其审判权和检察权，这便是分权制衡原则在我国《宪法》中的体现。当然，我国的分权制衡制度建构是需要置于人民代表大会制度之下考量的，在国家权力体系中，司法权的制衡功能，更多地体现为司法机关通过行政诉讼对行政机关之制衡。而我国司法机关并无违宪权，因为其无权对立法机关之立法及其行为进行审查，即不存在司法机关对立法机关之制衡。

宪法中分权制衡原则的存在，构成了司法基本法之分权制衡原则的宪法基础；而以制衡原则作为司法基本法之基本原则，则要求司法基本法在配置司法权的过程中，应当保障司法权在国家权力体系中的平衡地位。就是说，在我国的宪政制度安排中，纵使法院所掌握的唯一资源是法官手中书写判决书的笔，但其在国家权力体系中的地位亦不可削弱。对于其制衡功能，我国《宪法》仅规定了司法权对行政权的制衡，但这种制衡对于人民代表大会之下的"一府一委两院"之间的平衡是具有重要意义的。因此，在司法基本法的制定中，司法机关之行政审判的权能应当得以强化。

特别重要的是，司法基本法的制衡原则不仅体现在司法权之于国家权力架构方面，更体现在各司法机关之间，司法基本法在配置司法权之间，亦应当确保各司法机关能够相互制衡。具体而言，我国《宪法》第140条亦规定，人民法院、人民检察院和公安机关办理刑事案件，应当分工负责，互相配合，互相制约，以保证准确有效地执行法律。此条规定即建构了人民法院、人民检察院和公安机关之间相互制衡的关系。当然，《宪法》的这条规定仅仅是就刑事案件的办理即刑事诉讼的过程而言的，刑事诉讼之外的其他诉讼程序之行进，似乎并不受《宪法》该项原则的制约。然而，在刑事诉讼程序之外，各司法机关之权能亦需要实现相互的制衡。就民事诉讼程序和行政诉讼程序而言，实质上亦存在着检察院与法院之间的制衡。具体而言，在民事诉讼程序和行政诉讼程序中，依《民事诉讼法》和《行政诉讼法》之规定，检察院具有法律监督的职权，其认定法院的判决具有违反法定程序、事实不清、证据不足等情形的，即可以行使法律监督的职权，向上一级法院提出抗诉，从而使法院之判决不具有既判力，不能成为具有法律约束力的判决。当然，检察院对法院之监督仅具有程序法上的意义，就是说，检察院对于其认为不当的法院的判决，只能向上级法院提出抗诉，案件实体上的处理由法院决定，检察院并不具有对案件之实体权利义务进行处置的权力。"由检察权的程序性特点所决定，检察机关的法律监督是一种必然引起一定的程序、被监督者必须作出法律规定的反应的权力，而不是必然对被监督者产生实体影响的权力"①。也就是说，在检察院通过抗诉而行使其法律监督权的过程中，检察院可以从程序上启动抗诉程序，而法院则具有实体上的处置权，此中关系实质上体现了检察院与法院之间的分权制衡，《宪法》规定的分工负责、互相配合、互相制约之关系，不仅体现于刑事诉讼行进的过程中，实质上还体现于审判权和检察权运行的全过程。而在审判权与检察权运行过程中需要实现二者间的相互制约，当然需要从源头做起，在审判权与检察权配备过程中设置二者间相互制约之权能。因此，制衡原则当作为我国司法基本法的基本原则而被规定于司法基本法之中。

当然，在具体的条款设置中，司法权之于国家权力体系之制衡作用则需要结合司法独立的原则进行规定；而对司法机关之间的制衡关系的规定，则需要将现行《宪法》中所设置的"分工负责、互相配合、互相制约"扩大到司法权运行的整个过程中，规定检察机关与审判机关在行使职权的过程中应当遵循分工负责、互相配合、互相制约的原则。

（2）司法独立原则。毋庸置疑，司法独立原则是司法最为基本的原则，其构成司法制度的核心内涵；司法制度没有司法独立原则予以支撑，则司法制度本身不能算得上是一项公正的制度。司法独立原则之所以构成司法的核心原则，是由司法之社会功能决定的。司法在人类历史发展的长河中产生，这项制度的运行不产生利益，无助于社会财富的增加，不对现有的社会利益进行分配，而人们之所以需要这项不产生利益的制度，其原因在于司法能够为已经受到损害的利益提供救济，使被破坏的社会关系得以修复。因此，在利益纠纷关系中，利益相关者的主张是相冲突的，这是利益冲突产生的前提。在冲突的利益关系中，司法者需要修改受到损害的利益，其首先需要查清事实，理顺利益相关者之间的权利义务关系。这项工作的完成，需要司法者超越于利益纠纷，处于不偏不倚的地位。在没有利益牵涉的前提下，司法者才能严格依事实和法律进行判断，从而确定纠

---

① 郑锦春、王戬：《检察机关法律监督与相互制约的底线分析》，《内蒙古社会科学》2010年第5期，第31页。

纷当事人之间的权利义务关系，最终作出公正的裁决。就是说，司法者独立于利益纠纷之上是其作出公正裁决的前提，无司法独立之保障，裁判者所作出的裁决很难是公正的，起码该裁决在外观上不具备公正性，难以使当事人相信该裁决是公正的。这既是司法公正与司法独立之关系，亦是司法独立之所以构成司法的核心原则的原因。特别是到了近代，随着近代政治体制的建立，司法权成为国家权力中的重要组成部分，其不仅负担着解决社会纠纷的使命，甚至在处理具体社会纠纷的过程中还产生抗衡其他权力的效能。这种情形之下，司法独立，特别是司法机关独立于行政机关，更是司法所应当坚守的底线。

实质上，我国《宪法》也规定了司法独立的原则。《宪法》第 131 条规定，人民法院依照法律规定独立行使审判权，不受行政机关、社会团体和个人的干涉；第 136 条规定，人民检察院依照法律规定独立行使检察权，不受行政机关、社会团体和个人的干涉。在这两条中，《宪法》规定了人民法院、人民检察院可以依法律之规定"独立"行使审判权和检察权，其中的独立，即含有司法独立之意。就是说，司法机关在行使其司法权时，必须依其对事实的认知和对法律的理解而作出裁决，裁决的过程及其结果排除案外因素的干预，特别是排除行政机关、社会团体和个人的干涉。特别需要注意的是，依《宪法》的规定，人民法院和人民检察院须依照"法律"的规定行使其司法权，因此司法独立得到了法律的保障；而司法机关只有依照"法律规定"独立行使司法权，才表明司法独立是依赖法律的独立，而非超越于法律的独立，即司法机关没有依宪法之规定判断法律本身是否违宪的权力。司法基本法作为宪法原则在司法领域的延伸，其当然需要将宪法规定的司法独立原则予以具体化，使之成为司法机关建构的原则和司法权配备和运行的保障。

当然，当前我国司法法中亦体现了司法独立原则。例如，《人民法院组织法》第 4 条规定，人民法院依照法律规定独立行使审判权，不受行政机关、社会团体和个人的干涉；《人民检察院组织法》亦规定，人民检察院依照法律规定独立行使检察权，不受其他行政机关、团体和个人的干涉。另外，在《民事诉讼法》《行政诉讼法》和《刑事诉讼法》中亦有司法独立的相关规定。然而，当前法律中所规定的司法独立仅仅表现为法院外部的独立，即法院独立于其他部门，依照法律的规定，通过事实认定和法律适用而作出判决；但现行法律对法院内部的独立性之保障是不足的，具体包括上下级法院之间的独立、合议庭的独立和法官个人的独立。从某种程度上而言，司法独立最终需要落实到合议庭的独立和法官个人的独立上，只有合议庭的独立和法官个人的独立得到保障，司法独立的意义才能得到最终体现。这是因为在司法过程中，具体行使审判权的主体是合议庭及法官个人。特别是现代司法理念日益强调庭审过程中的对抗性的背景下，合议庭成员亲临庭审第一线，是庭审的亲历者，也是当事人意见的倾听者，只有他们才充分了解庭审过程中当事人提交的证据及其发表的意见，因此他们也都有资格依自己对法律的理解而作出判决。从这个角度而言，法官和合议庭的独立是司法独立的最终保障，司法的独立需要通过法官和合议庭的独立来实现。因此，在制定司法基本法的过程中，我们不仅需要将司法独立作为司法基本法的第一原则，还需要通过具体的制度建构来落实司法独立，尤其是上下级法院、合议庭和法官个人的独立。这些内容将在后文法院机构设置、司法官地位等部分进行阐述。

（3）以事实为依据，以法律为准绳。以事实为依据，以法律为准绳之所以能够成为司法基本法的基本原则，是由司法的过程所决定的。司法的过程既是认定事实的过程，也是适用法律的过程，是司法者之思维在事实与规范之间往返流转的过程。具体而言，在此过程中，司法者需要适用三段论来推导判决结果。三段论包括了大前提的确定、小前提的确定和结论的得出三个环节，三个环节涉及了对事实的认定和法律的适用。"在我国，'以事实为依据，以法律为准绳'、由'法官独立审判案件'等正是将待决案件事实置于法律规范构成要件之下，以获得特定判决的一种逻辑思维过程，也就是以法律规范为大前提、案件事实为小前提、最后得出判决结果的推理过程"①。

具体而言，在司法者进行裁判活动的过程中，其首要工作即确定案件的大前提。案件的大前提实质上是法律规范中所设置的行为模式及其法律后果。例如，《民法通则》第 61 条规定，双方恶意串通，实施民事行为损害国家的、集体的或者第三人的利益的，应当追缴双方取得的财产，收归国家、集体所有或者返还第三人。在这条中，行为模式为"恶意串通，实施民事行为损害国家的、集体的或者第三人的利益"，法律后果则为"追缴双方取得的财产，收归国家、集体所有或者返还第三人"。这两部分共同构成了三段论推论方法中的大前提。大前提的确定实质上也是一个从事实到规范的过程。就是说，对于客观世界中发生的事件，法官首先需要判断这种事件中的法律关系，是刑事法律关系、民事法律关系、行政法

---

① 韩登池：《司法三段论——形式理性与价值理性的统一》，《法学评论》2010 年第 3 期，第 140 页。

律关系抑或其他法律关系，在此基础上，还需要进一步分析其是适用《合同法》《物权法》《侵权责任法》抑或是《行政处罚法》《行政许可法》的规定。因此，在司法过程的第一环节，即大前提确定的环节，实质上也需要法官在事实与法律之间进行考量，因而需要法官以事实为依据，以法律为准绳。

司法者裁判进行活动的第二个环节即小前提的确定。小前提的确定是确定案件事实的过程。也就是说，在三段论推断中，法官在大前提的基础上，需要对案件事实进行全面的把握，分析其中的各种定案情节和其他裁量情节，在此基础上，将此小前提嵌入大前提中，进而依大前提中的规定而得出决定。也就是说，小前提确定的过程是一个确定案件事实的过程。因此，从这个角度而言，依"三段论"思维进路作出判断离不开小前提的确定，而小前提确定的过程又是一个事实认定的过程，因此，司法的过程必然是需要以事实为依据的。当然，纵使是在确定小前提即认定案件事实的过程中，也需要以法律为准绳。这是因为，在诉讼进行过程中，法庭认定的案件事实并不要求达到客观真实的标准，而是需要达到法律真实的标准。所谓的法律真实，是指法庭所认定的案件事实是有证据予以证明的，而证据本身又要符合客观性、关联性和合法性的要求，要经质证程序而为法庭所采纳。因此，事实认定的过程实质上也需要以法律为依据，此中的法律即证据规则，法庭对案件事实之认定需要依证据规则而作出。因此，从这个角度而言，司法裁判推进的过程是一个"目光在事实与规范之间往返流转"的过程，此过程中，"以事实为依据，以法律为准绳"当然为基本的司法原则。

实质上，我国当前司法法中也存在"以事实为依据，以法律为准绳"这一原则。例如，《民事诉讼法》规定，人民法院审理民事案件，必须以事实为根据，以法律为准绳。《行政诉讼法》亦有类似的规定。因此，我国司法基本法将"以事实为依据，以法律为准绳"这一原则规定为其基本原则是有法制基础的。在具体的条文设定方面，司法基本法则可参照《民事诉讼法》《行政诉讼法》之规定，直接规定人民法院行使审判权、人民检察权行使检察权应当以事实为依据，以法律的准绳。

2. 司法机构的设置

司法机构的设置亦是司法基本法所要规范的主要问题。审检并重的双核模式是我国司法机构设置的重要内容，我国《宪法》在其第三章的第八节中明确规定了人民法院和人民检察院的设置，从而形成了我国特有的人民代表大会之下的"一府一委两院"制的政权组织体系，审检并重是这个政权组织体系中的重要支柱。审检并重的双核模式经过长期的实践被证明为有效的，也是符合我国国情的，因此，司法基本法在制定的过程中规定司法机构之设置时，不能从根本上改变审检并重的双核模式，而只能强化和改善。

（1）各级司法机构的设置。各级司法机关的设置当然是司法基本法的规定的主要问题。从司法基本法的本质特征来看，司法基本法是规范司法领域中的基本事项的法律依据，司法权及其运行的基本内容，可成为司法基本法规范的对象。而司法机构的设置无疑是司法制度的重要组成部分，司法机构的设置关乎司法权的独立运行及其运行过程中的相互制约。例如，我国当前设置了审判机关和检察机关这两个司法机关，这两个司法机关之间存在相互合作、相互制约的关系。而这种制约关系的形成，是以审检并重的司法机构设置模式为前提的，没有这两个机构的设置，则不具有审判权与检察权之间的相互制约。因此，从这个角度而言，司法机构的设置为司法制度的基本内容，司法权的配备及司法关系的形成，需要以司法机构设置为基础。

如上所述，当前我国在司法机构设置上，形成了审检并重的双核模式，这一模式为我国《宪法》所设置。具体而言，一方面，依我国《宪法》之规定，我国的根本政治制度是人民代表大会制度，基本的政权组织形式为人民代表大会制度之下的"一府一委两院"制，"两院"即人民法院和人民检察院，二者在我国的政权体系中处于平行的地位，在运行过程中相互配合，相互制约，共同向人民代表大会负责。另一方面，我国《宪法》第三章第八节为"人民法院和人民检察院"，这一节将人民法院与人民检察院并列作为我国的司法机关，表明我国司法机构体系是审检并重的双核模式。另外，根据《宪法》第三章第八节的规定，人民法院是审判机关，行使审判权；国家设立最高人民法院、地方各级人民法院，以及军事法院等专门人民法院；人民检察院是法律监督机关，行使法律监督权；国家设立最高人民检察院、地方各级人民检察院和军事检察院等专门人民检察院。《宪法》的这些规定，初步勾勒出了我国司法机构的设置体系。从横向上看，我国设立人民法院和人民检察院作为我国的司法机构，从而形成审检并重的双核模式；从纵向上看，人民法院在其体系上又包括了最高人民法院、地方各级人民法院和军事法院、专门人民法院；人民检察院在其体系上亦包括最高人民检察院、地方各级人民检察院和军事检察院、专门人民检察院。

实质上，我国《人民法院组织法》和《人民检察院组织法》亦对审检并重的双核模式进行了规定，并依此建立起了司法机构体系。《人民法院组织法》依《宪法》之规定，设置了四级人民法院体系，分别为：基层人民法院，包括县人民法院和市人民法院、自治县人民法院、市辖区人民法院；中级人民法院，包括在省、自治区内按地区设立的中级人民法院、在直辖市内设立的中级人民法院、省、自治区辖市的中级人民法院、自治州中级人民法院；高级人民法院，包括省高级人民法院、自治区高级人民法院、直辖市高级人民法院；最高人民法院。同样，《人民检察院组织法》也设置了四级检察院体系，包括最高人民检察院；省、自治区、直辖市人民检察院；省、自治区、直辖市人民检察院分院；自治州和省辖市人民检察院；县、市、自治县和市辖区人民检察院。在此内部机构的设置上，人民法院一般设立有民事庭、行政庭、刑事庭、执行庭等业务部门及各种辅助部门。检察院也按其业务设立有公诉机构、批捕机构、审判监督机构等。

由于当前《宪法》《人民法院组织法》《人民检察院组织法》对司法机构之设置已作了明确的规定，且审检并重的双核模式司法体制基本上是适应我国司法体制发展的需要的，因此，司法基本法的制定，需要将现行有效的做法予以延续，在司法基本法中规定审检并重的双核模式。在司法机构的具体设置上，就审判机关和检察机关之设置而言，亦需要将现行的四级审判、检察体系予以延续，设最高人民法院、最高人民检察院以及地方各级人民法院、各级人民检察院。

在法院的内部机构设置上，《人民法院组织法》规定，中级人民法院设刑事审判庭、民事审判庭、经济审判庭，根据需要可以设其他审判庭。依此条的规定，法院内部机构设置并不需要严格遵循法律保留的原则，中级人民法院依工作需要即可设置其他审判庭。而在实践中，基层人民法院之内部机构的设置往往又追求与中级人民法院的"对接"，中级人民法院设置有的审判庭，基层人民法院也设置该种审判庭。由于人民法院组织法没有严格限制法院内部机构之设置，法院内部机构的设置"从最初的民、刑庭，增加到后来的经济、行政庭；为加强执行，则设立执行庭，为处理信访告诉申诉，又专设了告诉申诉庭。近几年法院内部新增了不少业务庭，诸如知识产权庭、房地产庭、消费者权益保护庭、赔偿委员会等，而原先的民庭、经济庭也大都再分为了民一、民二、经一、经二等庭。由于业务庭的划分及收案范围缺乏统一的标准和科学性，导致彼此交叉，职能模糊；机构重叠，人员增多，力量分散"①。基于此，法院内部机构的设置亦应当纳入法治的轨道，由法律加以明确的规范。当然，需要注意的问题是，在审判业务日益专业化的时代背景下，作为民意代表机关的立法机关未必能够如审判机关一样精准知悉法院需要设置什么样的内部机构。因此，在法院内部机构设置上，为达成法治化和专业化之间的平衡，则可以将法院内部机构设置之审批权交由各省高级人民法院、基层人民法院和中级人民法院，在审判实践中需要设置新的业务庭的，则可向省高级人民法院提出意见，由省高级人民法院决定。另外，由于当前我国许多法院已将经济审判庭并入民事审判庭中，而随着《行政诉讼法》的颁行，行政庭成了法院的三大业务庭之一。对于检察院内部机构的设置，也应当遵循上述原则。因此在司法基本法制定过程中，司法基本法即可以规定，中级人民法院设刑事审判庭、民事审判庭、行政审判庭；高级人民法院可以根据审判需要决定中级人民法院和基层人民法院设置其他业务部门；省、自治区、直辖市人民检察院可以决定自治州、市、县、区人民检察院的内部机构设置。

（2）司法机构的独立。如上所述，司法独立是司法的基本原则，是司法权在其运行过程中公正解决社会纠纷的基本前提。因此，司法独立原则应当成为司法基本法的基本原则。当然，司法独立之实现，不仅需要制定法将司法独立原则体现在其条文中，更需要司法独立原则内化为司法制度的基本内容；司法的独立，不仅要求司法权行使上的独立，更要求司法机构本身的独立。从某种程度上而言，司法机构的独立是司法权独立的基础。这是因为，司法机构本身是司法制度及司法权的载体，只有司法机构这一载体独立了，司法权也才能独立运行而不受案外因素的干扰。因而，司法基本法不仅应当规定司法独立原则，还应当将该原则具体化到司法机构的设置中，使司法机构之设立符合司法独立的要求。

从总体上而言，我国司法机构之设置是符合司法独立的原则的。根据《宪法》之规定，我国基本政权组织形式为人民代表大会制度之下的"一府一委两院"制。在"一府一委两院"制中，人民检察院和人民法院之组织由全国人民代表大会通过制定法律而规定，人民法院和人民检察院的人事任免由人民代表大会或其常务委员会决定，人民法院和人民检察院需要向人民代表大会报告工作。《宪法》所做的这些制度安排，从根本上是能

① 王利明、姚辉：《人民法院机构设置及审判方式改革问题研究（上）》，《中国法学》1998年第2期，第7页。

够确保司法机构之独立的。具体而言，在现行的人民代表大会制度之下，人民法院和人民检察院被置于人民代表大会之下，需要向作为民意代表机关的人民代表大会负责和报告工作，而不需要向其他机构负责，因此从根本上保证了人民法院和人民检察院的独立；而人民代表大会对人民法院和人民检察院之监督也仅仅限于对这两个机构之整体工作上的监督，而不能切入对具体的审判业务或检察业务的监督。因此，从整体上判断，我国司法机构在其设置上是符合司法独立之要求的。

当然，司法独立不仅包括司法机构整体上的独立，还包括各级司法机构之间的独立及审判组织、审判人员的独立。从某种程度上而言，司法独立最终要落实到审判组织和法官个人的独立上。就是说，法院外部独立的根本目的在于确保审判组织和法官个人在个案中能够依事实与法律作出公正的判决。也就是说，在案件解决过程中，进行司法的不是法院，而是审判组织和法官个人，只有审判组织和法官个人才是审判的亲历者。因此，司法独立，需要贯彻到司法者才是有意义的，司法机构独立之追求，即为审判组织和法官个人建构不受外界干扰的司法环境，使之能够独立判案。

而就我国而言，尽管我国《宪法》及《人民法院组织法》在建构组织体系上保障了法院系统的整体独立，然而，《宪法》第131条所规定的主体为人民法院，而非审判人员和审判组织，各级法院之间及审判组织、法官个人的独立在现行《宪法》及《人民法院组织法》中并没有得到体现。特别是根据《人民法院组织法》的规定，各级人民法院都设立有审判委员会，审判委员会的任务是总结审判经验、讨论重大的或者疑难的案件和其他有关审判工作的问题。该条并没有明确规定"讨论"之效果，即审判委员会对案件的讨论结果对合议庭之判决是否具有约束力，合议庭有无义务遵循审判委员会之结论而形成其判决，这在《人民法院组织法》中并没有明确的规定。实践中，合议庭作出的判决，则一般遵循审判委员会之讨论结果。这种情况便形成了审判委员会"判而不审"的局面，即审判委员会成员并没有参与庭审过程，就作出了影响当事人权利义务的讨论决定，这是与自然公正原则不相符合的，也是不利于合议庭作出独立判断的。

因此，基于审判组织和法官个人之独立对于司法独立的重要性，司法基本法的制定，当然应当对法院间独立、审判组织独立和法官个人独立予以规定。法官个人独立可以置于司法基本法的"司法官地位及其保障"一章，法院间独立及审判组织独立则可置于"司法机构的设置"一章。具体而言，在人民法院外部独立性之问题上，司法基本法即可以沿袭《人民法院组织法》的规定，将《宪法》第131条的规定纳入其条文中。在各级法院间的独立问题上，则可以依《宪法》之规定规范上级法院与下级法院之间的指导关系，确保下级法院之独立审判不受上级法院的影响。另外，在审判委员会之设置及其任务的规定上，则需要明确规定审判委员会不得干预合议庭的审判。在关于合议庭的设置上，则可规定合议庭对具体案件的处理，不受行政机关、社会团体、个人和来自法院内部及其他法官的干预。

当然，与人民法院不同，人民检察院作为法律监督机关，其更多地需要体现检察一体性的要求。因此，检察机关的独立更大地体现在外部独立上，而并不需要体现在检察机关内部机构及检察官个人的独立上。并且，我国《宪法》规定各级检察机关之间的关系为领导关系，《人民检察院组织法》规定下级人民检察院之检察长由上级人民检察院之检察长提请该级人民代表大会常务委员会批准，从中即可看出，《宪法》和《人民检察院组织法》关于上下级检察院关系的规定更加体现了检察一体的原则，而非上下级检察院互相独立的原则。因此，在司法基本法中，关于检察院之独立性问题，司法基本法规定检察院行使检察院不受行政机关、社会团体和个人干预即可。

3. 司法权配置

权力的配置是法律尤其是公法规范的主要问题。一方面，基于权力法定的原则，国家机关所行使之权力必须有法律的明文规定。就是说，从人民主权的角度分析，人们通过结成契约而组成国家，国家之权力源于契约的规定，无契约的授权则为非法的权力。而在代议制度之下，人民结成契约之过程则体现为行使其选举权和被选举权的过程，通过选举和被选举而选出人民代表，人民代表将选民之意志体现于立法之中，法律即可视为人民之合意，由法律授予的权力即为人民之合意所认可而具备合法性。因而，公法之制定的首要目的是配置权力。另一方面，从法律制定之目的来看，权利保护和权力限制是公法的基本目的。而对权力的限制，则不仅需要通过设置权力行使的程序及其责任来实现，更需要通过规范权力行使之范围而实现。公法对权力的配置，一方面是授予权力，奠定权力之合法性基础，另一方面则是规范权力，划定权力和行使方面。因此，从这个角度而言，权力的配置即公法的主要内容。司法基本法作为司法领域的基本法，其所要规范的是司法领域的基本问题。而司法权及其运行当然构成司法领域的根本性命题。因此，司法权的配置当然构成司法基本法的基本内容。在我国，狭义上的司法机关包括人民法院和人民检察院，因而司法权一般指人民法院和人民检察院所行使的与审判和检察事务有关的权力。司法权的配置则首先是司法权力在人民法院和人民检察院之间的配置，然后才是不同司法权在司法机关内部的配置。前者体现为司法权的横向配置，后者则为司法权的纵向配置。

（1）司法权的横向配置。如上所述，司法权的横向配置即司法权在人民法院和人民检察院之间的配置。在我国，司法权的横向配置是由《宪法》《人民法院组织法》和《人民检察院组织法》完成的。

《宪法》对司法权之配置主要存在于其第三章第八节中。其中，《宪法》第 128 条规定了人民法院的性质，即人民法院是国家的审判机关。根据此条的规定，我们可以推导出，作为审判机关的人民法院是具有审判职能的，其可以依证据事实和对法律的理解而对案件之权利义务关系作出裁决。《宪法》第 131 条则明确配备了人民法院之审判权，该条规定，人民法院可以依法律之规定独立行使审判权。《宪法》通过这两个条文的规定，完成了对人民法院之审判权的配备。《人民法院组织法》除了将《宪法》配备给人民法院之职权予以规范外之外，其还为人民法院配置了《宪法》没有配置的权力，即为最高人民法院所配置的法律解释权。2006 年修订的《人民法院组织法》第 32 条规定：最高人民法院对于在审判过程中如何具体应用法律、法令的问题，进行解释。依此条的规定，最高人民法院对于具有可适用性质的法律，如《民法通则》《物权法》《行政诉讼法》等法律即可进行司法解释，司法解释权之行使后果，即最高人民法院进行的司法解释，其构成我国法律体系的重要组成部分。

法律对人民检察院之职权的配置亦由《宪法》和《人民检察院组织法》两个法律来完成。《宪法》对人民检察院之职权的配置亦是通过两个条文来完成的。其一，《宪法》第 134 条规定，中华人民共和国人民检察院是国家的法律监督机关。此条规定了人民检察院之性质为法律监督机关，则隐含了人民检察院具有法律监督的权力。《宪法》第 136 条更是直接规定，人民检察院依照法律规定独立行使检察权，此条即可视为《宪法》对人民检察院之职权的配置。当然，《宪法》第 134 条隐含了人民检察院具有法律监督的权力，而《宪法》第 136 条则规定人民检察院行使检察权，对于法律监督权与检察权之间的关系，《宪法》并没有予以明确界定。《宪法》第 134 条规定检察机关之性质为法律监督机关，《宪法》第 136 条规定人民检察院享有检察权，因而，法律监督权和检察权应当是同一种权力的两种表述，二者指向的是检察院依《宪法》规定所享有的全面权力。"检察权是检察机关所享有的国家权力的总称，检察机关的性质是国家法律监督机关，检察机关所享有的检察权的性质是法律监督权"①。其二，《人民检察院组织法》则对人民检察院之职权进行了更为明确的规定，具体包括：一是对叛国案、分裂国家案以及严重破坏国家的政策、法律、法令、政令统一实施的重大犯罪案件，行使检察权。二是对直接受理的刑事案件进行侦查。三是对公安机关侦查的案件进行审查，决定是否逮捕、起诉或者免予起诉；对公安机关的侦查活动是否合法，实行监督。四是对刑事案件提起公诉，支持公诉；对人民法院的审判活动是否合法，实行监督。五是对刑事案件判决、裁定的执行和监狱、看守所、劳动改造机关的活动是否合法，实行监督。

《宪法》和《人民法院组织法》《人民检察院组织法》在配置审判权、检察权的过程中，还需要处理好审判权与检察权之关系。依《宪法》和《人民法院组织法》《人民检察院组织法》之规定，审判权和检察院之关系可以作如下理解：第一，审判权与检察权各司其职。审判权之基本任务为在个案中适用法律解决权利义务纠纷，审判权的社会功能即纠纷解决，纠纷解决的基本场域则为行政诉讼、民事诉讼和刑事诉讼；而检察权的基本内容则是法律监督，即通过抗诉方式对审判权行使进行监督；通过侦查权的行使对国家机关工作人员的贪污、贿赂、渎职等行为进行监督；通过审查起诉、不起诉的方式对公安机关侦查活动进行监督。审判权与检察权之间有明确的分工，二者各司其职。第二，在各司其职的基础上，审判权与检察权相互独立，不受对方干预。《宪法》第131条规定了人民法院独立行使审判权，不受行政机关、社会团体和个人的干预，这条虽然没有明确排除检察权对审判权之干预，但检察权不得干预审判权之运行实乃司法独立的应有之义。因此，审判权之运行自然独立于检察权。第三，审判权与检察权相互制约。二者之间的制约关系主要体现在：一方面，从我国《人民检察院组织法》之规定来看，检察权内在地包含了侦查权、批准逮捕权、公诉权，这些权力之行使后果受到审判权的评判，特别是对于公诉权而言，公诉的发起需要受到审判权的审查，审查的范围包括对案件事实的审判和侦查、公诉程序的审判。"控诉职能要受到审判职能的制约，由于控诉职能本身并不具有实体裁判性和终结性，控诉职能对犯罪的纠举，必须经过法院的审查，才能最终加以认定；如果法官经过审判，发现检察院的控诉不能成立时，可以判决否定检察院的指控"②。另一方

---

① 刘莉芬：《论我国检察权配置的现状与优化构想》，《中国刑事法杂志》2011年第8期，第12页。

② 陈文兴：《司法权配置的两个基本问题》，《法学杂志》2007年第5期，第87-88页。

面，检察权亦存在着对审判权的监督。具体而言，检察权的本质是一种法律监督权，而这种监督权行使的最为重要的内容是对审判权的监督。我国《行政诉讼法》《民事诉讼法》和《刑事诉讼法》都规定人民检察院有权对行政、民事和刑事诉讼实行法律监督，监督的范围包括审判权行使程序及审判所依赖的事实证据，监督的基本途径为抗诉。需要说明的是，审判权与检察权之间的这种制约关系是与其相互独立的原则不相抵触的。审判权与检察权的相互独立，更多地体现为法官和检察官在行使审判权、检察权时依其对法律的理解和对事实的确信而将法律适用于个案中。就是说，审判权和检察权的独立体现于审判权和检察权的行使过程中，要求审判权与检察权的行使免受他人的干预。因而，审判权与检察权的独立，并不必然推导出审判权和检察权之行使后果的不受质疑。而审判权与检察权之间的制约，并不体现为对检察行使过程中法官、检察官之独立判断的制约，而是体现为对其后果的评判。也就是说，尽管审判权之行使受到检察权的制约，但这种制约仅是就审判权之行使的后果而言，检察院可以就法院之审判结果提起抗诉，但不能在案件审理过程中干预法官的独立判断；同样，尽管检察权受到审判权的制约，但这种制约也不是对检察官之独立判断的干预，而是对其公诉、抗诉的评判。

审判权与检察权的横向配置已由《宪法》第 131 条、第 136 条及《人民法院组织法》《人民检察院组织法》作出了明确规定。这种条款对审判权与检察权之配置是相对合理的，因此，司法基本法之制定，亦需要沿袭现行《宪法》和《人民法院组织法》《人民检察院组织法》关于审判权与检察权之配置的规定，在司法权之横向配置上，将审判权配置给人民法院，将检察权配置给人民检察院，对规定审判权、检察权之权限及相互间关系，建立起审判权与检察权各司其职、相互独立、相互制约的审检关系模式。在具体的条文上，即可以规定，人民法院可以依法律之规定独立行使审判权；人民检察院依法律之规定行使独立检察权；人民检察院有权对法院的审判实施监督，对民事、行政、刑事案件的审理结果可以提起抗诉；人民法院对人民检察院提起的公诉和抗诉进行审查并作出决定。

（2）司法权的纵向配置。司法权的纵向配置是指司法权在上下级司法机关的分析问题。如上所述，司法权包括了审判权和检察权，二者分别配置给了人民法院和人民检察院。因此，对司法权之纵向配置的研究，则需要建立在横向配置的基础上，分别讨论审判权的纵向配置和检察权的纵向配置。

对于检察机关而言，上下级人民检察院之间并没有明显的权力划分。例如，《人民检察院组织法》在规定人民检察院之职权时，是整体上规定了人民检察院所享有的职权，这些职权为各级人民检察院所享有和行使，上下级人民法院在此方面并不存在分权。而《宪法》和《人民检察院组织法》也没有分别就各级人民检察院之职权进行规定。因而，在检察权之纵向配置上，各级人民检察院享有基本相同的职权。当然，在检察权的纵向配置上，各级人民检察院之职权亦存在以下区别：第一，法律解释权，即人民检察院在具体适用法律的过程中对法律进行解释的权力只能由最高人民检察院行使。第二，对贪污贿赂犯罪、国家工作人员的渎职犯罪等犯罪的侦查权由各级人民检察院行使，但对国家机关工作人员利用职权实施的其他重大的犯罪案件进行侦查，则需要上级人民检察院决定。第三，《刑事诉讼法》对人民检察院的初审管理权进行了划分，反革命案件、危害国家安全案件、可能判处无期徒刑、死刑的普通刑事案件、外国人犯罪的刑事案件由中级人民法院审理，全省（自治区、直辖市）性的重大刑事案件由高级人民法院审理，全国性的重大刑事案件由最高人民检察院审理，除此之外的刑事案件则由基层人民法院审理。实践中，检察院对于刑事案件的管辖实际上实现了与人民法院对口的原则，上下级人民检察院公诉权的纵向配置实际上亦是依《刑事诉讼法》第 19 条、第 20 条、第 21 条和第 22 条之规定进行划分的。第四，依我国《宪法》和《人民检察院组织法》的规定，最高人民检察院领导地方各级人民检察院的工作。最高人民检察院"领导全国各级人民检察院实施法律规定的全部检察司法权。最高人民检察院领导地方各级人民检察院和专门检察院行使检察机关全部检察司法权。对每一种检察司法权的实施都有领导、指挥、检察、监督、督促的职责，使各种检察司法权得以正确实施，纠正和查处滥用检察司法权和玩忽职守、徇私舞弊的行为"①。

对法院而言，审判权的纵配置则较为复杂。具体而言，《人民法院组织法》对审判权之纵向配置进行了规范。该法第 20 条规定，基层人民法院审判刑事和民事的第一审案件，但是法律、法令另有规定的案件除外；第 21 条规定，基层人民法院除审判案件外，并且办理下列事项：①处理不需要开庭审判的民事纠纷和轻微的刑事案件；②指导人民调解委员会的工作。这两个条文是关于基层人民法院之职权的规定。该法第 24 条规

---

① 周其华：《检察机关司法权配置研究》，《国家检察官学院学报》2000 年第 4 期，第 91 页。

定，中级人民法院审判下列案件：①法律、法令规定由它管辖的第一审案件；②基层人民法院移送审判的第一审案件；③对基层人民法院判决和裁定的上诉案件和抗诉案件；④人民检察院按照审判监督程序提出的抗诉案件。此条也规定了中级人民法院的职权。第 27 条则规定，高级人民法院审判下列案件：①法律、法令规定由它管辖的第一审案件；②下级人民法院移送审判的第一审案件；③对下级人民法院判决和裁定的上诉案件和抗诉案件；④人民检察院按照审判监督程序提出的抗诉案件。该条则规定了高级人民法院的职权。而《人民法院组织法》规定，最高人民法院审判下列案件：①法律、法令规定由它管辖的和它认为应当由自己审判的第一审案件；②对高级人民法院、专门人民法院判决和裁定的上诉案件和抗诉案件；③最高人民检察院按照审判监督程序提出的抗诉案件。第 32 条规定，最高人民法院对于在审判过程中如何具体应用法律、法令的问题，进行解释。此条则是规定了最高人民法院的职权。通过以上规定，再配以《民事诉讼法》《刑事诉讼法》和《行政诉讼法》的具体规定，各级法院之间的审判划分即有了较为明确的界限。

当然，需要讨论的是，在各级法院之职权得到明确划分的前提下，上级法院对下级法院之职权行使存在何种干预？就检察院而已，由于《宪法》规定上级人民检察院领导下级人民检察院开展工作，《刑事诉讼法》也规定上级人民检察院可以指令下级人民检察院起诉或者提出抗诉，因而，检察院在职权划分的前提下，下级人民检察院之职权的行使需要接受上级人民检察院的领导。而就法院而言，我国《宪法》规定，上级人民法院监督下级人民法院开展工作。上级人民法院监督下级人民法院之工作的途径是法定的，必须通过诉讼法规定的上诉程序或者审判监督程序予以实现。因而，从这个角度而言，在审判权的纵向配置上，上级人民法院还享有对下级人民法院之工作的进行监督的权力，最高人民法院享有对地方各级人民法院的监督权。另外，上级人民法院对下级人民法院所行使的权力，除《宪法》《人民法院组织法》和诉讼法中规定的审判监督权之外，在实际中，上级人民法院对下级人民法院工作的开展也具有一定的指导权。例如，最高人民法院通过颁布指导案例的形式对地方各级人民法院的审判工作进行指导；另外，最高人民法院还制定了诸如《量刑规范化的指导意见》《关于进一步贯彻"调解优先、调判结合"工作原则的若干意见》等指导性意见，这些意见对地方各级人民法院之审判工作的开展是具有指导作用的，这也是上级人民法院对下级人民法院之指导权的体现。

然而，我国现行法律对上级人民法院之于下级人民法院之指导权的范围并没有进行明确的界定。上级人民法院对下级人民法院之指导权是有边际的，司法基本法的制度，需要为最高人民法院和上级人民法院的指导确立以下规则：第一，上级人民法院对于下级人民法院正在处理的个案不能通过案件批示等方式进行指导，这是与审判独立原则相抵触的。第二，最高人民法院对下级人民法院案件实体处理的指导，也应当通过司法解释来实现。第三，最高人民法院为下级人民法院制定的程序性规则不得与法律保留原则相抵触。第四，上级人民法院对法官管理的指导，不包括对法官处理的具体案件进行评判；上级人民法院对下级人民法院之法官的案件处理所进行的评判应当体现在审判监督中，而非通过法官管理实现。

4. 司法程序

在我国，司法程序主要通过《人民法院组织法》《人民检察院组织法》和三大诉讼法进行规定。例如，《人民法院组织法》第 7 条规定的公开审理、第 8 条规定的被告有权获得辩护、第 9 条规定的合议制、第 11 条规定的两审终审等，都是对人民法院行使职权之程序的规定。《人民检察院组织法》更是专列一章规定了人民检察院行使职权的程序，具体包括公诉程序、批准逮捕程序、退回补充侦查程序、复核程序、审判监督程序等。这些程序性规定，是人民检察院行使职权时必须遵守的规则。另外，《行政诉讼法》《刑事诉讼法》和《民事诉讼法》更是具体规定了各类型之案件处理中法院和检察院应当遵循的程序性规则。

司法程序亦应当是司法基本法规范的主要内容。这是因为，司法程序之于司法审判之公正的保障作用是不可替代的，我们认为，没有公正的司法程序作为保障，案件的公正审判就如没有根基的楼房，司法公正和司法权威都有可能随时倒塌。司法中的重要价值，实质上都需要通过司法程序来实现。具体而言，就司法中立价值而言，司法中立的基本要求在于司法官在处理具体案件的过程中，对案件的处理既没有利益纠葛，也没有形成先入为主的偏见。此目的的实现，则需要通过回避制度、避免单方接触制度等程序性机制的建构来完善。司法程序实际上是为当事人双方提供平等的参与机会而使法官全面了解案件事实从而避免偏见的形成以达成司法的中立的。就司法独立而言，这个价值的实现也需要程序性规则予以保障。具体而言，司法独立的实现，最终需要实现到法官一级才有意义。就是说，司法独立的最终目的是确保法官依其内心对事实的确信和对法律的理解而对案件作出判决，这个过程既应当吸纳各种利益相关主体的参与，又需要排除他们对案件审判的不当影响。

此目的是需要通过参与、辩护、取证等程序来实现的。更为重要的是，司法程序还有其独立价值。司法的公开、听证等程序，能够充分吸纳当事人参与，使其通过程序机制而实现平等的对峙，从而在程序中消除怨气，这有利于提高案件最终处理结果的可接受度。"公开性要求由裁判者指挥的程序应该公开进行，是任何人都可以直观地看到或感受到，其目的是通过使包括冲突双方在内的大众亲眼看到正义的实现过程，进而产生对结果的信赖"①。基于司法程序的重要性，对司法程序的规范，自然应当作为司法基本法的重要内容。

司法基本法在对司法程序进行规定的过程中，应当注意司法基本法与诉讼法的分工。司法基本法作为司法领域的基本法，其仅应当就司法权行使中的重要问题包括司法权运行程序重要问题作出规范，而司法权运行中的具体程序则应当由诉讼法进行规定。司法基本法的制定，需要整合《民事诉讼法》《刑事诉讼法》和《行政诉讼法》中关于审判程序的设置，将基本的审判程序规范在司法基本法中。

例如，我国《刑事诉讼法》第5条规定人民法院依照法律规定独立行使审判权，人民检察院依照法律规定独立行使检察权，不受行政机关、社会团体和个人的干涉。第10条规定，人民法院审判案件，实行两审终审制。第11条规定，人民法院审判案件，除本法另有规定的以外，一律公开进行。被告人有权获得辩护，人民法院有义务保证被告人获得辩护。第13条规定，人民法院审判案件，依照本法实行人民陪审员陪审的制度。第14条规定，人民法院、人民检察院和公安机关应当保障犯罪嫌疑人、被告人和其他诉讼参与人依法享有的辩护权和其他诉讼权利。而《行政诉讼法》第4条也规定了审判独立原则，第7条则规定了合议、回避、公开审判和两审终审制等原则。同样，《民事诉讼法》第6条也规定了审判独立的原则，第10条规定合议、回避、公开审判和两审终审制等程序性制度。也就是说，在我国，审判权运行的基本程序性规则是一致的，因而司法基本法应当将这些程序性规则予以整合，规定在司法基本法中。

5. 司法官法

司法官法亦是司法基本法规范的主要内容。在我国，依《宪法》和相关组织法之规定，司法权由人民法院、人民检察院享有，司法官主要

---

① 石茂生、赵世峰：《司法程序的构成要素和价值特征》，《河南司法警官职业学院学报》2009年第1期，第83页。

是指法官和检察官。司法官法即规定司法官之身份、地位、操守及与执行职务相关的待遇的法律规范。在我国，司法官主要体现在《法官法》《检察官法》和《法官职业道德基本准则》《检察官职业道德基本准则》中。《法官法》和《检察院法》的主要内容为规定法官和检察官的职责、任免、地位、法官人事管理、工资保障和职务保障等；《法官职业道德基本准则》《检察官职业道德基本准则》则主要规定司法官对司法事业的忠诚、司法公正对司法官行为的要求、司法官的司法廉洁、司法形象、司法为民等内容。

司法官法对实现宪法公正也是至关重要的。具体而言，如上所述，司法官法的主要内容包括了职责、任免、地位、法官人事管理、工资保障和职务保障及司法官行为规范。司法官法之于司法公正的重要性体现在以下几个方面：第一，司法独立的价值追求需要司法官法予以保障。如上所述，司法独立最终需要通过法官独立来体现。司法机构的独立，仅是为司法官的独立提供坚强的屏障，司法独立所追求的目的是法官能够依其内心对事实的确信和对法律的理解而作出判决。"检察官独立是检察权独立的核心内容，检察机关的整体独立也是为了检察官能更好地在具体诉讼中行使检察权"[1]。也就是说，司法独立不仅是司法机构的独立，更需要司法官在案件审理过程中能够作出独立的判断。"审案、断案是一种主观认识的判断，如果在这个认识过程中，法官不能排除外界的干扰（尤其指各种潜在的利诱），要想真正做到公正断案就会成为一件很难的事。因此，保证法官独立的意志自由，是法官公正断案的前提和基础"[2]。而司法官的独立，则是需要通过司法官法实现的。司法官法规定法官和检察官在行使职权应当获得的物质保障及身份保障，从而才能排除案外因素对司法官的干扰，为司法官的独立判断提供足够的空间。第二，司法的中立性也需要司法官法予以保障。司法的中立要求司法机关在对案件进行处理中，能够保持不偏不倚的地位，对案件双方当事人予以同等对待。而司法官在当事人中保持中立的地位，则需要其对争诉案件没有利益纠葛。此种情况的实现，则需要司法官与社会生活保持一定的距离，不能过多地参与到社会活动中。此种情形则需要通过对司法官行为规范的制定来实现。因而，基于司法官法之于司法公正的重要作用，司法基本法中亦应当专列一章规定司

---

① 赵荣蓉、郭魏：《检察权配置中存在的问题》，《山西省政法管理干部学院学报》2010 年第 3 期，第 51 页。

② 王申：《司法行政化管理与法官独立审判》，《法学》2010 年第 6 期，第 35 页。

法官之身份、职权、地位、行为规范等事项。

从《法官法》《检察官法》和《法官职业道德基本准则》《检察官职业道德基本准则》的规定来看，法官和检察官作为职业共同体的组成人员，其在法治建设和社会治理中具有类似的法律地位，也应当遵循类似的行为准则。基于法官、检察官在法律职业共同体中的特殊性，其地位和行为应当受到法律的保障和规范。从这个角度而言，司法官的地位与行为准则可以统一到一部法典中。而这种法典，就是统一的司法基本法。从这个角度而言，将司法官法纳入统一司法基本法中也是有其可行性的。

（三）司法基本法地位

司法基本法的地位是司法基本法制定中必须解决的问题。司法基本法作为司法领域的基本法，其是《宪法》中关于司法制度之规范的具体化，又是司法权运行必须遵循的规则。作为一部统一的法典，司法法在法律体系中处于什么地位，其与其他单行司法法的关系如何处理，这是司法基本法制定过程中应当予以解决的问题。

1. 司法基本法在法律体系中的地位

在我国法学研究中，法律部门一般包括宪法、行政法、民事法、刑法、诉讼法等部门。学术研究涉及司法事项的，主要从两个维度进行。一是从法理学、宪法学的维度对司法制度进行研究，主要涉及司法权、司法机关设置、司法功能等事项；二是从诉讼法的维度对司法程序进行研究，主要涉及的内容则为证据制度、审查范围、审查对象、一审、二审、审判监督等司法权运行中的具体事项。这种情形下，这种情况下，"司法学"和"司法法学"仿佛并不能作为一个独立的二级部门法存在，而是被拆分在法理学、宪法学与诉讼法学中。而司法法则将司法机关组织法、司法官法和诉讼法统一在一部法典，这种情形打破了原有的法律部门的划分，从而使司法法在法律体系及司法法体系中的地位难以得到统一的认识。在我国法律体系中，司法基本法首先是宪法性法律，同时又是司法领域的基本法。

（1）宪法性法律。所谓宪法性，就是指司法基本法是作为宪法性法律而存在的。宪法性法律是指"由普通立法机关依照普通立法程序制定或认可的，以宪法规范为内容的规范性文件。宪法性法律包括两种情况：一种是带有宪法内容的普通法律，如选举法、国家机关组织法等；另一种则是带有宪法内容而经国家立法机关依法赋予其法律效力或重新进行法律解释的某些政治性文件或国际协议、地区性盟约等"①。宪法性法律亦是一个实证法上的概念。全国人民代表大会法律委员会主任委员王维澄在第九届全国人民代表大会常务委员会法制讲座第八讲《关于有中国特色社会主义法律体系的几个问题》中，将我国的法律分为了七个类别，其中第一个类别是"宪法及宪法相关法"，其中，宪法相关法包括了"国家机构的组织和行为方面的法律，民族区域自治方面的法律，特别行政区方面的基本法律，保障和规范公民政治权利方面的法律，以及有关国家领域、国家主权、国家象征、国籍等方面的法律"。此处的"宪法相关法"即宪法性法律。宪法性法律有其存在的必要性。众所周知，在一国法律体系中，宪法是最为重要的组成部分，是法律体系的中坚。在宪法的外围，还存在以落实宪法、规范权力来源及其运行或者保护基本权利为主要内容的法律。由于宪法作为根本法，其不可能对所有事项进行详细的规定，对这些内容的规定具有抽象性，因此宪法中的规定需要宪法性法律予以具体化。由于宪法性法律所规范的对象具有根本性，是宪法保护的法律关系得以实现的第一道屏障。这些法律即宪法性法律。以《中华人民共和国国务院组织法》为例，该法之主要内容是《宪法》规定的国务院职权及其工作制度等的具体化，明确国务院的组织、权力来源及其行使程序和方式，因而这部组织法是宪法性法律。

宪法性法律具体两方面的特征：一是内容的根本性。所谓内容根本性，就是说，宪法性法律所规定的事项对政治活动的开展具有根本性，其主要在于建构组织共同体开展活动的共同规则。二是内容的片面性。就是说，宪法性法律并不是确立起整个政治活动开展的基本规则，那是宪法的任务，而不是宪法性法律的任务。宪法性法律的任务仅仅是对宪法的某一方面规定予以具体化，确立某一方面的政治活动开展的基本规则。"相比宪法（或宪法典）的整体性而言，宪法性法律只是对宪法（或宪法典）在某一方面细化而已"②。例如，香港特别行政区基本法就是《宪法》第 31 条之规定的具体化，其即构成宪法性法律。司法基本法具有以上两个特征。具体而言，一方面，就司法基本法内容的根本性来看，司法基本法将要规定司法权的配置、司法机构的构造、司法权行使程序等内容。从司法基本法的内容来看，司法基本法所规定的是司法权行使的基本事项。而司

---

① 张震：《基本法律抑或宪法性法律——〈村民委员会组织法〉的宪法考量》，《内蒙古社会科学》2007 年第 5 期，第 24 页。

② 刘茂林：《香港基本法是宪法性法律》，《法学家》2007 年第 3 期，第 15 页。

法权作为国家权力的重要组成部分，司法权的构造及行使当然具有根本性，关涉到国家权力体系的建构及权力间的监督与平衡。司法基本法对这些内容进行规定，表明其内容在于确立司法权行使的基本规则，因而其内容具有根本性。另一方面，司法基本法仅仅是就司法权配置及其行使等事项作出规定，其调整的社会关系范围是较为狭小的，仅仅涉及司法事项，而没有涉及立法、和行政管理等事项，因而其内容具有片面性。从这个角度而言，在整个法律体系中，司法基本法具有宪法性法律的地位，其是确立司法活动之基本规则的法律。

（2）司法领域基本法。司法基本法是司法领域的基本法。一是就效力范围而言，司法基本法的制定，其目的在于整合现行司法领域中的各个立法，使之形成内在逻辑统一的法律体系，并指导司法改革的行进和规则主义司法的建构。也就是说，司法基本法的立法目的在于确立司法领域的基本规则，使之成为调整司法配置和司法机构设立的活动准则。二是就其内容而言，如上所述，司法基本法的主要内容是规定司法权的配置、司法机构的构造、司法权行使程序等事项。这些事项具有司法性质，进而也反映了司法基本法之司法性。

2. 司法基本法在司法法体系中的地位

司法基本法是宪法性法律，亦是司法领域的基本法，此种定位，勾勒出司法基本法在法律体系中的地位。那么，在司法法领域内，司法基本法与其他法律之关系如何建构，则是本部分重点探讨的问题。

由于司法基本法是宪法中之司法条款的具体化，又是司法领域的基本法，其内容在于确立宪法活动的基本规则，因而，其是关于司法事项的基本法。从这个角度进行分析，在司法法体系中，司法基本法是位于宪法之下、单行司法法之上的司法法，司法法体系由宪法中的司法条款、司法基本法、单行基本法这三个部分构成。

（1）司法基本法位于宪法中的司法条款之下。司法事项亦是我国宪法规范的重点内容。具体而言，我国《宪法》第三章第八节专列一节即"人民法院和人民检察院"一节规定司法事项，该节中规定了人民法院、人民检察院的设置、构成、职权、人员配置等内容，这些条款事关司法权行使，当然为宪法中司法条款。而由于宪法在法律体系中具有至高无上的地位，司法对司法事项的规定当然也是具有最高效力的。司法基本法作为司法领域的基本立法，其制定应当以宪法为依据，将宪法中的司法条款予以具体化。从这个角度而言，司法基本法之效力当然是低于宪法中的司法条款的。

（2）司法基本法位于单行司法法之上。所谓单行司法法，是指对某一司法事项进行规定的立法，如《法官法》《检察官法》即主要规定司法官之地位，《民事诉讼法》《刑事诉讼法》《行政诉讼法》则规定了司法机关在诉讼过程遵循的程序规则，这些法律即单行司法法。司法基本法之效力应当高于单行司法法。其原因在于，司法基本法作为宪法性的法律，其主要内容是对司法领域内的重要事项作出规范，从而建构起整个司法制度的基本框架；单行司法法则在这个框架内，对司法权配置和运行的具体事项作出规范。从这个角度而言，司法基本法之效力只有高于单行司法法，其才能起到引领司法制度之建构的作用，进而规范司法权的运行，确保司法公正的实现。因而，司法基本法的效力应当是高于单行司法法的。

3. 司法基本法之效力等级的实现

如上所述，司法基本法在我国法律体系中应当处于宪法性法律的地位，其在司法法体系中，则应当位于宪法司法条款之下、单行司法法之上。当然，司法基本法的这样一种地位的成立，需要以司法法之效力等级的形成为基础。也就是说，只有形成"宪法中的司法条款—司法基本法—单行基本法"这样的司法法效力等级，司法基本法之于司法法体系中的基础地位和核心地位才得以证成。

"宪法中的司法条款—司法基本法"之间的效力关系是很容易实现的。这是因为，宪法是国家之根本大法，其在法律体系中具有最高地位，其他法律的制定须以宪法为依据。因而，宪法中的司法条款及其包含的价值理念就是司法基本法制定的法律依据，宪法司法条款的效力当然高于司法基本法的效力。而司法基本法与单行司法法之间的效力关系则较难以得以实现。这是因为，一方面，从某种程度上而言，"宪法性法律"仅仅是一个学理上的概念，尽管这个概念得到了官方某种程度的认定，但其并没有为立法所承认。而在我国《立法法》规定的法律的效力等级中，也仅仅存在宪法、法律、行政法规、地方性法规等法律规范之间的效力等级，"宪法性法律"的效力等级并没有为《立法法》所承认。从这个角度而言，纵使司法基本法具有宪法性法律的地位，其效力也并不必然高于司法单行法的效力。另一方面，从立法主体来看，我国如制定司法基本法，则当然由全国人民代表大会来制定；而单行司法法，如《人民法院组织法》《人民检察院组织法》《法官法》《检察官法》等，也是由全国人民代表大会制定的。这种情况下，由于司法基本法与单行司法法都是由同一主体制定的，前者与后者之间并不能依制定主体的不同而形成不同的效力等级。从这个角度而言，"司法基本法—单行基本法"的司法法效力等级并不能自然形成。

基于此，"司法基本法—单行基本法"之间的效力等级，则只能通过立法技术而形成。其具有的方法则包括以下两种：一是通过司法基本法的名称以表明其效力。具体而言，司法基本法的制定，需要在这部法的名称中直接加上"基本法"的字样，通过这样的一种表述，则表明司法基本法在司法法体系中具有基础地位。基于这种基础地位的存在，其效力理应高于单行司法法。二是在司法基本法的附则中直接规定其效力。这种立法技术在实践中采用得比较多。例如，《中华人民共和国行政复议法》（以下简称《行政复议法》）第 42 条规定，本法施行前公布的法律有关行政复议的规定与本法的规定不一致的，以本法的规定为准。通过这条的规定，其他法律中规定的行政复议事项，这些规定与《行政复议法》的规定不一致的，则以《行政复议法》为准。通过这样的规定，就行政复议事项而言，其他法律的效力即低于《行政复议法》的规定。司法基本法也可采用类似的立法技术，在其附则中规定其高于其他单行司法法的效力。具体而言，司法基本法则可以在其附则中规定，本法施行前公布的法律有关司法事项的规定与本法的规定不一致的，以本法的规定为准。

第三章
为改革立据：明确授权决定的法律地位[①]

基于司法立宪主义的要求，司法改革必须于宪法的框架之下，在法治轨道内进行改革，为此，司法改革首先应当解决其本身的"合宪性""必要性"与"导向性"等基本问题，即要厘定司法改革的禁止空间与作用空间，要理清"司法为什么要改"以及"哪些问题是非改不可的"，要告诉人民"司法到底要改到哪里去"以及"我们通过什么路径实现改革愿景"。有必要明确全国人民代表大会常务委员会司法改革授权决定的法律地位，将改革的顶层设计和改革清单法律化和规范化，使司法改革于法有据、统筹兼进，为中国司法的现代化改革提供根本的法治保障。

一、司法改革的必要性问题

改革不是与旧制度决裂，而是对旧制度的完善——完善即去其糟粕，存其精华[②]。既然改革意味着改旧革新，那么我们就应当避免将司法制度当作试验品来重新设计的冲动——套用波普尔的话说：我们的司法改革不是"去寻找司法的理想的终极的善并为之战斗，而是寻找司法制度中的最大最紧迫的恶并与之斗争"。因此，找出症结所在，找出"中国司法

---

① 本部分内容主要观点曾以《司法立宪主义与中国司法改革》为题，发表至《法制与社会发展》2016 年第 1 期，第 48-68 页，编入本书时进行了部分修改，特此说明。

② 江国华：《实质合宪论——中国宪法三十年演化路径的检视》，《中国法学》2013 年第 4 期，第 185 页。

存在怎样的问题", 以及哪些问题是非改不可的, 哪些问题是可改可不改的, 当成为司法改革的首要问题。

(一) 司法存在哪些问题

这是讨论司法改革的逻辑起点。因此, 全面梳理、准确分析和客观评价司法领域存在的问题, 是探讨司法改革必要性的前提。以法院为例, 从1984 年至 2015 年历任最高人民法院院长向全国人民代表大会所作的工作报告中, 可以梳理出以下具体问题和不足: ①人民法院依法独立行使审判权受到干扰和阻挠, "'以言代法''以权压法', 对法院依法办事横加干涉并不鲜见", "甚至阻挠法官对一些案件的受理、判决和执行"; ②司法不公现象仍然存在, 有案不立、诉讼拖延、裁判标准不统一等问题有待进一步解决; ③司法权威不高、司法公信力不足, 从 20 世纪 80 年代后期开始, 生效法律文书"执行难"的问题依然存在, 且呈现恶化趋势; ④法官素质不高, 部分法官司法能力不适应形势任务要求, 准确认定事实、正确适用法律、妥善化解矛盾的水平不高; ⑤"四风"问题依然不同程度存在, 部分法官群众观念不强, 司法作风不正, 对当事人冷硬横推, 有的法官缺乏司法良知和法纪观念, 违背法官职业道德, 甚至徇私枉法, 办关系案、人情案、金钱案; ⑥法院人才流失问题突出, 随着人民法院办案数量持续快速增长, 新类型案件大量增加, 办案压力越来越大, 而与之相对应的法官职业保障制度却仍未完善; 等等。

就其性质而言, 这些问题有体制上的, 也有机制上的; 就其视域而言, 有历时性的, 也有共时性的; 就其成因而言, 有的是司法体制本身造成的, 有的是司法以外的其他因素造成的。因此, 对于司法改革而言, 仅仅发现问题或者罗列问题, 是远远不够的, 还必须研究问题, 只有对问题作深入研究和分析之后, 才能认清和把握问题的本质和成因。问题的性质不同、视域不同、成因不同, 其解决方案理当不同。例如, 司法公信力的问题, 就是一个非常复杂的问题, 如果我们对其成因或影响因素缺乏足够的认知, 我们的改革方案就很可能"文不对题"。

(二) 哪些问题非改不可

世界上没有十全十美的制度, 任何制度都可能存在缺陷。如果"缺陷"尚未达到"不能容忍"的程度, 那么就应当有容忍这种"缺陷"存在的度量。因为, 任何改革都是需要成本的, 当一项改革的代价远远超过

"缺陷"所可能带来的损失时，这项改革就显然没有必要。所以，司法改革应当找准"非改不可的问题"，并与之决战。所谓"非改不可的问题"，至少有四重意思：①"问题"已经到了"无法容忍的程度"，不改不足以保障司法公正。②"改革"是"问题解决"的必要条件——在现有的制度资源中，找不到解决问题的方案，也没有替代"改革"的可能策略，除非改革，"问题"才能解决。③"改革"有助于问题解决，并现实可行——司法改革是围绕解决"司法问题"而展开的，只有切实可行的改革举措，才可能对"问题解决"有所助益；"为了改革而改革"，有违改革必要性原则。④"问题"本身属于司法制度的范畴，即"问题"出自于司法本身——唯有出自于司法本身的"问题"，方可能通过司法改革予以解决；如果"问题"源自于社会或者历史或者文化，那么就超越了司法改革可能解决的能力范围。

（三）哪些问题是可改可不改或可暂缓处理的

司法改革只针对"非改不可的问题"，而非"所有的问题"。因此，不能指望司法改革可以解决司法领域中存在的所有问题，并缔造出司法的天堂。迄今为止的经验表明，企图缔造人间天堂的结果无一例外地造成人间地狱[①]。所以，循序渐进当成为司法改革的一项基本原则。其要义有三：①可改可不改的，原则上不改——可改可不改的"问题"，或者属于发展中的问题，可在发展中自行消化；或者尚未达到"不可容忍的程度"，即"问题"不够尖锐，尚无"动手术"之必要；或者超于司法改革可能作用的范围，有待于其领域的改革方有可能解决的……这些问题，改与不改，效果都一样，所以，没有改革的必要。②可暂缓处理的，留待"明天"解决——司法保守的本性决定了司法改革必须戒急用忍，不可冒进激进，所以，可缓行的改革举措，不宜急蹴，可留待"明天"解决的问题，不妨等到"明天"再说。③可分阶段的改革，不可毕其功于一役——任何改革都是有风险的，为将改革风险控制在最低限度，试错性或阶段性推进，实为最优选项；另外，任何改革都需要借助于一定的条件，而条件的成熟有其自身的法则，本着"看菜下锅"之原则，司法改革的举措当据条件之成熟程度，分阶段渐次推进为要。

---

① [英]卡尔·波普尔：《开放社会及其敌人》（第二卷），陆衡等译，中国社会科学出版社 1999 年版，第 341 页。

二、司法改革的导向性问题

改革的导向性问题关涉改革的目标和愿景。和所有的改革一样，司法改革应当有所"导向"，至少，改革者应当让社会知晓：司法要改到哪里去？司法最终要改成什么样子？故此，司法改革应当有顶层设计、有改革清单、有改革路线图等。

（一）司法改革要有顶层设计

顶层设计原是一个工程学术语，本义是运用系统论的方法，统揽全局，统筹考虑各层次和各方面之要素，在最高层次上谋设问题的解决之道。借用到改革、治理领域，顶层设计意指"以全局视角，自上而下地对政治社会治理的各方面、各层次、各种要素进行统筹考虑，确定目标并为其制定正确的战略、路径，以解决深层次的矛盾问题"。其核心意旨就在于解决"头痛医头，脚痛医脚"的改革困局。我国 20 多年的司法改革表明，"缺少顶层设计的司法改革，会偏离正轨，迷失方向，固化甚至加剧司法体制的既有缺陷，最终使司法改革本身成为'被改革'的对象"[1]。但顶层设计并非乌托邦式的狂想，而必须具备针对性、全局性、民主性、合规律性和法律化等要素。其中包括：①针对性强调司法改革的顶层设计应当结合中国具体国情，围绕司法体制中存在的根本问题，为整个司法改革"设计"总体方向和基本进路。②全局性强调顶层设计须立足于全局和整体进行系统思考和统筹谋划。③民主性强调顶层设计必须遵循"从群众中来，到群众中去"的民主路线，尊重"人民群众的首创精神"，避免"拍脑袋""闭门造车"的官僚作风；所谓"知屋漏者在宇下，知政失者在草野"，底层创造和底层经验乃顶层设计的智慧之源。④合规律性要求司法改革的顶层设计必须尊重司法规律、体现司法规律——司法有其自身的演变、发展和运行规律，司法改革的顶层设计及其实施过程，均须尊重这种客观的规律。⑤法律化强调司法改革的顶层设计应当以法律的形式表达——在一个法治社会，唯有法律才具有普遍的约束力。

就其现实性而言，十八届四中全会《中共中央关于全面推进依法治国若干重大问题的决定》承担了我国司法改革顶层设计"功能"。其核心目

---

① 徐昕：《司法改革的顶层设计及其推进策略》，《上海大学学报（社会科学版）》2014 年第 6 期，第 2 页。

标即"保证公正司法，提高司法公信力"。具体有六个方面：①建立和完善"确保依法独立公正行使审判权和检察权的制度"，特别是要完善党政机关和领导干部违法干预司法活动的追惩机制，完善法官检察官依法履职的保障机制。②优化司法职权配置，特别是要健全公安机关、检察机关、审判机关、司法行政机关各司其职，侦查权、检察权、审判权、执行权相互配合、相互制约的体制机制；完善审判权和执行权相分离的体制；设立跨行政区划的司法机构等。③推进严格司法，特别是要建立完整有效的司法评价机制和案件质量评价指标体系等。④坚持人民司法为人民，依靠人民推进公正司法，通过公正司法维护人民权益，完善人民群众参与司法的有效机制和保障机制，特别是要完善人民陪审制度、司法公开制度等。⑤加强人权司法保障，特别是要强化诉讼过程中当事人和其他诉讼参与人的知情权、陈述权、辩护辩论权、申请权、申诉权的制度保障；健全落实罪刑法定、疑罪从无、非法证据排除等法律原则的法律制度；完善对限制人身自由司法措施和侦查手段的司法监督，加强对刑讯逼供和非法取证的源头预防，健全冤假错案有效防范、及时纠正机制等。⑥加强对司法活动的监督，特别是要完善检察机关行使监督权的法律制度，完善人民监督员制度，完善媒体司法监督制度，规范司法人员与当事人、律师、特殊关系人、中介组织的接触、交往行为等①。

（二）司法改革要有改革清单

如果说，"顶层设计"意在设定司法改革的目标，那么改革清单则意在圈定改革的具体任务。在其一般意义上，司法的改革清单应当满足具象性和法律性两个基本要件。其中法律性强调司法改革清单应当用法律形式表达，具象性强调司法改革清单必须具体、明确、不抽象、不模棱两可——根据十八届四中全会精神，最高人民法院、最高人民检察院、公安机关、司法行政机关等四部门都相继出台了全面深化部门改革的相关意见，这些意见分别从改革的总体思路、基本原则、主要任务以及工作要求等四个方面明确了各司法机关践行司法改革的清单。其中，最高人民法院印发的《关于全面深化人民法院改革的意见》，以及最高人民检察院发布的《关于深化检察改革的意见》，从建立与行政区划适当分离的司法管辖制度、改革司法人员管理制度、构建阳光司法、加强司法监督等方面，推动司法体制机制改革，以期保障司法机关独立、公正行使审判权和检察

① 江国华：《深刻认识司法改革的四个重要问题》，《河南日报》2014年11月26日第5版。

权，其具体改革内容，如表 3-1 和表 3-2 所示。

表 3-1 《关于全面深化人民法院改革的意见》改革清单

重点任务	改革清单	备注
建立与行政区划适当分离的司法管辖制度	设立最高人民法院巡回法庭；设立跨行政区划的法院；设立知识产权法院；改革行政案件管辖制度；改革海事案件管辖制度；改革环境资源案件管辖制度；健全公益诉讼管辖制度；推动法院管理体制改革；改革军事司法体制机制	一共 7 大改革任务，共 65 项改革点
建立以审判为中心的诉讼制度	全面贯彻证据裁判原则；强化人权司法保障机制；健全轻微刑事案件快速办理机制；完善刑事诉讼中认罪认罚从宽度；完善民事诉讼证明规则；建立庭审全程录音录像机制；规范处理涉案财物的司法程序	
优化人民法院内部职权配置	改革案件受理制度；完善分案制度；完善审级制度；强化审级监督；完善案件质量评估体系；深化司法统计改革；完善法律统一适用机制；深化执行体制改革；推动完善司法救助制度；深化司法领域区际国际合作	
健全审判权力运行机制	健全主审法官、合议庭办案机制；完善主审法官、合议庭办案责任制；健全院、庭长审判管理机制；健全院、庭长审判监督机制；健全审判管理制度；改革审判委员会工作机制；推动人民陪审员制度改革；推动裁判文书说理改革；完善司法廉政监督机制；改革涉诉信访制度	
构建开放、动态、透明、便民的阳光司法机制	完善庭审公开制度；完善审判流程公开平台；完善裁判文书公开平台；完善执行信息公开平台；完善减刑、假释、暂予监外执行公开制度；建立司法公开督导制度；完善诉讼服务中心制度；完善人民法庭制度；推动送达制度改革；健全多元化纠纷解决机制；推动实行普法责任制	
推进法院人员的正规化、专业化、职业化建设	推动法院人员分类管理制度改革；建立法官员额制度；改革法官选任制度；完善法官业绩评价体系；完善法官在职培训机制；完善法官工资制度	
确保人民法院依法独立公正行使审判权	推动省级以下法院人员统一管理改革；建立防止干预司法活动的工作机制；健全法官履行法定职责保护机制；完善司法权威保障机制；强化诉讼诚信保障机制；优化行政审判外部环境；完善法官宣誓制度；完善司法荣誉制度；理顺法院司法行政事务管理关系；推动人民法院财物管理体制改革；推动人民法院内设机构改革；推动人民法院信息化建设	

表 3-2 《关于深化检察改革的意见》改革清单

重点任务	改革清单	备注
完善保障依法独立公正行使检察权的体制机制	推动省以下地方检察院人员统一管理改革；推动省以下地方检察院财物统一管理改革；探索实行检察院司法行政事务管理权和检察权相分离；建立健全检察人员履行法定职责保护机制；探索设立跨行政区划的人民检察院；全面落实部门、企业管理公检法体制改革要求，将部门、企业管理的检察机关统一纳入国家检察管理体系；完善防范外部干预司法的制度机制	一共 6 大任务，42 项改革点
建立符合职业特点的检察人员管理制度	实行检察人员分类管理；建立检察官专业职务序列及与其相配套的工资制度；完善检察官职业准入和选任制度；建立检察官宪法宣誓制度；完善检察人员职业保障体系；建立完善专业化的检察教育培训体系	

重点任务	改革清单	备注
健全检察权运行机制	深化检察官办案责任制改革；规范内设机构设置；完善案件管理机制	
健全反腐败法律监督机制，提高查办和预防职务犯罪的法治化水平	推动反腐败法律制度建设；加强查办职务犯罪规范化建设；加强查办和预防职务犯罪能力建设；建立健全工程建设领域腐败预防、监督机制	
强化法律监督职能，完善检察机关行使监督权的法律制度，加强对刑事诉讼、民事诉讼、行政诉讼的法律监督	完善侦查监督机制；完善刑事审判监督机制；适应以审判为中心的诉讼制度改革，全面贯彻证据裁判规则；健全冤假错案防范、纠正、责任追究机制；完善羁押、刑罚执行等刑事执行活动和强制医疗监督机制；完善提高司法效率工作机制；完善民事行政诉讼监督机制；完善对涉及公民人身、财产权益的行政强制措施实行司法监督制度；探索建立健全行政违法行为法律监督制度；探索建立检察机关提起公益诉讼制度；健全行政执法与刑事司法衔接机制；改革涉法涉诉信访制度；完善检察环节司法救助制度；加强和规范司法解释和案例指导，统一法律适用标准	一共6大任务，42项改革点
强化对检察权运行的监督制约	健全内部监督制约机制和防止内部干预制度；配合完善强制执行和涉案财物处置法律制度；强化纪检监察、检务督察；保障律师依法执业，形成检察机关与律师良性互动关系；完善人民监督员制度；构建开放、动态、透明、便民的阳光检察机制，进一步深化检务公开；在对案件进行繁简分流的前提下，加强法律文书释法说理，增强法律文书的说服力；完善意见收集机制，探索建立社会监督转化为内部监督的工作机制	

　　另外，《关于全面深化公安改革若干重大问题的框架意见》共有 7 个方面的主要任务、100 多项改革措施，分别是健全维护国家安全工作机制、创新社会治安治理机制、深化公安行政管理改革、完善执法权力运行机制、完善公安机关管理体制、健全人民警察管理制度以及规范警务辅助人员管理等七个层面。而与公、检、法三机关的改革密切相关的司法行政机关，以现有实体法为依据，从完善律师执业保障机制、出台狱务公开工作意见、完善社区矫正法律制度、逐步扩大法律援助范围、建立健全法律服务网络、建立罪犯危险性评估制度等六大主要方面分别出台了相应改革意见或方案。

　　（三）司法改革要有路线图

　　如果说，改革清单所要解决的核心问题在于规划改革任务，那么改革路线图的核心问题则在于为每一项改革任务框定"改革路径、成果形式和时间进度"。因此，其内容更多地体现为具体的操作项目和践行方式。例如，2015 年 4 月 9 日出台的《关于贯彻落实党的十八届四中全会决定进一步深化司法体制和社会体制改革的实施方案》（以下简称《实施方案》），就具有改革路线图的意味——《实施方案》将四中全会有关深化司法体制和社会体制改革的 84 项改革举措逐项具体化，明确了主要任务、牵头单位和参与单位、改革进度和工作成果要求等事项。按照时间安排，这些改革举措都要在 2015 年至 2017 年的三年内出台具体落实的政策、措施。这些安排，具体来说分为三个方面：①在保障公正司法、提高司法公信力方面，共框定了 48 项改革举措。重点包括推进以审判为中心的诉讼制度改革，改革法院案件受理制度，探索建立检察机关提起公益诉讼制度，实行办案质量终身负责制和错案责任倒查问责制，完善人民陪审员和人民监督员制度等。②在增强全民法治观念、推进法治社会建设方面，共框定了 18 项改革举措。重点包括发展中国特色社会主义法治理论，把法治教育纳入国民教育体系和精神文明创建内容中，完善守法诚信褒奖机制和违法失信行为惩戒机制，推进公共法律服务体系建设，构建对维护群众利益具有重大作用的制度体系，完善多元化纠纷解决机制等。③在加强法治工作队伍建设方面，共框定了 18 项改革举措。重点包括完善法律职业准入制度，加快建立符合职业特点的法治工作人员管理制度，建立法官、检察官逐级遴选制度，健全法制工作部门和法学教育研究机构人员的双向交流与互聘机制，深化律师管理制度改革等。

三、明确全国人民代表大会常务委员会授权决定的法律地位

十八届四中全会《中共中央关于全面推进依法治国若干重大问题的决定》明确指出："实现立法和改革决策相衔接，做到重大改革于法有据、立法主动适应改革和经济社会发展需要。"因此，对于实践条件还不成熟、需要先行先试的重大司法改革，在党中央制定出顶层设计之后，全国人民代表大会常务委员会都会作出司法改革授权决定，通过法定程序将执政党的意志上升为国家意志，将顶层设计法制化，由此赋予改革的合法性，确保重大司法改革于法有据，为司法改革的进行提供法治保障。

（一）全国人民代表大会常务委员会作出的五个司法改革授权决定

十八大以来，全国人民代表大会常务委员会一共作出了五个司法改革授权决定，涉及开展刑事案件速裁程序试点、设立知识产权法院、开展人民陪审员制度改革试点、开展公益诉讼试点、开展刑事案件认罪认罚从宽制度试点等司法改革领域，确保了重大司法改革于法有据，为在部分地区或者特定领域开展改革试点工作提供了法律依据和支持。

2014 年 6 月 27 日，第十二届全国人民代表大会常务委员会第九次会议通过《关于授权最高人民法院、最高人民检察院在部分地区开展刑事案件速裁程序试点工作的决定》，授权"两高"（最高人民法院和最高人民检察院）在北京等十八个地区开展刑事案件速裁程序试点工作，并规定"两高"制定的试点具体办法须报全国人民代表大会常务委员会备案，试点进行中"两高"应就试点情况向全国人民代表大会常务委员会作中期报告。

2014 年 8 月 31 日，第十二届全国人民代表大会常务委员会第十次会议通过《关于在北京、上海、广州设立知识产权法院的决定》，决定在北京、上海、广州三地设立知识产权法院，对相关知识产权案件实施跨区域管辖，并规定最高人民法院在决定实施满三年后应向全国人民代表大会常务委员会报告实施情况。

2015 年 4 月 24 日，第十二届全国人民代表大会常务委员会第十四次会议通过《关于授权在部分地区开展人民陪审员制度改革试点工作的决定》，授权最高法在北京等十个地区各选择五个法院开展人民陪审员制度改革试点工作，并规定最高法同有关部门研究制定的试点具体办法须报全国人民代表大会常务委员会备案，在试点进行中最高人民法院应就试点情况向全国人民代表大会常务委员会作中期报告。

2015 年 7 月 1 日，第十二届全国人民代表大会常务委员会第十五次会议通过《关于授权最高人民检察院在部分地区开展公益诉讼制度试点工作的决定》授权最高人民检察院在北京等十三个地区，在生态环境和资源保护等领域开展提起公益诉讼试点，并规定"两高"制定的试点实施办法须报全国人民代表大会常务委员会备案，试点进行中最高人民检察院应就试点情况向全国人民代表大会常务委员会作中期报告。

2016 年 9 月 3 日，第十二届全国人民代表大会常务委员会第二十二次会议通过《关于授权最高人民法院、最高人民检察院在部分地区开展刑事案件认罪认罚从宽制度试点工作的决定》，授权"两高"在北京等十八个地区开展刑事案件认罪认罚从宽制度试点工作，并规定"两高"制定的试点办法须报全国人民代表大会常务委员会备案，试点进行中"两高"应就试点情况向全国人民代表大会常务委员会作中期报告。

（二）全国人民代表大会常务委员会司法改革授权决定的性质、效力与地位

我国的法律渊源有宪法、法律、行政法规、地方性法规、自治条例和

单行条例、规章等，那么全国人民代表大会常务委员会作出的上述五个司法改革授权决定属不属于法律呢？是不是在以立法的形式推进司法改革呢？我们认为上述司法改革授权决定是由全国人民代表大会常务委员会经过民主审议通过法定程序制定的，因此应当具有与法律同等的性质、效力与地位，是在司法领域进行"试验性立法"①，应当被纳入正式法源体系之中。

（三）全国人民代表大会常务委员会作出司法改革授权决定的必要性

成功的司法改革大多首先以立法的形式推进，这已为世界各国司法改革经验所证明②。就我国而言，十八大以前的司法改革之政治色彩明显浓于其法治色彩，司法改革因缺乏明确的法律依据而面临合法性质疑。在这个意义上说，十八大以后全国人民代表大会常务委员会作出的司法改革授权决定的必要性，至少可以阐释为如下四点：①司法权性质使然。司法又称"法的适用"，是指司法主体严格依法行使司法权的活动。就此而言，司法本身就是"法"表现于外的一种方式。可以说没有任何一种活动比司法更应当忠诚于法律，这是司法权作为判断权和裁量权之基石。正是基于此，司法权的任何作用方式都应当严格依法进行——无法律即无司法。司法改革是一项关涉司法权配置、司法体制以及司法权运行方式的活动。这项活动的开展本身就是司法权行使的表现，理应以相关立法为依据。②司法法治之要求。司法法治之要义在于建构宪法和法律之下的司法，确保司法权的运行受到法的全程、全方位的规制。然而，从我国历次司法改革实践来看，司法改革都以法院和检察院根据党的会议精神发布的"五年改革纲要"为指导，这一"纲要"在性质上更多倾向于一种改革路线图或实施方案，而不能称之为"法律依据"。十八届四中全会《中共中央关于全面推进依法治国若干重大问题的决定》强调：党的主张唯有通过法定程序方可成为国家意志，方可具有法律效力，方可成为改革依据。故此，

① 郑赫南：《司法领域"试验性立法"开先河》，《检察日报》2014 年 6 月 30 日，第 5 版。

② 以日本为例，从 1999 年开始至 2004 年末，日本共制定或修改了 24 部司法改革的相关法律，1999 年 6 月日本国会通过了《司法改革审议会设置法》，拉开了司法改革的序幕。司法制度改革审议会于 1999 年 7 月成立后，多次对改革内容进行调查审议，最终向内阁提交了《审议意见书》，主张 21 世纪应有透明而公正的法律，在依法正确审判的同时，要对权利、自由受侵害的群体给予迅速的法律救济。2001 年 11 月，日本制定了《司法制度改革推进法》，基于该法，2001 年 12 月成立了以小泉首相为部长的"司法制度改革推进本部"，进行为期三年的司法改革。详情请参见范纯：《当代日本司法制度改革评析》，《日本学刊》2007 年第 3 期，第 38-39 页。

有必要将党的会议精神和改革主张上升为法律，解决司法改革无法可依的状态①。③统筹改革之需要。在现代国家，任何一项改革都不可能脱离于整个政治体制而独立存在和推进。从国家司法体制整体来看，司法体制的核心是司法权的配置与司法资源的整合，这不仅关涉司法机关内部之间的权限调整，亦与其他国家机构之间的权力秩序息息相关。所以司法改革中面临的许多问题，仅凭司法机关自身难以解决，而必须从国家制度层面进行整体考量和设计。另外，从我国历次司法改革经验来看，发端于 20 世纪 80 年代的司法改革，始终是"自我改革""各自为政"。例如，在历次司法改革中，最高人民法院和最高人民检察院都是各自发布改革方案②，其改革方案仅限于自身的调研和探讨，而缺少系统性和整体性，故而收效有限。为此，由全国人民代表大会常务委员会作出司法改革授权决定，统筹兼顾，协同改革，实属必要。④司法改革之长期性需要。以"保证公正司法，提高司法公信力"为基本内核的司法改革是一项历史性的系统工程，非朝夕可以成就的事业。十九大报告中也指出："社会矛盾和问题交织叠加，全面依法治国任务依然繁重，国家治理体系和治理能力有待加强"。因此，必须立足全局，统筹规划，循序渐进，积小成，谋大业。唯有借助以法律，方可确保改革的规范性、持续性和可欲性。

---

① 江国华、周海源：《〈司法基本法〉与中国司法改革》，《哈尔滨工业大学学报（社会科学版）》2014 年第 1 期，第 57 页。

② 傅达林：《关注司法改革的"顶层设计"》，《中国改革》2006 年第 2 期，第 59 页。

第四章
改旧法促改革

改革本质上就是"变法"。基于法治国家原则的拘束，在破立关系上，但凡涉及公权体制的改革，均应遵循"先立后破"之法则，即"先立法，再改革"。迫于全面深化改革之需要，司法改革已经先行许远，但涉及司法领域的变法却迟迟没有动议。久之，司法有落入正当性陷阱之虞。故此，高层应当尽快腾出手脚，策动司法领域重要法律之修改，当务之急，是《人民法院组织法》①《法官法》《人民检察院组织法》和《检察官法》四部基本法律的修改和完善。

一、修改《人民法院组织法》

新一轮司法改革发布的《关于全面深化人民法院改革的意见》延续了十八届三中、四中全会关于司法改革部署的主要精神和内容，对全面推进法院改革布置了共7大改革任务，共65项改革措施。该《意见》分别从改革的总体思路、基本原则、主要任务以及工作要求等方面明确了法院践行司法改革的清单。提出以上改革举措，体现了中共中央和最高人民法院对当前法院存在的司法不独立、司法不公、司法效率不高等问题的深刻反思。司法改革所推行的各项措施，还需要修改《人民法院组织法》对其进行相应的立法回应，这需要学术界和实务界的共同参与，需要各级人民法院的贯彻落实。可以预见的是，这些改革任务和改革举措势必将成为今后法院体制改革的基本指引。基于篇幅的限制，本章将仅选择性地对当前法院改革的几个热点问题进行阐述。

---

① 本章所引用的《人民法院组织法》条款均出自 2018 年修订版。

（一）为法官独立行使审判权建立保障

"审判独立"是一项为现代法治国家普遍承认和确立的基本法律准则[1]。这在我国也不例外，"审判独立"已经成为当代中国的一个共识性主题，在中国共产党的最高决策文件中也进行了宣示，即"确保依法独立公正行使审判权检察权"[2]，"完善确保依法独立公正行使审判权……的制度"[3]。具体到本书，值得我们关注的是如何修改和完善《人民法院组织法》等相关法律，来实现审判独立的问题。根据我国《宪法》[4]、2018 年修订的《人民法院组织法》[5]的规定，"审判独立"更多地被理解为法院整体的独立，这在一定程度上具有合理性。人民法院只有独立于立法机关、行政机关、社会团体和个人，不受其干涉，才能为其充分履行审判职责提供良好和环境。但是，这种对"审判独立"的理解并不完整和科学，因为其片面地强调法院的外部独立，而"法院的这种外部独立仅仅是审判独立的第一个层次。就独立审判而言，仅仅认识到人民法院为主体的这种外部独立是远远不够的，也正是因为我们的认识往往停留在这个层

---

① 黄松有：《检察监督与审判独立》，《法学研究》2000 年第 4 期，第 76 页。

② 详情请参见《中共中央关于全面深化改革若干重大问题的决定》。

③ 详情请参见《中共中央关于全面推进依法治国若干重大问题的决定》。

④ 《宪法》第 128 条规定人民法院是国家的审判机关；第 131 条规定人民法院依照法律规定独立行使审判权；第 130 条规定人民法院公开审判案件；第 132 条规定上级人民法院监督下级人民法院的工作；第 133 条规定人民法院对产生它的国家权力机关负责。这些法律条款均使用的是"人民法院"这一机构概念。实际上，《宪法》全文中只出现过一次关于"审判员"的表述，即在全国人民代表大会常务委员会的职权中规定了"根据最高人民法院院长的提请，任免最高人民法院副院长、审判员、审判委员会委员和军事法院院长"，但关于院长的规定（如院长选举和罢免、院长提请任免权、院长任期等）曾多次出现。所以，《宪法》并没有从字面上明确法官的独立，我们也不必牵强地认为《宪法》中有"法官独立"的内容。这个问题应该是依靠法院组织理论和其他制度解决的。详情请参见蒋惠岭：《"法院独立"与"法官独立"之辩》，《法律科学》2015 年第 1 期，第 50 页。

⑤ 《人民法院组织法》第 4 条规定："人民法院依照法律规定独立行使审判权，不受行政机关、社会团体和个人的干涉。"该条重申人民法院的独立地位，但没有提及法官独立问题。第 29 条规定："人民法院审理案件，由合议庭或者法官一人独任审理。合议庭和法官独任审理的案件范围由法律规定。"第 30 条规定："合议庭由法官组成，或者由法官和人民陪审员组成，成员为三人以上单数。合议庭由一名法官担任审判长。院长或者庭长参加审理案件时，由自己担任审判长。审判长主持庭审、组织评议案件，评议案件时与合议庭其他成员权利平等。"审判组织是审判活动的主体，是人民法院审判案件的法庭组织形式。《人民法院组织法》关于审判组织的规定，将人民法院在审理案件时的组织形态加以具体化。也就是说，人民法院行使审判权，不是人民法院这个机构在审判，也不是法院的全体人员在审判，更不是行政科层式的机关首长负责，而是以一个个具体的合议庭、独任庭的方式完成的。详情请参见蒋惠岭：《"法院独立"与"法官独立"之辩》，《法律科学》2015 年第 1 期，第 50 页。

次，给我们的独立审判工作带来了很多困惑"①。因此，我们对"审判独立"应该作全面的理解，不仅要看到外部独立，还要站在法院内部来探讨审判独立这一议题。而且，当前我国正在进行的每一项司法改革措施都在促进法院外部及内部的双重独立。可以说，弱化审判委员会的职能以及缩小其讨论案件的范围，保障法官的个人独立，是十八大以来法院体制改革的目标之一②。法院的内部独立是审判程序公正的最基本要求，法院的外部独立的最终目的还是为了保障法院的内部独立。因此，在本书中的"审判独立"主要包括两大方面：①法院的外部独立，即法院独立于其他法院、行政机关、人民代表大会等；②法院内部独立，包括法院系统内部审判组织的独立和法官独立。法院的外部独立、审判组织的独立和法官独立形成层层递进的关系。只有实现了这三项独立，才能达到"确保依法独立公正行使审判权"这一司法改革的目标，解决法院存在的行政化、地方化等问题。

1. 理顺法院与人民代表大会、政府之关系

（1）理顺法院与人民代表大会的关系。人民代表大会制度是我国的根本政治制度，法院及其组成人员由人民代表大会选举产生，对人民代表大会负责，受人民代表大会监督。因此，在《人民法院组织法》的修改过程中，绝对不能脱离人民代表大会这一主体自说自话，处理好法院和人民代表大会之间的关系是深化法院体制改革不可或缺的外部条件。1983 年《宪法》第 128 条规定了法院应该对人民代表大会负责，《人民法院组织法》第 16 条规定："最高人民法院对全国人民代表大会及其常务委员会负责并报告工作。地方各级人民代表大会对本级人民代表大会及其常务委员会负责并报告工作。"《全国人民代表大会议事规则》第 30 条、《全国人民代表大会常务委员会议事规则》第 22 条均作出了类似明确规定。这样的规定是为了强化人民代表大会及其常务委员会对法院的审判权的监督③。法学界有学者对此持异议，认为法院向人民代表大会汇报工作存在值得深思的隐患，应该予以取消④。实际上，法院向人民代表大会负责并

---

① 刘瑞川：《司法的精神》，人民法院出版社 2006 年版，第 263 页。

② 张泽涛：《法院向人大汇报工作的法理分析及其改革——以十八大以来法院体制改革为主线》，《法律科学》2015 年第 1 期，第 61 页。

③ 蔡定剑：《历史与变革——新中国法制建设的历程》，中国政法大学出版社 1999 年版，第 274 页。

④ 童之伟：《落实审判制度改革的宪法空间》，《凤凰周刊》2014 年第 1 期，第 23-38 页；左卫民、冯军：《以监督权为视角：最高法院与全国人大关系的若干思考》，《社会科学研究》2005 年第 4 期，第 82-87 页；周永坤、朱应平：《否决一府两院报告是喜是忧》，《法学》2001 年第 5 期，第 7-11 页。

汇报工作与《宪法》的立法渊源是相一致的。作为我国《宪法》的主要立法渊源之一的《苏维埃宪法》，就规定了法官由人民代表苏维埃选举产生并受其罢免，法院接受人民代表苏维埃的监督并向其汇报工作。马克思就曾对法官必须对人民代表机关负责的制度设计高度赞扬"法官的虚伪独立性被取消。法官和审判官，也如其他一切公务人员一样，今后应由选举产生，要负责任，并且可以罢免"①，并认为人民代表机关负责的制度是真正民主制度的基础之一。列宁也认为要"彻底消灭那种不是完全和绝对依靠人民的、不是由人民选举产生的、不是向人民汇报工作的、不是由人民撤换的国家政权"②，由此，法院向人民代表机关负责并汇报工作，与马克思主义的政权理论是一致的，也就具有了当然的正当性。

　　然而，如果法院向人民代表大会汇报工作的范围过宽、过细，就容易导致审判责任主体归属不明，使审判权的行政化和地方化难以得到根治。这既与十八大以来中央对法院体制改革的思路不一致，也违背了司法规律。其后果有四：①审判责任主体的错位。从审判权运行的规律来看，审判独立是实现审判公正赖以存在的前提，是法官作出正确裁决的基础。审判独立要求法官在审理案件时依法独立思考、独立判断，独立进行审理和裁判，不受行政机关、社会团体和个人的干涉，并对自己的审理和裁判活动承担责任。所以说，承担审判责任主体的只能是具体作出冤假错案判决的独任法官、合议庭或者审判委员会成员，而不能归责于法院或者法院院长。但是如果人民代表大会对法院的整个审判工作不满，对法院的审判工作行使否决权，对此承担责任的只能是法院的院长，而绝不可能是某个具体的办案法官。审判独立要求法院院长并不能直接干涉下级承案法官的独立审判权，更不能直接参与审判活动，但是却要由法院院长承担办案法官枉法裁判的责任，这无疑将导致责任主体的错位，与十八大以来所倡导的"由审理者裁判，由裁判者负责"的思路背道而驰。②行政化痼疾的持续。司法的功能和行使皆不同于行政，其特殊的组织形式已经为《宪法》和《人民法院组织法》所确认。但是如果要求法院按照传统的方式向人民代表大会汇报审判工作，并由院长承担不利后果，这样造成的必然结果是院长不对本院审理的任何一起案件都事必躬亲地进行查证核实，以避免可能出现的枉法裁判现象。这实质使得审判机关按照行政机关的模式来运

① 中共中央马克思恩格斯列宁斯大林著作编译局：《马克思恩格斯选集（第3卷）》，人民出版社1995年版，第51页。
② 中共中央马克思恩格斯列宁斯大林著作编译局：《列宁全集（第12卷）》，人民出版社1986年版，第89页。

行，变相剥夺了办案法官的独立审判权，甚至架空了审判委员会这一集体决策机构，废除地方化也就无从谈起①。③司法地方化的固化。各级地方人民代表大会是地方的民意机关，代表的是本地方的局部利益，有较强的地方化色彩。这些地方的人大代表大都不是专门的法律人事，对审判的理解往往局限于地方利益。法院为了让地方人大代表认可法院的审判工作，以使得审判工作报告能够在全国人民代表大会会议上顺利通过，就不得不将在国家整体利益与地方利益间进行博弈，采取地方保护主义也就不足为奇了。④与现行司法改革思路协调性问题。十八大报告明确提出"省以下地方法院、检察院人财物统一管理，探索建立与行政区划适当分离的司法管辖制度"。这一制度出台的目的是摆脱地方权力对于司法的干预，削弱司法过程中的地方保护主义。然而，一旦法院的"人财物"独立于地方党委和政府，法院向同级人民代表大会汇报工作的范围及方式势必也应该进行相应的变革。这是因为同级人民代表大会对法院院长、庭长以及法官的遴选与罢免已经不能产生任何影响，在上述前提条件下，传统的汇报审判工作的做法已无任何实质意义，反而可能引发基层人民法院、中级人民法院与同级人民代表大会的矛盾与冲突。

综上所述，《人民法院组织法》规定的法院向人民代表大会，尤其是地方人民代表大会汇报审判工作的传统做法是现行司法制度的积弊，急需变革。这不是意味着法院的审判活动可以脱离人民代表机关的监督，而是希望人民代表大会对法院的监督必须程序化、法治化，不能因为人民代表大会的监督而影响合议庭、独任法官的独立审判权②。结合我国的具体国情，变革法院向人民代表大会汇报工作的做法必须循序渐进，目前可与"人财物"统一管理保持同步，明确最高人民法院、高级人民法院向人民代表大会汇报工作的内容主要限于年度经费的预决算以及执行情况、法官队伍的管理等，而对于法院的审判工作的具体情况，则不属于汇报工作的内容范围；取消中级人民法院、基层人民法院向同级人民代表大会汇报工作的机制。如果出现个别的办案法官枉法裁判，我们可以按照《国家监察法》追究这些法官个人所应当承担的责任。实际上，法院在审判案件过程中严格按照人民代表大会制定的程序法和实体法的规定进行审理和判决，就是法院对人民代表大会负责的最好方式。反映到《人民法院组织法》的

---

① 张泽涛：《法院向人大汇报工作与司法权的行政化》，《法学评论》2002年第6期，第22页。

② 张泽涛：《法院向人大汇报工作的法理分析及其改革——以十八大以来法院体制改革为主线》，《法律科学》2015年第1期，第66页。

修改上，对《人民法院组织法》应该作出如下修改：最高人民法院对全国人民代表大会和全国人民代表大会常务委员会负责并报告工作。高级人民法院对省级人民代表大会及其常务委员会负责并报告工作。中级人民法院和基层人民法院对本级人民代表大会及其常务委员会负责。

（2）理顺法院和行政机关的关系。"行政侵犯司法，特别是侵犯法官的独立，在任何时代都是一个问题"[①]。虽然我国《宪法》明确规定人民法院依法独立行使审判权，不受行政机关的干涉。但实践中行政干预法院审判的情形数见不鲜，如太原市晋源区政府为拆迁致死案两次发公函向两级人民法院求情[②]，重庆市涪陵区法院作出判决前，收到政府的"警告函"，等等，这些都是行政干预司法的典型案例。由此可见，当前我国行政权干预法院审判权现象之存在，究其原因，我们认为根源之一是我国现行司法保障体系不健全，司法地方化、行政化问题突出。司法行政化与地方化互为表里，司法行政化将"直接导致司法的地方保护主义"[③]，司法的国家性与司法的地方化之间的矛盾更是当前司法改革面临的首要矛盾。司法不能地方化、行政化已经成为顶层设计者们对于司法规律的共识。地方法院人财物受制于地方是"司法地方化、行政法"的重要原因之一，这极度影响了审判权依法独立的行使。针对该问题，中央十八届三中全会提出"改革司法管理体制，推动省以下地方法院人财物统一管理"的改革目标。孟建柱同志就指出："司法活动易受地方保护主义的干扰，影响法制统一，损害司法权威"，司法权属于中央事权，但目前"将司法机关的人财物完全由中央统一管理，尚有一定困难"，所以，暂时"先将省以下地方法院、检察院人财物由省一级统一管理"[④]。

顾名思义，"省以下地方法院人财物统一管理"是指将以前主要由同级行使的法院人事及财政管理权提升至省一级管理主体进行统一管理。对于省级人财物统一管理，当前学界主要有两种学说：实质的省统管和变通的省统管。实质的省统管主张，在法官统一管理方面，实行省以下法院的所有法官都由省级人民代表大会选举和任免；在财物统一管理方面，省级人民代表大会对法院司法经费的使用进行管理和监督，人民代表大会也可

---

① [德]沃尔夫甘·许茨：《司法独立——一个过去和现在的问题》，李士彤译，《环球法律评论》1981年第4期，第17页。

② 舒圣祥：《"政府发函求法院轻判"是权力干预司法的可耻标本》，《深圳商报》2013年10月23日，第A07版。

③ 汤维建：《司法体制的四大矛盾与四大不足》，《同舟共济》2013年第10期，第22页。

④ 孟建柱：《深化司法体制改革》，《人民日报》2013年11月25日，第6版。

委托相关机构审查，但省级财政部门无权干涉。变通的省统管主张，在法官统一管理方面，在省一级成立专门的法官遴选委员会，实现省以下地方法院法官的统一遴选，把好法官的入口关和管理关。在此基础之上，法官任免权仍由省以下地方各级人民代表大会享有；在财物统一管理方面，省以下地方法院经费由省级政府财政部门统一管理。结合法院改革的最终目标，变通的省统管是一种由于缺乏相关的法律依据，在实行实质的"省统管"之前，所采取的一种过渡性质的统管方式。

结合我国国情和实际，中央全面深化改革领导小组通过的《关于司法体制改革试点若干问题的框架意见》提出：对于人的统一管理，即建立省以下法官"统一提名、党委审批、分级任免"的管理机制；对于财物的统一管理，建立省以下地方法院经费由省级政府财政部门统一管理的机制。由此可以看出，目前采取的倾向于是"变通的省统管"，这主要是考虑现行法律的既有规定。因此，目前可由省级人民代表大会授权地方各级人民代表大会及其常务委员会选举或任免同级法院院长、副院长、审判委员会委员以及法官。但从长远来看，既然法官的提名、决定权在省一级，即应逐步实现法院领导及法官选举任免程序的"省管化"——由省级人民代表大会及其常务委员会直接选举或任免各级法院院长、副院长、审判委员会委员以及法官。在法院经费方面，更要实现法院独立的经费预算编制，脱离地方政府的干涉，即实现全国的司法经费都由中央财政统一承担。

综上所述，结合我国当前的司法改革的进程，反映到《人民法院组织法》的修改上，对机构的设置、人员的任免和经费的编制预算方面应该作出如下修改：①机构设置方面，新增一条关于遴选（惩戒）委员会的规定，即"最高人民法院和高级人民法院应当设置法官遴选（惩戒）委员会，负责全省范围内法官的统一提名、管理和奖惩工作。"②人员任免方面，法官的提名权统一收归省级，由法官遴选委员会统一行使。相应的各级人民代表大会或者人民代表大会常务委员会根据省级法官遴选委员会的提名通过本级人民代表大会程序对法官行使任免权。即在法律修改中新增一条"最高人民法院院长由全国人民代表大会选举，其他法官由最高人民法院院长提请全国人民代表大会常务委员会任免。基层人民法院院长、中级人民法院院长、高级人民法院院长由各省、自治区、直辖市人民代表大会选举产生，其他法官由各法院院长提请各省、自治区、直辖市人民代表大会常务委员会任免。"③法院办公经费方面，可以新增一条"人民法院的经费独立，最高人民法院的经费纳入国家财政预算，地方各级人民法院的经费纳入各省、自治区、直辖市财政预算。"④法院人员经费上，应规定"地方各级人民法院的司法经费和法院工作人员的工资由省、自治区、直辖市财政负责承担，最高人民法院的司法经费和法院工作人员的工资由中央财政承担。"

2. 理顺法院系统内部关系——强化审判组织的独立性

在作为整体的法院最大限度地独立于外部之后，应继续实现第二个层面的独立性——审判组织的独立。法院内部的审判组织是司法组织构造的关键部分，而具体的审判组织又是法院开展审判工作、履行裁判职能的基本主体[1]。目前，除了上下级法院之间的关系外，我国法院内部存在着三种审判组织，即独任庭、合议庭和审判委员会。

（1）理顺上下级法院之间的关系。关于上下级法院之间的关系问题，学术界和实务界一直都没有很明确的答案。归纳起来，基本上有两种观点：第一种观点，上下级法院之间是一种监督关系[2]。我国《宪法》第132条第2款规定："最高人民法院监督地方各级人民法院和专门人民法院的审判工作，上级人民法院监督下级人民法院的审判工作。"2018年修订的《人民法院组织法》第10条第2款规定："最高人民法院是最高审判机关。最高人民法院监督地方各级人民法院和专门人民法院的审判工作，上级人民法院监督下级人民法院的审判工作。"据此，我国大多数学者都认为上下级法院之间的关系是监督关系。至于这里何谓"监督"以及如何监督等问题都未明确，这就导致了司法实践中，这种所谓的"监督关系"逐渐演化成"领导关系"。且这种观点只认识到监督的内容仅仅限于"审判工作"，然而在法院除了审判工作以外，还有保障审判工作顺利开展的其他司法行政工作。在这些工作上，上下级法院是一种什么关系？对此，法律并没有明文规定。第二种观点，上下级人民法院之间在审判工作方面是一种监督关系，在司法行政工作方面是一种领导关系[3]。本书更倾向于赞同这种观点，其将法院事务分为审判工作和司法行政工作，再根据工作性质的不同设定不同的管理办法，这符合当代法院改革的要求。在审判工作上，上级人民法院通过系列审判制度和程序对下级法院进行监督。在司法行政工作上，上级人民法院领导下级人民法院的司法行政工作，最高人民法院领导全国各级人民法院的司法行政工作。这种领导，在有些方面是直接领导，在有

---

① 杨知文：《现代司法目标与中国法院审判组织改革》，《贵州大学学报（社会科学版）》2013年第2期，第107页。

② 陈光中：《比较法视野下的中国特色司法独立原则》，《比较法研究》2013年第2期，第9页。

③ 胡健华：《正确理解上下级人民法院之间的关系》，《人民司法》1988年第8期，第19页。

些方面则是协助有关部门进行领导①。

因此，根据第二种观点，我们对《人民法院组织法》进行相应的修改，进一步明确"监督"的内容和方式以区别于法院在司法行政工作上的"领导"关系，综合考虑，该款可以修改为：上级人民法院通过二审程序和审判监督程序对下级人民法院的审判工作进行监督。

（2）改革审判委员会制度。按照《人民法院组织法》规定，审判委员会是按照"民主集中"原则在各级法院内部设立的机构，主要职责在于讨论并决定重大、疑难案件和其他审判工作中的问题②。这一规定使得审判委员会掌握了法院的绝大部分审判权，只有非常简单的案件才有可能不经过审判委员会而直接由独任法官或者合议庭作出判决③。因此，随着法院改革的不断深入，学术界和实务界对审判委员会制度提出了愈来愈多的建议、质疑。归纳起来，主要有三种学说：废止说、保留说、改革说。废止说认为，审判委员会制度违反了诉讼的直接言辞原则，即形成了"判而不审，审而不判"现象，但实质意义上的审判权应当包含审理权和判决权，"只有审理权和判决权的有机统一才能构建现代意义上的审判制度，任何将两者割裂开来的做法都不可取"④。基于此，审判委员会是一种弊大于利的制度，应当立即废止。保留说的持有者从社会结构功能论出发，认为在目前中国的社会条件下，审判委员会对于"中国基层人民法院的司法独立和司法公正就总体来说是利大于弊"，应保留之，如以后前提条件发生变化时，视情况决定是否保留⑤。改革说也称为审判职能废除说，认为审判委员会对案件的决定过程与审理过程相脱节，违反了公开原则。但鉴于现实情况应限制审判委员会行使审判权，改革其工作方式，可以考虑在法官制度和相关审判制度较为成熟的情况下，最终取消审判委员会的审判职能⑥。《关于全面深化人民法院改革的意见》提出"合理定位审判委员会职能，强化审判委员会总结审判经验、讨论决定审判工作重大事项的宏观指导职能"，由此可以看出，改革者更倾向于改革说。笔者也赞

---

① 胡健华、李汉成：《正确认识上下级法院之间的关系——法院改革探讨之四》，《人民司法》1992年第11期，第35页。

② 详情请参见《人民法院组织法》第10条。

③ 魏胜强：《论审判委员会制度的改革——以我国台湾地区大法官会议制度为鉴》，《河南大学学报（社会科学版）》2013年第3期，第71页。

④ 孙谦、郑成良：《中国的检察院、法院改革》，法律出版社2004年版，第280页。

⑤ 苏力：《基层法院审判委员会制度的考察与思考》，《北大法律评论》1998年第2期，第332页。

⑥ 龙宗智、袁坚：《深化改革背景下对司法行政化的遏制》，《法学研究》2014年第1期，第144页。

同这种观点，审判委员讨论案件弱化了独任庭和合议庭的正常功能。但是在目前的情况下，并不一定要废除审判委员会这一制度。相反，我们可以转换其职能，将其定位为一个审判咨询委员会，当合议庭在遇到重大、疑难案件而产生分歧时，可以提交委员会讨论并提出处理意见供独任法官参考，但最终是否采纳则由合议庭自己决定①。

因此，根据以上的定位，应当取消审判委员会的审判组织地位，转化其职能。《人民法院组织法》可以修改为："审判委员会的任务是总结审判经验，研究法院的审判工作，讨论重大或者疑难案件并为合议庭提供咨询意见，但其决定对合议庭没有强制力。"同时，删去"审判委员会的决定，合议庭应当执行"的条款。

（3）完善独任庭和合议庭制度。在转变审判委员会职能之基础上，要大大强化独任法官和合议庭的审判职能和权力。第一，在案件的审理上，一旦独任法官或合议庭形成，那么具体案件的审理和判决应全权交予该独任法官或合议庭负责，法院、审判庭等任何机关、社会团体或者个人均不得进行干涉或者对案件发表任何意见。独任法官或合议庭完全依照法律和事实对案件行使审判权，同时也对案件的审判工作负责。第二，在裁判文书的签发上，裁判文书由独任法官或合议庭以法院的名义签发，无须经院长、庭长批准，独任法官或合议庭也无须在案件的审理方面向法院或者审判委员会进行"请示"等。

因此，为了强化独任庭和合议庭这两种审判组织的权威性和独立性，建议将《人民法院组织法》修改为："合议制审判由主审法官担任审判长。合议庭成员都是主审法官的，原则上由承办案件的主审法官担任审判长。"还可以新增审判文书签发的规定："独任法官审理案件形成的裁判文书，由独任法官直接签署。合议庭审理案件形成的裁判文书，由承办法官、合议庭其他成员、审判长依次签署；审判长作为承办法官的，由审判长最后签署。"

3. 规范法官与组织的关系——强化法官审判权的独立性

法院的独立是审判独立的最浅层次。在法院对外独立之基础上，本书提到的"法官独立"是指法官的内部独立，即法官行使审判权不受法院内部其他组织和个人的干涉②。案件的审理工作是由具体的法官履行的，案

① 谭世贵：《法院机构精简和职能转变之构想》，《中国律师》2000年第2期，第11页。
② 王显荣：《法官独立——司法公正之根本前提和司法独立应有之义》，《河北法学》2006年第3期，第124页。

件最终的裁决任务是由法官承担的。所以说，法官是法院审判权的本质行使主体，故法院审判权的内部独立是依靠法官对法定审判职责的履行来实现的。法官独立行使审判权是法院审判权独立的内在部分，直接决定着外部独立的程度，没有法官的独立审判权，就不可能有独立的案件审理和判决，法院的审判独立也就无从谈起①。

如上所述，由于"民主集中制"是我国法院审判体制中的指导原则，而学术界和实务界一直都倡导的是集体审议案件和决定案件结果这种做法，这就导致法官在审判体制中的个人独立地位无法得到应有的凸显。尽管诉讼法等蕴含了独任法官和合议庭法官的审判权，但《人民法院组织法》并没有明确和肯定法官个人独立享有审判权。这种认识上的滞后、立法上的粗疏，导致了法官独立地位未被充分地重视，从而出现了现行的审判体制改革措施与审判独立不相适应的状况。为了使法官真正享有独立裁决的权力，十三届四中全会报告提出要不断强化独任制和合议庭法官的独立地位和作用，赋予法官相应的权力，明确其在诉讼中的独立地位、权力和职责。

综上所述，在《人民法院组织法》的修改中，应该对此有所回应。《人民法院组织法》应该新增一条，内容为："国家有义务保障法官依法裁判、不受任何来自法院内外的干预。"强调国家应当承担起保障法官不受干预的义务，此项规定为确立法官在法院中的主体地位提供了保障。为了给法官提供良好的任职保障，还应该新增一条，内容为："法官在履行法定职责过程中应受保护，非因法定事由，非经法定程序，不得将法官调离、辞退或者对其作出免职、降级等处分。"

（二）完善法院工作人员管理制度

十八届三中全会开启的新一轮司法改革主要涉及四个方面的内容，即完善司法人员分类管理、完善司法责任制、推动省以下地方法院检察院人财物统一管理以及健全司法人员职业保障。四项改革措施是一个有机整体，就法院系统的司法改革而言，司法人员分类管理、司法责任制以及人财物省级统管三项改革是促进法官职业权利保障的重要制度安排，具体内容如下。

---

① 刘淑君：《法官独立行使审判权探析》，《甘肃政法学院学报》2002 年第 1 期，第 23 页。

1. 法院人员的分类管理

法院人员分类管理是指根据法院工作的性质、职业特点等的不同规律，将法院现有工作人员进行分类，建立相对独立又各具特色的管理体系，施以不同的管理方式，以实现法院人员工作的科学化、法制化、现代化[①]。实行法院人员分类管理的理论基础在于：第一，法律（法官）职业化本质要求。"法官职业化"这一理论命题全面地揭示了法治社会中法官职业所应有的各项品质，展示了当前的司法改革对"人的因素"的关注；而法院人员分类管理改革，则通过确定法官群体，以及为其提供符合司法规律的特殊管理与后勤保障体系，最终在实质上促成"以法官为中心"或以职业化法官为核心的现代司法体制[②]。第二，法院权力结构的双重性，即审判权和司法行政权并行。在当前的法院体制下，法院在履行审判权的同时，不可避免地也会涉及其行政管理职能，两者之间会有所交叉、混合，甚至发生某种冲突，这在一定程度上会影响司法权的行使[③]。当前《人民法院组织法》对人员的分类管理并无明确的规定，并导致法院人员管理行政化、司法行政权对审判权进行僭越等问题。针对这些日趋严峻的问题，最高人民法院在《关于全面深化人民法院改革的意见》第 48 条提出"建立符合职业特点的法官单独职务序列……科学确定法官与审判辅助人员的数量比例……"这一改革要求。法院人员的分类管理改革的基本目标在于突出"法官"在法院体制中的主体地位，从而更好地实现法官的精英化、专门化、现代化。而其关键环节在于合理确定和落实员额制，员额制已然成为人员分类管理的必然要求。

结合当前试点方案，根据人民法院审判工作的需要和不同岗位的职业特点，我们可以将法院工作人员分为法官、审判辅助人员和司法行政人员。具体来说，法官是行使国家审判权及履行法律规定的其他职责的审判人员，主要包括院长、副院长、审判委员会委员、庭长、副庭长、审判员，其主要职责是依法参加合议庭审判或独任审判案件及法律规定的其他

---

① 山东省高级人民法院政治部组织人事处：《法院人员分类管理研究》，《山东审判》2005 年第 1 期，第 85 页。

② 张志铭、李学尧：《论法院人员分类改革——以法官职业化为指向》，《法律适用》2007 年第 1 期，第 44 页。

③ 陈陟云：《法院人员分类管理及审判权运行改革的实践向度》，《中国法律评论》2014 年第 4 期，第 215 页。

职责①。审判辅助人员是协助法官履行审判职责的专门工作人员,包括法官助理、书记员、司法技术人员、司法警察等。司法行政人员是从事法院办公后勤、人事监察、党务宣传等行政管理和保障事务的人员,基本职责是行政管理、综合协调以及为审判提供服务保障。以上三部分人员统称为人民法院工作人员,他们在各级人民法院中被纳入政法专项编制,依法履行审判、审判辅助、司法行政职能,由国家财政负担其工资福利②。

综上所述,在《人民法院组织法》的修改过程中,我们认为应将审判人员的分类规定为:"审判人员分为法官、审判辅助人员和司法行政人员。法官是依法行使审判权的审判人员,包括院长、副院长、审判委员会委员、庭长、副庭长、审判员;审判辅助人员是协助审判官履行职责的审判人员,包括法官助理、书记员、司法警察、司法技术人员;司法行政人员是从事审判机关行政事务管理的审判人员。"此外,针对当前存在的法官助理和书记员的职责不清问题,应该在法律中明确两者的职责,以便做到权责一致。可以单列法条明确法官助理和书记员两者的职权界限。对于员额制度以及比例确定,我们可以参照最高人民法院《关于全面深化人民法院改革的意见》中的"建立法官员额制度"部分内容,规定:"人民法院实行员额制。最高人民法院的法官和司法辅助人员的员额由全国人民代表大会常务委员会审核确定;高级人民法院、中级人民法院和基层人民法院的法官和司法辅助人员的员额由最高人民法院会同各省、自治区、直辖市人民代表大会常务委员会审核确定。"

2. 完善司法责任制

对于司法责任制的理解,学术上有广义和狭义之分:从狭义上来说,司法责任制是指对司法官员不当行使职权而设立的责任追究制度③。从广义上来讲,司法责任制是一种责任体系,不仅包括法官的责任担当与追究,还包括法官享有充分的独立司法裁判权。对比可以看出,广义说和狭义说的区别在于:前者主要强调法官要对违法办案的结果承担法律责任,而后者强调权责统一,在赋予法官审理裁判案件主导权、决定权的

---

① 详情请参见上海市司法改革试点推进小组第二次会议2014年7月审议通过的《上海市高级人民法院司法体制改革试点工作实施方案》。

② 王立:《法院人员分类管理制度的路径与期许》,《中国党政干部论坛》2015年第1期,第40页。

③ 崔永东:《司法责任制的传统和现实》,《人民法院报》2015年6月5日,第5版。

同时，强调办案法官对裁判结果负责①。随着司法改革的不断深入，这种狭义观越来越受到质疑，广义观逐渐成为理论主流。党的十八届三中全会报告中指出，要"完善主审法官、合议庭办案责任制，让审理者裁判，由裁判者负责"，旨在解决当前存在的"审者不判、判者不审""审理者无权裁判、裁判者无须担责"等问题。党的十八届四中全会《中共中央关于全面推进依法治国若干重大问题的决定》进一步强调，"完善主审法官、合议庭、主任检察官、主办侦查员办案责任制，落实谁办案谁负责"，"实行办案质量终身负责制和错案责任倒查问责制"。2015年8月，中共中央全面深化改革领导小组通过了《关于完善人民法院司法责任制的若干意见》；2015年9月，最高人民法院发布了《关于完善人民法院司法责任制的若干意见》。上述文件成为当前法院改革过程中完善司法责任制的规范性依据，从中我们也可看出，司法责任制的内容包括：①完善主审法官、合议庭办案责任制。主审法官责任制的实质是去除司法行政化，还权于审判者，解决审判者权力亏空问题②。这一问题在前文"独任庭和合议庭"部分已有阐述，不再赘述。②办案质量终身负责制。这是指办案人员对自己所办案件在职责范围内承担质量责任，如果出现质量问题，无论是否调离、转岗、退休，都要承担相应的责任③。但是，当前还未出台有关的规范性文件对何谓案件质量、承担责任方式、期限、追责的依据和标准等作出明确规定。③错案责任倒查问责制。法官错案责任倒查问责制构想是一个系统工程，包括科学界定错案的认定标准、创设独立的错案追责主体、实现追责程序性保障和审判独立的最大化等方面。

因此，反映到《人民法院组织法》的修改中，应在法条中"赋予法官独立办案的权限"，这在前面已有相关阐述，这里不再赘述。至于办案质量终身负责制和错案责任倒查问责制，写入《法官法》等相关法律更为适宜。

3. 健全法官人员职业保障制度

前述三项改革需要以法官的职业权利保障为基础，法官的职业保障关

① 金泽刚：《司法改革背景下的司法责任制》，《东方法学》2015年第6期，第126页。
② 尹振国：《对当前主审法官责任制改革的理性审视》，《武汉理工大学学报（社会科学版）》2016年第1期，第98页。
③ 宗会霞：《办案质量终身负责制的价值证成和规范运行》，《政治与法律》2015年第3期，第11页。

系到当前司法改革的最终成效。健全法官的职业保障是此次法院系统司法改革的关键一环,其关注"人(法官)的因素",追根溯源到改革的本质,抓住了改革的关键①。因此,我们需借助当前司法改革这一契机,进一步完善司法人员职业保障制度,才能确保司法责任制、司法人员分类管理、员额制等措施的有效落实,才能在改革之初强化改革预期②。

据广东法院系统相关调研报告显示,据不完全统计,2008~2012 年以来,全省法院因辞职和组织调动的法官及其他工作人员 1600 余名,其中离职人员约 200 名③。近 5 年,北京法院系统已有 500 多人辞职调动离开法院,且主要集中在基层人民法院,离开的法官大部分经验较丰富,能力较强,流失速度还在加剧。2014 年上海法院系统共有 105 人离职,其中法官有 86 名。其中有 17 个审判长,43 人拥有硕士以上学历,63 人是年富力强的"70 后",都是不折不扣的审判中坚力量④。在新一轮司法改革的大背景之下,法官的"离职潮"不能不引发我们的思考。长期以来,司法职业者都缺乏应有的职业保障,在新一轮司法改革后,这种责任与保障的落差进一步被放大,积累已久的职业失落感致使很多人选择离开。若不尽快完善相应的职业保障制度,人才继续流失将成为不可逆转之势,从而影响新司改各项措施的有效推进与实施②。因此,可以考虑:①在建立法官遴选制度的同时应当建立法官惩戒制度。目前,我国法律规定对法官的惩戒事由主要是工作上的失职行为,但规定过于原则,且惩戒程序属于行政程序而非国际通行的审判程序,因此,立法应当完整系统地规定法官惩戒制度,对于惩戒法官的事由应该具体、明确,这些都可以在《法官法》中予以明确,反映到《人民法院组织法》的修改上,可以新增一条原则性规定:"最高人民法院和省级人民法院应当设置法官遴选委员会和法官惩戒委员会,负责法官的遴选和惩戒工作。法官遴选委员会和法官惩戒委员会的设置和工作程序由最高人民法院另行规定。"②强化对法官的保障力度。立法应保障法官职位的不可侵害性,法官不可被任意免职、调职、减薪及给予报酬,还应赋予法官对抗个人或国家权力的干预、实现其良知的

---

① 朱兵强:《深化司法体制改革与法官职业权利保障制度的完善》,《时代法学》2015 年第 5 期,第 69 页。

② 徐同武、孟凡立:《论新一轮司法改革背景下司法人员职业保障制度的完善》,《法治论坛》2015 年第 3 期,第 55 页。

③ 任先博、霍瑶:《那些离职的法官哪去了》,《南方都市报数字报》2014 年 8 月 15 日,第 A22 版。

④ 邹坚贞:《法官离职调查:压力大待遇低系主因》,《中国经济周刊》2015 年第 20 期,第 48 页。

权利①。因此，在《人民法院组织法》的修改中，可以新增一条："法官履行法定职责应受保护，非因法定事由，非经法定程序，不得将法官调离、辞退或者对其作出免职、降级等处分。"

（三）完善法院管辖制度

司法统一是法治的必然逻辑②。但从现实来看，由于我国司法的地方保护主义，逐渐形成的"司法地方化"格局严重破坏了法制的统一。所谓司法地方化，是指司法活动受到地方党政或利益集团的不适当控制和干涉，进而丧失独立的权力和地位，司法权逐渐异化成地方利益的代表者③。造成这一现象的一个很重要的原因就是我国司法管辖区与行政区划的高度重合。单一制国家的司法职权属于国家事权，地方各级法院是国家的法院。按照这种"司法国家化"的思路，十八届三中全会提出"探索建立与行政区划适当分离的司法管辖制度"，十八届四中全会在前者基础之上更是提出了"设立跨行政区划的人民法院和人民检察院"。

实行司法辖区与行政辖区的分离，即法院不按行政区域设置，而是根据人口及纠纷的数量、交通状况和通信状况进行司法区划，形成跨省、跨市的司法体系④，目前可实施的主要形式包括以下两个方面。

1. 最高人民法院的巡回法庭

当今中国正处于社会转型时期，社会各类矛盾激增，导致全国人民法院受理案件的数量不断攀升。根据 2016 年统计数据，最高人民法院在2015 年受理案件 15 985 件，审结 14 135 件，比 2014 年分别上升 42.6%和43%；地方各级人民法院受理案件 1951.1 万件，审结、执结 1671.4 万件，结案标的额 4 万亿元，同比分别上升 24.7%、21.1%和 54.5%⑤。从以上数据进行分析和比较，我们可以看出大量案件涌入最高人民法院。巡回法庭的设置，有利于巡回法庭"重心下移，就地解决纠纷，方便当事人诉讼"，有利于缓解首都北京巨大的维稳压力。《中共中央关于全面推进依

---

① 王利明：《司法改革研究》，法律出版社 2000 年版，第 87 页。

② 程汝竹：《依法治国与深化司法体制改革》，上海人民出版社 2014 年版，第 122 页。

③ 石茂生：《司法权力泛化及其制度校正——以司法权力运行为中心》，《法学》2015 年第 5 期，第 24 页。

④ 任广浩：《当代中国国家权力纵向配置问题研究》，中国政法大学出版社 2012 年版，第 167 页。

⑤ 周强：《最高人民法院工作报告——2016 年 3 月 13 日在第十二届全国人民代表大会第四次会议上》，《人民日报》2016 年 3 月 21 日，第 2 版。

法治国若干重大问题的决定》提出可在现有基础上，由最高人民法院在省、自治区、直辖市设立相应的巡回法庭，负责审理跨行政区划重大的行政和民商事案件，设立的巡回法庭并不是一级法院，不会改变我国当前的四级两审终审制模式。巡回法庭人员由最高人民法院派出人员组成，其所作出的判决效力等同于最高人民法院的判决效力。2015年1月，最高人民法院分别在深圳、沈阳设立第一、第二巡回法庭，各自开启了以广东、广西、海南三省和辽宁、吉林、黑龙江三省为辖区的司法改革之路。

因此，《人民法院组织法》可以增加一款："巡回法庭审理跨行政区划的重大行政和民商事案件，确保国家法律统一正确实施。"

2. 跨行政区划的人民法院

设立跨行政区划的人民法院和人民检察院针对的是地方法院受理案件和跨行政区划当事人增多，许多案情复杂重大，有的地方部门或领导利用职权和关系插手案件处理形成相关诉讼"主客场"的现象。这有利于构建普通案件在行政区划审理、特殊案件在跨行政区法院审理中的诉讼格局，而将现有的铁路运输法院加以改造，合理配置并充实审判人员，是最为节约制度构建成本的方案①。目前来讲主要有如下形式：①跨地市级行政区划司法机关。其功能、职责定位等同于中级人民法院和地市级人民检察院。根据最高人民法院《关于全面深化人民法院改革的意见》的规定，即构建普通类案件由行政区划法院受理、特殊类型案件在跨行政区划法院受理的诉讼格局。跨行政区划法院主要审理跨行政区划案件、重大的行政案件和环境资源保护等易受地方因素影响的案件，以及跨行政区划人民检察院提起公诉的案件和原铁路运输法院受理的刑事、民事案件。对于其他已经设立的类似跨地市级行政区划的司法机关，应当进一步总结经验，适时扩大设置范围。②跨县市区级行政区划司法机关。总结海南、青海等地经验，根据案件、人口、经济状况等因素，适当撤销若干县（市、区）的法院、检察院，合并设立一个基层人民法院和人民检察院，实行跨行政区划的司法管辖②。

因此，将跨行政区划的人民法院写入《人民法院组织法》，并且参照当前有关"专门法院"的规定，即可以修改为："专门人民法院和跨行

---

① 秦前红、苏绍龙：《深化司法体制改革需要正确处理的多重关系——以十八届四中全会〈决定〉为框架》，《法律科学（西北政法大学学报）》2015年第1期，第44页。

② 金鑫：《跨行政区划司法机关设置的改革：缘起、经验、实现》，《武汉大学学报（哲学社会科学版）》2015年第5期，第121页。

政区划人民法院的设置、组织、职权和法官任免，由全国人民代表大会常务委员会规定。"

（四）完善法院"两权分离"机制

如上所述，我国法院存在权力结构的双重性，即司法审判权和司法行政权并行。从两者的功能和性质来看，审判权是一种"依照法律以及依法律的运用和法律的原则建立起来的方法决定'案件'和'争议'的权力"，其针对的对象是法律事务，是法院本质工作的反映。而司法行政管理权是指以辅助司法权为目的，涉及司法机关人事、财务、技术装备以及其他司法行政事务管理的权力[1]，其针对的对象是法院行政事务，是法院管理的必然要求。站在理论高度，分权制衡理论、程序正义理论和司法效率理论，是司法审判与司法行政相分离的立论之根本；站在实践角度，法院在履行审判权的同时，不可避免地也会涉及其行政管理职能，两者之间会有所交叉、混合，甚至发生某种冲突，这在一定程度上会影响司法权的行使。《人民法院组织法》由于缺乏相应的规定，导致目前法院行政化色彩浓重，如院长、庭长审批案件制度。《中共中央关于全面推进依法治国若干重大问题的决定》要求："改革司法机关人财物管理体制，探索实行法院、检察院司法行政事务管理权和审判权、检察权相分离。"

因此，在《人民法院组织法》总则中可以新增一条："人民法院内部的司法行政事务管理应与审判权的行使相分离，不得利用行政事务管理权干扰审判权的行使。"这一原则性的宣告强调两权分离的意义。

（五）完善人民陪审制度

1. 完善人民陪审员的遴选资格

2018 年修订的《人民法院组织法》规定："人民陪审员依照法律规定参加合议庭审理案件。"但《人民陪审员法》中规定人民陪审员要满足拥护宪法、公道正派、具有高中以上文化程度等条件，这相比基本法《人民法院组织法》，增加了更多的条件和限制。笔者认为后者是极其不合理的，因为建立人民陪审员制度的首要目的是实现司法民主价值，其原初定位是"有效发挥人民陪审员在非法律性知识和实践经验方面的优

---

[1] 徐汉明：《论司法权和司法行政事务管理权的分离》，《中国法学》2015 年第 4 期，第 85 页。

势，使广大人民群众的作用能够在司法审判过程中得到实质性发挥"①。即人民陪审制度设置的初衷是在法院的审判中引入社会大众的非法律性知识和社会实践经验，与是否有一定的学历、是否受过刑事处罚、是否被开除公职等均无实质性的关系，其更强调的是人民陪审员来源的广泛性和代表性。因此，笔者完全赞同《人民法院组织法》中有关人民陪审员资格的规定。

2. 完善人民陪审员的任免条件和方式

根据《全国人民代表大会常务委员会关于完善人民陪审员制度的决定》第7条、第8条规定，陪审员的名额，由基层人民法院根据审判案件的需要，提请同级人民代表大会常务委员会确定。陪审员人选由其所在单位或者户籍所在地的基层组织向基层人民法院推荐，或者本人提出申请，由基层人民法院会同同级人民政府司法行政机关进行审查，并由基层人民法院院长提出人民陪审员人选，提请同级人民代表大会常务委员会任命。学术界一致认为，这种任免条件和方式大大降低了人民陪审员制度的广泛性和代表性。《中共中央关于全面推进依法治国若干重大问题的决定》提出的"完善人民陪审制度，保障公民陪审权"将"陪审权"看成是公民的一项权利。人民陪审员的选任应平民化，尽可能具有广泛性、代表性、社会性、群众性②。在此基础之上，人民陪审员的任免条件和方式可以参照人大代表的产生方式——人民直接选举人民陪审员，使其代表人民，对人民负责，受人民监督。

3. 完善人民陪审员的职权

根据《人民法院组织法》和《人民陪审员法》的规定，人民陪审员依法参加人民法院的审判活动，除不得担任审判长外，同法官有同等权利，即在案件的事实认定和法律适用上也是如此。但由于人民审判员来源的广泛性，并不是所有的陪审员都熟悉法律，有能力参与法律适用问题的审理和裁判，这在一定程度上造成了当前我国陪审员制度中"陪而不审""审而不议"的问题。针对这一问题，《中共中央关于全面推进依法治国若干重大问题的决定》提出了"逐步实行人民陪审员不再审理法律适用问题，只参与审理事实认定问题"这一方案。这符合司法改革的整体目标和司法

---

① 苗炎：《司法民主：完善人民陪审员制度的价值依归》，《法商研究》2015年第1期，第121页。
② 徐昕、黄艳好、汪小棠：《中国司法改革年度报告（2013）》，《政法论坛》2014年第2期，第92页。

改革规律。反映到《人民法院组织法》的修改中，可以新增一款作为强调："人民陪审员只参与审理事实认定问题，不审理法律适用问题。"

（六）完善司法裁判执行制度

执行，是实现法院判决内容，维护当事人合法权益的重要保证，也是维护法院权威的重要内容。但法院执行难日益成为我国司法实践中的重要难题之一，主要表现在"特殊主体难碰、被执行财产难寻、应执行财产难动、协助执行人难求"等方面，这逐渐成为困扰法院审判工作的一块绊脚石。着力解决执行难的问题，已成为各级法院的共识。如何解决执行难的问题？执行难的问题涉及方方面面，从法院内部管理体制中执行机构设置方面来看，2006年修订版《人民法院组织法》第40条第1款规定："地方各级人民法院设执行员，办理民事案件判决和裁定的执行事项，办理刑事案件判决和裁定中关于财产部分的执行事项。"这一条规定是仅有的关于执行工作的规定，然而该条规定过于笼统，不能适应现行执行工作中的新要求、新变化。面对前面所述的种种"执行难"情形，仅仅设立执行员已经不符合当前的司法实践。当前学术界对此统一的观点是设立一个专门的执行机构全面负责执行工作，但是在具体设置上存在着两种不同的观点：第一种是在全国各级法院内部均应设立执行局。最高人民法院执行局应进一步加大对地方各级人民法院和专门法院执行工作的监督和指导力度[1]。第二种是在全国范围内设立跨地区的执行机构，具体可分三级：中央一级可设立"执行总署"；跨地区一级可设立执行厅；执行厅下设立执行分厅。在各级执行机构中分别设立三个职能部门，各自行使民事执行、行政执行和刑事执行在内的执行权。执行机关实行统一管理，上下级之间实行垂直领导。执行机关独立于地方政府、法院[2]。

从实践来看，目前全国很多法院都设置了专门的执行机构，如执行局。结合《中共中央关于全面推进依法治国若干重大问题的决定》的内容，《人民法院组织法》的修改应当把专门的执行机构以立法的形式固定下来，将其置于法院的一个重要的内部机构中，从而增强法院的执行力量，提高法院的执行效率。因此，反映到《人民法院组织法》的修改中，应当增加一条："各级人民法院设置执行局，专门负责办理民事案

---

① 黄松有：《当前解决人民法院执行难问题的对策》，《科学社会主义》2006年第3期，第55页。

② 胡继华：《浅谈人民法院"执行难"的成因及解决路径》，《新疆广播电视大学学报》2009年第2期，第69页。

件判决和裁定的执行事项，办理刑事案件判决和裁定中关于财产部分的执行事项。"

从长远来看，将民行案件执行职能从法院剥离出去，将专门的执行局转隶于司法行政部门，或更符合司法发展的一般规律。

二、修改《法官法》

十八届三中全会开启的新一轮司法改革反馈在《法官法》的修改上，主要涉及四个方面的内容，包括完善司法人员分类管理、完善司法责任制、推动省以下地方法院检察院人财物统一管理以及健全司法人员职业保障。四项改革措施是一个有机整体，就法院系统的司法改革而言，司法人员分类管理、司法责任制以及人财物省级统管三项改革是促进法官职业权利保障的重要制度安排[①]。

（一）完善法院人员分类管理制度

对法院人员实行分类管理，是完善中国特色司法制度的重大举措。党的十八届三中全会提出"完善司法人员分类管理制度"，十八届四中全会提出"改革司法机关人财物管理体制"。随后《关于全面深化人民法院改革的意见》也明确指出"推进法院人员分类管理制度改革，将法院人员分为法官、审判辅助人员和司法行政人员，实行分类管理。"在此背景之下，大力推进法院人员分类管理、完善分类管理制度、切实实现社会公平正义、保障人民群众合法利益具有重要意义[②]。法院人员分类管理是指根据法院工作的性质、职业特点等的不同规律，将法院现有工作人员进行分类，建立相对独立又各具特色的管理体系，施以不同的管理方式，以实现法院人员工作的科学化、法制化、现代化[③]。具体而言，我们从以下几个角度对法院人员分类管理制度进行阐述。

1. 实行法院人员分类管理的必要性

（1）法律（法官）职业化本质要求。"法官职业化"这一理论命

---

① 朱兵强：《深化司法体制改革与法官职业权利保障制度的完善》，《时代法学》2015年第5期，第69页。

② 王立：《法院人员分类管理制度的路径与期许》，《中国党政干部论坛》2015年第1期，第40页。

③ 山东省高级人民法院政治部组织人事处：《法院人员分类管理研究》，《山东审判》2005年第1期，第85页。

题全面地揭示了法治社会中法官职业所应有的各项品质，展示了当前的司法改革对"人的因素"的关注；而法院人员分类管理改革，则通过确定法官群体，以及为其提供符合司法规律的特殊管理与后勤保障体系，最终在实质上促成"以法官为中心"或以职业化法官为核心的现代司法体制[1]。

（2）法院权力结构的双重性，即审判权和司法行政权并行。在当前的法院体制下，法院在履行审判权的同时，不可避免地也会涉及其行政管理职能，两者之间会有所交叉、混合，甚至发生某种冲突，这在一定程度上会影响司法权的行使[2]。当前《人民法院组织法》对人员分类管理并无明确的规定，这就导致法院人员管理行政化、司法行政权对审判权进行僭越等问题。针对这些日趋严峻的问题，最高人民法院在《关于全面深化人民法院改革的意见》第48条提出"建立符合职业特点的法官单独职务序列……科学确定法官与审判辅助人员的数量比例……"等这一改革要求。法院人员的分类管理改革的基本目标在于突出"法官"在法院体制中的主体地位，从而更好地实现法官的精英化、专门化、现代化。而其关键环节在于合理确定和落实员额制，员额制已然成为人员分类管理的必然要求。

2. 人员分类

《中华人民共和国公务员法》（以下简称《公务员法》）第16条规定："国家实行公务员职位分类制度。公务员职位类别按照公务员职位的性质、特点和管理需要，划分为综合管理类、专业技术类和行政执法类等类别。国务院根据本法，对于具有职位特殊性，需要单独管理的，可以增设其他职位类别。各职位类别的适用范围由国家另行规定。"根据上述规定和当前试点方案，结合人民法院审判工作的需要和不同岗位的职业特点，我们可以将将法院工作人员分为法官、审判辅助人员和司法行政人员，并在此基础上有针对性地进行管理和业务建设的制度。

（1）法官。法官是行使国家审判权及履行法律规定的其他职责的审判人员，主要包括院长、副院长、审判委员会委员、庭长、副庭长、审判员，其主要职责是依法参加合议庭审判或独任审判案件及法律规定的其他

---

① 张志铭、李学尧：《论法院人员分类改革——以法官职业化为指向》，《法律适用》2007年第1期，第44页。

② 陈陟云：《法院人员分类管理及审判权运行改革的实践向度》，《中国法律评论》2014年第4期，第215页。

职责①。法官作为国家审判权的行使主体，其根本职责是依法参加合议庭审理案件或者独任审理案件，并对案件作出裁判。法官应当具有较为浓厚的法学理论基础、娴熟的法律专业知识、专门的思维模式。所以，将其作为单独类别理所当然。实行法院人员分类管改革的主要任务，就是要根据审判的工作量，从目前的法官中选拔出最优秀的一部分，专注于案件的审判，从而提高审判的质量和效率。因此，实行分类管理后，其他具有法官职位但不直接行使审判权的法院工作人员，不再列入法官类②。

（2）审判辅助人员。审判辅助人员是协助法官履行审判职责的专门工作人员，包括法官助理、书记员、执行员、司法技术人员、司法警察等。法官助理是指在审判活动中从事辅助性、事务性、技术性工作的法院人员，法院助理不享有审判权，主要工作职责是审查诉讼材料，协助法官组织庭前证据交换；协助法官组织庭前调解，草拟调解文书；受法官委托或者协助法官依法办理财产保全和证据保全措施等；受法官指派，办理委托鉴定、评估等工作；根据法官的要求，准备与案件审理相关的参考资料，研究案件涉及的相关法律问题；在法官的指导下草拟裁判文书；完成法官交办的其他审判辅助性工作①。法官助理在法官的指导下开展工作，接受法官监督，向法官负责。书记员是与法官助理的区别是：书记员职责的行使不需要综合运用众多的法律知识，而只是从事一些案件流程中的程序化工作。书记员的工作职责，主要是负责庭前准备的事务性工作；检查开庭时诉讼参与人的出庭情况，宣布法庭纪律；负责案件审理中的记录工作；整理、装订、归档案卷材料；完成法官交办的其他事务性工作。书记员协助法官审理工作，不设法官助理的法院，书记员同时履行法官助理的职责①。法院司法警察是指依照法规可以使用法律赋予的强制手段，维护审判机关的审判、执行秩序，保障法官与其他诉讼参与人的人身和财产安全的人民警察。其担负着值庭、押解、看管、送达、执行死刑等职责，并参与对判决、裁定财产的查封、扣押等强制措施的实施，保障审判执行工作的顺利进行。

（3）司法行政人员。司法行政人员是从事法院办公后勤、人事监察、党务宣传等行政管理和保障事务的人员，基本职责是行政管理、综合协调以及为审判提供服务保障。这些人员不直接参与法院的司法审判活

---

① 详情请参见上海市司法改革试点推进小组第二次会议 2014 年 7 月审议通过的《上海市高级人民法院司法体制改革试点工作实施方案》。

② 陈陟云：《法院人员分类管理改革研究》，法律出版社 2014 年版，第 286 页。

动，但是为法院的正常运转提供了不可或缺的支持和保障。

以上三部分人员统称为人民法院工作人员，他们在各级人民法院中被纳入政法专项编制，依法履行审判、审判辅助、司法行政职能，由国家财政负担其工资福利①。

3. 员额制度

根据司法职业所具有的独特性，建立员额制度，这是当前国内关于法院人员管理最根本的议点。法院工作人员员额制，就是在对上述法院人员进行三大分类之基础上，采取一定方法，确定法院内部法官、审判辅助人员以及司法行政人员的比例及其后续人员管理的制度。员额制改革是司法改革的重要内容，员额制改革可以促进法官队伍的精英化、法官管理的去行政化，突出法院的审判核心职能，增强法官职业保障，确保审判独立，提高审判质量与效率。因此，科学设置员额比例，完善人员后续管理，是落实员额制最根本的内容。

（1）员额比例和管理。关于员额的比例问题，要根据各省、自治区、直辖市经济社会发展、人口数量、案件数量等基础数据，结合法官办案工作量和三级法院功能定位、审判辅助人员配置等实际情况，进行科学核定。目前很多省份采用的方法是以人员编制总数为测算基数，按照当前所提倡的"向审判工作倾斜原则"，设定法院三类人员的员额比例。例如，上海根据上述原则，设定法官 33%、审判辅助人员 52%、司法行政人员 15%的员额比例（审判辅助人员中法官助理、书记员、司法警察比例暂定为 26%、16%、10%左右）；而广东司法改革方案、湖北司法改革方案、青海司法改革方案、海南司法改革方案，将法官、司法辅助人员、司法行政人员占法院人数的比例分别定为 39%、46%、15%。目前大部分省、自治区、直辖市已经出台了司法改革方案，并且对员额比例进行了规定。但是我们应该看到的是，法官的员额制不仅仅是法官、审判辅助人员及司法行政人员的人数比例问题，这些数字的背后有着非常多的现实问题。

按照当前各省、自治区、直辖市司法改革方案的规定，一般由高级人民法院统筹管理整个辖区内所有法院各类人员的员额，通过对各级人民法院人员编制的核定、分配和调整来实现具体员额控制。根据各级人民法院

---

① 王立：《法院人员分类管理制度的路径与期许》，《中国党政干部论坛》2015 年第 1 期，第 40 页。

的功能定位、任务安排和实际情况，在三类人员各自员额总额度内，对各级法院员额比例结构进行适当调整。此外，各级人民法院还按照员额比例配置管理本院各类人员员额。

（2）人员补充。针对人员补充问题，按照当前的司法改革方案和实践做法，一般由高级人民法院根据案件量变化等实际情况及时报请有关职能部门调整辖区内各级法院人员编制总量，根据每年自然减员、增编数量、空额情况按比例补充各类人员。

综上所述，在《法官法》的修改过程中，应该增加关于跨行政区划法院的内容。另外，针对审判辅助人员和司法行政人员的任免和管理，可以在原有规定基础之上进行相应的修改，即将第 52 条修改为："法官助理、司法技术人员、司法警察和书记员由本院院长任免。法官助理、司法技术人员和书记员的职级系列和选任条件由法律统一规定。并增加："对于人民法院的司法警察，依照警察制度进行选任和管理。对于人民法院的司法行政人员，依照公务员制度进行选任和管理。"

（二）完善司法责任制

中国共产党第十八届四中全会决定强调：公正是法治的生命线，必须完善司法管理体制和司法权力运行机制，规范司法行为，加强对司法活动的监督，努力让人民群众在每一个司法案件中感受到公平正义。这就要求推进严格司法，加强对司法活动的监督，"明确各类司法人员工作职责、工作流程、工作标准，实行办案质量终身负责制和错案责任倒查问责制，确保案件处理经得起法律和历史检验"。根据《关于全面深化人民法院改革的意见》，法院系统将完善法官责任制度，建立法官惩戒制度，设立法官惩戒委员会。鉴于法官责任制度是我国司法制度的重要组成部分，属于我国法律绝对保留之事项——排除其他规范作用，因此，有必要对《法官法》涉及法官责任规定作出修改。

对于司法责任制的理解，学术上有广义和狭义之分：从狭义上来说，司法责任制是指对司法官员不当行使职权而设立的责任追究制度[1]。从广义上来讲，司法责任制是一种责任体系，不仅包括法官的责任担当与追究，还包括法官享有充分的独立司法裁判权[2]。对比可以看出，广义说和狭义说的区别在于：前者主要强调法官要对违法办案的结果承担法律责

---

[1] 崔永东：《司法责任制的传统和现实》，《人民法院报》2015 年 6 月 5 日，第 5 版。
[2] 金泽刚：《司法改革背景下的司法责任制》，《东方法学》2015 年第 6 期，第 126 页。

任。而后者强调权责统一，在赋予法官审理裁判案件主导权、决定权的同时，强调办案法官对裁判结果负责。随着司法改革的不断深入，这种狭义观越来越受到质疑，广义说逐渐成为理论主流。党的十八届三中全会报告中指出，要"完善主审法官、合议庭办案责任制，让审理者裁判，由裁判者负责"，旨在解决当前存在的"审者不判、判者不审""审理者无权裁判、裁判者无须担责"等问题。党的十八届四中全会《中共中央关于全面推进依法治国若干重大问题的决定》进一步强调，"完善主审法官、合议庭、主任检察官、主办侦查员办案责任制，落实谁办案谁负责"，"实行办案质量终身负责制和错案责任倒查问责制"。2015年8月，中共中央全面深化改革领导小组通过了《关于完善人民法院司法责任制的若干意见》。2015年9月，最高人民法院发布了《最高人民法院关于完善人民法院司法责任制的若干意见》（以下简称《意见》）。上述文件成为当前法院改革过程中完善司法责任制的规范性依据。尤其是《意见》的出台，被学术界和实务界视为是我国人民法院司法责任制走向完善的重要标志。为此，我们以司法责任制度为基点，对《意见》中涉及本次《法官法》修改的内容进行分析，以期有利于加深对《意见》的理解，进一步贯穿落实司法责任制，完善《法官法》的相关规定。

《意见》由六大部分共四十八条组成，从内容上来看，主要包括"目标""原则""改革审判权力运行机制""明确司法人员职责和权限""审判责任的认定和追究""加强法官的履职保障"等诸多方面，构成了比较完整的人民司法责任制的体系。但总的来说，司法责任制的主体部分主要包括六大方面的内容：①明确规定法官追责之原则；②明确规定法官惩戒组织及其权限；③明确规定法官责任的性质、构成与归责原则；④明确规定法官惩戒的程序；⑤明确固定法官惩戒措施；⑥明确规定法官权利的救济机制。

1. 明确规定法官追责之原则

设置符合司法规律的责任追究制度是司法责任制的核心内容。缺乏有效制约的权力必将导致权力的滥用。追责原则是法官追责制度本身所具有的、贯穿始终的准则，也是指导全部法官追责制度运行的准则，只有首先设定合乎法学原理的追责原则并将其贯彻在追责实践中，才能最大限度地发挥法官追责制度的效用，维护当事人和法官的合法权益，保证司法的公平与公正。因此，为了使司法人员依法独立行使审判权受到有效制约，就必须设置合理的责任追究制度。在修改《法官法》时，应当首先在第十一章章首增加追责原则的有关规定，明确法官追责的过程中所有人员所应遵循的原则。结合法学原理，借鉴《刑法》基本原则，法院惩戒制度的惩戒原则应当包括：罪责法定、责罚相当以及无责推定。

（1）罪责法定。罪责法定来源于法律保留理论，即什么行为是会被认定为应受惩戒的行为和对这种行为处以何种惩戒必须由法律明文规定。这一原则与《刑法》当中的"罪刑法定"原则比较相近，其核心是为了限制法官惩戒权的滥用以及保障法官的合法权益。因而"罪责法定"原则在法官追责制度中应当表现为：①法律（即《法官法》）规定为应追究法官责任行为的，依照《法官法》的有关规定追究法官的责任；②《法官法》未规定为应当追究法官责任的行为，不得因此惩戒法官。

（2）责罚相当。责罚相当原则衍生于《刑法》当中的"罪责刑相适应"原则，是指对法官追责的轻重应当与法官行为对于司法公正的危害性程度和涉事法官应当承当责任的大小相适应。在刑法理论当中，孟德斯鸠认为罪与罚之间应有适当的比例，刑罚的轻重应当协调，这一观点同样适用于法官追责制度。只有做到责罚相当，才能维护司法秩序的有效运行，在惩戒有错法官的同时保障一般法官的合法权益。

（3）无责推定。法官追责制度中的无责推定原则同样借鉴《刑法》原则，是指在没有被法官追责机构认定为行为不当之前，应视法官为无过错。这一原则在法官追责制度中应体现为：①对法官不当行为的调查应当秘密进行，保护法官的声誉；②如果经过调查，调查小组不能提出确实充分的证据证实涉事法官存在不当行为，惩戒委员会经过听证也不能查明法官存在不当行为的事实，那么就只能认定法官无须承担责任。无责推定原则不仅有利于维护法官的合法权益，避免冤屈的发生，也有利于实现司法公正及推动法官追责制度的完善和发展。

2. 明确规定法官惩戒组织及其权限

现阶段主要由最高人民法院制定的《人民法院审判人员违法审判责任追究办法（试行）》以及各个地方法院为了实施此追究办法而制定的文件来规定我国关于法官追责的基本内容[①]。在现有出台的关于法官追责的文件中，法官责任的调查主体并不一致，由谁来给予法官处罚也各有规定。实践中有的文件规定是由案件督查室负责调查，有的规定由法

---

① 魏胜强：《错案追究何去何从？——关于我国法官责任追究制度的思考》，《法学》2012 年第9 期，第 56 页。

院监察部门调查，而有的则规定由审判监督庭调查；在决定惩处方面，有的是审判委员会决定惩处，有的则是院长办公会议或院长决定①。这些责任追究机构责任分配不明且多设置于法院内部，多由法院的法官或其他工作人员组成，他们往往受级别的限制而缺乏独立性，因此很难发挥惩戒的作用。因而在修改我国《法官法》时应该明确的是法官追责的主体及其权限。

（1）法官惩戒组织。由于法官追责制度处理对象的特殊性，所以法官追责的主体应中立化，具体体现为一方面独立于行政、司法和立法等机关，另一方面与违反法官职业伦理义务的法官以及投诉主体不存在利害关系。依法设立独立的法官惩戒机构不仅是现阶段国内司法环境的迫切要求，也是法官追责国际司法准则的要求。联合国《关于司法独立的基本原则》、司法独立第一次世界大会《司法独立世界宣言》以及国际法官协会《司法独立最低标准》要求法官惩戒机构应当为永久性法庭或委员会，其组成应以法官为多数，且应当独立于行政机关②。

因而，在借鉴外国法官惩戒制度的经验与结合我国司法立法实践的基础上，可以建立独立于法院、检察院和行政机关的法官惩戒委员会，统一受理和调查对法官不当行为的投诉，并对一般不当行为作出纪律处分。根据《国家监察法》的相关规定，之前各级人民检察院对涉嫌违反《刑法》的法官渎职行为进行调查的权力由国家监察委员会来行使，并由各级人民法院进行审理。因而我国法官惩戒制度的惩戒机构除了法官惩戒委员会还有各级监察委员会、人民法院和人民代表大会及其常务委员会。由于司法机关和各级人民代表大会及其常务委员会的构成已有完备的法律规定，在这里只探讨法官惩戒委员会的设置以及人员组成。

一方面，法官惩戒委员会机构设置。从国外的法官惩戒立法来看，常设性、独立性以及专业性为许多法治发达国家的法官惩戒机构的特点，如美国的特别惩戒法庭、德国的纪律法院以及法国的最高司法委员会等，维持其正常运作的经费通常由国家单独作出预算。为了符合我国的国情以及满足惩戒机构常设性、独立性和专业性的特点，《法官法》可以将我国的法官惩戒委员会设置在全国人民代表大会内务司法委员会之下。全国人民代表大会内务司法委员会是全国人民代表大会的常设机构，其职能主要是

① 贺日开、贺岩：《错案追究制实际运行状况探析》，《政法论坛（中国政法大学学报）》2004年第1期，第151页。

② 谭世贵：《中国法官制度研究》，法律出版社2009年版，第535页。

在人民代表大会及其常务委员会领导下，研究、审议和拟定有关议案，依法开展法律监督和工作监督，其有一定的监督权、审议权和提议案权，因此将法官惩戒委员设置于此既有利于人民代表大会监督权的行使，也有利于其独立地进行法官惩戒活动。由此，省级法官惩戒委员会可在省级人民代表大会内务司法委员会下设置。两级惩戒委员会相互独立，上级监督下级。法官惩戒委员会的经费可由中央财政统一预算、拨款，在机构独立的同时做到财政独立。

另一方面，法官惩戒委员会组成人员。法官惩戒活动应当接受社会的监督，防止"暗箱操作"，因而在组成人员上需纳入不同成分的人员。在设计法官惩戒制度上应当尽量避免将程序的启动决定权集中于一人之手，尤其不能让它落入机构上或者地缘上较为接近的人员的手上①。美国州法院的惩戒人员组成有一定的借鉴性，如美国加利福尼亚州的司法官资格委员会组成人员为：州最高法院选任的司法官5人，州律师会长会议选任的律师2人，州长经州上院的推荐或同意选任的非法律职业2人，这样的组成有利于法官惩戒的独立。根据我国国情及国际法官协会《司法独立最低标准》的"法官惩戒机构组成应以法官为多数"的要求，在修改《法官法》时可以规定将惩戒委员会委员分为专门委员和专家委员。专门委员由政法委员会、组织部、纪律检查委员会、人民代表大会内务司法委员会、公务员局、人民法院等单位的分管领导担任。专家委员从法学学者专家库中产生，其中必须含律师代表。机构人员的多元性可以排除法院内部偏袒同行的可能性。为了与全国人民代表大会会议以及政协会议保持一致，可以将惩戒委员会委员的任期设置为5年，可连任。同时在法官惩戒委员会下设专职调查员，对于涉事法官的行为进行调查取证。

（2）法官追责权及其边界。法官追责权是根据其行为对法官进行追责的权力。对法官的追责关系到法官的职业生涯是否能够继续，如果追责权运用得不恰当，不仅会损害法官的合法权益，还会降低法官工作的积极性，从而影响司法的公正性与权威性。因而根据惩戒组织的不同，合理设置法官追责权是《法官法》修改的重要任务，这关系到能否构建一个完备的法官追责制度、实现社会公正。可以说，完善和落实"司法责任制"的要求，首先在于进一步明确司法人员的职责和权限，以完善主审法官、合议庭办案责任制，即明确司法人员职责和权限是司法责任制的基础。主审

---

① 严仁群：《美国宪法下的法官弹劾与司法惩戒》，《法学杂志》2004年第6期，第78页。

法官责任制的实质是去除司法行政化，还权于审判者，解决审判者权力亏空问题[①]。虽然司法责任制的含义很容易被该项制度中最醒目的"追究责任"的内容所遮蔽，但清晰界定司法人员权责的内容和边界，才是司法责任制的基础性内容。很明显，如果没有对司法人员权责的内容和边界的清晰界定，所谓"追究责任"也就失去了基础，成了无本之木；况且，确立司法责任制的目的，也不应是为了"追究责任"[②]。

根据现行《宪法》及《法官法》的有关规定，只有各级人民代表大会及其常务委员会有权决定对法官的罢免，因而在对法官进行追责时罢免法官的最终决定权为各级人民代表大会及其常务委员会所拥有。现行《法官法》也规定因违纪、违法犯罪不能继续任职的法官应当依法提请免除其职务。在这条规定中，我们也可以看出各级人民代表大会及其常务委员会仅有决定权，并没有调查权，而"提请权"由谁行使也不明确。为了方便管理和运行，对于罢免法官的投诉受理权和调查权应当由法官惩戒委员会统一行使。同时，根据《法官法》的有关规定，法院的副院长、审判委员会委员、庭长、副庭长和审判员由法院院长提请同级人民代表大会常务委员会任免，据此可以判断罢免院长以外法官的职务时由该法院的院长享有"提请权"。而《法官法》规定院长由同级人民代表大会选举和罢免，并没有表明由谁提请，根据前文所述建议，将法官惩戒委员会设置于人民代表大会内务司法委员会之下，使其从属于人民代表大会，因而将提请罢免人民法院院长的权力交由人民代表大会内务司法委员会是个很好的选择。

根据现行《刑法》与《国家监察法》的相关规定，对于涉嫌渎职罪、违反《刑法》的法官的调查权属于各级监察委员会，而审判权属于各级人民法院，惩戒执行权则分属公安机关与司法行政机关即监狱。现行《法官法》也规定法官行为构成犯罪的，依法追究其刑事责任。由于现行法律对于涉嫌构成刑事犯罪的法官的惩戒权限有着明确的规定，因此只需要在《法官法》中阐明对于法官行为构成犯罪的，由人民法院对其依法追究刑事责任即可。

因为法律明文规定法官的罢免权和追究刑事责任的权力由各级人民代表大会及其常务委员会和各级司法机构行使，因而法官惩戒委员会只能拥

[①] 尹振国：《对当前主审法官责任制改革的理性审视》，《武汉理工大学学报（社会科学版）》2016年第1期，第98页。

[②] 王敏远：《破解司法责任制落实中的难点》，《人民法院报》2015年9月26日，第2版。

有这些权力以外的投诉受理、调查取证以及对法官提出审查意见的权力。根据前文所述的建立全国一级以及省一级两级法官惩戒委员会的设想，可以规定由省级法官惩戒委员会受理对省级以下各地方法院法官的投诉。同级省高级人民法院法官的投诉由上一级惩戒委员会指定其他省份的惩戒委员会受理或者由自己受理。全国惩戒委员会受理对最高人民法院法官的投诉以及申诉。法官惩戒委员会对受理的投诉有调查取证、召开听证会听取法官申辩的权利以及对纪律处分的决定权。对于纪律处分的执行权，出于方便施行的考量，则应由法官所在法院拥有。

此外，法官追责权的正确行使还离不开法官职责的明确。明确法官职责是司法责任制的基础性内容，应予以高度重视。《法官法》对法官的职责进行了原则性的规定，但对于法官独任审判和合议审判时所享有的职权并没有明确的规定，可以在《法官法》规定的法官职责之基础上，新增条款："法官独任庭审理案件时，应当履行以下审判职责：①主持或者指导法官助理做好庭前会议、庭前调解、证据交换等庭前准备工作及其他审判辅助工作；②主持案件开庭、调解，依法作出裁判，制作裁判文书或者指导法官助理起草裁判文书，并直接签发裁判文书；③依法决定案件审理中的程序性事项；④依法行使其他审判权力。"第7条："合议庭审理案件时，承办法官应当履行以下审判职责：①主持或者指导法官助理做好庭前会议、庭前调解、证据交换等庭前准备工作及其他审判辅助工作；②就当事人提出的管辖权异议及保全、司法鉴定、非法证据排除申请等提请合议庭评议；③对当事人提交的证据进行全面审核，提出审查意见；④拟定庭审提纲，制作阅卷笔录；⑤自己担任审判长时，主持、指挥庭审活动；不担任审判长时，协助审判长开展庭审活动；⑥参与案件评议，并先行提出处理意见；⑦根据合议庭评议意见制作裁判文书或者指导法官助理起草裁判文书；⑧依法行使其他审判权力。"第8条："合议庭审理案件时，审判长除承担由合议庭成员共同承担的审判职责外，还应当履行以下审判职责：①确定案件审理方案、庭审提纲、协调合议庭成员庭审分工以及指导做好其他必要的庭审准备工作；②主持、指挥庭审活动；③主持合议庭评议；④依照有关规定和程序将合议庭处理意见分歧较大的案件提交专业法官会议讨论，或者按程序建议将案件提交审判委员会讨论决定；⑤依法行使其他审判权力。审判长自己承办案件时，应当同时履行承办法官的职责。"

3. 明确规定法官责任的性质、构成与归责原则

目前，基层人民法院判断法官是否承担责任的标准主要为案件最终判决结果，只要是被上级法院发回重审或改判的案件，除了例外的规定[①]，都会被认定为错案，同时启动问责程序。这样的法官追责制度将法官置于被无理追责的风险中，使得法官在履职时战战兢兢、如履薄冰，为了避免自己作出的判决被驳回，法官倾向于将案件提交审判委员会讨论或向上级人民法院请示，这使得审级制度形同虚设，对正常的审判制度构成了严重的威胁[②]。因而改革法官追责制度，在《法官法》中明确规定法官责任的性质、构成与归责原则是保障法官职业的一般要求。

（1）法官责任的性质。法官责任是法官因职业行为不当而引起的依法应当承担的不利法律后果，这种责任来源于法官不当行为对司法公信力与司法权威的减损。一般而言，根据违法行为所违反的法律的性质，可以把法律责任分为行政责任、刑事责任和民事责任，而法官责任按照其不当行为引起的不利后果也可以分为行政责任、刑事责任和民事责任。法官如果违反《法官法》中对于法官行为的规定，所应承担的不利后果是法官在违反职业义务后所受到的职业管理上的惩处，对于这种责任，学界普遍认为是行政责任，是法官责任中最常见的责任。我国《刑法》对法官渎职犯罪也有所规定，法官严重违反职业义务构成《刑法》上的犯罪时应承担的惩罚性后果为刑事责任。而关于民事责任，为了保护司法独立，世界上大多数国家的法律规定，法官在执业过程中对当事人造成的损害不承担民事赔偿责任，即便法官是恶意的，这个责任也不由法官承担，而是由国家用国家赔偿的方式代为承担。私法意义上的民事责任不是法官这个职位本应承担的义务，法官作为公共官员，在其职位上应当承担的是对国家和公民的公法上的责任。因而在修改《法官法》时应当规定，作出不当行为的法官须依法承担相应的行政责任与刑事责任。

（2）法官责任的构成。法律责任是由一定条件引起的，其条件就是所谓的要件。根据违法行为的一般特点，可以把法律责任的构成要件概括为主体、行为、损害事实和因果关系四个方面。第一，主体。在法官责任认定中，责任主体为作出不当行为的法官，不管这个法官是否为案件的主审法官。第二，行为。在法官责任认定中，须被追究法官责任的行为是指

---

① 如上级法院依新证据改判。

② 谭世贵、孙玲：《法官责任豁免制度研究》，《政法论丛》2009 年第 5 期，第 50 页。

法官在审理案件过程中作出的违反诉讼程序法的行为以及其他实体法即《法官法》规定的妨碍司法公正有损司法权威的行为。除了认定事实和法律适用的职业素质之外，法官还必须同时具有良好的品格，这样人民才会尊重其作出的判决[①]。因而法官责任构成中的行为也应当包括法官在工作之外的行为，如上海市高级人民法院多名法官"集体嫖妓"事件这种道德上的重大失职行为也应当受到相应的处罚。第三，损害事实。法官责任构成中的损害事实并不是具体可见的，法官的职业不当行为伤害的是其作为法官所必备的公信力、公正性，以及广大人民群众对整个司法体系的信任，因而在认定法官是否承担责任时需要看其行为是否严重损害了司法公信力。第四，因果关系。法官的职业行为与司法公信力、公正性的损害之间需要存在直接的因果关系，只有这样法官才需承担相应的责任。据此，《法官法》在进行修改、设定法官责任时，应当规定法官在其审判案件过程与日常生活中作出的违反相关程序法或实体法规定的行为严重损害司法公正与司法公信力时，需要承担相应的责任。

现有的责任追究标准将错案认定标准与责任追究标准混同，认为凡是错案都应当追究裁判者的责任。然而事实上在审理案件的过程中往往会出现许多不确定的因素，我们很难采用一个统一的客观标准去判断实体正义是否实现。在外国的司法实践中也往往只监督法官个人是否有违法失职的行为，法官本人并不需要对裁判结果是否正确承担责任，其惩戒理由也多为不称职、违反行为以及道德败坏等[②]。在法治社会中，人民对法官的信任度是很高的，只要法官在审理案件的过程中没有违反法律，其判决应被推定为合理，即使最后证明判决错误，还是会认为他履行了职责。同理，即使案件的裁判结果是符合事实的，但是法官在审理过程中违反了程序法的规定，也应当追究其责任。因而在判断法官是否应当受到处分时应以法官的行为有无违反法律规定、有无损害司法权威为判断标准，而不应仅仅关注审判结果，以此保护法官审理案件的独立性。因而在《法官法》的修改中认定法官责任时，应在规则原则上由以结果论转为以外在行为失当论、以法官的行为是否违反法律规定为其认定责任标准。从责任的认定来说，外在的行为较容易确定。认定法官的外部行为不当即使可能是误解，发生这种误解的概率也远远小于追究法

---

① 李卫东：《法官惩戒制度探讨与完善》，《前沿》2003年第8期，第89页。

② 外国司法体制若干问题概述课题组：《外国司法体制若干问题概述》，法律出版社2005年版，第372页。

官的主观过失的概率。

《法官法》规定了 10 种法官不得为的行为，修改时应进一步对其进行分类与删减，同时明确不同不当行为应受到的处罚方式。建议将原有的内容拆分成不同的条款分别加以规定，参照《刑法》分则的叙述方式在单个条款中按照法官应当承担的责任规定各种行为所应受到的惩戒措施。

需要引起注意的是，《关于全面深化人民法院改革的意见》对不得作为错案进行责任追究的 8 种情况，也作了详细规定。这些规定，是符合司法规律的要求的。以往对错案责任追究的关注点，主要集中在错案的结果上。从司法规律的要求来看，发现错案后应当纠正与有错案需要追究责任，是两回事。《关于全面深化人民法院改革的意见》对此作了符合司法规律要求的区别不同情况的分类规定。需要强调的是，司法责任制的宗旨不是追究责任，而是保障法官能够依法独立公正地行使审判权，追究责任只是保障措施之一而已。虽然这是最有力的措施，但却只是最后的保障措施。目前较为主流的实务做法是建立办案质量终身负责制度和错案责任倒查问责机制。办案质量终身负责制是指办案人员对于自己所办案件在职责范围内承担质量责任，如果出现质量问题，无论是否调离、转岗、退休，都要承担相应的责任①。但是，当前还未出台有关的规范性文件对何谓案件质量、承担责任方式、期限、追责的依据和标准等作出明确规定。而法官错案责任倒查问责制构想是一个系统工程，包括科学界定错案的认定标准、创设独立的错案追责主体、实现追责程序性保障和审判独立的最大化等方面。由于对这两个制度的实行还属于试水阶段，反馈到当前《法官法》的修改上，可以考虑在《法官法》中对这两制度进行原则性的规定，具体的内容、程序等内容由最高人民法院另行作出规定。

4. 明确规定法官惩戒的程序

程序公正被称之为"看得见的正义"，也是行使司法权的重要原则之一，因而作为司法者的法官对于程序的公正性有着更高的要求。然而《法官法》对法官惩戒的程序问题规定的并不多。《法官法》规定"法官的处分按有关规定办理"，这样的规定抽象且模糊不清。一般认为这里的"有关规定"指的是最高人民法院制定的《人民法院监察部门调查处理案件暂

① 宗会霞：《办案质量终身负责制的价值证成和规范运行》，《政治与法律》2015 年第 3 期，第 11 页。

行办法》。很可惜，这个办法并没有达到合理安排惩戒程序的目的，其程序规定抽象，自由裁量空间过大，极易使得惩戒机关滥用权力，同时也不符合法律保留原则的要求。建议在修改《法官法》时用专条专款明确规定法官惩戒所应遵守的程序规则。

纵观国外司法惩戒的制度设定，几乎都是采用审判方式或类似审判的模式。这种带有程序司法性的惩戒制度通常通过法院审判或类似的方式来决定是否对法官进行弹劾或纪律制裁。例如，日本和德国使用普通审判程序，美国和法国使用听证程序。司法审判程序是迄今为止人类设计出来的最为公正的纠纷解决程序，因而只有采用这种类司法的程序设置才能在最大限度上保证法官个人的身份独立以及投诉方、当事人和惩戒机构三方权利架构的正当性。因而参照司法程序设置我国法官的惩戒程序是最为适当的方案。

（1）受理。当事人或者其他相关人员如果认为法官的行为不当或违反了《法官法》的有关规定，可以向法官所在地有管辖权的法官惩戒委员会进行投诉。投诉应为书面形式，写明投诉的理由，必要时可以附上自己掌握的初步证据。在收到投诉之后，惩戒委员会全体委员对投诉材料进行预先审查，主要审查投诉是否有依据以及是否涉及法官裁决的实质问题，如投诉没有依据或投诉涉及法官裁决的实质问题应当直接驳回。在预先审查中排除掉当事人出于败诉的愤恨而对法官提起的投诉等不适当的投诉，可以减轻惩戒委员会的工作量，节约惩戒成本。预先审查主要根据投诉的内容及信息由法官惩戒委员会共同决定，以过半数投票赞成为接受投诉较为合理。

（2）调查。惩戒委员会受理投诉后应当立即召集专业调查员成立调查小组，对于法官的不当行为进行探访或调查。调查时应当按照刑事诉讼与民事诉讼有关证据规则进行取证。调查完成后由调查小组作出调查报告，在报告中列明其所查明的事实以及对调查结果的初步判定。调查完成后由惩戒委员会根据调查报告决定程序的进程。如果经过调查认为投诉理由不成立，惩戒委员会应当决定终止惩戒程序；如果经过调查认为被投诉法官确实可能存在违反刑法以外的不当行为，惩戒委员会应当决定组织听证会，对法官行为是否得当进行听证；如果经过调查发现法官的不当行为可能构成刑事犯罪的，惩戒委员会应当立即将案件资料移交给相应的检察院，由检察院受理案件，其调查程序依照《刑事诉讼法》的相关规定展开。

（3）决定。如果法官的行为不构成刑事犯罪，由法官惩戒委员会以两造对抗、居中裁判的听证会方式对法官行为进行审议，听证会不对外开放。由法官惩戒委员会根据调查小组提供的证据、调查报告以及法官提供的证据和陈述进行裁决，并用一致决定的方式决定法官是否应当受到惩戒以及应受何种惩罚，出具裁决书。如果裁决为对法官处以罢免职务以外的处罚，应交由受投诉法官所在的人民法院执行。如果经过法官惩戒委员会审查，认为需要罢免行为不当法官的职务，当受惩戒法官为院长以外的法官时，法官惩戒委员会下达裁决书后由受投诉法官所在法院的院长向同级人民代表大会常务委员会提出罢免当事法官职务的申请，同级人民代表大会常务委员会根据相关组织法规定的程序决定是否罢免法官；当受惩戒法官为院长时，由法官惩戒委员会所属的人民代表大会内务司法委员会向与法院同级的人民代表大会提出罢免当事法官职务的申请，同级人民代表大会根据相关组织法的规定决定是否罢免法官。如果同级人民代表大会及其常务委员会经过审议投票表决不同意法官的罢免，可以决定驳回罢免申请，由作出决定的法官惩戒委员会重新进行审查。

如果法官的行为有可能触犯《刑法》，由法官惩戒委员会将案件资料、调查报告移交给相应检察院，由检察院根据《刑事诉讼法》相关规定进行调查与起诉，由对应的人民法院进行审理和判决。

5. 明确规定法官惩戒措施

在法官处罚方式上，过往各地的司法实践存在着擅自设定处罚种类和进行责任株连的问题。各级司法机关仍然擅自增设对违法审判法官的惩罚，如扣发奖金、工资；剥夺晋升资格、审判员资格；甚至于待岗、下岗、调离审判工作岗位；等等[①]。这些擅自设定的罚则违反了《法官法》关于法官"非因法定事由、非经法定程序，不被免职、降职、辞退或者处分"的规定。在责任分配上许多地方的司法机关还会以扣发全体人员奖金等方式追究与主审法官同一庭的其他审判人员的责任，即便这些审判人员并没有参与案件的审理与判决。在法官的行为被认定为不当行为后，其责任实现方式不应仅限于法院内部自己制定的惩罚方式，而应根据其责任以及过错的大小实行层级责任实现方式，即从纪律处分到职务罢免，再到刑事处罚的处罚方式。且被处罚主体应当为作出不当行为的法官，不管其是否为主审法官。因而在修改《法官法》时应当分别

---

① 姚建才：《错案责任追究与司法行为控制——以佘祥林"杀妻"案为中心的透视》，《国家检察官学院学报》2005 年第 5 期，第 29 页。

设定法官惩戒措施，按照法官应承担责任的大小设置纪律处分、职务罢免以及刑事处罚。

（1）纪律处分。《法官法》规定法官不得为的行为有 10 种，如贪污受贿、徇私枉法等，如果法官实施了这些行为，将会受到处罚。这种处罚确实有必要，但是这种处罚过于"行政化"，并没有体现司法行为本身的特殊之处。同时有些惩戒措施，并不能对法官审理权的行使进行任何限制。如果当事人发现其案件的主审法官是一位正在受处分的法官，那么当事人对法院审理案件的公正性以及法律的权威性就会产生怀疑[1]。因而结合法官职业的特殊要求，在修改《法官法》时可以将法院内部的惩戒方式修改为告诫、罚金、暂停职务三种，同时罚金和暂停职务可以根据情况的不同而设计不同的等级，或者根据轻重程度单独适用或附加适用，如"暂停职务并处以罚金"等，将"开除"用"职务免除"代替。

（2）职务罢免。《法官法》规定："地方各级人民法院院长由地方各级人民代表大会选举和罢免，副院长、审判委员会委员、庭长、副庭长和审判员由本院院长提请本级人民代表大会常务委员会任免……人民法院的助理审判员由本院院长任免。"我国对法官罢免权主体的设置遵循"谁任命，谁罢免"原则，除助理审判员的罢免权掌握在本院院长手中外，法官罢免权掌握在相应的各级人民代表大会及其常务委员会手中。《法官法》规定："法官有下列情形之一的，应当依法提请免除其职务：……（八）因违纪、违法犯罪不能继续任职的。"虽然规定了职务罢免这一惩戒措施，但没有具体规定何种行为可以罢免法官职务，因而在修改《法官法》时应当将应追究法官责任的行为与惩戒措施相结合，规定什么行为实施到什么程度需要罢免法官职务。一般认为，当法官的行为严重危害了司法公正，对司法公信力产生了不可挽回的损害时方可以罢免其职务。

（3）刑事处罚。根据《刑法》第 399 条的规定，法官枉法裁判的罪名一共有两个："徇私枉法罪"以及"民事、行政枉法裁判罪"。同时根据《刑法》第399条第4款的规定，司法工作人员也可以构成受贿罪。由于我国的减刑、假释、暂予监外执行的审理机构为人民法院，因而《刑法》第 401 条所规定的"徇私舞弊减刑、假释、暂予监外执行罪"也是与法官惩戒相关的罪名。据此，违反了《刑法》第399条以及401条有关规

[1] 莫远航：《人民法院管理理论和实务》，人民法院出版社2007年版，第420页。

定的法官在依法经过审判后会受到有期徒刑和拘役的刑事处罚。因而在修改《法官法》时应当明确规定法官惩戒措施包括有期徒刑和拘役在内的刑事处罚，违反《刑法》有关法官行为规定的法官将被依法追究刑事责任，并受到刑事处罚。

6. 明确规定法官权利的救济机制

纵观西方法官惩戒制度的发展历史，要实现法官群体权利的最大维护，为司法独立提供制度保障，就必须给被惩戒的法官提供较为可靠的救济。法官也与每一个普通人一样，在其合法权利受到侵犯时有权获得帮助，因而在法官惩戒制度中，法官的权利救济尤为重要。现行法律中关于法官权利救济的规定少之又少。切实明确法官权利的救济机制是司法责任制的关键点。《关于全面深化人民法院改革的意见》第 56 条"健全法官履行法定职责保护机制"等一系列保障性的规定非常重要。应当看到，明确司法人员职责和权限，设置追究司法人员的责任，《关于全面深化人民法院改革的意见》并不完全是新的规定。《关于全面深化人民法院改革的意见》是在原有司法责任制的基础上的完善，因为以前对司法人员职责和权限的规定存在不够明确的问题，另外以往对追究司法人员责任的规则需要进一步细化，更主要的原因，是以往的司法责任制存在着缺乏配套的制度，尤其是救济机制的问题。正是以往的司法责任制缺乏必要的救济机制规定，使其难以真正发挥作用。显然，缺乏对法官确立有效的救济机制，将使司法责任制所要求的法官承担的职责及对其的追责，变成其不可承受之重。

《法官法》规定，法官有申诉和控告的权利。申诉权和控告权是法官对自身权利受到侵害或者对处理不服时的一种救济权利。但事实上这种权利也仅仅存在于法律条文中，实际中并没有与之相应的制度设计和配套规定，申诉权和控告权形同虚设。在我国现有的错案追责制度中，法官一旦被认为办理了错案，又没有十分有效的权利救济方式，往往只能接受惩处，现实中也很难找到法官行使申诉权和控告权的资料。因此，在修改《法官法》时可以从法官的申辩机制、申诉机制以及控告机制出发明确规定法官权利的救济机制，保护法官的合法权益。

（1）申辩机制。在域外实践中，大多数国家采用的司法或类司法的法官惩戒审理制度充分地给予了法官为其申辩的权利，让法官可以在惩戒程序中为自己辩护，以此来保护法官不被冤枉。德国甚至在其法官法中规定在审理法官违法行为案件时受审法官可以委托一名律师一同出庭，为其申辩①。我国现行法律并没有规定法官的申辩机制，这不利于法官维护自己的合法权益，因而在设定我国的法官惩戒机制时应当赋予我国法官申辩的权利，在惩戒委员会审议法官惩戒的听证会上允许法官对调查报告提出异议，并为自己的行为申述理由、加以辩解。

（2）申诉机制。西方实行法官惩戒制度的国家往往在惩戒程序中为法官设计了申诉或上诉的机制，如美国部分州规定州法院的法官如不服法官行为调查委员会的制裁，可以向州最高法院上诉或者由特殊法院受理这类案件，上诉法院的首席法官对委员会作出的决定不服，则可以上诉到联邦司法会议②。事实上，我国《法官法》也规定了法官拥有申诉的权利：法官惩戒委员会作出的审查意见应当送达当事法官。当事法官对审查意见有异议的，可以向惩戒委员会提出，惩戒委员会应当对异议及其理由进行审查，作出决定。鉴于前文中将我国法官惩戒的主要机构设定为惩戒委员会，因而应当在修改后的《法官法》中规定：在裁决作出后，如果被投诉的法官对复议决定仍不服或认为调查程序、审理程序不符合法律规定的，可以自收到惩戒决定三十日内向上一级法官惩戒委员会进行申诉。如果法官发现新证据可以证明其行为为合法行为，则可以不遵守三十日的规定，随时向上一级法官惩戒委员会进行申诉。上级法官惩戒委员会受理申诉后经过审查可以决定驳回申诉、维持原决定或者撤销原决定而重新作出决定。

（3）控告机制。根据《法官法》的相关规定，控告是指对国家机关及其工作人员侵犯法官权利的行为，法官有权向有关机关提出控告。《法官法》修改时，应当在这个规定基础上增加法官有权就法官惩戒委员会工作人员在调查审议其惩戒事项的过程中侵犯其权利的行为向全国法官惩戒委员会进行控告，对于侵犯其权益的违法行为有权向司法机关进行控告的内容。向全国法官惩戒委员会提出的控告应以书面形式进行，全国法官惩戒委员会组织调查员对控告事项进行调查，产生调查报告后由惩戒委员会进行审议。对法官处分或者处理错误的，全国法官惩戒委员会应当及时予以纠正；对法官造成名誉损害的，应当为其恢复名誉、消除影响、赔礼道歉；对法官造成经济损失的，应当对其进行赔偿，赔偿由法官惩戒委员会代为进行。控告机制可以保障法官的合法权益，也可推动法官惩戒委员会的有序运行。

---

① 王乐龙：《刑事错案：症结与对错》，中国人民公安大学出版社 2011 年版，第 203 页。
② 黄素萍：《法院组织制度研究》，群众出版社 2009 年版，第 260 页。

综上所述，从法律保留的原则和建设法治中国的目标来看，只有在立法上确认法官惩戒制度，才能既保障法官审判独立又确保法官司法公正，实现法官惩戒的法治化和专业化。推进社会主义民主法治建设是十八大以来我国确认的发展方针，这需要我们不断地健全中国特色的现代司法制度，包括加强和规范对司法活动的法律监督以及改革司法管理体制，确保审判权的依法独立行使。同时，法官作为社会秩序的维修工、社会公正的建设者以及社会灵魂的守护者，法官的行为关系到社会公平正义的实现，也关系到人民对于法律的信仰与坚持。

（三）完善法院人财物统管体制

地方法院人财物受制于地方是"司法地方化"的重要原因之一，这极度影响了审判权依法独立的行使。针对该问题，中央十八届三中全会提出"改革司法管理体制，推动省以下地方法院人财物统一管理"的改革目标。顾名思义，"省以下地方法院人财物统一管理"是指将以前主要由同级行使的法院人事及财政管理权提升至省一级管理主体进行统一管理[①]。对于省级以下法院人员统一管理，当前学界主要有两种学说：实质的省统管和变通的省统管[②]。实质的省统管主张，在法官统一管理方面，实行省以下法院的所有法官都由省级人民代表大会选举和任免[③]。变通的省统管主张，在法官统一管理方面，在省一级成立专门的法官遴选委员会，实现省以下地方法院法官的统一遴选，把好法官的入口关和管理关。在此基础之上，法官任免权仍由省以下地方各级人民代表大会享有。结合法院改革的最终目标，变通的省统管是一种由于缺乏相关的法律依据，在实行实质的"省统管"之前，采取一种过渡性质的统管方式。

结合我国国情和实际，中央全面深化改革领导小组通过的《关于司法体制改革试点若干问题的框架意见》中提出：对于人的统一管理，即建立省以下法官"统一提名、党委审批、分级任免"的管理机制。由此可以看出，目前采取的倾向于是"变通的省统管"，这主要是考虑现行法律的既有规定。因此，目前可由省人民代表大会授权各级人民代表大会及其常务委员会选举或任免同级法院院长、副院长、审判委员会委员

---

① 左卫民：《省统管法院人财物：剖析与前瞻》，《法学评论》2016年第3期，第1页。

② 占善刚、严然：《"省统管"背景下地方人大监督同级司法机关问题研究》，《学习与实践》2015年第10期，第69页。

③ 谢小剑：《省以下地方法院、检察院人财物统一管理制度研究》，《理论与改革》2015第1期，第155页。

以及法官。但从长远来看，既然法官的提名、决定权在省一级，即应逐步实现法院领导及法官选举任免程序的"省管化"——由省人民代表大会及其常务委员会直接选举或任免各级法院院长、副院长、审判委员会委员以及法官[①]。根据《上海市高级人民法院司法体制改革试点工作实施方案》的规定，上海市成立全国首个法官遴选（惩戒）委员会，实现上海法院法官的统一遴选、提名、考核、等级评定和升降，形成全市法院法官统一标准、集中审核、高院提名、党组审批、分级任职、逐级遴选、有序流动的法官管理格局。关于省以下法官统一管理制度，可以从以下两大方面来分析。

1. 组建统一管理部门——法官遴选（惩戒）委员会

中央全面深化改革领导小组第三次会议审议通过的《关于司法体制改革试点若干问题的框架意见》，提出要在省一级设立法官遴选（惩戒）委员会，作为省以下法院人员省级统管之后的法官遴选机构。对于这一机构的人员组成与运作方式，中央司法改革办公室负责人的解读是："遴选委员会的组成，应当具有广泛代表性，既有经验丰富的法官代表，又有律师和法学学者等社会人士代表。"[②]法官遴选（惩戒）委员会"从专业角度提出法官人选，由组织人事、纪检监察部门在政治素养、廉洁自律等方面考察把关，人民代表大会依照法律程序任免。"除此之外，为了保障遴选出来的法官的专业素质过关，"该委员会可由现任资深法官、现任资深检察官、律师协会代表、法学教授组成，由他们根据候选人的专业素质、人品、执业能力等综合素质进行评议，然后酝酿初任法官人选并提出差额候选人名单"[③]。上海市成立的法官遴选（惩戒）委员会在委员的组成方面既坚持了专业性的特点，又体现了广泛性。根据相关报道，上海市法官、检察官遴选（惩戒）委员会由 15 名委员组成，其中既有代表党委、政法委、人民代表大会、法院、检察院等部门的专门委员 7 名，也有资深的法学家、律师等专业委员 8 名，充分体现了法官遴选（惩戒）委员会的代表性和专业性。

此外，按照部分省级遴选（惩戒）委员会的工作实践，其还在高级

---

① 王庆丰：《省以下地方法院人财物统一管理中的四个关系》，《人民司法》2015 年第 5 期，第 9 页。

② 张先明：《坚持顶层设计与时间探索相结合，积极稳妥推进司法体制改革试点工作——访中央司法体制改革领导小组办公室负责人》，《人民法院报》2016 年 6 月 16 日，第 1 版。

③ 张泽涛：《司法权专业化研究》，法律出版社 2009 年版，第 140 页。

人民法院组建法官遴选（惩戒）工作办公室，作为办事机构负责日常事务工作。其他各级法院均设立工作办公室，负责本院法官的日常管理等相关工作。办公室主要负责：①研究制定初任法官的任职资格和条件；从法官助理中遴选和面向社会公开选拔法官以及逐级遴选法官的具体标准、条件和程序；法官等级评定和升降办法及程序；落实司法责任；法官日常考核、管理、监督和惩戒办法等统一管理中涉及的政策问题。②组织法官的遴选和公开选拔工作。根据全市法院法官缺额情况统一确定遴选额度、条件和程序，统一组织全市法院初任法官和逐级遴选的选拔考试，经法官、检察官遴选（惩戒）委员会审议统一向高院党组提出人选建议。③组织法官等级的评定与升降。按照法官等级评定与升降的具体办法，对法官所任职务、任职年限、德才表现、工作实绩等进行审核，定期集中组织开展法官等级评定和升降。④组织开展法官司法责任认定。对经认定需追究责任的法官，提出处理或惩戒意见，存在严重过错的，可降低法官等级[①]。

2. 落实"统一提名、党委领导、分级任命"

坚持党管干部原则和遵循司法规律相结合，明确各级人民法院及其工作部门或者内设机构领导成员按照党政领导干部有关规定进行管理，基层人民法院班子成员由高级人民法院党组统一提名。辖区范围内法院其他法官的法律职务由高级人民法院党组根据市法官、检察官遴选（惩戒）委员会提供的建议名单统一提名，并由各级法院院长按照法定程序提请同级人民代表大会常务委员会依法任免。

综上所述，结合我国当前的司法改革的进程，反映到《法官法》的修改上，对省以下法官统一管理在人员任免方面应该作出如下修改：法官的提名权收归省级，由法官遴选（惩戒）委员会统一行使。相应的各级人民代表大会或者人民代表大会常务委员会根据省级法官遴选（惩戒）委员会的提名通过本级人民代表大会程序对法官行使任免权。

（四）完善法官职业保障制度

前述三项改革需要以法官的职业权利保障为基础，法官的职业保障关系到当前司法改革的最终成效。健全法官的职业保障是此次法院系统司法改革的关键一环，其关注"人（法官）的因素"，追根溯源到改革的本

---

① 详情请参见《上海市高级人民法院司法体制改革试点工作实施方案》。

质，抓住了改革的关键①。因此，我们需借助当前司法改革这一契机，进一步完善司法人员职业保障制度，才能确保司法责任制、司法人员分类管理、员额制等措施的有效落实，才能在改革之初强化改革预期②。

1. 完善法官职业的政治利益保障

完善法官职业的政治利益保障，主要包括两方面的内容，一是将法官的等级和其他公务员职级相区别，建立相对独立的法官序列。法官是一个从事专门业务工作的特殊群体，这种专门人才的衡量标准不应是行政职务，而是技术职称。法官等级制度为法官群体甚至法官个人向社会展示其专业水平、职业道德及荣誉地位提供了有效载体，具有独特的内在价值。应根据法官职业的特点，对我国目前的法官等级制度进行改革完善。具体而言，可参考和借鉴教师资格等级评定方法的成熟经验，首先，在评定标准上，制定严格而明确的量分细则，突出法官任职年限、业务能力、审判实绩等。其次，实行法官晋级考试制度，使法官等级与法官的行政职级脱钩。最后，建立相关的配套制度，如与法官等级相应的工资福利制度、政治待遇、社会荣誉等。在目前法官属于公务员的前提条件下，可在法官级别的设置上突出其社会地位。另外，为避免走行政级别的独木桥，可采取对专家型法官给予法学教授、研究员等称号和待遇，也不失为一种提高法官地位和荣誉的切实可行的途径。二是推动适合法官职业特点的法官成长机制。法官管理要围绕职业化的要求进行推进，人民法院在晋升、激励机制上的各项政策要向法官倾斜，要改善他们的政治待遇，体现法官的地位，把真正优秀的法官吸引到审判一线实践中来，使其更能符合职业化的要求。

2. 完善法官职业的权力保障

我国《宪法》《人民法院组织法》《法官法》及三大诉讼法都明确了人民法院的独立审判权。但事实上，法院的审判活动不可能由法院这样一个抽象的机构来"集体"行使，只能由法官个人或若干法官组成的合议庭直接实施，所以法官在司法中的作用是显而易见的，只有做到法官独立，才能确保司法的独立③。《法官法》规定法官"依法履行职责，受法律保

① 朱兵强：《深化司法体制改革与法官职业权利保障制度的完善》，《时代法学》2015年第5期，第69页。
② 徐同武、孟凡立：《论新一轮司法改革背景下司法人员职业保障制度的完善》，《法治论坛》2015年第3期，第55页。
③ 李广兴：《法官职业保障刍议》，《山东审判》2003年第4期，第41页。

护，不受行政机关、社会团体和个人的干涉"，实际上已明确了法官独立行使审判权的职业权力。但是由于缺乏具体的保障措施，法官的审判工作还是经常受到外界干涉。因此，加强法官权力的保障，应考虑两个基本点。

（1）建立确保法官依法独立行使审判权的制度，使得法官能排除行政机关、社会团体和任何个人的干涉。这反馈到当前《法官法》的修改上，表现为进一步明确法官独任审理案件和合议审理案件时的职责，具体来说，即可以在规定法官职责之基础上，新增条款"法官独任审理案件时应当履行的职责"、"合议庭审理案件时承办法官应当履行的审判职责"、"合议庭审理案件时，审判长除承担由合议庭成员共同承担的审判职责外，还应当履行的审判职责"等三条规定，规定的具体内容已在前文中进行了详细介绍，在此不再赘述。

（2）还要建立法官职务豁免制度，赋予法官免责权。即法官在履行司法裁判职能过程中享有合理的自治"特权"，即法官履行法定职责，非因故意或重大过失，非因法定事由，不得被追究责任[1]。同时，法官不因客观原因所致的裁判错误而受到责任追究，即只要其行为正当就应推定其已尽职而免除责任，以保证法官消除后顾之忧，依法独立公正行使审判权[2]。职务豁免制度的建立，是司法活动发展规律的必然结果，对于维护司法权威和司法公正也有直接的现实意义。鉴于此，反映到《法官法》的修改上，应该赋予法官司法豁免权，以保证法官完全自主独立执行其审判职能。因此，我们可以在《法官法》第 4 条法官享有的权利中新增一句"非因故意或重大过失，非因法定事由，不得被追究相关责任"。具体来说，法官的职务豁免权利主要包括：在审判过程中的言行不受指控；法官非因徇私舞弊造成裁判错误不被追究责任；法官不必为自己对案件事实的认定在普通的法庭上作证；法官对因履行职务所获悉的机密材料以及涉及个人隐私的信息，负有保密义务，不得要求法官就此类事项作证。当然，法官的上述司法豁免权是有限的，如果法官在审判过程中有不检行为或其他触犯法律的行为，仍应承担相应的责任；如果法官受到法官弹劾追诉委员会或纪律惩戒委员会的调查，其作证的豁免权也应被放弃。对确属违法审判或违法执行的法官，要根据其违法事实、法定责任、主观过错以及违法行为所产生的后果来确定其最

---

① 钱锋：《法官职业保障与独立审判》，《法律适用》2005 年第 1 期，第 56 页。

② 宁杰、程刚：《法官职业保障之探析——以〈法官法〉中法官权利落实为视角》，《法律适用》2014 年第 6 期，第 88 页。

终应承担的责任。

3. 完善法官职业的收入保障

我国《法官法》对法官的职业收入只是作了概括性规定，各地经济发展程度不同，具体工资标准也不一致。目前地方法院的经费主要来自于地方财政，在一些经济落后地区，法官还不能按期领到足额的工资和相关津贴。同时，法官职业收入缺乏保障，也在一定程度上削弱了法官面对各种利益诱惑的自律能力。十八届三中全会明确提出：只有努力提升法官职业群体的薪酬待遇，才能够让法官具有更强烈的归属感和责任感。在十八届三中全会思想的指导下，笔者认为结合我国当前经济社会发展的情况和司法改革的实际，应当将法官工资与普通公务员工资区分开来，建立法官单独工资序列，并相应提高工资标准。同时建议完善法官等级津贴制度，根据法官综合能力评定法官等级，等级之间的津贴差额要适当扩大以激励法官的工作热情。建议当前对法官等级津贴标准尽快出台统一规定，待日后条件成熟时，逐步探索试行法官年薪制。以上所需的工资、津贴等经费应纳入各级财政预算[①]。司法改革是当下法治改革的重要举措，通过改革相应的司法管理体制，完善司法制度，积极推动省统管，即省级以下的地方法院、检察院人财物统一管理，探索出一条与行政区划适当分离的、独立的司法管辖制度。这样一来，法官的收入就能够得到保障，也使其能够摆脱现今地方政府保护的境地，使其可以独立自主地开展自己的工作，从而更好地发挥自己的作用，维护我国的司法公正，推动我国司法改革的进程。

4. 完善法官职业的司法环境保障

从法院内部来讲，完善法官职业的司法环境保障，就是指法院工作保障机制。具体包括人民法院的经费保障、物质装备保障、法院文化保障等。各级法院要积极推进人民法院经费保障工作和审判工作的协调发展。要根据工作需要和财力情况制定本法院的行政经费、业务经费、装备经费的标准，对现有相关规定，要根据实际情况的变迁制订更新计划，逐年予以落实，并将全部费用纳入年度经费预算，保证审判工作的正常运转。

从外部来讲，就是指优化法治环境，为审判工作创造良好的司法环

---

① 宁杰、程刚：《法官职业保障之探析——以〈法官法〉中法官权利落实为视角》，《法律适用》2014 年第 6 期，第 89 页。

境。十八届四中全会要求"各级党政机关和领导干部要支持法院、检察院依法独立公正行使职权",根据这一要求,各级党政机关和领导干部把各级人民法院的工作摆在重要地位,纳入重要的工作日程,经常听取人民法院的工作汇报,帮助解决人民法院的实际困难和问题;要求全党为人民法院工作建设一个良好的司法环境,支持人民法院依法独立公正地行使审判权;要求各级人民代表大会坚持集体监督原则,帮助去除法院审判活动中遇到的干扰和阻力;要求政府尊重和服从司法审判,不得安排司法人员从事或者参与行政执法活动;等等。

5. 完善法官职业的身份保障

（1）建立现代法官遴选制度。建立由资深法官、人大代表、律师、学者和公众代表组成的法官遴选委员会,负责法官的统一遴选工作,获得遴选委员会认可的人员方能成为法官正式候选人,进入任命机关的审议表决程序。鉴于我国地域之广,可以在中央设置全国法官遴选（惩戒）委员会,负责最高法院法官的遴选工作,向全国人民代表大会及其常务委员会提交审查报告,接受其咨询;在省一级设置全省法官遴选（惩戒）委员会,负责其辖区内的基层人民法院、中级人民法院和高级人民法院法官的遴选工作,向省级人民代表大会及其常务委员会提交审查报告,接受其咨询。

（2）建立法官员额制度。据一项数据统计,我国目前 21 万名法官中,真正从事严格意义上的审判业务的法官只占三分之一。这说明我们现有的法官不是少了,而是多了。精简法官职数的最有效的措施就是实行法官员额制度,有利于在法院内部开展有序竞争,有利于确定法官的终身服务方向、不断提高自身素质的需要,有利于让业务能力强的法官专注于审判业务工作,有利于逐步提高法官待遇的需要。在当前,大范围地提高法院所有人员的待遇,国家财政在目前情况下难以承受,也不能为整个社会所接受。因此实行法官员额制度是切实可行的,也是法院未来发展的必然趋势。只有让这部分审判业务法官即法院的精英群体先享受较高的待遇,才能逐步带动法院其他辅助人员待遇的提高[①]。实行法官员额制度的具体内容前面已经进行了叙述,在这里不再赘述。

（3）完善法官退休制度。我国《法官法》对法官职业身份的规定应当进一步落实,即法官一经依法任用,除正常工作变动外,非因法定事

---

① 李汉斌:《论法官职业保障与激励机制的完善》,湘潭大学硕士学位论文,2007 年,第 14 页。

由，非经法定程序，任何单位和部门不得以任何理由擅自将其免职、降职、辞退或者给予处分①。另外，世界各国司法实践表明，法官既要有法律专业知识，更需要丰富的审判实践经验。审判经验越丰富，审判水平就越高。因此，经验丰富的法官是司法事业的宝贵资源。首先，有必要修改《法官法》，探索建立弹性退休制度，明确规定法官从事审判工作的最高年限或适当调高法官的退休年龄。法官退休年龄原则上应高于公务员的退休年龄，一般情况下，除因法官自身健康原因或自愿申请退休外，法官的退休年龄可调至 65 岁至 70 岁②。延长法官的退休年龄可以先从一些高级资深法官开始，高级资深法官应享有与大学教授一样的从业权利，即可以适当地延长任职的年龄，而不是受同级行政官员一样的限制。其次，考虑到部分法官的身体因素和其他因素等特殊原因，法官可以申请提前退休，提前退休的条件和退休后的待遇参照相关法律规定（如《公务员法》）。最后，对于达到了上述内容提出的新的退休年龄而退休的法官，经其主动申请，原单位应当继续安排该法官在原单位任职，且其待遇与其未退休时等同或者更高。法官主动申请继续工作的，任何人及任何单位均不得以不合理的理由拒绝。

（4）完善法官的罢免制度。对于法官罢免制度，可以从两方面来完善，一方面是进一步明确罢免的事由，另一方面是进一步明确罢免的程序。首先，就罢免事由而言，罢免事由主要应该包括客观上的不称职或者有使其不适合履行职责的行为。但罢免事由应当明确具体，将其法定化，促进法官职业的身份保障，这是实体方面的举措。我国有必要通过司法解释对相关词汇进行明确。其次，就罢免的程序而言，非经法定程序不得罢免法官。相对严格的程序会使法官的职业保障更加有力，利于推动法官罢免的科学性和合理性。由于我国关于法官罢免程序的规定不明确，法官身份保障不能被落实。因此，笔者建议，我国应当在既有法律的基础上明确法官的罢免程序，坚持对法官罢免的案件透明公开、公正，以使法官所享有的身份保障得以真正实现。

（5）完善法官职业的教育培训保障。法官职业的教育培训保障，是指国家应为法官提供继续教育和职业培训的机会，以及完善和教育培训设施相适应的教育培训经费，也就是保障法官的终身教育权。法官职业教

---

① 石东洋、刘新秀、葛瑾：《主审法官责任制的理论逻辑与制度设计》，《宁夏党校学报》2014年第 6 期，第 61 页。

② 宁杰、程刚：《法官职业保障之探析——以〈法官法〉中法官权利落实为视角》，《法律适用》2014 年第 6 期，第 89 页。

育，应当立足于法官的职业特点，围绕培养符合职业化目标的人才展开，应加强以下几个方面的工作：①完善以在职法官培训为主的培训模式，构建包括"职前培训"与"继续教育"在内的法官职业教育体系。"职前培训"的主要任务是对已经通过司法考试、准备进入法官职业的"准法官"进行的上岗前的实务培训，以使其初步了解和掌握担任法官职务的基本技能[①]。普通法系国家的法官在其从事律师执业时就练就了较高的职业能力，而大陆法系国家几乎无一例外地采取 1 至 2 年甚至更长的"职前培训"模式，而且任命为法官之后还要经历5至10年的候补期，最终才能成为一名合格的法官。按照十八届四中全会提出建立"法律职业的职前培训制度"的要求，我国可以借鉴台湾地区的做法，法官在通过遴选委员会的遴选之后，进入国家法官学院或分院，接受两年制的职业培训。经过两年职业培训后，方可正式履行任命程序上岗承担审判工作[②]。"继续教育"的主要任务是更新、补充法律知识和业务技能，重点是向法官进行职业技能、职业思维、职业素养、职业伦理的教育。②构建符合职业化要求的法官职业教育课程体系。根据理论性与实践性相统一、专业性与社会性相统一的原则，法官教育内容应侧重于法官基本职业素质培养、职业思维训练和司法技能强化等三个方面。③建设一支具有职业化教育特点的法官教师队伍。法官职业教育的教师讲授的主要是司法技术与技能、司法方法与经验、司法传统与伦理。这些知识的获得，多要靠教师亲身的司法实践、经验的积累和长期的感悟。因此，要从优秀法官中选拔职业教育的教师。④采取多元的教学方法，保证教育培训质量。法官职业教育有着与其他行业不同的职业特点，这就决定了教学方法的多元化。一是讲授法，这种教学不在于提供解决问题的技术，而在于对基本概念和原理的教导[③]。法律教学所要求的内容并不是对实际情况的分析而是对法律组成部分的分析[④]。二是案例教学法，虽然我国目前并不存在判例法制度，但以案例的方法来补充有关原理的讲授，可以让参加学习的法官更加具体形象地理解并掌握有关的法律规定。三是庭审观摩教学法，即通过观摩其他法官的

---

① 吕忠梅：《职业化视野下的法官特质研究》，《中国法学》2003年第6期，第12页。

② 蒋惠岭：《顶层设计视角下的中国司法改革战略》，《行政管理改革》2015年第2期，第25页。

③ 顾海波：《法学教学法进一步改革的几个问题》，《沈阳农业大学学报（社会科学版）》2003年第1期，第34页。

④ 严海良：《法律教育：法律职业视角的考察》，《河海大学学报（哲学社会科学版）》2002年第4期，第19页。

庭审活动，学习庭审技巧，提高庭审驾驭能力。

6. 完善法官职业的人身安全保障

随着公民的法律意识日益增强，进入诉讼领域的案件越来越多，身处社会转型期的法院，已成为各种矛盾的"处理器"，法官也已处在社会各种纷争的焦点和矛盾漩涡之中，法官的职业风险越来越大，当事人报复、围攻、辱骂、殴打、故意伤害甚至杀害法官的事件屡有发生[①]。

（1）从法律层面上的保障来看，现有法律对干扰法官办案、冲击法庭等行为处罚的规定非常原则化，由于缺乏可操作性，很多规定都是写在纸上而没有落实到实践操作中去，实际上这些无法执行的规定反而带来了很大的负面影响。《法官法》仅有一个条文宣誓性地表明了对法官人身安全等的法律保护，《刑法》第 309 条规定"聚众哄闹、冲击法庭，或殴打司法工作人员，严重扰乱法庭秩序……"，其保护范围非常窄，只是针对扰乱法庭秩序，且必须情节严重，《刑法》对于侵害法官人身安全行为的处罚规定和侵害普通公民一样，以故意伤害或故意杀人行为来处罚，缺乏对法官高风险职业的特殊保护。因此，在立法层面上应当对保护法官的合法权益给予更多的重视。《刑法》应当增加法律刚性条款，加大对危害法官职业安全行为的处罚力度。将"藐视法庭罪"引入《刑法》，在处罚力度上，应适当加重，可增加 3 年以上有期徒刑的刑罚。另外，加大《民法通则》、《刑法》及《中华人民共和国治安管理处罚法》（以下简称《治安管理处罚法》）等法律、法规对侵犯法官职业安全行为的处罚力度，增加法律刚性条款，赋予法官职业抵御外来侵害的有力"盾牌"。

（2）从法院常规安保的保障来看，针对当前法官人身安保状况的分析，落实法院常规安保机制是预防法官遇袭事件的当务之急。可以考虑如下举措：①加强安全保卫硬件设施的建设，配备必要的录音、录像监控设施，在审判场所安放安检装置；②在法庭建设时将办公区与审判区隔离作为设计要求，建立诉讼资料周转中心，落实来访和旁听登记检查制度；③强化司法警察在维护法庭秩序与安全方面的职责，除在刑事案件庭审中配备司法警察外，对于一些矛盾比较尖锐的民事和行政案件庭审中也应当配备法警执勤；④设置安全保护信息中心，负责接受法官对个人人身安全威胁提出的"报案"，定期分析威胁信息、威胁方式，评估相关风险的

---

① 孙慧丽：《执法者权威面临挑战》，《北京观察》2004 年第 9 期，第 58 页。

可能性，防患于未然；⑤增设法官人身安全特别保障。针对社会重大以及复杂的刑事案件，特别是有组织的犯罪案件、恐怖犯罪案件、毒品犯罪案件，在审理前后，为防止犯罪分子的突然袭击和报复，法官可以申请院长决定给予特别保护，必要时由司法警察 24 小时保护法官，并为法官住宅安装报警设备等。

（3）从法官的人身安全保险来看，为了更有效地保障法官的人身安全，有必要建立法官人身安全保险制度。法官身处审判第一线，作为矛盾纠纷的裁判者，实现债权人权利的法律执行者，承担着定纷止争的神圣职责，这就决定了法官始终处于社会矛盾的中心，法官职业具有高度的危险性，法官的人身安全受到威胁是再正常不过的事。特别是刑事、民事、执行法官，随时都有可能遭到意想不到的突然袭击和人身攻击，所以除采取一些必要的安全防范措施外，还应当为在职法官购买职业安全保险，以备侵害发生后的救济。除了对法官实行财产、医疗保险外，还应为每一位在职法官购买人身意外伤亡保险，保险金额可根据不同地区的经济情况每人每年 10 万~20 万元不等，以增强法官抗御职业风险的能力，依法维护法官的人身安全和合法权益，支持其依法履行职务。

7. 完善法官职业的监督保障

在赋予法官权力的同时必须加强对其的监督力度，以保障他们公正司法。法官职业监督保障制度反映到本次《法官法》的修改上，关键在于完善法官惩戒制度。目前，法律法规等对法官惩戒制度的规定显得十分零乱，缺乏系统性。我国《法官法》规定了法官不得有的 10 种行为，同时第 40 条还规定了 5 种应当予以辞退的情形。此外，在《刑法》以及 2003 年 6 月 10 日最高人民法院发布的《关于严格执行〈中华人民共和国法官法〉有关惩戒制度的若干规定》中，对法官惩戒的事由以及应当给予的惩戒办法都作了较为全面的规定，但是这些规定过于零乱，缺乏系统性。因此，这样的规定显然十分不利于法官开展工作，容易使法官担心自己的行为是否违反自己尚不了解的某个规定。同时，我国法律规定对法官的惩戒事由主要是工作上的失职行为，但规定过于原则化，且惩戒程序属于行政程序而非国际通行的审判程序。

（1）要转变认识，深刻认识法官职业的司法性，将法官职业监督这一制度从普通公务员惩戒制度（纪检监察）中分离出来。

（2）专门制定一部法官惩戒条例，把分布在不同法律中的法官惩戒规定和最高人民法院制定的相关规定统一规定在该条例中，法官就可以比较清晰明了地对照自己的言行，方便快捷地知道自己是否触犯该条例的规定，是否应当受到惩戒并应当受到何种惩戒；对于《法官法》而言，应当将前文提到的 10 种禁止行为进一步细化，以增强法官履行职责的可预测性。除此之外，还应专门规定出科学、公平的司法式的法官惩戒制度，将调查指控、申辩（辩护）、决定职能等加以合理调整、分配，将操作程序具体化，形成一套完整的司法式惩戒程序。

（3）应当在法院系统内部设立独立的由法官、律师和公众共同组成的"法官惩戒委员会"专司法官惩戒之职[①]。按照《关于全面深化人民法院改革的意见》所提出的，在国家和省一级分别设立由法官代表和社会有关人员参与的法官惩戒委员会，既确保法官的违纪违法行为及时得到应有惩戒，又保障其辩解、举证、申请复议和申诉的权利。对于法官惩戒委员会的组成人员，要求符合来源多元化这一特点。上海市检察官、法官遴选（惩戒）委员会是我国首个法官惩戒委员会，于2014年12月13日正式成立。其成员包括市委政法委、市委组织部、市纪委、市人大内司委、市公务员局、市高级人民法院、市人民检察院等单位的分管领导，同时还有从资深法学专家、业务专家、律师代表中择选的专家委员。迄今为止，我国大部分省份成立了法官惩戒委员会。

（4）对法官的惩戒必须要符合法定的条件和程序，同时要为法官设置权利救济途径。要建立和完善法官申诉、控告权利保障制度。要建立和完善既能严肃查处法官违法违纪行为，又能充分保障法官申诉、控告权利的程序，切实维护法官的申诉、控告权利和其他合法权益[②]。

（5）建立对法官实施惩戒限于下列行为：①严重违反司法伦理的行为；②明显严重违背法律程序行为；③犯罪行为。

值得注意的是，在切实执行《法官法》等相关法律法规的同时，还要注意法官惩戒和法官职责豁免之间的关系，只有在立法明确规定的情况下，才可以启动法律程序对法官的停职、免职、降职、辞退、处分等，除此以外，法官享有履行职责的豁免权。

---

① 黄桂晗、李晓东：《法院队伍职业化建设问题研究——以完善职业保障为重点》，《光华法学》2014 年第 1 期，第 66 页。

② 李广兴：《法官职业保障刍议》，《山东审判》2003 年第 4 期，第 42 页。

三、修改《人民检察院组织法》[①]

（一）完善检察院组织机构设置

目前，司法机关的地域管辖范围与相应的地方政府的行政管辖区域完全重合，这导致：一方面，同级地方政府控制着法院和检察院的人财物，形成在本级行政区划内司法机关依附于地方政府而存在的状况，导致地方行政机关干预司法以及地方司法机关仅为"地方"司法，从而造成司法机关的地方化和行政化，最终妨碍司法公正。另一方面，因为各地区间发展不平衡，有的地方司法机关案件办理压力巨大，有的地方又存在司法资源闲置的情形[②]。所以，改变过去法院、检察院的设立制度，设立跨行政区划的人民法院和人民检察院势在必行。

党的十八届三中全会提出"探索建立与行政区划适当分离的司法管辖制度"，十八届四中全会通过的《中共中央关于全面推进依法治国若干重大问题的决定》进一步提出"探索设立跨行政区划的人民法院和人民检察院，办理跨地区案件"[③]。2014 年 12 月 28 日，上海市第三中级人民法院和上海市人民检察院第三分院作为全国第一个跨行政区划的法院和检察院正式成立。2014 年 12 月 30 日，北京市第四中级人民法院和北京市人民检察院第四分院作为全国第二个跨行政区划的法院和检察院正式成立。作为上述改革的措施之一，设立跨行政区划法院和检察院在司法制度层面上是一项重大创新，打破了一直以来司法管辖依附于行政区划的局面，具有里程碑式的意义。

总的来看，新设立的跨行政区划法院和检察院的组织架构有以下共同特点：①没有一级行政区划与之相对应，不存在同级地方党政机关等与之配套的行政权组织，相对独立、超脱；②依托于铁路运输中级人民法院与铁路运输检察分院设立；③在直辖市内设立，级别上与中级人民法院和直辖市检察院分院并列；④编制精简、合署办公，配备高素质的法官和检察官。上海市第三中级人民法院、上海知识产权法院、上海铁路运输中级人

---

① 该部分内容由课题组成员李青龙以《〈检察院组织法〉修改的若干思考》为题，发表至《江南社会主义学院学报》2016 年第 6 期，第 68-74 页。编入本书时内容经过了部分修改，特此说明。

② 秦前红、苏绍龙：《深化司法体制改革需要正确处理的多重关系》，《法律科学（西北政法大学学报）》2015 年第 1 期，第 44 页。

③ 徐汉明：《积极稳妥地推进设立跨行政区划检察院》，《检察日报》2014 年 12 月 31 日，第 3 版。

民法院实际上是"三块牌子一个机构",北京市第四中级人民法院与北京铁路运输中级人民法院实行"两院合一"。

从跨行政区划检察院司法管辖范围上我们也可以看出跨行政区域检察院有利于实现司法改革。此种管辖方式有如下特点:①跨行政区划法院和检察院并不是没有固定的管辖地域,而是其管辖地域不再与《宪法》规定的四级行政区相对应,其司法管辖区是大于所在地的行政管理区域的,即实现了司法管辖区与行政区划的分离,这是其本质特征。②这种与行政区划分离的司法管辖区不是针对所有属于中级人民法院管辖的一审案件,而仅仅适用于明确列举的特殊类型案件,其他案件仍然要由行政区划法院管辖。③这些特殊类型的案件多涉及公共利益,牵涉面广,社会关注度高,关键是在起诉、审判的过程中易受地方保护与党政的干预。④集中管辖发生在流动性大型交通工具上的刑事案件,发生在铁路、民航、公交、水运等领域的刑事案件以及走私、逃税等海关缉私部门侦查的多数刑事案件涉及多个犯罪地,被害人较多,有跨地区的特点,而且按照普通的地域管辖标准,可能有多个有权管辖的法院和检察院,甚至可能产生管辖权冲突,由跨行政区划的法院和检察院集中管辖这类案件,不仅可以避免管辖权冲突,更有利于强化国家审判权和公诉权的统一行使①。

通过上述分析,我们认为许多学者在对跨行政区划检察院设立的问题上存在认识误区,即认为建立跨行政区划检察院就是改变以前司法管辖区域与行政管辖区域重合的现状,改变所有检察院的现有设置,使其与现有行政区划分离,对司法管辖区域重新进行划分。这种理解方式是错误的,因为按照现有行政区划设置司法机关,便于当事人诉讼,可以减少当事人诉讼的成本。如果完全实行跨区划司法机关处理案件,当事人会因为诉讼成本的增加和诉讼的麻烦程度增加而选择操法律于自己之手,通过自力手段解决,影响社会的稳定。而且,并不是所有的案件都会受到地方的干预,大部分案件还是会得到公平解决,只是部分与地方领导利益有关的案件会受到领导的特别"关照"。所以习近平总书记在《关于〈中共中央关于全面推进依法治国若干重大问题的决定〉的说明》中也提到了跨行政区域司法机关的目的,一方面是排除对审判工作和检察工作的干扰、保障法院和检察院依法独立公正行使审判权和检察权,另一方面是构建普通案件在行政区划法院审理、特殊案件在跨行政区划法院审理的诉讼格局。所以,这里的所说的跨行政区域检察院的设立应该是指在现有的检察院体制

---

① 张步洪:《跨行政区划检察院案件管辖》,《国家检察官学院学报》2015 年第 3 期,第 69-80 页。

下，另外设立一级跨行政区划的检察院来处理特殊案件。

但是这里有几个问题需要《人民检察院组织法》修改予以明确：①在未修改《人民法院组织法》和《人民检察院组织法》的前提下，无法在直辖市外设立跨行政区划法院和检察院[①]。自四级两审终审制确立以来，地方各级人民法院基本是以行政区划为基础设置的，《人民法院组织法》规定基层人民法院、中级人民法院和高级人民法院的地域管辖范围与其所在地的相应级别的行政区域相吻合，与之对应设置的是地方各级人民检察院。唯一特殊的是直辖市的中级人民法院和人民检察院分院，并没有一级行政区与之相对应，其地域管辖范围包括直辖市内几个区或县的行政管理区域，因为直辖市虽然是省级行政区，但不再下设较大的市（地级市）级行政区，只划分为区、县，高级人民法院和直辖市人民检察院管辖整个直辖市，各区、县又设有区、县法院和检察院，中级人民法院和人民检察院分院就只能是跨区、县的。因此，直辖市原有的中级人民法院和人民检察院分院本身也是跨行政区划的，不存在制度上的障碍。但是在现行法律框架下是无法在直辖市外直接设立跨省（自治区）、市、县（区）的法院和检察院的，这就需要《人民检察院组织法》作出相应的修改，在检察院类型中增加跨行政区划检察院的设置。②跨行政区划检察院的"跨行政区域"是省级范围内跨地区还是跨省？目前来看，跨地区重大案件当然包括直辖市内涉及多个区、县的案件，但是超出直辖市的行政区域、涉及其他省份的案件由跨行政区划法院和检察院受理时，就需要作出明确解释。我们认为最高人民检察院根据工作需要，提请全国人民代表大会常务委员会决定，可以设立跨行政区划人民检察院；地方人民检察院根据工作需要，由省级检察院提请省级人民代表大会常务委员会决定，可以设立跨行政区划人民检察院。

（二）理顺检察机关与权力机关之关系

人民代表大会制度是我国的根本政治制度，国家行政机关、审判机关、检察机关都由人民代表大会产生，对它负责，受它监督。同时，《宪法》规定了县级以上地方各级人民代表大会有权选举和罢免本级人民法院院长和本级人民检察院检察长，并且规定了地方各级人民法院和地方各级人民检察院对产生它们的国家权力机关负责。这些规定说明了我国司法机

[①] 宋振策：《跨行政区划法院和检察院及其刑事管辖权研究》，《石河子大学学报》2015年第5期，第49页。

关具有天然的地方性①。下面我们就通过司法机构组织安排的地方性探讨当前司法改革中的热点问题。

1. 省以下地方司法机关人财物统管问题分析

为了应对司法实践中出现的司法地方化问题，党的十八届三中全会通过了《中共中央关于全面深化改革若干重大问题的决定》，该《决定》指出："改革司法管理体制，推动省以下地方法院、检察院人财物统一管理，探索建立与行政区划适当分离的司法管辖制度，保证国家法律统一正确实施。"关于省以下地方法院、检察院人财物统一管理，目前学界存在两种理解思路：一种是实质的省统管，另一种是变通的省统管②。所谓"实质的省统管"，它是指实行省以下法院、检察院人财物统一管理改革的最终目标，应当是实行省以下地方法院、检察院的所有法官、检察官全部由省级人民代表大会选举或任免，省以下法院、检察院经费、资产由省级政府财政部统一管理。而"变通的省统管"是指在省一级设立法官、检察官遴选委员会，从专业角度提出法官、检察官人选。由组织人事、纪检监察部门在政治素养、廉洁自律等方面考察把关，人民代表大会依照法律程序任免。此时，省级法官、检察官遴选委员会只是负责全省范围内法官、检察官的提名，法官、检察官具体的任免工作还是由相应的各级人民代表大会或者人民代表大会常务委员会负责。在司法财物方面，实行省以下法院、检察院经费、资产由省级政府财政部门统一管理。由于两种观点都赞同司法财物省级统管不存在法律上的障碍，可以直接开展，所以，"实质的省统管"和"变通的省统管"最大的区别在于法官、检察官人员的任免权是否也由省级人民代表大会统管。

通过上述我们对司法机关天然地方性的分析，可以发现"实质的省统管"这一理解思路明显与我国的根本政治制度相违背。所以《中共中央关于全面深化改革若干重大问题的决定》所提出的省以下法院、检察院人财物统一管理应该理解为"变通的省统管"。这一点在上海市司法改革试点的实践中也有所体现。根据中央全面深化改革领导小组第三次会议审议通过的《关于司法体制改革试点若干问题的框架意见》《上海市高级人民法院司法体制改革试点工作实施方案》，上海市成立了司法遴选（惩戒）委员会，并且通过了《上海市法官、检察官遴选（惩戒）委员会章程（试

---

① 李小萍：《论法院的地方性》，《法学评论》2013 年第 3 期，第 4 页。

② 占善刚、严然：《"省统管"背景下地方人大监督同级司法机关问题研究》，《学习与实践》2015 年第 10 期，第 69 页。

行）》，该《章程》在总则部分第 2 条明确指出了法官、检察官产生流程即"统一提名、党委审批、分级任免"。所以，以上海市为代表的司法改革试点单位在实践中坚持的是"变通的省统管"原则，是符合我国根本政治制度的安排的。此外，需要强调的是，省级司法机关人财物统管只是中央统管的阶段性步骤，孟建柱在其文章中也提到，由于"将司法机关的人财物完全由中央统一管理，尚有一定困难"，所以"先将省以下地方人民法院、检察院人财物由省一级统一管理"①。所以考虑到我国的现实状况，当前司法改革实行的是省以下司法机关人财物统一管理的办法。通过对上述理论的探讨和对我国司法改革实践中的做法的分析，我们认为《人民检察院组织法》机构的设置和人员的任免方面应该作出如下修改：一是在机构设置方面，在省一级检察院应当设立检察官遴选（惩戒）委员会，负责全省范围内检察官的提名、管理和奖惩工作；二是在人员任免方面，检察官的提名权收归省级，由检察官遴选（惩戒）委员会统一行使。相应的各级人民代表大会或者人民代表大会常务委员会根据省级检察官遴选（惩戒）委员会的提名通过本级人民代表大会程序对检察官行使任免权。

2. 人民代表大会在重大问题上是否可以代行检察权

2018 年修订的《人民检察院组织法》规定，各级人民检察院设立检察委员会，检察委员会实行民主集中制。地方各级人民检察院的检察长不同意本院检察委员会多数人的意见，属于办理案件的，可以报请上一级人民检察院决定；属于重大事项的，可以报请上一级人民检察院或者本级人民代表大会常务委员会决定。上述条款涉及人民代表大会在重大问题上是否可以代行检察院实体职权。

许多学者认为这涉及人民代表大会对检察机关的个案监督问题，如果人民代表大会可以对检察机关进行个案监督②，则人民代表大会可以对检察长提请的问题进行决定。进而他们列举了以下理由：①根据《宪法》第 3 条的规定，我国实行人民代表大会制度，检察机关由人民代表大会产生，对其负责，受其监督。②根据《宪法》规定，公民对国家机关和国家机关工作人员的违法失职行为有诉愿权，有关机关必须查清事实，负责处理。进而他们逆推得出，人民代表大会在处理具体案件的时候不可能不涉及具体案件的审查③。③人民代表大会对检察院的工作有质询权和组织特

① 孟建柱：《深化司法体制改革》，《人民日报》2013 年 11 月 25 日，第 6 版。
② 钱宁峰：《我国人大与司法机关之间关系的宪法文本分析》，《学海》2005 年第 5 期，第 158 页。
③ 刘旺洪：《论人大对司法的个案监督》，《南京师大学报》2002 年第 4 期，第 39 页。

定调查委员会进行调查的权力，而这些权力的运用都会涉及对具体案件事实的查明①。所以，他们得出人民代表大会可以对检察机关进行个案审查，检察长对重大案件提请人民代表大会常务委员会决定。

该观点混淆了"个案监督"概念，误认为只要人民代表大会可以对检察机关个案进行监督，就可以对检察机关的个案行使决定权。个案监督权是指人民代表大会或者人民代表大会常务委员会发现司法机关或者司法机关的工作人员在处理具体案件的程序中有违法行为或者其处理结果可能存在错误，通过行使监督权要求司法机关予以纠正并依照法定程序追究相关人员的法律责任②。从中我们可以看出个案监督权对于检察机关来说是一种消极和被动的权力，而我们这里所说的检察长的提请权是一种积极主动的行为。所以有关学者讨论的个案监督权与我们讨论的问题不在一个层面。

针对人民代表大会常务委员会是否可以行使检察院的实体检察权，我们认为：首先，在权力分工的语境下，人民代表大会主要行使立法权，而人民检察院独立行使检察权。如果将重大事项的决定权交给人民代表大会，实质上就是允许人民代表大会常务委员会行使检察机关的权力，从而打破了现行《宪法》对国家权力的合理划分。其次，检察院作为专门的法律监督机关，需要具备专门法律知识的工作人员运用特定的工作方法适用法律处理具体的案件，这种专门的知识是大多数人大代表所不具备的，因而，在这种情况下，人民代表大会需要尊重检察院对个案的裁量权。再次，按照现有体制，人民代表大会与检察机关是监督与被监督的关系，如果人民代表大会代替检察院作出决定，那么监督者与被监督者就混为一体，对这样的决定的监督就无从谈起。最后，与《人民法院组织法》中法院内部组织结构实行民主集中制的规定不同的是，检察院一方面实行检察长负责制，另一方面又规定检察院内部又设立检察委员会，实行民主集中制。实行民主集中制就意味着少数服从多数，检察长的表决权与检察委员会其他成员的权力无异，所以出现检察长与多数人意见不一致的情况不足为奇，但为了突出检察长的领导权，又规定检察长可以提请的权力。我们可以看出我国的检察院内部实行的是检察长领导下的民主集中制③。

---

① 卞建林，姜涛：《个案监督研究——兼论人大审判监督的合理取向》，《政法论坛》2002年第3期，第132页。

② 张泽涛：《个案监督亟须澄清的三个误识》，《法商研究》2005年第2期，第96页。

③ 卞建林，田心则：《论我国检察机关领导体制和职权的改革与完善》，《国家检察官学院学报》2006年第5期，第47页。

所以，在《人民检察院组织法》今后修订的过程中，应当规定："检察长与检察委员会多数成员的意见不一致的，有权自行决定并独立对该决定负责，也可以报请上一级人民检察院决定。"这样规定是为了体现检察长对检察院工作的领导权，突出检察院的领导体制；可以报请上一级检察院决定是为了体现上下级检察院是领导与被领导的关系，上级检察院当然可以决定下级检察院的具体事务。

（三）理顺检察机关与审判机关之关系

从现行《人民检察院组织法》和《刑事诉讼法》的相关规定中，我们可以得知人民检察院拥有对人民法院的如下权力：①刑事案件的公诉权，包括提起公诉和支持公诉的权力；②对法院判决和裁定的抗诉权；③对法院诉讼活动的监督权。此外，根据《最高人民法院、最高人民检察院关于人民检察院检察长列席人民法院审判委员会会议的实施意见》，该司法解释第 1 条规定了人民检察院检察长可以列席同级人民法院审判委员会会议。所以，在当前的法检关系中，检察院拥有公诉、抗诉、监督、检察长列席法院审判委员会等四项权力[①]。

据此，有学者指出：①在刑事诉讼活动中，检察机关拥有两种相互矛盾的权力[②]，即在刑事诉讼活动中，检察机关一方面作为诉讼的一方当事人提起公诉，另一方面又作为审判机关的监督机关行使监督权，这破坏了诉讼活动的三方构造，使最为稳定的三角结构产生变化。检察机关在具体的诉讼活动中成为法官之上的法官，违背了司法中立的原则。②检察院抗诉权的存在，不利于司法终局原则的实现[③]。根据《刑事诉讼法》第 242 条和第 243 条的规定，对已经生效的判决或裁定，当事人及其法定代理人、近亲属的申诉是有条件限制的，而检察院提起抗诉没有理由、时效、次数的限制，这会导致审判机关"终审不终"和检察机关"一抗到底"的现象，使司法判决始终处于一种不确定的状态，不利于司法权威的维护。同时，控辩本应该平等的双方，权利却受到区别对待，不利于刑事被告人的权利保障。③最高人民法院和最高人民检察院通过司法解释的方式赋予了人民检察院的检察长可以列席法院审判委员会的讨论的权利，这虽然是

[①] 韩大元、于文豪：《法院、检察院和公安机关的宪法关系》，《法学研究》2011 年第 3 期，第 20 页。

[②] 孙谦：《检察理论研究综述（1999—2009）》，中国检察出版社 2009 年版，第 49 页。

[③] 黄雀莺：《论法院和检察院的权力配置关系》，《福州大学学报（哲学社会科学版）》2015 年第 3 期，第 95-96 页。

检察机关行使法律监督权的体现，但是两者同为上层决策机构，关系一向交好，往往检察机关都会得到一个满意的答复①。而同为诉讼当事人的另一方则无此项表达自己意见的机会。④从刑事案件的实际判决中我们也可以看到检察机关作为法院的监督机关对法院的影响。根据数据分析，我国近年刑事案件的无罪判决率连续走低，2012 年刑事案件判决的无罪率仅为 0.06%②。这一数字无疑是惊人的。所以，基于以上分析，有学者提出应该取消检察机关同时拥有公诉权和监督权这两种相互矛盾的权力，仅仅赋予其刑事案件的追诉权。也有学者提出即使不废除检察机关法律监督机关的地位，也应限制其监督权，让其仅对法院的裁判结果进行事后的结果监督和对审判员的违法乱纪行为进行监督就可以了③。

我国的宪治体制是人民代表大会主导下的"一府一委两院"体制，各级人民代表大会及其常务委员会是我国的权力机关，政府是权力机关的执行机关，主要行使行政权，法院是我国的审判机关，主要行使裁判权，检察院是我国的法律监督机关，主要行使法律监督权。由于人民代表大会的监督过于泛化，并且其主要职能是立法职能，所以权力机关就通过法律的形式赋予检察机关专门的法律监督机关地位和具体的检察权。相比于权力机关的监督权，检察机关的法律监督权更为具体和有效，起诉权只是检察机关的一个方面，其主要职能是监督其他权力的正确行使。法院作为一种重要的公权力，根据"有权力行使就要有监督"的一般原理，所以审判权的行使也需要受检察机关的监督。鉴于检察机关一方面作为诉讼程序的一方当事人，另一方面又作为审判活动的监督者，难免会让对方当事人或者社会民众产生检察机关"既是运动员又是裁判员"的合理怀疑，但是又要保证检察机关对审判机关的法律监督。对此，我们认为需要引入两个重要程序：①本案回避原则，作为本案当事人的一方检察院不能监督自己参与的诉讼活动，应由上级检察院委托另一检察院进行监督；②实体问题回避原则，意思是即使负责监督的检察机关确实发现被监督的法院有枉法裁判或错误裁判的情形，检察机关也不代替或者向审判机关作出具体实体的决定或命令。这是因为在权力分工背景下，不同的权力分属于不同的机关，

① 刘蝉秀：《检察长列席审委会制度实证考察》，《国家检察官学院学报》2014 年第 3 期，第 90 页。

② 马剑：《人民法院审理宣告无罪案件的分析报告——关于人民法院贯彻无罪推定原则的实证分析》，《法制资讯》2014 年第 1 期，第 20 页。

③ 陈瑞华：《从"流水作业"走向"以裁判为中心"——对中国刑事司法改革的一种思考》，《法学》2000 年第 3 期，第 30 页。

如果一个机关可以替代另一机关作出实体决定，则二者权力混为一谈，不利于权力的相互制衡①。

（四）理顺上下级检察机关之间的关系

检察院的国家性②的内涵是，检察机关是国家是法律监督机关，它代表国家，并以国家的名义对法律的实施和遵守进行监督，它的监督应当以是否危害国家利益为标准，只要发生了危害国家的利益的行为，检察机关就要予以监督。检察院国家性的合法性基础在于，从检察院的权源来看，各级检察院的权力是由全国人民代表大会授予的，而不是由地方各级人民代表大会层层授予的，因而，检察院所行使的是整个国家的检察权，需要以维护国家的根本利益为目的，而不是以维护某一地方的个别利益为目的，因而就要求地方各级人民检察院在接受同级别人民代表大会的监督的同时，要更加地受到其上级人民检察院及最高人民检察院的制约，以保障整个检察系统的国家性。检察一体体制③是指为保持检察权行使的整体统一，在肯定检察官相对独立性的同时，将其组成统一的组织体，即采取检察官所有活动一体化的方针。其主要内容是上命下从，上级检察首长就下级检察官处理的检察事务，不但有指挥监督权，还有职务收取权和职务移转权，下级检察官则有相应的服从义务和报告义务。

对于人民代表大会制度与检察院的国家性、一体性的矛盾，《人民检察院组织法》规定，最高人民检察院对全国人民代表大会和全国人民代表大会常务委员会负责并报告工作。地方各级人民检察院对本级人民代表大会和本级人民代表大会常务委员会负责并报告工作。最高人民检察院领导地方各级人民检察院和专门人民检察院的工作，上级人民检察院领导下级人民检察院的工作。从这些规定中我们可以看出，目前检察院实行的是双重领导体制，要同时向本级人民代表大会和上级检察院负责。虽然这一规定符合人民代表大会制度规定的检察机关对人民代表大会负责并报告工作的要求，也涉及上级检察院对下级检察院的领导，但"领导"两字规定的过于原则和抽象，不利于保障检察体系的一体化和国家性。建议在《人民检察院组织法》的修改中规定："地方各级人民检察院和专门人民检察院

① 韩大元、于文豪：《法院、检察院和公安机关的宪法关系》，《法学研究》2011 年第 3 期，第 14 页。
② 韩大元：《关于检察机关性质的宪法文本解读》，《人民检察》2005 年第 13 期，第 13 页。
③ 陈卫东、李训虎：《检察一体与检察官独立》，《法学研究》2006 年第 1 期，第 3-13 页。

须向最高人民检察院报告工作；下级人民检察院向上级人民检察院报告工作；最高人民检察院可以改变或者撤销地方各级人民检察院和专门人民检察院的决定；上级人民检察院可以改变或者撤销下级人民检察院的决定"。对于最高人民检察院的决定，地方各级人民检察院和专门人民检察院必须执行；对于上级人民检察院的决定，下级人民检察院必须执行①。这样才可以保障上级人民检察院对下级人民检察院的控制。

另外，有关各级检察院检察长的规定也反映了人民代表大会制度与检察院的国家性、一体性的冲突与协调。《人民检察院组织法》规定，最高人民检察院检察长由全国人民代表大会选举产生，地方各级人民检察院检察长由同级人民代表大会选举产生，并由上级人民检察院检察长提请该级人民代表大会常务委员会批准。各级人民检察院检察长由该人民代表大会选举产生，是与人民代表大会制度的政体相契合的②，同时也能保证检察机关的民主性。同时，地方各级人民检察院检察长由同级人民代表大会选举产生之后，由上级人民检察院检察长报该级人民代表大会常务委员会批准在一定程度上也有利于上级人民检察院对下级人民检察院的控制。但我们认为，《人民检察院组织法》的这种制度安排还不足以保证上级人民检察院对下级人民检察院的控制。按照 2018 年修订的《人民检察院组织法》的规定，上级检察院检察长只有在下级人民代表大会选举产生下级检察院检察长之后，才可以提请其同级人民代表大会批准下级检察院检察长，而"提请"更多的是一种程序性的权利，而不是实体决定权，因而上级人民检察院对下级人民检察院检察长的人选的产生不能形成有效的影响。实践中，上级检察院仅对下级检察院进行业务上的指导，而重要的人事权控制在地方手里，这也是导致司法地方化的一个重要原因。同时，按照现代国家普遍实行的公务人员产生方式，可以将其分为选举制和任命制。按照主权在民的思想，经过民选代表选举的公务人员就是最终的人选，不存在经上级机关批准的问题，所以我国《人民检察院组织法》规定的检察长的产生方式违背了主权在民的基本理论③。

关于检察长产生方式的改革，一方面要符合我国的人民代表大会的基

---

① 卞建林、田心则：《论我国检察机关领导体制和职权的改革与完善》，《国家检察官学院学报》2006 年第 5 期，第 47 页。

② 支振锋：《"体制决定论"的力度与限度——从司法机关人财物省级统管切入》，《法学杂志》2014 年第 4 期，第 114-125 页。

③ 卞建林、田心则：《论我国检察机关领导体制和职权的改革与完善》，《国家检察官学院学报》2006 年第 5 期，第 45 页。

本制度，另一方面又要符合上级检察院对下级检察院的领导，避免检察长产生的地方化，应当对《人民检察院组织法》进行修改，修改为地方各级人民检察院检察长由省级检察官遴选委员会提名，并由相应的同级人民代表大会选举和罢免。赋予省一级检察官遴选委员会对下级人民检察院检察长选举的提名权，一方面符合当前司法改革为破除司法地方化所推行的省以下人财物省级统管的要求，有利于加强上级检察院对下级检察院的人事控制，保证检察一体原则的落实，另一方面也符合我国人民代表大会制度和民主选举的一般理论。

（五）规范检察机关自身职能转变

有学者从检察权的起源角度分析，西方检察制度本质上就是公诉制度，代表国家或政府去法庭履行公诉职责是西方检察官最基本的职能，所以应把检察机关定位为公诉机关。也有学者从实践的角度认为检察机关已经降格成为一个追诉机关[1]，检察机关已经与立法机关和司法机关不在同一个平面，丧失了平等对话的机会，主张取消检察机关法律监督机关的地位。而且根据现行《人民检察院组织法》的规定，目前检察机关的职能主要集中在违反刑法、需要追究刑事责任的案件上。

我国的宪治体制是人民代表大会主导下的一府一委两院体制，一府一委两院不仅仅代表三个机构，而是三种权力的分配与制衡，共同统一于人民代表大会制度之下。由于我国实行的是人民代表大会制度，不同于西方国家的三权分立体制，人民代表大会作为权力机关，居于金字塔的顶端，行政机关、司法机关都由人民代表大会产生，受其监督，对其负责，所以立法、行政、司法三权不可能在同一层面相互制衡，检察机关的产生就是监督行政权和司法权的行使，最后三者统一于人民代表大会之下[2]。所以，在我国宪治体制安排下，检察权不仅仅指公诉权，更重要的是法律监督权，代表国家对犯罪嫌疑人提起公诉的权力只是法律监督职权的一部分。而检察机关不仅仅是公诉机关，更重要的是一个法律监督机关或者"宪政机关"。所以检察职能只有从"诉讼型"职能向"宪政型"职能转变，才符合宪法的权力分工和一府一委两院的制度安排[3]。与人民代表

---

① 陈瑞华：《问题与主义之间》，中国人民大学出版社 2000 年版，第 32 页。

② 喻中：《如何理解"检察院是国家的法律监督机关"——宪法第 129 条对于中国宪政体系的意义》，《长白学刊》2009 年第 3 期，第 73 页。

③ 王玄玮：《检察职权转型、范围调整与检察院组织法修改》，《云南大学学报（法学版）》2015 年第 2 期，第 4 页。

大会的泛化监督不同的是，检察院作为国家的法律监督机关应该有《人民检察院组织法》明确规定的检察权。但是检察机关作为国家的法律监督机关，其具体的职能应该包括哪些内容？有学者认为："法律监督机关其职能就是监督法律活动。"法律活动按照一般的分类方式可以分为法的制定—立法活动、法的执行—执法活动、法的适用—司法活动、法的遵守—守法活动①。

1. 对立法活动的监督

立法分为广义的立法和狭义的立法，所谓广义的立法就是指法定的国家机关，依照法定职权和程序，制定、修改、解释、废止法律和规范性文件的一项专门活动②。而狭义的立法，专指国家立法机关全国人民代表大会及其常务委员会制定、修改、废止法律的活动，我们这里所说的立法是广义的立法活动。

检察机关对立法活动的监督，就是对享有立法权的立法主体是否依照法定权限、法定程序制定法律和规范性文件以及制定出的法律和规范性文件是否与宪法和上位法相抵触的情况进行监督。需要强调的是：①与实行三权分立的国家不同，我国的立法主体不仅限于全国人民代表大会及其常务委员会，还包括国务院及其组成部门、省级人民代表大会及其常务委员会、设区的市（包括自治州）人民代表大会及其常务委员会、省级政府、设区的市（包括自治州）政府等。所以有学者把我国的立法体制概括为"一元、两级、多层次"。②检察院对立法活动的监督不能针对全国人民代表大会及其常务委员会的立法活动。这是因为根据我国宪法体制的安排是人民代表大会主导下的"一府一委两院"体制，一府一委两院共同受人民代表大会监督。所以检察院监督的重点应是国务院和地方政府行政立法的活动和地方人民代表大会及其常务委员会制定地方性法规的行为。③关于法律解释的问题。理论上，一般不能把法律解释完全归属于立法活动，但是从我国具体的司法实践看，法律解释也被视为一种创造性活动，是立法活动的延续，是司法机关审理具体案件时适用的依据，所以对司法解释的活动也应该进行监督。

目前，我国相关法律也已经赋予了检察院这方面的监督权。例如，根据《立法法》规定，最高人民检察院认为行政法规、地方性法规、自治条

---

① 石少侠：《我国检察机关的法律监督一元论——对检察权权能的法律监督权解析》，《法制与社会发展》2006年第5期，第24页。

② 李龙：《法理学》，人民法院出版社、中国社会科学出版社2003年版，第340页。

例和单行条例同宪法或者法律相抵触的，可以向全国人民代表大会常务委员会书面提出审查的建议。根据国务院颁布的《规章制定程序条例》《法规规章备案条例》的规定，检察机关可以参与对行政规章的合宪性、合法性的监督。根据《中华人民共和国各级人民代表大会常务委员会监督法》规定，最高人民检察院认为最高法院具体应用法律的解释同法律规定相抵触的，可以向全国人民代表大会常务委员会书面提出进行审查的要求。

2. 对执法活动的监督

按照行政行为针对的对象是否特定，可以把行政行为分为具体行政行为和抽象行政行为。所谓抽象行政行为就是指行政主体基于法定职权，按照法定程序针对不特定行政相对人制定的能够反复适用的规范性文件。这一行为由于属于立法活动调整的范围，在此不再讨论。所以我们这里所讲的执法活动主要是指具体行政行为，也就是行政执法活动。

行政权具有主动性、广泛性、强制性、裁量性等特点且行政权在其他领域还有不断扩张的趋势，而现在对行政权的监督主要是法院通过行政诉讼来完成。我们知道，司法权具有中立性、被动性的特点，遵循不告不理的原则，并只能通过事后的监督进行。并且，从行政诉讼现状来看，行政诉讼案件不多，但是与之相反的是行政信访数量极多[1]，这从现实层面反映出仅仅依靠审判机关对行政机关的监督是远远不够的。但是检察机关对所有的行政执法行为全部进行监督，这是不现实的。我们认为检察机关对行政机关的监督要遵循谦抑原则，因为行政权不同于其他权力的一个主要特征就是效率性，所以原则上应该尊重行政主体作出的具体行政行为。有学者总结了现行法律规定的检察机关对行政权监督的范围，大致有看守、监管机关的监管活动，公安机关人民警察办理治安案件、执行职务的活动以及行政执法机关移送涉嫌犯罪案件的工作三类[2]。从中我们可以看出这些执法行为有一个共同的特点，就是都涉及公民的人身自由等基本权利。行政行为中最容易侵害到公民人身和财产等基本权利的就是行政处罚和行政强制两类。党的十八届四中全会在《中共中央关于全面推进依法治国若干重大问题的决定》中也提出："完善对涉及公民人身、财产权益的行政强制措施实行司法监督制度。检察机关在履行职责中发现行政机关违法行使职权或者不行使职权的行为，应该督促其纠正。"所以，在修改《人民

---

① 应星：《作为特殊行政救济的信访救济》，《法学研究》2004年第3期，第58页。

② 王玄玮：《论检察权对行政权的法律监督》，《国家检察官学院学报》2011年第3期，第76页。

检察院组织法》时，应该规定检察机关可以对限制或剥夺公民人身自由和其他重大利益的行政处罚和行政强制措施进行监督并且可以提出检察建议，行政机关应该在规定的时间里把检察建议的履行情况反馈给检察机关。

3. 对司法活动的监督

关于"司法"这一概念的理解，中、西方一直存在差异，主要原因在于双方使用该词的语境不同。在三权分立的语境下，司法权就是与立法权、行政权相对应的权力，由法院掌握。司法就是指法院具体运用法律处理案件的活动，它具有启动的被动性、运作的中立性、程序的正当性和裁决的权威性等特征[1]。而在我国的语境下，司法活动不仅仅指法院的审判活动，还包括公安机关按照《刑事诉讼法》进行的侦查活动、检察机关的侦查和审查起诉活动等。有学者总结在我国的司法语境里，司法活动的概念大致等同于诉讼活动[2]，我们比较赞同这种观点。我国使用司法这一概念，大致采用的是"除外说"，即除了立法、行政以外的一类国家职能。

这里需要强调的是：①司法活动的主体是国家专门机关，是公力救济而非私力救济。②在民事诉讼和行政诉讼中，除了法院的审判活动，一般不存在其他专门国家机关的司法活动。在刑事诉讼中，除了法院的审判活动，还存在之前的公安机关或检察机关的侦查活动和检察机关提起公诉的活动。所以在民事、行政诉讼中，审判基本和司法同义，而在刑事诉讼中，司法活动包括侦查、起诉、审判活动。所以，司法活动和审判活动的分野主要在刑事诉讼中。③可以进行司法活动的主体并非都是司法主体。我国的司法机关一般是指法院和检察院，2006 年，中共中央在《中共中央关于进一步加强人民法院、人民检察院工作的决定》中明确地指出："人民法院和人民检察院是国家司法机关，是人民民主专政的国家机器的重要组成部分。"所以，公安、国安等机关虽然可以按照《刑事诉讼法》行使侦查权的活动，但是其主要职能还是行政管理活动，按照事物的主要矛盾进行分类，公安、国安、监狱等机关还是应该归入行政机关的范畴[3]。

检察院对司法活动的监督主要是对公安、国安、监狱等机关进行的侦

---

① 李龙：《法理学》，人民法院出版社、中国社会科学出版社 2003 年版，第 391 页。

② 陈光中、崔洁：《司法、司法机关的中国式解读》，《中国法学》2008 年第 2 期，第 79 页。

③ 陈光中：《刑事诉讼中公安机关定位问题之探讨》，《政法论坛》2012 年第 1 期，第 6-7 页。

察活动，以及对法院的审判活动、裁决执行的监督，但是这些都可以用诉讼监督进行概括。现行《民事诉讼法》《行政诉讼法》《刑事诉讼法》都增加了该项规定，所以应在现行《人民检察院组织法》基础上予以细化，改为"对刑事诉讼、民事诉讼和行政诉讼活动，实行法律监督"一条。

4. 对守法活动的监督

部门法之间最主要的区别在于它们所调整的社会关系不同，法律关系是社会关系经过法律调整后的结果，体现国家的意志性。法律关系按照事物本身性质的严重程度可以划分三个层次：民事法律关系、行政法律关系和刑事法律关系[1]。所以，公民违反不同层次的法律关系由不同的法律进行规范，由不同的调整方法进行调整，不必都由检察机关进行法律监督。检察机关只对违反《刑法》、需要追究刑事责任的犯罪行为进行法律监督。但是这里需要注意的是，一般的犯罪行为由公安机关进行立案、侦查，检察机关只是对公安等机关的侦察活动进行监督，检察机关对公民的直接监督主要体现在对国家工作人员的职务犯罪行为进行自侦。这里存在检察院自侦案件外部监督缺乏的问题[2]，虽然检察院内部存在侦查部门与公诉部门两个相互制约的部门，也存在审查监督和侦查监督等监督部门，但都是检察院内部机构之间的监督和制约，效率和公正性不高，需要引入外部监督的机制。在 2010 年，最高人民检察院制定下发了《最高人民检察院关于实行人民监督员制度的规定》，其中第 2 条规定："人民检察院办理直接受理立案侦查案件，实行人民监督员制度。"在《人民检察院组织法》今后的修订应该吸收这个条款。

5. 公益诉讼

公诉权是检察机关的一项重要的和基本的权能，通常是指检察机关在刑事诉讼中代表国家追诉控告犯罪分子的权力，该权力设置的目的是维护社会秩序、保护国家主权等重大的公共利益。检察机关代表国家对犯罪嫌疑人提起公诉，这是毋庸置疑的。但随着社会的发展，公共利益的保护需求正在从社会生活的各个角落里延伸出来，跳出了传统的刑事诉讼领域，开始向民事和行政诉讼领域发展。社会公共利益作为一种独立的利益形式却日益突出，成为人们不能不关注的问题[3]。在涉及多数人的利益而又没

---

[1] 叶必丰：《论部门法的划分》，《法学评论》1996 年 3 期，第 39 页。

[2] 叶晓龙：《论检察机关自侦案件的侦查监督》，《中国刑事法杂志》2003 年第 5 期，第 76 页。

[3] 王秀哲：《检察机关的公诉权与公益诉讼权》，《法学论坛》2008 年第 5 期，第 135 页。

有具体的直接的受害者或者个体不愿意或不能维护公共利益时，公共利益保护问题以其深远广泛的影响在社会层面放射开来，至少在保护国有资产流失、环境保护方面已经基本形成共识。

《民事诉讼法》规定："对污染环境、侵害众多消费者合法权益等损害社会公共利益的行为，法律规定的机关和有关组织可以向人民法院提起诉讼。"从中我们可以看出该条已经为检察机关将来提起民事公诉留下了可能性。我国《刑事诉讼法》规定："如果是国家财产、集体财产遭受损失的，人民检察院在提起公诉的时候，可以提起附带民事诉讼。"这些规定都为检察机关提起民事公益诉讼奠定了基础。十八届四中全会通过的《中共中央关于全面推进依法治国若干重大问题的决定》也明确提出"探索建立检察机关提起公益诉讼制度"。随后制定了《检察机关提起公益诉讼试点方案》。2015年7月1日，第十二届全国人民代表大会常务委员会第十五次会议通过了《全国人民代表大会常务委员会关于授权最高人民检察院在部分地区开展公益诉讼试点工作的决定》。2015年12月16日，最高人民检察院第十二届检察委员会第四十五次会议通过了《人民检察院提起公益诉讼试点工作实施办法》。这些规范性文件都明确授权检察机关作为民事、行政公益诉讼的主体，并且这些尝试在防止国有资产流失和环境保护方面取得了良好的效果。所以应该明确检察机关提起民事、行政公益诉讼的权力。

（六）完善检察机关内部人员管理机制

实际上，十八届三中全会《中共中央关于全面深化改革若干重大问题的决定》除了实行司法系统省以下人财物统管这一决策外，还有一个重要的措施来防止司法机关内部的行政化问题，那就是"建立符合职业特点的司法人员管理制度，健全法官、检察官、人民警察统一招录、有序交流、逐级遴选机制，完善司法人员分类管理制度，健全法官、检察官、人民警察职业保障制度。"

中央全面深化改革领导小组第三次会议审议通过的《关于司法体制改革试点若干问题的框架意见》把法院司法人员分为法官、检察官、司法辅助人员和司法行政人员，并且确定了一定的员额比例。根据上海市改革的实践，这三类人员的员额比例分别为33%、52%和15%。实行员额制后，按照司法人员不同的类别划分进行分类管理，对法官、检察官实行与普通行政公务员不同的管理体制。根据以前检察官的管理模式，在强调检察官职业化和专业化的同时，检察官不仅有职称，还有行政级别，实际上实行的就是同行政公务员相同的管理制度，这使检察院内部的行政化气息浓厚。检察官的地位和待遇不是按照其专业素养和审判经验来考核，而是以行政级别来衡量，导致检察官心态和职业价值取向的异化，大部分检察官不是想着努力去做好自己的本职工作，而是想着去当领导。个别地方的检察院行政化甚至更为严重，导致本来应该为检察官办案服务的行政辅助人员，因为掌握了后勤行政管理权或具有更高的行政级别而成了检察官的领导，地位凌驾于本应作为检察院主角的检察官之上，导致检察院内部评价体系的"倒挂"，形成不正当的激励机制[1]。所以，应该改变以往的评价机制，根据司法人员的业绩、资历和能力来确定等级，而不是根据行政级别确定等级，实行与普通公务员有别的管理模式。如果检察官办案经验丰富，业绩能力突出，即使在最基层的检察院，也应该给予其较高等级的检察官序列，给予其较高的待遇[2]。上级检察院的检察官原则上只能从下级检察院优秀的检察官中遴选，这样才能让基层检察官看到自己的职业前景，提高其积极性。所以，司法人员分类管理制度的实施对检察机关内部行政化的破除起到巨大作用。检察官的晋升渠道和职业保障不再依据行政级别确定，而是根据业务能力和办案经验来确定，这样才能体现出检察官的职业化特点。司法职业化改革的重心就是要突出法官、检察官应有的社会地位，塑造法官、检察官的职业荣耀感，重新将原本属于法官、检察官的权力、荣耀与责任交还给法官、检察官。

我们认为应在《人民检察院组织法》修改中增加一条："检察人员分为检察官、检察辅助人员和检察行政人员。检察官是依法行使检察权的检察人员，包括检察长、副检察长、检察委员会委员、检察员；检察辅助人员是协助检察官履行职责的检察人员，包括检察官助理、书记员、司法警察、检察技术人员；检察行政人员是从事检察机关行政事务管理的检察人员。"并明确规定他们的管理方式。

但是实行员额制也存在一定的障碍，员额制实际上就是"从检察官中选检察官"。因为能够进入员额内的检察官的比例是确定的，而检察院原先的检察官数量是大于这个比例的，那就意味着有些已经经过本级检察院检察长提名，通过本级人民代表大会任命的检察官要转变为司法辅助人员

① 支振锋：《"体制决定论"的力度与限度——从司法机关人财物省级统管切入》，《法学杂志》2014年第4期，第122页。

② 张智辉：《关于人财物统一管理的若干思考》，《法治研究》2015年第1期，第10页。

或者司法行政人员，如何做好这部分人员的善后工作，也是本次司法改革需要着重考虑的问题。

四、修改《检察官法》

（一）完善检察人员分类管理制度

检察权运行的规律主要体现在检察权的独立行使上，为确保这一目标的实现，就必须对检察人员进行分类管理，并在此基础上形成以检察官为主体的办案机制。检察官是国家检察权的具体行使者，只有突出检察官的主体地位，才能促进和保障检察官依法、独立、公正行使检察权[1]。在世界范围内，这也是一个比较通行的做法。例如，在韩国，检察人员主要由特定职的检察官、检察一般职的公务员以及技能职和别定职的公务员组成，这三类人员分别适用不同的管理模式。在具体的检察活动中，主要由检察官来决定案件，并对案件承担责任，而检察一般职公务员只承担一些具体业务，这就形成了以检察官为中心，以检察一般职公务员为辅助的二元结构[2]。在日本，检察人员被分为检察官、检察事务官和检察技术官三大类。分别按照其单独的序列对这三类人员进行管理。同韩国一样，日本也将检察权完全赋予了检察官行使，并确立了其办案中的主体地位，检察事务官和检察技术官都要接受他的领导和指挥[3]。

近年来，随着检察机关司法改革措施的陆续出台，我国已经在检察人员分类管理的改革上迈出了重要一步，并逐步确立了检察官、检察辅助人员以及司法行政人员三分法。但仍需指出的是，我国现今对检察官主体地位的认识还不够，在这方面的改革进展并不是太大。殊不知，一个真正意义上的检察人员分类管理改革，绝不仅仅是对检察人员的一个简单分类，相反，它会涉及对整个检察人员管理体系的重组和再分配。在这个重组和再分配的过程中，必须要对原有的办案机制加以改革，继而形成以检察官为中心的办案组织单元——检察官具有独立的主体地位，行使完全的决定权，并对案件负总责，而其他人员则只需要在检察官的领导下，负责处理一些辅助性和行政性的事务。"办案组织建设的

---

[1] 袁青彪、张献琴：《检察人员分类管理改革的新突破》，《中国检察官》2016 年第 1 期，第 46 页。

[2] 张建军、郑建秋、张步洪：《韩国检察人员分类管理制度简析》，《人民检察》2005 年第 1 期，第 51 页。

[3] 刘兰秋：《日本检察制度简介（上）》，《国家检察官学院学报》2006 年第 5 期，第 159 页。

重点是推动组织结构的扁平化，突出一线检察官主体地位，体现司法亲历性"①。当然，检察工作的本质特点说明，推动检察权运转的组织单元还应当具有一定的灵活性，既要体现检察办案的效率性特征，又要彰显检察工作的公正性特点。为此，就有必要建立类似法院的合议制和独任制的办案形式：对于疑难复杂案件，需要集体智慧来慎重把关时，可以采取"多名检察官+若干名检察辅助人员"的办案组织单元，其中由一名检察官担任主任检察官，附带担负起主持和协调事宜；对于案情简单的案件，需要侧重办案效率时，则可以采取"1名检察官+若干名检察辅助人员"的办案组织单元。

此外，检察官队伍的职业化和精英化目标内在地要求必须在检察人员分类管理制度的改革中推行员额制。一方面，检察官的职业化说明了检察官在执业活动中具有自己独特的知识体系和思维方式。这就意味着检察官的遴选必须要有一定的标准，并不是每一个人都可以成为检察官。另一方面，检察官的精英化彰显了检察官素质上的非凡性以及数量上的精简性。这就意味着检察官的数量必须要保持一定的度，并不能让其无限制地发展和扩充。从域外角度来看，严格限制检察官的数量也是世界各国的通常做法。在韩国，其检察官编制由总统令发布，整个韩国检察官的数量还不到1500人，其检察官和其他辅助人员的配备比例大致为1∶4；在日本，检察机关共有检察人员11 338名，约占全国总人口数的0.1%。这其中，检察官仅有2352名，约占21%的比例②。在我国，员额制也是此次检察人员分类管理制度改革中的一个重要内容，但从目前的推行状况来看，已经出现了很多问题和隐忧。例如，检察官的员额比例到底该如何确定，究竟哪些人最应该被遴选为检察官，等等。这些都是我们必须认真对待并加以思考的问题。

总体而言，检察官的员额比例应当与具体的办案数量相挂钩，并不能简单地进行"一刀切"③。影响办案数量的因素有很多，如检察机关所处的层级、所辖地区的面积、人口以及经济等。在纵向上，基层检察院主要

① 郑青：《我国检察机关办案组织研究与重构》，《人民检察》2015年第10期，第11页。
② 陈辐宽：《检察改革的问题、使命与前景》，《法学》2015年第9期，第156页。
③ 目前，很多地方的改革方案都是在本区域内简单地进行"一刀切"。例如，上海司法改革试点方案规定，经过5年的过渡期，上海各级检察机关三类人员的数额要分别占到总队伍的33%、52%、15%的比例。这显然不是一个科学的态度，它会导致有的检察院案多人少、矛盾激化，而有的检察院则案少人多、人浮于事。对此，孟建柱同志在2016年7月18日全国司法体制改革推进会上的讲话中已经明确指出。

负责具体的办案工作，几乎有80%的案件都会集中在那里；市级检察机关虽然承担的办案工作相对较少，但往往起着承上启下的作用，并且所承办的案件大都是一些疑难复杂的要案；省级检察机关和最高检察机关主要承担全面领导和综合指导的职能，工作量要少于市、县两级检察机关。因此，四级检察机关从上往下"检察官"的员额比例应当逐级递增。在横向上，所辖地区面积较大、经济发展水平较高或者人口数量较多的检察机关，其承办的案件数量可能会比那些所辖地区较小、经济发展水平较差或者人口数量较少的同级检察机关要少。因此，对其检察官员额比例的设置理应要高些。另外，对于究竟哪些人应当被遴选为检察官这一问题，它所涉及的主要是检察官入额标准和遴选程序的构建。这一问题至关重要，一旦处理不当，则会引起检察机关内部的人心慌乱，并产生"牵一发而动全身"之后果。具体而言，在入额标准上，要适当提高检察官的准入门槛，细化检察官的任职条件，重视其理论知识、业务经验以及办案能力和职业道德等四个方面的综合素养；在入额程序上，要做到公开透明，在尊重个人意愿的前提下，采取"考核+考试"的方式来进行选拔，以防止遴选过程中出现论资排辈、迁就照顾等不良现象。当然，为了防止检察机关人员出现较大的思想波动，还要在待遇上作出一定"妥协"，对于那些暂时入不了额的原有工作人员，在5年的过渡期内，可以暂时维持其现有待遇，而对于2015年后新招录的人员，则必须严格按照新的规定和要求来执行。

为此，在今后的修法过程中，应当做好以下工作：①完善单独的检察官职务序列设置。《检察官法》对检察官的等级问题进行了规定，明确检察官实行单独的职务序列，以实现其与行政职级的脱钩。但至于检察官职务序列的具体设置，并未具体规定。我们认为可参照 2011 年中共中央组织部会同最高人民检察院出台的《检察官职务序列设置暂行规定》和2015 年中央全面深化改革领导小组通过的《法官、检察官单独职务序列改革试点方案》，将其相关内容吸收到我国《检察官法》当中。②设置初任检察官的任职条件。在任职条件上，应当基本保留《检察官法》第 10条的规定，但在任职年龄和法律工作年限上可作适当提高。在任职程序上，应当作出较大改变，即由省检统一招录，并且一律只能在基层检察院任职。③设置其他检察官的任职条件。在任职资格上，应当根据检察院的不同层级，设置检察官不同的任职条件，尤其是要注重对其业务经验和办案能力等方面的考察。在任职程序上，应当健全逐级遴选机制，即上级检察院的检察官一般要从下一级检察院的检察官中择优遴选①。

（二）完善检察责任制度②

1. 目前检察官办案责任制中存在的问题

（1）行政化色彩浓厚，司法效率不高。我国为检察一体、上命下从的检察体制。长期以来，检察机关实行以"检察人员承办—办案部门负责人审核—检察长或者监察委员会决定"的"三级审批制"③。当案件疑难复杂、涉及面广时，甚至可能出现多层审批。层级审批制的原意在于通过多层审批来保障案件质量，监督检察权的合法行使。但是，冗繁的行政化管理方式给案件办理带来了沉重负担，严重影响检察体制的运行效率，已经不能适应当前司法改革与发展的需要。一方面，层层审批的制度导致了简单案件的重复审核，不仅没有实质提升案件的办理质量，而且还延缓了案件理结的时间，造成司法资源的极大浪费。另一方面，多层级审批制度中的审核人缺乏对具体案件的直观性与实践性认识。对复杂疑难案件来说，多层审批能够集思广益，在一定程度上保证办案质量。但是，由于部门负责人、分管副检察长、检察长以及检察委员会不可能具体参与案件办理的全过程，审核案件主要依靠办案文本资料及具体承办人的汇报，所以对案件的判断存在不可避免的缺陷④。这样一来，容易造成多层审批制度流于形式，不能达到预设的理想效果。在案件呈爆发式增长的社会现实下，行政化色彩浓厚的检察权运行体制更是对司法效率的提高造成了严重的阻碍。

（2）主体地位不突出，权责界限模糊。在现行检察权运行机制中，检察官办案主体地位不突出，权力与责任的界限模糊体现得尤为明显。在案件接手处理后，承办检察官常常不能够独立地作出决定，具体的决定权往往掌握在审核的部门负责人或者检察长手中。这实际上"架空"了具体的承办人，变相削弱了其主办案件的权力。案件在多层级审批程序中来回

---

① 首先，在省一级设立检察官遴选委员会（具有广泛的代表性，既要有经验丰富的检察官代表，又要有律师和法学学者等社会人士的代表），从专业角度提出检察官人选；然后，由组织人事、纪检监察等部门在政治素养、廉洁自律等方面考察把关；最后，再由人民代表大会依照法律程序进行任免。

② 本部分内容曾由作者所指导的学生袁轲以《论检察官办案责任制改革》为题，发表至《湖南警察学院学报》2016年第2期，第59-65页。编入本书时经过了部分修改，特此说明。

③ 郑青：《对主办检察官办案责任制的几点思考》，《人民检察》2013年第23期，第36页。

④ 袁轲：《论检察官办案责任制改革》，《湖南警察学院学报》2016年第1期，第60页。

流转，容易造成检察权行使的错位。同时，多层审批在一定程度上使得检察官产生懈怠心理，认为该项制度在客观上将其责任分散，不易追究到具体个人。特别是疑难复杂、社会影响大的案件，由于历经时间长、审批层次多且过程复杂，往往难以认清责任的明确归属，而互相推诿责任的现象也屡见不鲜。由此可见，检察官独立办案的权力没有保障，其所应承担的责任也就不会明确，案件办理的主体地位更无从谈起。

（3）缺乏立法支撑，制度供给不足。当前，不论是《人民检察院组织法》还是《检察官法》，都未对"主任检察官"有明确的界定与规范。因此，主任检察官的确立是广大检察机关在检察工作中为提高工作质量和运行效率而探索形成的结果，该项制度的建立与运行仍然缺乏立法上的支持。如果不能够实现制度与立法上的充足供给，就会面临改革的内容并不符合现有法律规定这一尴尬境遇。这也就是学界所常常提及的司法改革"合法性危机"[1]。如果改革措施罔顾宪法法律的精神及其具体规定，则理应归于无效。这既是对形式法治的暌违，同时也背离了实质法治的要求，更加不利于改革的顺利进行。

目前各地所开展的检察官责任制改革试点，主要的依据是最高人民检察院所发布的《检察官办案责任制改革试点方案》《关于深化检察改革的意见》以及《关于完善人民检察院司法责任制的若干意见》。然而，司法责任制的改革不仅仅只涉及检察机关一方，审判机关的改革同样举足轻重。同时，司法机关内部权力配置以及运行机制的改革也必然会涉及其与行政机关、立法机关之间关系的处理。正所谓牵一发而动全身，这些司法文件的法律效力并不足以统摄各项纷繁复杂的司法改革措施。并且，其后续改革内容存在与现行法律及司法制度冲突的可能，会导致其不具备改革合法性的严重后果。因此，必须从释法、立法这一根本手段出发，增强对改革的制度供给与支持。

2. 构建主任检察官责任制的主要思路

检察官办案责任制改革的中心内容为探索构建主任检察官办案责任制[2]，即选任若干主任检察官，在检察长的授权及其具体职责范围内享有相应自主处理权与决定权，同时配以一定的检察官以及检察辅助人员，根

---

① 谢佑平、万毅：《法律权威与司法创新：中国司法改革的合法性危机》，《法制与社会发展》2003 年第 1 期，第 3 页。

② 樊崇义、龙宗智、万春：《主任检察官办案责任制三人谈》，《国家检察官学院学报》2014 年第 6 期，第 3 页。

据具体业务的需要形成若干权责统一的办案组织。推行主任检察官办案责任制，对优化检察制度的运行管理、深化司法体制改革具有重大意义，总的方向是适度的司法化或者去行政化，放权给骨干检察官，以使其可以相对独立地办案，并给予其适度保障。检察权运作的基本模式应是"检察官—检察长—检察委员会"，以有效减少审批层级，强化执法办案活动的司法属性。具体思路如下。

（1）列明检察权力清单。检察机关各职能部门具有自身特点，在性质与职权行使上有所差异。不管是侦查、批捕还是法律监督等工作，都必须履行正当程序，由检察长领导全院工作。实行主任检察官办案责任制，需要检察长对主任检察官进行"放权"，但是必须保持必要限度，并且不得超越宪法和法律的规定。主任检察官的权力应当依据案件的具体类型、复杂程度以及影响范围等因素来决定。面对重大疑难复杂、新情况、关系社会公众重大利益等案件，仍然需要检察长审批或者检察委员会讨论决定。既要做到适度"放权"，又要做到合法合理"保留"[1]。对相关授权以及权力行使的规定，需要仔细列明权力清单，以厘清各方具体职责。2015年9月28日最高人民检察院发布的《关于完善人民检察院司法责任制的若干意见》中也列明了检察人员的职责权限，这是对落实检察官办案责任制的积极肯定与回应。

（2）优化检察机关颁布审批程序。检察长向主任检察官适度"放权"的改革，实质上就是减少行政审批层级的过程。对于较为简单、事实比较清楚的案件，由主任检察官自行处理与决定即可，无须部门负责人、检察长再次进行审批。这样既提高了办案效率，又节约了司法资源。与此同时，应当进一步探索优化行政审批的程序，坚持精简原则，逐步实现主任检察官直接对检察长负责的有效管理机制，即实现检察院整体"扁平化管理"。这样既保留了原有行政管理的基础体制，又极大提高了司法运行效率。

（3）厘清内部各方关系。第一，主任检察官与检察长的关系[2]。在坚持检察长、检察委员会对重大案件、重大事项的领导和组织指挥的前提下，对部分事实清楚、证据确实充分、无太大争议的审查逮捕、审查起诉、民事抗诉案件，检察长可以授权检察官决定和处理。检察官相对独立

---

① 袁轲：《论检察官办案责任制改革》，《湖南警察学院学报》2016年第1期，第62页。

② 高保京：《北京市检一分院主任检察官办案责任制及其运行》，《国家检察官学院学报》2014年第2期，第59页。

地行使检察权的权力来源于检察长的授权，检察官必须接受检察长或分管副检察长的领导，并对其负责。在授予的职权范围内，检察官对自己承办的案件和所作的决策负责，不受其他人员的干涉。按照谁决定谁负责的原则，检察官对其在职权范围内所作出的决定承担责任。需要由检察长或者检察委员会决定的事项，检察官对事实和证据负责。第二，检察官与助理检察官的关系①。从工作职责上看，检察官主要负责行使检察权，对所有案件的证据进行把握和适用法律进行判断，对事实和适用法律负责。检察官助理协助检察官履行检察权，受检察官指派审阅案卷，制作阅卷笔录，提讯犯罪嫌疑人，询问证人，拟定案件审查意见，在检察官领导下对审查案件的事实和证据负责。检察官拥有最终的决定权，对定性负责。从两者关系上来看，检察官与检察官助理在业务工作上是主导与从属、独立与协助的关系，检察官起主导作用，对检察官办案组（或办公室）承办的所有案件承担责任，检察官助理辅助检察官行使检察权，必须服务于检察官办案，所承办的案件由检察官负责。

（三）完善检察官职业保障制度

在我国，虽然《检察官法》已经实施多年，并在检察官的职业保障方面也作了些许规定，但相关法律规范往往都比较抽象，一些关键性制度根本就没有提及。这就导致我国检察官职业保障的整体水平偏低，实践中检察官的职业化、精英化建设也因此大受影响。例如，在检察官的身份保障方面，尽管我国《检察官法》已经明确规定了检察官一经任用，非因法定事由，非经法定程序，不得被免职、降职、辞退或者处分，但在现实中由于我国检察官的人事决定权主要集中在地方党政部门，再加上"法定事由"的模糊性和宽泛性，检察官随意被调动或者撤换的现象时有发生。在检察官的物质保障方面，时至今日，我国仍未按照 2019 年修订的《检察官法》第 59 条的规定，制定出有别于公务员的工资制度和工资标准，导致检察机关工作人员流失的现象非常普遍。

一般而言，检察官的职业保障主要包括身份保障和物资保障两个方面。对于前者，一个健全的身份保障制度通常是推动检察官队伍职业化、精英化发展的重要因素，它不仅可以消除检察官履行职责时的担忧和顾虑，赋予其履职时的顽强意志和坚定信念，而且还可以增强检察官队伍的稳定性，提升他们的职业尊荣感。因此，出于职业化、精英化的考虑，应

---

① 马英川：《检察人员分类管理制度研究》，《法学杂志》2014 年第 8 期，第 120 页。

当逐步在我国建立起检察官任职终身制，即检察官一经任命，其职业地位和职业身份非因法定事由（触犯国家法律、违反职业纪律和职业伦理道德等），并经法定程序不得免职。对于后者，在现有省以下检察机关人财物统一管理的改革背景下，省级检察院在编制相关经费保障计划时，应根据不同的岗位，坚持责、权、利相统一的原则，逐步建立起与检察官、检察辅助人员以及司法行政人员工作职责相适应的经济保障制度。这其中，要特别突出对检察官经济收入的保障，实行专门的检察官津贴序列，合理拉开检察官与其他人员的收入档次，以激发他们的工作热情和工作责任感[①]。

为此，在今后的修法过程中，应当作出如下的调整：①建立同检察官职务特点相符合的考评机制。《检察官法》第八章专门对检察官的考评进行了规定。但长期以来，受行政化管理因素的影响，该章并没有得到严格的贯彻。甚至很多检察院根本就没有设立检察官考评委员会，即使设立了，也基本都依附于政工部门。考评的内容也是按照公务员的考核来设置，考评的结果未能准确反映检察官的职业特点，不仅没有起到应有的激励作用，反而诱导检察官把更多的精力从办案业绩转移到人际关系上来。在今后的修法过程中，建议在检察委员会下设立一个相对独立的、固定的考评机构，其成员组成应当多元化，具有代表性。而在考核内容的设置上，应当突出检察官职务的特点，重点考核其职业道德和业务能力等方面的素养。②确立检察官任职终身制。《检察官法》虽对检察官的任免、奖惩、辞退作了规定，但对免除检察官职务的事由规定得过于宽泛，解释得也不够明确，容易在实际操作中被人滥用。故而，应当在《检察官法》中确立检察官任职终身制，即检察官一经法定程序录用，一般应工作到退休。任何单位和个人非因法定事由，非经法定程序不得对其进行降级、免职或撤职。在此基础上，再明确"法定事由"的几种具体情形，以减少裁量的空间[②]。③实行检察官高薪制。《检察官法》虽明确规定："检察官的工资制度和工资标准，根据检察工作特点，由国家规定。"但在实践中，我国并未制定专门的检察官工资规则，相反，其完全套用公务员的工资制度和标准。因此，为确保其能确实实现，应当建立单独、统一的检察官工资序列，检察官的薪酬一般高于公务员，并合理拉开不同职务级别检察官的工资差距。

---

① 马英川：《检察人员分类管理制度研究》，《法学杂志》2014年第8期，第121页。

② 宋远升：《检察官论》，法律出版社2014年版，第189页。

第五章
立新法促改革

构建现代化的司法制度，须有相应的司法法体系作支撑。例如，证据法、社区矫正法、看守所法、被害人救助法等，都属于司法法体系不可或缺的组成部分。鉴于国家监察委员会改革的涉及检察院自侦权的转隶和司法监督体制的变革，故此，当务之急应当尽快构筑国家监察法体系。

一、构建国家监察立法体系①

监察立法工作是监察体制改革的核心内容所在，其不仅关涉国家监察法体系之构建，也涵括了修宪、释宪和相关法律修改等内容。在立法逻辑上，至少需要出台国家监察委员会组织法、国家监察法和国家监察程序法三部法律才能完成国家监察委员会的基本建构。鉴于目前的改革立法现状业已在《宪法》中规定了监察机关的性质、地位、产生方式、组织机构等相关内容，并在此基础上制定了《国家监察法》，对监察机关的工作范围、权限、程序、责任等方面作了进一步细化的规定。因此，今后的立法工作应当在此基础上继续完善，即制定国家监察委员会组织法和国家监察程序法，并修改相关法律。

（一）制定监察组织法、监察官法

监察组织法是对监察委员会组织结构和活动原则进行规定的专门法。监察组织法是对《宪法》中监察委员会条款的延伸和具化，通过监察组织

---

① 本部分内容曾以《国家监察体制改革的逻辑与取向》为题，发表于《学术论坛》2017 年第 3 期，第 41-49 页。

法的制定，进一步明确监察委员会的权力来源、组织架构、内部机构设置、人员选任资格及选任方式。其立法重点如下。

（1）确定监察委员会的组织原则和内容。第一，建立以"垂直领导"为主的"双重领导"的模式：监察委员会在法律地位上与政府、法院和检察院相平行，在其领导方式上则采取以"垂直领导"为主的"双重领导"的模式，即各级监察委员会既要对同级人民代表大会及其常务委员会负责，也要对上级监察委员会负责，在业务上只接受上级监察委员会领导的"垂直领导"模式，以避免地方政府对监察委员会履职的不当干预，确保监察权行使的独立性①。第二，人员产生方式：监察委员会主任由本级人民代表大会选举产生；监察委员会副主任、委员，由监察委员会主任提请本级人民代表大会常务委员会任免；国家监察委员会由主任、副主任、委员组成。第三，领导体制：监察委员会实行主任负责制，主任全面领导监察委员会的工作，代表监察委员会对各级人民代表大会及其常务委员会负责，并向各级人民代表大会提名副主任及其内设机构负责人的人选，而副主任及其监察委员会成员在主任的领导下负责具体事务并协助主任工作。

（2）确定监察委员会的内部机构设置。在反贪反渎和职务犯罪预防部门整体转隶之后，必须通过制定监察组织法的方式对其内设机构的建设予以固定，以实现转隶机构和原纪检监察内部机构的良好融合。内设机构的设置应当以机构职权的内部划分为核心，在明确列举各部门的职权范围和权力清单的情况下，可下设廉政监督部、调查部、预防部、案件管理与审查部四个业务机构。四个业务部门根据需要，设立若干业务局，以确保机构组织的有序和高效。

（3）确定监察委员会的人员选任机制。监察委员会成立之后既可以进行职务犯罪侦查，又可以进行一般的纪律检查和廉政监督，其权力种类和内容的复杂性就决定了其工作人员选任要求的多样性，对于不同机构行使不同种类监察权的工作人员，应当作出具有针对性的专业化选任要求，以提高监察机关工作的效率。为此，有必要建立有别于普通公务员的专门职务序列，对监察官的职责、权利与义务、人员选任、奖励、惩戒、考评、职业保障、工资福利待遇等管理与保障措施进行规定，在《公务员法》的一般规定之下，形成与《法官法》和《检察官法》相对应和匹配的监察人员管理体制。

---

① 李红勃：《迈向监察委员会：权力监督中国模式的法治化转型》，《法学评论》2017 年第 3 期，第 154 页。

（二）制定监察程序法

国家监察程序法，是为国家监察权的运行设定基本程序规则的专门法。现代法治在很大程度上表现为程序法治。有无正当法律程序是法治与人治的根本区别①。在当代中国法治观念日益深入人心的背景下，监察权力的行使尤其应当重视正当程序的构建，使监察机关的监察行为都能够受到法律程序的约束②。所以，监察程序法应在程序正义的基本要求之下，通过对监察程序的规定，确保监察权的公平公正行使，确保监察对象的合法权益不受侵犯。具体而言，监察程序法应当包括监察委员会行使监察权的基本原则、监察委员会职权的具体内容和行使方式以及规范监察权行使的基本制度等内容。

（1）确立监察权行使的基本原则。为规范监察权的行使，明确监察权行使的基本准据和方向，监察程序立法首先应当确立监察权行使的基本原则，以确立国家监察制度的特定追求。基于目前的改革方案，具体应当建立以下基本原则：①监察公开原则：公开原则已经成为贯穿于公权力行使所有阶段的基本法则，在监察程序立法中，有必要在总则中确立监察公开的基本原则，从宏观上指导监察权行使过程的充分公开。②监察公正原则：正当程序原则是公权力行使的基本原则，国家监察权的行使也须遵循正当程序的要求，建立起监察公正的基本要求。按照正当程序原则的基本要求，即"任何人都不能做自己案件的法官"和"任何人在遭受不利的公权力影响时，有获得告知、说明理由和提出申辩的权利"③，形成监察公正原则的具体内容。③人权保障原则：作为《宪法》的基本原则，人权保障原则也应当成为监察权行使的基本原则，在监察活动中应当充分保障被监察人的基本人权，禁止刑讯逼供，不得强迫被监察人自证其罪。

（2）确立监察权行使的基本制度。在监察权行使的基本原则之下，监察程序立法还需要通过建立监察权行使的基本制度，以确保监察权合法规范运行，保障被监察对象的合法权益不受侵犯。为此，有必要在监察程序立法中建立以下基本制度：①回避制度。回避制度是指被审查人或检举人的近亲属、主要证人、利害关系人或者存在其他可能影响公正审查审理

---

① 吴传毅：《论正当法律程序的作用及其原则》，《行政论坛》，2008 年第 3 期，第 59 页。
② 姜明安：《正当法律程序：扼制腐败的屏障》，《中国法学》，2008 年第 3 期，第 37-47 页。
③ 丹宁：《法律的训诫》，杨百揆等译，法律出版社 1999 年版，第 102-104 页。

情形的，均应当主动回避，不得参与相关审查审理工作。②听取申辩制度。陈述和申辩的权利是任何人在其权益要受到克减之时，必须享有的被告知、可陈述、申辩和得到辩护的权利，这一权利对于被监察对象的基本权利保护来说至关重要，是监察工作是否合法正当的重要体现。为此，在国家监察程序立法中有必要在重要决定作出之前设置法定的听取被监察对象陈述和申辩的环节，以保证监察工作的公正进行。③全程同步录音录像制度。为防止刑讯逼供，保障被监察对象人权不受侵犯，有必要在国家监察程序立法中确立全程同步录音录像制度，要求在行使监察权的过程中，每次讯问被监察人时，应当按照审、录分离原则，对讯问全过程实施不间断的录音、录像。④建立律师参与监察工作制度。根据正当程序原则的要求，任何人在遭受不利的公权力影响时，都应当享有进行陈述和辩护的权利。因此，在被监察对象接受调查期间，应当为被监察对象提供法律服务，由律师参与监察工作。

二、制定看守所法

看守所是羁押依法被逮捕、刑事拘留的犯罪嫌疑人的机关，其在押人员的状况正是一个国家文明程度和人权保障情况的重要体现。最近几年，随着媒体对"躲猫猫"等看守所内非正常死亡以及刑讯逼供现象的报道，社会公众对看守所工作的关注度也随之提升，呼吁对看守所管理体制进行改革。

（一）看守所法的立法背景

作为我国看守所羁押监管工作的主要法律依据的《中华人民共和国看守所条例》（以下简称《看守所条例》）制定于 1990 年，至今已经近 30 年，在此期间该条例还从未修改过，但是在这近 30 年间，我国法律体系已经发生了重大变化，相关基本法也早已修改数次，尤其在 2012 年《刑事诉讼法》大修之后，《看守所条例》中诸多核心条款已经与《刑事诉讼法》发生了严重的抵牾。例如，2012 年《刑事诉讼法》建立起严禁刑讯逼供机制，其中确立不得强迫任何人自证有罪、非法证据排除和讯问全程录音录像等规则，但这些内容在《看守所条例》中属空白，甚至《刑事诉讼法》还对看守所的监管对象范围进行了修改，这种种变化都导致这部"古董级"的法规已经与社会发展、刑事诉讼体系不相协调，亟须进行彻底和全面的修改。

　　看守所作为保障刑事诉讼顺利进行的重要场所，其监管工作开展情况对人权保障有着直接的影响，并且在很大程度上决定了《宪法》和基本法中所规定的人权保障内容是否能够有效落实。所以，看守所立法既直接关系到《刑事诉讼法》若干基本制度的贯彻与实施，也关乎公民各项基本权利是否能够得到充分保障。正是因为看守所立法对于刑罚制度、刑事诉讼制度，甚至是司法制度的极端重要性，作为《刑事诉讼法》的重要配套法律之一，看守所立法广受社会各界关注。

　　早在 2000 年前后，公安部就已经开始着手研究修改 1990 年制定的《看守所条例》，2009 年随着媒体对"躲猫猫"等看守所内非正常死亡以及刑讯逼供现象的报道，社会各界掀起了要求修改《看守所条例》的热潮，大批学者就此问题展开了研究，在各界压力之下，《看守所条例》的修改也被列入国务院当年的立法计划当中。随后，在 2011 年，《看守所条例》的修订草案由公安部起草并呈送国务院法制办公室，并在之后几易其稿。2012 年《刑事诉讼法》大修后，《看守所条例》中的诸多内容已经与其相抵触，故而学界又提出应当尽快对条例进行全面修改，重新制定看守所法的提议。2014 年公安部监所管理局局长称公安部正在进行看守所法起草工作，之后，由国务院法制办公室组织起草的《看守所法（送审稿）》也在学界进行了充分的研讨和评议，而在 2016 年国务院发布的《国家人权行动计划（2016—2020 年）》中，也明确提出"将制定看守所法，提升被羁押人权利保障的立法层级，完善配套法律法规和规章制度"。

　　从以上看守所立法的历程中可以看出，就目前来看，理论界对看守所立法的研究已经形成了一定的成果，核心议题已经得到了充分的讨论。社会各界在此问题上基本形成了共识，立法条件已经基本成熟。顺应全球人权发展的趋势，可以说，制定看守所法是势在必行的。制定看守所法不仅是完善刑罚执行体系、推进新时期羁押监管工作的必然要求，也是我国人权保障事业发展的必然要求，有必要以看守所法为核心，对看守所管理与执法领域现存的规范性文件进行有效的梳理和修改①，从而明晰看守所的

---

　　① 就现行看守所管理与执法的法律依据而言，除《看守所条例》之外还有诸多规范性文件和部门规章对此问题进行了规定，并在实践中发挥了重要作用。例如，1991 年颁布的《实施办法（试行）》，2008 年颁布的《看守所留所执行刑罚罪犯管理办法》，2009 年颁布的《看守所防范和打击"牢头狱霸"十条规定》等。根据公安部编制的《公安部现行有效规章及规范性文件目录》和《公安部决定废止的规范性文件目录》，有关监所管理的规范性文件就有 70 余件，内容大多针对的是看守所的管理与执法。此外，由于人民检察院负有监所监督的职能，其也颁布了若干用以规范驻所检察官在看守所中的监督权限与程序，事实上形成了对看守所监管工作的规定。详情请参见高一飞、聂子龙：《论我国看守所立法》，《时代法学》2012 年第 2 期，第 46 页。

职能定位、羁押对象、管理方式、人权保障内容、预防刑讯逼供的措施等，细化看守所羁押执行程序和相关制度，以规范看守所的羁押监管工作，推进我国在押人员的人权保障事业。

（二）看守所法的立法重点

（1）明晰看守所的职能定位。看守所的职能定位是事关看守所生存发展的根本问题[①]。根据《看守所条例》的相关规定，看守所的职能主要有以下两项：①羁押未决犯，即负责羁押并监管依法被逮捕、刑事拘留并且尚未经法院作出生效判决的人犯。②监管改造，即负责监管并改造已被法院生效判决判处有期徒刑一年以下，或者余刑在一年以下，不便送往劳动改造场所执行的罪犯。其中，对依法被刑事拘留、逮捕的未决人员的羁押、监管职能是看守所的主要职能也是最为基本的职能。而对于看守所承担对已决人员羁押、监管及改造职能，因为已决犯在看守所的羁押具有"代执行"性质，且根据修改后《刑事诉讼法》的相关规定，将看守所执行的对象改为"剩余刑期在三个月以下"的人员以后，看守所中已决犯的监管人数将大为减少，此项职能显然已经不再是看守所的核心职能，只能作为对未决犯监管职能的辅助职能。

此外，对于引发社会关注和学界热议的"看守所是否有刑事侦查职能"这一问题，如果从规范分析的视角来看，作为规定看守所监管工作主要依据的《看守所条例》中并未赋予其侦查的职能。但是在司法实践中，看守所却基本都承担着深挖犯罪等一定的犯罪侦查的任务，这不仅是实践中秘而不宣的通行做法，也体现在了公安部的相关文件中，如在 2002 年公安部发布的《公安机关深挖犯罪工作规则》中，就将深挖犯罪规定为监管场所的重要职责，随后各地公安机关据此制定了地方相关实施办法，组织了多次深挖犯罪的专项活动，《公安机关深挖犯罪工作规则》还专门就深挖犯罪所需的经费，如狱侦特情耳目经费等提出了较为详细的保障要求。在该文件的要求和公安部的组织之下，各地各级公安机关不断开展深挖犯罪的活动，深挖犯罪工作取得了巨大成效。近几年来，包括看守所在内的全国公安监管场所每年通过深挖犯罪线索破获刑事案件数占同期全国

[①] 顾永忠：《论看守所职能的重新定位——以新"刑事诉讼法"相关规定为分析背景》，《当代法学》2013 年第 4 期，第 76 页。

公安机关破案总数的 10%左右①。

看守所虽然在深挖犯罪工作中取得了丰硕成果，但是此举明显违背了法治主义的基本原则，作为羁押监管场所的看守所如果兼负侦查职能，就会违背侦查权和羁押权应当分立的基本要求，使国家法律对犯罪嫌疑人和被告人的权利保障规定成为摆设，也为刑讯逼供这一刑事诉讼中的毒瘤的存在提供了土壤。而在浙江省张辉、张高平强奸杀人冤案中就出现了狱侦耳目这一公安机关深挖犯罪线索的重要角色，本案中的狱侦耳目袁连发被安排与犯罪嫌疑人关押到了一起，并用用暴力和胁迫等手段诱使张辉承认犯罪，并且成为控方指控张辉强奸杀人的重要证人，对最终的审判结果起到了重要影响，有学者指出如此混乱的执法所带来的就是对人权的蔑视与践踏①。为此，停止看守所深挖犯罪工作应当说是法理和正义的要求。此外，值得注意的是，在此次《刑事诉讼法》的大修中，看守所的独立地位也进一步得到明确，看守所在刑事诉讼过程中是可以作为独立的主体与作为办案机关的公安机关和人民检察院进行工作往来的②。所以，有必要在看守所法中明确看守所的职能定位，坚决废除看守所的侦查职能，停止在看守所内进行任何形式的侦查工作。

（2）加强羁押过程中的人权保障。看守所的主要任务是依据国家法律对被羁押的犯罪嫌疑人实行武装警戒看守，保障安全，保障侦查、起诉和审判工作的顺利进行。相对于监狱而言，看守所因为羁押了大量的未决犯，其性质不同于监狱对已决犯的关押，"未经审判，任何人不得确定有罪"，犯罪嫌疑人的权利的保障应当充分落实在看守所的监管工作中。目前，我国各地看守所中还不同程度地存在着犯罪嫌疑人的基本人权得不到充分保障的情况，并主要反映在以下两个方面。

其一，超员羁押。超员羁押虽然与我国经济社会的快速发展带来的犯罪人数攀升有直接关系，但是因为看守所基础设施建设的落后和警力配备的不足所产生的超员羁押问题却是看守所人权保障不足的重要原因，由于这一不可回避的现实问题，看守所在超员羁押之后带来的直接后果就是被羁押者的日常生活最低标准无法得到保障，被羁押者的生活空间和医疗保

---

① 李玉华：《对看守所深挖犯罪的质疑与反思》，见卞建林、侯建军《深化刑事司法改革的理论与实践》，中国人民公安大学出版社 2010 年版，第 123 页。

② 《刑事诉讼法》第 254 条规定："在交付执行前，暂予监外执行由交付执行的人民法院决定；在交付执行后，暂予监外执行由监狱或者看守所提出书面意见，报省级以上监狱管理机关或者设区的市一级以上公安机关批准。"第 255 条规定："监狱、看守所提出暂予监外执行的书面意见的，应当将书面意见的副本抄送人民检察院。人民检察院可以向决定或者批准机关提出书面意见。"

障等得不到充分实现。此外，由于超员羁押，看守所的民警有时不得不通过被羁押者对被羁押者进行管理，由之便滋生了牢头狱霸这一看守所羁押监管的毒瘤。

其二，超期羁押。对于公安机关侦查部门在办案过程中不当延长犯罪嫌疑人、被告人的羁押期限的问题，一直是我国刑事诉讼人权保障中的难点问题。看守所作为公安机关的下属单位，其隶属关系决定了在实践中，看守所对超期羁押问题一定程度的放任，无法落实相关法律规定对其超期羁押行为进行监督，也无法有效帮助检察院进行监所监督。部分案件久拖不决使犯罪嫌疑人超期羁押，也使其自身合法权利有遭受克减的可能。

鉴于超员羁押和超期羁押问题的现实存在，看守所的人权状况一直成为社会众关注的焦点，尤其在"躲猫猫"事件之后，犯罪嫌疑人的人权保障状况也成为公共议题，不仅被羁押者的日常生活、医疗卫生和会见通信权得不到保障，甚至连其生命权和健康权都有可能受到极大威胁[1]。对此，在看守所法立法过程中进一步加强对被羁押者的人权保障力度，是非常必要且实践急需的，看守所羁押过程中人权保障程度的提高，将直接补足之前刑事诉讼中人权保障的短板，促进人权事业的发展和司法文明程度的提高。

（3）落实《刑事诉讼法》的规定。看守所法是《刑事诉讼法》实施中重要的配套性法律，制定看守所法也是保障《刑事诉讼法》有效实施的必然要求。此次《刑事诉讼法》修改中多处涉及看守所的羁押监管工作：①加强了看守所对被羁押人诉讼权利的保障。新法将辩护律师会见在押的犯罪嫌疑人的程序大为简化，辩护律师可以直接到看守所会见在押的犯罪嫌疑人、被告人，不再需要侦查机关的许可、安排和陪同，并且会见时不再会被监听，从而解决了律师"会见难"的问题，有力地保障了被羁押人的诉讼权利，保障了司法的公正。②强化了看守所对侦查行为的监督制约。2012 年修订的《刑事诉讼法》规定"公安机关对犯罪嫌疑人拘留后，应当立即将被拘留人送看守所羁押，至迟不得超过 24 小时，逮捕后，应当立即将被逮捕人送看守所羁押"，要求羁押后讯问

---

[1] 根据相关学者在 2007 年所作的看守所中的人权状况调查，表明在刑事诉讼过程中，犯罪嫌疑人、被告人在审前羁押期间的辩护权尚未得到充分保护；羁押期间非法获取口供的现象依然存在；羁押场所的生活待遇有待提高；羁押期间犯罪嫌疑人的性别差异与民族生活习惯都没有得到应有的照顾；羁押经历影响着受访者对社会的信心；等等。详情请参见林莉红、邓刚宏：《审前羁押期间被羁押人权利状况调查报告》，《中国刑法杂志》2009 年第 8 期，第 107 页。

必须在看守所进行并要进行全程录音录像等，这些新规都将从根本上监督侦查羁押行为，遏制刑讯逼供或者变相刑讯逼供行为。③缩小看守所代为执行刑罚的范围。《刑事诉讼法》修改后缩小了《看守所条例》中所规定的代执行的范围，规定"对被判处有期徒刑的罪犯，在被交付执行刑罚前，剩余刑期三个月以下的，由看守所代为执行"，大大减少了要在看守所内进行服刑的人数，从而对看守所代为执行刑罚的职能进行了弱化。

通过《刑事诉讼法》的修改，看守所的职能定位发生了重大变化，这主要表现在对看守所羁押未决犯职能的强化、对看守所关押已决犯职能的弱化、对侦查行为的制约监督职能的强化等三方面。同时，《刑事诉讼法》的修改也对看守所的日常羁押管理提出了全新的要求，而看守所立法中应当包含的内容大多直接属于司法制度的核心内容，同时也是对公民基本权利有重大影响的立法保留事项，因此亟须通过制定看守所法这一形式落实新《刑事诉讼法》的相关规定，与办案部门以及人民检察院的诉讼活动进行有效衔接。

（4）巩固看守所的改革成果。制定看守所法是对近年来羁押监管工作的系统整理和根本肯定，是固化监所改革成果的必由之路。在媒体爆出"躲猫猫"等在看守所内非正常死亡事件之后，顺应社会各界的呼声，公安部迅速启动了看守所监管工作的改革：①提高看守所经费保障。2009年6月，财政部与公安部联合下发《关于进一步加强看守所经费保障工作的通知》，重新核定并提高了看守所在押人权伙食金额标准，规定由财政负担在押人员的医药费、衣被费，对看守所公务费等其他费用也提出足额列入预算予以保障。②改善医疗卫生条件。公安部与卫生部联合下发《关于切实加强和改进公安监管场所医疗卫生工作的通知》，要求各级公安机关、卫生部门积极推进公安监管场所医疗机构建设，改善医疗条件。此外，改革中还推荐了在押人员被提讯前后和被提解出所送返看守所时的体表检查制度，加强了对刑讯逼供行为的打击力度。③改善住宿条件。公安部与建设部启动了《看守所建筑设计规范》的修订工作，在新建看守所监室内全面推行床位制，为防止对被羁押者实施刑讯逼供，或者体罚、虐待、侮辱等行为，在讯问室内用金属防护网进行分隔，分设在押人员和办案人员出入口，避免在押人员与办案人员的人身接触。在讯问室内加装同步录音录像设备，借助科技手段防止刑讯逼供等行为。

看守所羁押监管工作诸多改革举措，有力地提高了看守所管理的规范化水平，改善了在押人员的日常生活，切实保障了在押人员的基本权利。改革中推行的诸多经验与做法都具有进一步推广的重要价值。制定看守所法，将看守所监管领域中的相关改革成果进行固定和转化，使实践中的相关有益探索可以得到继续传承和发扬，以此来加强对犯罪嫌疑人和被告人的人权保障，促进看守所管理工作规范化。随着看守所改革逐步走向深入以及我国刑事诉讼制度的修改，不少问题已经不是技术性的机制问题，而是直接涉及看守所定位和性质的核心问题，需要通过立法的方式进行解决。

三、制定社区矫正法

社区矫正是刑罚轻刑化、缓刑化、社会化这一国际趋势的必然体现。我国社区矫正，经历 2003 年试点、2005 年扩大试点，2009 年在全国全面实行两个阶段，2014 年进入全面推进阶段，至今社区矫正法律制度已经建立。截至 2014 年，社区服刑人员 73 万余人，累计接收近 224 万人。可见，社区矫正制度在刑罚的执行方面发挥着重大作用。然而，对于这一重要制度，我国至今未有相关立法，只有最高人民法院、最高人民检察院、公安部、司法部于 2012 年联合发布的《社区矫正实施办法》，以及《中华人民共和国刑法修正案（八）》（以下简称《刑法修正案（八）》）中的相关条款。《社区矫正实施办法》中规定的原则性、笼统性、不明确性，导致社区矫正在实践操作中面临立法不足、经费不够、人员缺乏、监督不明等弊端，呈现"放养"之态势，而未能达到刑罚的社会效果和恢复性功能。为此，十八届四中全会明确要求"制定社区矫正法"，建立健全监狱刑罚执行和社区矫正相互衔接、统一协同的刑罚执行体系。

（一）社区矫正法的立法背景

社区矫正制度是指将符合法定条件的违法犯罪人员置于开放式的社区内，由专门的国家机关以及社会团体、民间组织和社会志愿者帮助其矫正罪犯的病理品格，并矫正其不良甚至反社会的行为定式，以俾犯罪人重新回归社会并令社会得以恢复正常而安宁的秩序。

我国的社区矫正工作开始于 2003 年，最高人民法院、最高人民检察院、公安部、司法部联合下达了《关于开展社区矫正工作的通知》，进行社区矫正工作试点。随后，"两院两部"又在 2005 年和 2009 年分两批将试点区域扩大到全国范围。2011 年《刑法修正案（八）》获得通过，明确了适用社区矫正的情形，2012 年，《刑事诉讼法》相应作出修改，规定"对被判处管制、宣告缓刑、假释或者暂予监外执行的罪犯，依法实行社区矫正，由社区矫正机构负责执行"，为了配合《刑法》和《刑事诉讼法》的修改和实施，"两院两部"又联合制定了《社区矫正实施办法》，这些法律法规的出台表明社区矫正在立法层面正式得到了确认。

　　虽然我国开始实行社区矫正制度的历史相对较短，但是取得的进展却非常可观。截至2014年底，社区服刑人员73万余人，累计接收近224万人，社区服刑人员矫正期间再犯罪率处于 0.2%的较低水平①。这表明社区矫正制度在中国已经成为改造罪犯的重要手段，并且也起到了良好的社会效果。随着社区矫正成效的不断显现，接受社区矫正的服刑人员数量也在不断攀升，各地社区矫正工作也面临着需求增长和制度供给不足的双重困境，为此，业内专家和各地人大代表、政协委员等社会力量不断要求中央制定统一的社区矫正法，来为不断扩大的社区矫正实践保驾护航。

　　早在 2007 年召开的社区矫正工作专家小组会议上，中央就明确提出了社区矫正立法时"三步走"的思想，即：第一步，修改《刑法》和《刑事诉讼法》；第二步，制定《社区矫正实施办法》；第三步，制定社区矫正法。之后的社区矫正工作也基本是按照这个立法思路予以推进的，先在2011 年通过的《刑法修正案（八）》中修改了涉及社区矫正的条款，此后在 2013 年又随着《刑事诉讼法》的大修，修改了诉讼法中的相关内容，从而迈出了社区矫正立法的第一步，为社区矫正立法提供了基本法的支持，之后就正式进入了社区矫正法的立法工作进程。作为社区矫正法的先行办法，2012 年《社区矫正实施办法》开始颁布施行，在执行体制、执行程序、矫正程序、法律监督等方面作出了明确规定。但由于《社区矫正实施办法》的立法位阶较低和内容上的诸多不完善之处，十八届三中全会《中共中央关于全面深化改革若干重大问题的决定》、四中全会《中共中央关于全面推进依法治国若干重大问题的决定》还是着重提出了要"健全社区矫正制度""制定社区矫正法"。随之，2014年8月"两院两部"发布《关于全面推进社区矫正工作的意见》，12 月司法部联合六部委联合发布了《关于组织社会力量参与社区矫正工作的意见》，之后在 2016年 12 月《社区矫正法（征求意见稿）》向社会公布，这表明社会各界期待已久的社区矫正法应该很快就会"落地"。

---

　　① 李娜：《全面深化狱务公开推动制定社区矫正法》，《法制日报》2015年2月12日，第5版。

（二）社区矫正法的立法重点

通过《刑法修正案（八）》的颁布以及《刑事诉讼法》修改，社区矫正制度得到了法律上的肯定。之后，为进一步推进社区矫正制度化、规范化、法制化，2012 年 1 月 10 日，最高人民法院、最高人民检察院、公安部、司法部联合制定了《社区矫正实施办法》。《社区矫正实施办法》作为我国首部专门规定社区矫正工作的规范性文件，首次系统地规定了社区矫正工作的工作流程，为各地社区矫正工作的开展提供了充分制度保障，并为社区矫正法的立法奠定了坚实的基础。《社区矫正实施办法》颁布之后，对于进一步加强和规范社区矫正工作、严格对社区矫正人员进行监督管理、提升教育和矫正质量、促使矫正人员顺利融入社会、预防和减少重新违法犯罪起到了重要作用。

但是《社区矫正实施办法》在实践中取得的规范效果并不能掩盖其在立法上存在的诸多疏漏，在总共 40 条的《社区矫正实施办法》中缺乏必要的体系化结构安排，社区矫正机构的职权和责任划分非常笼统和不明确，社区矫正执法人员主体地位也未能在《社区矫正实施办法》中予以体现，由此导致社区矫正工作在实践操作中面临立法不足、经费不够、人员缺乏、监督不明等弊端。这些问题有的在《社区矫正法（征求意见稿）》中得到了解决，有的还依然未得到立法的足够重视。我们将结合《社区矫正实施办法》和《社区矫正法（征求意见稿）》的立法缺漏，提出以下重点内容以裨益于立法的修改和完善。

（1）明确社区矫正机构的职权和责任划分。作为社区矫正工作主要执法主体的司法行政机关在《社区矫正实施办法》中的职权和责任划分并不明晰，这主要表现在以下方面：①司法行政机关、县级司法行政机关、司法所、矫正小组的职权划分不明确。《社区矫正实施办法》中对于以上四类主体的职权规定存在部分重复和范围不清的情况。②社区矫正机构的职权规定散乱，缺乏必要的内容归类。例如，县级司法行政机关的职权共有 19 项，却分散规定于《社区矫正实施办法》的第 3~4 条、第 6 条、第 10 条、第 12~14 条、第 19 条、第 23~28 条、第 30~31 条中。对此，建议在社区矫正法中设置社区矫正机构专章，集中分级规定不同级别司法行政机构在社区矫正工作中所承担的功能和角色定位，以解决矫正机构职责不明、责任不清的问题。

（2）明确社区矫正执法人员主体地位。《社区矫正实施办法》第 8

条对于社区矫正执法人员的规定为"矫正小组由司法所工作人员担任组长，由本办法第 3 条第 2 款和第 3 款所列相关人员组成"，而第 3 条所列人员包括了社会工作者和志愿者、有关部门、村（居）民委员会、社区矫正人员所在单位、就读学校、家庭成员或者监护人、保证人等。按照该规定所列明的内容，可以作为社区矫正执法人员的种类既有司法行政机构的工作人员，还包括了诸多可以参与到社区矫正工作中的社会人员。而社区矫正作为一种重要的刑罚执行方式，必须有明确的主体承担主体责任，如果不对执法责任主体、执法辅助人员、书记员和其他行政服务人员进行区分，就相当于人人可以办案、人人可以执法，这就极容易导致职权不清、责任不明的问题①。对此，可以在社区矫正法立法中确立专门的执法人员或者执法警察，赋予其明确的职权和执法手段，以使其能够在社区服刑人员脱离监管、违反监管规定、发生违法犯罪或者危害社区安全的行为时，及时采取强制措施，震慑社区服刑人员，体现刑罚执行的严肃性，以有效预防和减少重新犯罪。此外，也能够在开展调查评估、调查取证等与社会联系的执法工作时，更好地得到其他单位的信任、支持和配合。

（3）加强对社区矫正人员的心理矫正。社区矫正既要实现对行为恶习的矫正，还要对社区矫正人员的犯罪心理进行矫正。但是在《社区矫正实施办法》所确立的考核标准中，只有对社区矫正人员行为矫正的考核，而没有对心理的矫正效果的考核。《社区矫正实施办法》第 17 条虽然规定了社区矫正机构要对其进行心理辅导和矫正，但是并未规定心理矫正的考核标准，对于矫正前后心理状况有什么程度的改变，犯罪心理与非犯罪心理的界限是什么，并没有明确的规定。为此，建议在社区矫正法中规定设置必要的心理咨询机构并对其机构职责予以明确，在承担日常的心理咨询和矫正职能之外，还应对社区矫正人员进行长期跟踪的心理测评，建立一套社区矫正人员的心理矫正标准和心理矫正档案，在对社区服刑人员进行接收时就要对其心理情况进行测评，并以此为根据区分矫正人员的社会危害性的大小，对其进行专业化和差别化的分类和分级管理。

（4）设置专章对未成年社区矫正进行专门规定。接受社区矫正的未成年人在身心特点、犯罪原因等方面都跟成年人有明显差异，相应地在矫正方法、矫正内容、对其开展矫正的工作人员的知识结构等方面，也必须要跟成年人区别对待，否则很难保障矫正效果，预防犯罪的目标也会受到

① 高一飞：《社区矫正法应明确执法人员地位与职权》，《检察日报》2017 年 2 月 6 日，第 3 版。

影响。目前，未成年社区矫正人员人数已超过未成年犯管教所在押未成年犯人数，成为我国未成年人矫正制度的主体①，为了更好地让未成年社区矫正人员回归社会，有必要增加对未成年社区矫正的专门规定，可以考虑效仿《中华人民共和国监狱法》《刑事诉讼法》中设置的未成年人专章的立法形式，在未来的社区矫正立法中就未成年社区矫正问题进行专章的系统规定。

（5）扩大社区矫正的适用范围。可考虑将拘役刑犯纳入社区矫正范围，判处拘役的被告人，重于管制，轻于缓刑，主观恶性不大、人身危险性不重，被排除在社区矫正之外是不太合理的。社区矫正既然是变封闭式为开放式、变监禁刑为非监禁刑的现代行刑方式，就不应仅限于原属开放的、非监禁刑的对象。因为现行社区矫正的适用对象，无论是管制刑犯、缓刑犯、假释犯还是监外执行人员，本来就是不会收监执行的，社区矫正存在与否对其而言意义不大。现在我国的拘役刑犯因其刑期短，大多在审决前就被羁押在看守所内服刑，这样的直接后果是：鉴于看守所的人满为患，比之于监狱，更难做到分管分押，因而反可导致不同恶习的未决犯与服刑人员之间的相互濡染与教习，进而更加难以矫治。何况，与监狱相比，看守所的主要任务是羁押未决犯，从事侦查、预审、羁押等任务，对服刑人员的身心矫治并不在其主要职能范围之列，在确知实行社区矫正不至为害社会的情况下，与其将被判处拘役刑的人投诸看守所，毋宁对其进行社区矫正。

四、制定证据法

证据是司法运行的主线，自案件进入司法程序时起，一直到其终结，司法都是围绕收集证据、寻找证据、认证证据、适用证据等内容而展开。正因为证据无比重要，所以才需要立法对其进行规范。而我国当前尚未出台独立的证据法，有关证据的法律规范分别规定在《刑事诉讼法》《民事诉讼法》和《行政诉讼法》，以及《最高人民法院关于民事诉讼证据的若干规定》《最高人民法院关于行政诉讼证据若干问题的规定》和《最高人民法院关于适用〈中华人民共和国民事诉讼法〉若干问题的意见》中。这些不统一的证据规则在司法实践中矛盾重重，加大了法院适用的难度。为此，诸多学者强烈建议制定统一

---

① 蒲晓磊：《有必要设立未成年人社区矫正专章》，《法制日报》2017 年 1 月 3 日，第 11 版。

的证据法。证据法应当规范谁、规范什么、如何规范？这一问题其实关涉证据法的功能定位。

（一）证据法的价值取向

无论是英美法系国家还是大陆法系国家，证据法的功能无外乎包括以下几个方面：确定事实真相、确保司法公正、降低诉讼成本，以及提高司法效率等[①]。正如江伟教授所言："证据法旨在为法院的裁判提供事实基础，同时也具有保障当事人诉讼主体地位和诉讼权利及限制法官恣意等功能。"[②]具体来说，我国证据法的立法应当围绕以下价值目标展开：①明确相对真实观，反对绝对真实主义观[③]。发现真实是证据法的首要目的。司法活动是人类的一种特殊的认识活动，它大多数时候面向的是过去而非现在和未来，对于已经发生的案件事实，作为裁判者的法官也无法具有令时光倒流的能力，只能依靠于诉辩双方所提供的证据材料来认定事实真相。证据材料只是案件事实发生时所留下来的"痕迹"，而非案件事实的当然真相，所以要仅从证据中发现完整的事实经过是很难的，在诉讼中也不可能达到绝对的真实主义，为此，有必要在证据法中明确相对真实观，以现实中能收集的证据材料为基础来确定事实真相。②确保司法公正，约束法官自由裁量权。证据是司法正义的基础，没有证据的司法，其正义性、公平性很难得到保障[④]。我国目前的证据立法还不够完善，部分内容规定得比较笼统，证据的证明标准等内容不够明确，弹性较大，这就为法官的自由裁量留下了很大的空间，在监督机制不够完善的情况下，很容易因为法官裁量权的滥用导致事实认定不清或者错误，从而影响最后司法判决的公正，同时还容易滋生司法腐败等现象。为此，有必要通过证据法的立法，建立非法证据排除规则、证据证明力等规则，限制法官在证据认定中的自由裁量权，以确保司法权的公正行使。③保障当事人及其他涉讼公民的合法权益。保障涉讼公民权利是世界各国证据法发展的共同趋势。保障诉辩双方的当事人的诉讼主体地位，建立由控辩双方当事人主导证据的提出与认定的证据制度，建立拒绝作证特权规则、司法令状规则、非法

---

① 何家弘：《证据法功能之探讨——兼与陈瑞华教授商榷》，《法商研究》2008年第2期，第29页。

② 江伟：《证据法学》，法律出版社1999年版，第3-4页。

③ 左卫民：《取向与框架：两大法系刑事证据法之比较——兼论中国刑事证据立法的基本走向》，《中国法学》2001年第5期，第29页。

④ 赵纲：《中国证据法草案及立法问题探讨》，《法制日报》2003年7月17日，第4版。

扣押搜查排除规则，应以控辩双方主导原则为制度基础，吸收、借鉴当事人主义的庭审证据规则，如明确证据的相关性规则，确立、完善交叉询问规则。

（二）证据法的立法模式

证据法是司法制度的重要内容，与主要法治发达国家相比，我国目前的证据法呈现出规定散乱、缺乏体系的特征，急需一部证据法对分布于各部门法中的证据规则进行系统综合与提升。但对于证据法的立法模式，即采用怎样的立法形式进行立法、立法框架如何构建等问题，学界尚存不小争议。总结各方提出的立法模式基本为以下几种：①制定统一的证据法典；②分别制定刑事证据法、民事证据法和行政证据法；③分别对现行三大诉讼法中的证据规定进行修改和完善；④在现有立法的基础上，以单行条例的方式补充立法缺陷和空白。在证据法的立法讨论中，不少学者还提出了自己的建议稿，其中以陈光中教授和江伟教授提出的建议稿最有代表性且影响颇大。

陈光中先生领衔起草的《中华人民共和国刑事证据法专家拟制稿》以"刑事证据法"的形式对证据规则进行规定，拟制稿包括三编：第一编为"通则"，对证据法的目的、范围以及基本原则等内容进行了规定；第二编为"证据种类"，分别规定了物证、书证、证人证言、被害人陈述，犯罪嫌疑人、被告人陈述，鉴定结论，勘验、检查笔录以及音像、电子资料等证据形式和内容；第三编为"刑事程序中证据的收集和运用"，集中对刑事诉讼活动中证据如何收集和使用进行了规定，尤其是对立案、侦查程序、起诉程序以及审判程序的证据问题作了规范[①]。而江伟教授主持起草的《证据法学者建议稿》共分为了六章，分别是：第一章"通则"，主要规定了证据法的宗旨与原则等；第二章"证据"，对证据、证据方法与证据能力等作出了一般性规定，同时还按照证据的分类对各种证据的内容进行了具体规定；第三章为"证明负担分配及承受"，分别对证明负担分配法则、司法认知、推定、自认、证明妨碍以及表见证明作了规定；第四章为"证明标准与证据判断"，主要对自由心证、各类案件的证明标准以及各种证据证明力的判断规则作了规定；第五章为"法律责任"，主要涉及

---

① 陈光中：《中华人民共和国刑事证据法专家拟制稿（条文、释义与论证）》，中国法制出版社2004年版。

有关证据的各种法律责任问题；最后一章为"附项"①。

比较陈光中教授和江伟教授所提出的证据法专家建议稿，在都对证据收集和认定的基本规则进行了规定之外，两份建议稿的最大不同就在于是否要对证据运行的程序性事项进行规范。陈光中先生的版本是将刑事证据法和《刑事诉讼法》进行了融合，专门规定了证据在诉讼活动中的使用规则和程序问题，并主张通过修改《刑事诉讼法》的方式对我国刑事证据制度进行改革和完善，因此所起草的建议稿中就涉及了诸多在诉讼中如何收集并运用证据的条款，这就使得该建议稿既具有了证据法的内容，又有了诉讼法的属性，不能叫作完全意义上的证据法。而江伟教授等起草的《证据法学者建议稿》则只发力在证据的实体性规范方面，至于证据如何收集与运用则不涉及，基本上是体现了学界部分学者所持的证据法和诉讼法应当分离的观点。

证据法应当选择何种立法模式其实就是在回答证据法的范围、证据法与诉讼法的关系以及证据法是否可以独立等根本性问题。有学者通过闭合性（非公开性）、不可回转性对诉讼法与证据法之间的关系进行了区分②，其主要观点即认为证据活动具有不同于诉讼中其他职权活动的公开性，证据收集和认定的活动都是非闭合的，此外证据活动还具有可回转的特征，在诉讼活动的每个阶段都可以继续进行证据的收集工作。由此，证据法是明显可以独立于诉讼法的。此外，从证据法的发展脉络上来看，证据法中是同时具有实体性内容和程序性内容的，但是近现代证据法具有的独立于诉讼法的实体内容越来越多，证据法也可以不仅仅是作为诉讼证据法而存在，证据法中的程序性事项如证据如何在诉讼中认定和使用的条款大多都是诉讼法应当调整的事项，只有证据的实体问题，才是证据法应当调整的核心对象。证据法和诉讼法的可分性和独立调整对象内容的增多，都意味着单独制定一部证据法的时机已经基本成熟。

此外，单独制定一部证据法还具有完善法律体系的重要意义。我国现在因为没有统一的证据法，以至于证据规则分散于各个部门法中，这些涉及证据和证明问题的法律规范效力不等，实效不宜，这其中既包括作为根本大法的《宪法》，也包括《刑事诉讼法》、《民事诉讼法》与《行政诉讼法》等程序法，《民法通则》、《中华人民共和国合同法》（以下简称《合同法》）与《刑法》等实体法，《人民法院组织法》、《人民检察院

① 江伟：《中国证据法草案（建议稿）及立法理由书》，中国人民大学出版社 2005 年版。
② 赵纲：《中国证据法草案及立法问题探讨》，《法制日报》2003 年 7 月 17 日，第 4 版。

组织法》等组织法，以及最高人民法院、最高人民检察院、公安部针对诉讼证据问题作出的一系列司法解释、部门性规章，如《关于民事诉讼证据的若干规定》《关于行政诉讼证据若干问题的规定》等，甚至还包括我国已经参加的《海牙取证公约》等国际条约。这些凌乱和零散的证据规定事实上已经阻碍了司法业界证据思维的形成和培养，使证据的收集和采信规则长期受到实践的忽视。另外，不同部门法中的证据规定其实是有很多共通内容的，如证据方法、证据调查法则、证据评价法则等内容就适用于民事、刑事和行政等所有诉讼活动，建立统一的证据法在完善法律体系的同时，事实上还完成了对证据规范领域的重新厘清，有利于法律体系的统一，也方便了司法实践中的适用。

（三）证据法的立法内容

证据立法不能是对当前证据规定的简单拼凑和组合，而必须符合相关立法规范，是在一定立法目标和宗旨的组织下的规范系统，其应当以基本原则和总则性内容为根本支撑，以重要规则为框架，细则内容应当尽可能具体以丰满立法内容。有学者提出证据法立法要首先明确证据法的核心内容、边缘内容和交叉内容。证据法的核心内容是证据法之所以可以作为独立的单行法发挥作用的主要体现，一般应当为证据证明的一般规则，具体应当包括以下内容：①证据法的基本概念，如证据、证据材料、证明、证明责任、证明对象、证明标准等概念；②证据法的基本原则，如证据裁判原则、自由心证原则、直接言词原则、客观真实原则、利益衡量原则等；③证据法的基本证据规则，即有关区分定案证据和证据材料标准的证据可采性规则，有关证据证明力大小的采信规则，以及证据的种类和分类规则；④证据法的基本证明规则，即有关证明对象的确定、证明责任的分配、证明标准的适用的一般性规则等。

证据法立法不可回避的问题就是如何处理好证据法和诉讼法的关系，所以对于两部法律都有必要进行规定的内容应特别注意。目前，在我国现有的法律体系中，除三大诉讼法外还有不少实体法规定了证据和证明的内容，这些内容交叉在几部法律规范中进行规定，表明了其并不具备突出的证据法特征，但是由于这些内容对于证据的收集和认定意义重大，也有必要在证据法中进行规定。对于这些内容，证据法大可以吸收实体法、程序法和本法的相关规定，以证据判断过程为核心，有效吸收相关法律规范中与此直接相关的内容以丰富证据法立法，但对于部分不具有一般性意义的证据规则如民法中所规定的特别的举证规则就可以不作为证据法的内容。此外，对于本质上不具有证据法属性，但与证据和证明直接有关的内容，或者对证据法的实施起支撑或者保障作用的规范也有必要视情况在证据法中予以体现，如关于伪证罪、证人传唤程序、司法鉴定、物证技术鉴定等事项的规定等。

下　篇

司法运行机制之完善

司法权力的配置和运行是司法制度的核心所在，司法权力的运行机制直接面向司法实践，决定了司法活动的现实貌相。司法是一门实践的科学，再为宏大壮观的司法蓝图最终都是要通过各项司法机制的运行实现的，各项机制的建立与完善不只是司法改革的成果确认，更是司法改革能否成功的关键。在此基础上，将改革的理念、改革的精神、改革的原则融入具体工作程序和机制层面的调整，用实效来审视司法改革之路径，以累计正义来构筑中国司法之未来。

第六章
完善法官员额制度，健全法院编制制度

　　自 1982 年法院系统的编制作为中央政法专项编制单独管理至今，通过不断地调整和完善，较好地保障了政法机关的人力配备。但是政法专项编制依然存在着某些严重的问题，这些问题已经影响到法院队伍的合理构成和队伍整体素质的提高，甚至影响到法院工作的正常开展。为此应建立法官员额制度来完善政法专项编制制度，法官员额制度主要包括三个方面的内容：司法辅助人员的分类管理、法官员额比例的核定标准、严格法官的选任。

　　政法专项编制是指在各级法院、检察院、公安、国家安全、司法行政机关（含监狱、劳教系统）中使用的行政编制，它在整个编制管理中具有重要地位。人员编制及管理问题是一个历史沉积多、涉及面广的复杂问题，想要一蹴而就地解决不可能，也不现实。司法体制的改革只能逐步地推行，而且解决目前法院编制及人员管理方面的困难和问题，是一项庞杂的系统工程，必须遵循规律，逐步解决，就目前的情况而言，推行法官员额制度较为适宜。

一、现行编制管理之弊端

1. 编制种类过于单一

　　1982 年 11 月，中共中央政法委员会、中共中央组织部、劳动人事部、财政局在《关于公安、检察、法院、司法行政系统编制和经费若干问题的联合通知》中规定，"全国各级公安、检察、法院、司法行政系统编

制单列,实行统一领导,中央和省、市、自治区分级管理"。将公安、检察、法院、司法行政系统的编制从党政群机关中分离出来,作为政法专项编制单独管理,一直沿用至今。因此,在组织、人事、编制等管理部门承认的法院编制种类仅有一种即中央政法编制。但由于历史和法院现行管理体制等诸多原因,事实上,法院现有人员中除了中央政法编外,尚有地方行政编、地方事业编、工勤编等,名目繁多,可谓五花八门。法院法定的编制种类单一,导致了只注重审判工作人员的编制设置和配备,而忽视了司法辅助人员的配置①。任何一个单位或组织,除了核心工作人员外,必不可少地需要辅助类工作人员,如勤杂工、司机等,法院也不例外。因此,各级法院只能自行聘用这类人员,这类人员有的由当地编制部门核定为其他各类编制,有的甚至无编。

2. 核定编制数少于实际需求

目前核定的中央政法编制数与法院实际需要的人员数之间有很大差距,案件数量上升的幅度远远大于核定编制数增长的幅度,按照现行的核定标准,全国各级法院普遍存在超编的现象②。目前,各级法院核定的编制数与法院承担的审判工作量严重不相适应。随着形势发展,人民法院的审判工作领域越来越宽,所承担的审判工作任务也越来越重,相应地人员需求量也越来越大。但现行的编制核定标准严重滞后,导致各级法院招录人员异常困难,许多法院十几年甚至几十年都没有招录新的人员。一方面没有招录新人员,另一方面每年都有离岗或退休的人员,再加上"一刀切"提前离岗的政策,许多中基层人民法院法官一般在50岁左右正值黄金时期就提前离职离岗③。以至许多法院都有人员短缺、法官"断层"、法院队伍难以形成合理结构的困难。

3. 核定编制导致法院经费保障困难

中央政法编制数量是地方财政拨款的计算基数,因此,对除去中央政法编的其他人员,虽然有些地方以地方财政支付工资,但有的地方靠法院自身解决。在中级、基层人民法院普遍存在着对部队退伍复员人员

---

① 傅郁林:《以职能权责界定为基础的审判人员分类改革》,《现代法学》2015年第4期,第15页。

② 王静、李学尧、夏志阳:《如何编制法官员额——基于民事案件工作量的分类与测量》,《法制与社会发展》2015年第2期,第31页。

③ 刘斌:《从法官"离职"现象看法官员额制改革的制度逻辑》,《法学》2015年第10期,第47页。

的工资福利全部由单位的公用经费支付的情况。此外，由于法院没有核定工勤编制，一些办案辅助人员如司机、水电工、书记员等只能聘用临时人员担任，这部分人员的经费并没有纳入财政预算管理，其工资报酬只得靠挤占在编人员有限的公用经费支付，使得法院本身就紧张的经费保障的压力更大。

二、造成上述弊端之原因

1. 法院编制管理体制过于僵化

依照《宪法》规定，上下级法院是审判监督关系，法院的管理体制不是垂直管理模式，各级法院对其同级人民代表大会负责，受其监督，法院的人事和经费由其归属的地方政府管理①。因此，一些地方为法院核定了中央政法编制以外的各类编制，在过去并未严格按《法官法》《公务员法》规定的严格条件进行，通过各类渠道安置人员，有的以地方行政编等形式将人员安置到法院；有的甚至不带任何编制，地方财政给工资，仅凭领导一个批条，就将人员安置到法院；等等。而这部分编制人员许多无法过渡到中央政法编，从而造成法院超编和管理混乱。

2. 编制核定不科学

我国各地经济社会发展状况差异悬殊，现行编制核定的标准无法适应各地的不同情况。编制管理部门为法院核定编制时，也没有充分考虑法院工作的特殊性，特别是对社会发展给法院审判工作量带来大幅度增加的因素，流动人口大幅增加、经济发展状况及历史原因造成的不平衡等因素未给予充分考虑，在核定编制特别是新增下达编制数时，与其他行政部门同等对待，导致法院核定编制数过少或不尽合理。

三、完善法官员额制度之路径

法官员额制度，是指根据一定标准确定人数相对固定的法官，集中行使国家裁判权的制度。实行法官员额制度，是提高法官职业素质、提升法官职业形象的内在要求，是完善政法专项编制制度的重要举措，也是法官队伍职业化建设的重要步骤和基本内容之一。法官员额制度主要包括如下

---

① 刘忠：《规模与内部治理——中国法院编制变迁三十年（1978—2008）》，《法制与社会发展》2012年第5期，第61-62页。

三个方面的内容。

1. 完善司法辅助人员的分类管理

建立法官员额制度的首要前提，就是对法院人员进行分类管理。通过职业化分类和专业化管理，建立客观的评价机制，激励各类人员的工作积极性，提高工作效率和质量，从而达到各得其所、各尽其能、各安其位、各乐其业的目标①。分序列管理的主要内容包括：①确立法官、法官助理、书记员、司法行政人员、司法警察五大序列，各序列间彼此独立、互相隔断，原则上限制各序列人员的流动；②根据各序列的特点，确定各自的任职条件、选任程序和职责范围，建立畅通的人员进出通道；③通过测算工作量，并结合实际情况，确定各序列的员额比例，每个序列的员额数相对固定，不得相互侵占；④合理分配各序列间的职级比例，每个序列的职级数较固定，互不占用。法官的职级仍与审判职称挂钩，法官助理和书记员可实行等级制，非审判序列人员则参照公务员标准评定职级。

2. 确定法官员额比例的核定标准

核定标准是法官员额制度的核心，笔者认为核定标准主要包括三个方面的内容：①审判工作量是确定政法专项编制制度及法官员额制度最主要、最基本的标准。因为从根本上说，确定政法专项编制与法官员额必须满足审判工作的实际需要，其他各种因素的影响，最终都要反映到审判工作量上，而审判工作量虽然每年都有变化，但因其有规律可循，仍然是一个可测算的常量。②辖区人口和面积。我国地域辽阔，人口分布极不均衡，在确定一个法院的政法编制，特别是法官员额时，如果以恒定的人口数为标准，则有的法院只需要一至二名法官②。但根据我国宪法和法律的规定，法院设置仍基本上以行政区划为依据，县级以上的行政区划单位均设置法院，有法院就应当有法官。因此，在确定政法专项编制时，在考虑案件数量和人口因素的同时，还要考虑辖区面积，以便利当事人依法行使诉讼权利。③经济发展水平。经济发展水平与案件数量尤其是民商事纠纷案件的数量关系十分密切。由于我国各地经济发展极不平衡，因而不同地区法院受理案件情况也呈现不均衡状态，甚至出现特别明显的差异。一般

---

① 郭毅敏、闻长智、袁银平：《法官员额：理论逻辑、现实背景及制度构建》，《湖北行政学院学报》2007年第1期，第35页。

② 孙谦、郑成良：《司法改革报告——有关国家司法改革的理念与经验》，法律出版社2002年版，第120页。

来说，经济发达地区的法院受理的案件数量多，标的额大，案件也相对复杂，而边远地区、经济欠发达地区的法院在案件数量、标的金额和案件的复杂程度上与前者相比悬殊。因此，在确定政法专项编制时，我们必须把经济发展水平作为一项重要指标考虑进去。

3. 严格法官的选任

法官的选任包括三个方面的内容：①重新界定法官的范围，我国《法官法》将法官定义为：法官是依法行使国家审判权的审判人员。根据上述规定，法官仅指审判人员，不包括法院内部从事行政管理和审判辅助工作的其他人员；不包括虽有审判职称但不从事审判工作的人员[①]。因此，我们必须重新界定法官的范围。法官应当包括下列人员：正副院长、审判委员会委员、正副庭长、各审判业务庭（包括人民法庭）的法官、立案庭和执行庭行使裁决权的法官。非审判法官，即政治部、办公室、监察室、研究室、立案庭和执行庭中具有审判职称的人员，则不在法官范围之内。②改革法官的晋升渠道，逐步建立上级法院的法官从下级法院的优秀法官中选任以及从律师和高层次的法律人才中选任的制度。对于经公开招考合格的法律院校的毕业生和其他人员，应首先充实到中级人民法院和基层人民法院中去，高级人民法院从低一级法院和社会的高层次法律人才中选任法官，使法官来源和选任真正形成良性循环。③实行"严进宽出"的淘汰机制，即严格法官的选任途径、放宽法官的离任通道。一方面，通过多种渠道清退法官，如正常退休、任期轮换、自愿申请等方式，将部分法官逐渐转移至其他序列。另一方面，严把法官入口关，进入法官序列的唯一通道是参加竞争选任，即凡通过国家统一司法考试、符合法官任职条件的人员，各级法院均不得直接任命，必须通过竞争选任程序，方可将优胜者任命为法官。以此方法逐步达到合理的法官员额比例，实现法官队伍的优化配置。

---

① 丰霏：《法官员额制的改革目标与策略》，《当代法学》2015 年第 5 期，第 148 页。

第七章
完善法院经费保障体制，加强法院经费保障

改革和完善人民法院经费保障体制，建立"明确责任、分类负担、收支脱钩、全额保障"的经费保障体制[①]。根据中央确立的分项目、分区域、分部门的经费分类保障政策，配合有关部门制定适应人民法院实际情况的经费分类保障实施办法，改革和完善人民法院经费管理制度，提高管理能力和水平，其要义有三：改革经费保障渠道、改革经费利用方式、改革经费监督体系。

一、法院经费保障体制的现状

按照现行财政管理体制和财权与事权相配套的原则，各级人民法院的经费，主要是由同级财政予以拨款，中央、省级财政予以专款补助。各级财政根据本地社会经济发展水平和财力状况安排法院预算，一般是在保障人员经费的基础上，对日常公用经费按人员核定数额，法院自身收取的诉讼费作为补助经费。目前，我国财政对于法院收取的诉讼费，实行"收支两条线"管理，即法院收缴的诉讼费作为行政性收入全额上缴国库，财政再根据财力状况与法院部门预算核定的标准，以行政事业性补助的方式拨给法院使用[②]。实行"收支两条线"管理的根本目的是从源头上防治腐

---

① 人民法院经费保障体制的改革目标最早确立于最高人民法院"三五改革纲要"，详情请参见《人民法院第三个五年改革纲要（2009—2013）》。

② 李麦玲：《我国法院经费保障体制研究》，《财会通讯》2010年第30期，第155页。

败。但在全国范围内，现行法院经费保障体制存在失无性缺陷，使得中央三令五申的"收支两条线"的规定缺乏保障机制，多年来难以真正落实，收支挂钩、以收定支、明脱暗挂的现象在许多地方仍司空见惯。长此以往，难免会导致一些法院机关受利益驱使，为钱办案、越权办案，滋生腐败，有损公正[①]。

二、法院经费保障体制存在的问题

1. 经费短缺

当前由于各级地方人民法院的经费保障水平取决于本地区的经济状况，地区差异很大，经费保障无法落实，对法院工作产生了严重影响，这主要表现在：①对干警利益和法院队伍建设的直接影响。法院干警的工资不能按时足额发给，有的长期拖欠国家规定发给法院干警的政策性津贴和补贴，有的长期拖欠干警的差旅费，严重影响了干警的工作信心和积极性，同时，也无法吸引到优秀人才进入法院系统，影响到法院干警整体素质的提高，不利于法院队伍的稳定和建设[②]。②对司法权威的影响。法院的人员经费、办公、办案经费得不到保障，干警不能安心在法院工作，办公场所简陋，办案装备落后，不能保障法院工作的廉洁和高效，影响法院"公正与效益"的工作主题落到实处，进而影响到司法权威。③对社会的影响。法院经费无法保障让法院的正常运转受到严峻的考验，许多基层人民法院由于长期拖欠水电费、邮电费，曾出现被停水、停电和停电话等严重影响正常办公、办案的现象。法院的"两庭"（人民法庭和人民法院机关审判庭）建设欠债，长期得不到清偿，债权人上门追讨债务，债权人到处上访，甚至起诉法院的情形也时有发生，这既损害了法院的形象，又给社会造成了极坏的影响。

2. 法院基本建设欠账过多

实行"收支两条线"管理以前，法院基本建设及其偿还欠账的经费来源除了依靠上级财政和法院拨付的专项补助经费以外，大部分是依靠法院收取的诉讼费来解决。实行"收支两条线"管理以后，各地财政只能保障法院最基本的支出，根本没有余钱解决法院基本建设及偿还欠账

---

① 陈永生：《司法经费与司法公正》，《中外法学》2009 年第 3 期，第 401 页。

② 唐虎梅、李学升、杨阳等：《人民法院经费保障体制改革情况调研报告》，《人民司法》2013 年第 21 期，第 69-70 页。

的问题①。因此，要切实做到"收支两条线"：①必须尽快实行法院独立预算体制，使法院经费实现真正意义上的独立。各级财政部门应按制定的标准安排各级人民法院公用费用预算，不得以收定支，也不得根据支出预算向各级人民法院下达收费收入指标。遇有重大案件等特殊情况，原制定的标准内经费不能满足实际需要时，各级人民法院可以根据实际情况，按规定程序向财政部门申请追加预算。②人民法院必须严格按照规定收取诉讼费用和其他罚没收入，不得超项目和标准，也不得违规随意减免，做到应收尽收。③将人民法院基本建设所欠债务纳入政府投资项目清欠范围之内，对债务经过审计后在财政预算中逐年安排予以解决。

3. 管理制度不严，监督机制不力

人民法院在过去诉讼费的管理上曾出现个别法院挪用诉讼费搞"两庭"建设，动用诉讼费借贷给私人搞创收等现象，造成了经费紧张的情况。在诉讼费实行"收支两条线"后截留诉讼费，不按规定上缴财政，这些都是我们在管理制度上把关不严，抓得不牢造成的。与此同时，监督机制没有及时跟上。法院的监督工作是自己监督为主，监督人员是本单位的，在行使监督权时，存在着包庇纵容、怕得罪人的现象。另外，在经费管理上，法院作为党政机关的一个工作部门，没有被看成是一个特殊的行业，经费管理以当地财政供给为主，法院自身想管理好诉讼费都很难。除此之外，个别法院工作部门在使用本来就吃紧的经费问题上存在着浪费现象，动辄就下馆子、住豪华宾馆，拿着钱到处挥霍。久而久之，只能坐吃山空。

三、改革和完善法院经费保障体制之建议

1. 从经费的来源方面，改革和完善现有的法院经费保障体制

最高人民法院编制本院和专门人民法院的经费预算，报全国人民代表大会批准后，由财政部按预算拨款；同时，在最高人民法院和专门人民法院进行诉讼的当事人将诉讼费用全额上缴中央国库，财政部按全国人民代表大会通过的最高人民法院、专门人民法院的经费预算

---

① 靳羽：《处在十字路口的法院经费保障体制：困境加剧抑或曙光乍现》，《法治研究》2008年第10期，第36页。

案结合预算内资金全额划拨。地方各级人民法院的经费由省级人民代表大会确定预算，省级财政执行预算，统一拨付①。同时，将诉讼费用和罚没的赃款上缴省级国库，省级财政部门按省级人民代表大会通过的全省（自治区、直辖市）法院预算并结合预算内资金全额划拨。中央和省级财政设立专项补助经费，用来弥补基层人民法院和老少边穷地区人民法院的经费不足。这样做，既保证了法院经费的充足，又减少了对地方财政的依赖。

2. 从经费的利用方面，改革和完善现有的法院经费保障体制

由国务院会同最高人民法院制定《人民法院经费管理办法》，规范利用好法院经费当前，在利用法院经费的问题上，存在诸多问题，主要表现为：①擅自挪用诉讼费搞"两庭"建设，动用诉讼费借贷给私人搞创收。在过去没有实行"收支两条线"之前，当事人交纳的诉讼费归入法院的收入当中，由法院自行支配。为了提高全体干警的工作积极性，某些法院想方设法给本单位创造收入。更有甚者，将诉讼费用来进行各项硬件设施建设，造成入不敷出。②公款消费严重，公款吃喝、公款旅游、公车消费的现象十分严重。③虚假报销现象比较严重。为最大限度地满足自己的私欲，各级法院中某些干警出差回单位后报销相关的费用时，总是多报销或者谎报销，以捞取更多的"收入"。这样，本来就吃紧的经费更是捉襟见肘。为此，由国务院会同最高人民法院出台了相关的《人民法院经费管理办法》，规范法院经费管理，才能从源头上遏制住浪费经费、违法使用经费的行为，并对这些行为施以法律上的惩戒。

3. 从经费的监管方面，改革和完善现有的法院经费保障体制

在国务院内部增设直属机构——国家司法经费保障总局，各地方设置相应的司法经费保障局，实行垂直管理。同时，由同级人民代表大会常务委员会和专门的监察机关对其行为予以监督，并由审计部门进行审计。如此，至少可以达成如下效果：①实现法院经费的规范管理，保障了经费的充足②。只有专门的机构来管理专门的经费，并辅之以相关的监督，才能真正做到专款专用，有的放矢。②摆脱地方行政权的干预，保障经费的独立。专设一个机构来管理相关的经费，可以最大限度地减少对地方财

---

① 陈文兴：《我国司法经费保障体制的弊端与完善》，《人民检察》2007 年第 7 期，第 55 页。

② 闫继勇：《推进法院经费保障体制改革》，《人民法院报》2009 年 9 月 19 日，第 1 版。

政的依赖，避免了人民法院成为"地方的法院"。③有利于建立法院经费保障的长效机制。从当前和长远来看，建立专门的机构，配套以相关的监督来管理好法院经费，用发展的眼光看待问题，是实行经费保障的长久之策。

第八章
健全纪检监察体制，保障司法公正廉洁

法院纪检监察部门作为人民法院内部的监督机制，承担着落实党风廉政建设、惩治和预防腐败、保障司法公正廉洁的重要职能。但实践中，一些法院的纪检监察工作流于形式。为了促使法院系统纪检监察工作进一步规范化、制度化，切实保障司法公正廉洁。通过分析当前法院纪检监察工作存在的问题，提出明确纪检监察工作的职能范围，建设一支相对独立和稳定的法院纪检监察队伍，并将涉诉信访纳入纪检监察工作的范畴。

一、法院纪检监察工作之重要性

1. 司法公正廉洁的需要

司法是社会正义的最后一道防线，法官如存在贪污受贿或其他不廉洁的行为，损害的不仅仅是个案中当事人的权益，更波及法院的整体形象，有损司法的公信力和权威。"一切有权力的人都容易滥用权力，这是万古不变的一条经验。有权力的人使用权力一直到遇有界限的地方才休止"①。法官拥有着定纷止争的裁判权，在案件的审理过程中极易出现权力寻租的现象。要维护人民法院的良好形象，使人民法院严格依法行使审判权和执行权，离开了纪检监察部门，审判权和执行权将失去有效监督，人情案、关系案、金钱案将会成为常态，司法公正廉洁将丧失殆尽。

---

① [法]孟德斯鸠：《论法的精神（上）》，张雁深译，商务印书馆1961年版，第154页。

2. 提高法官素质的需要

司法改革中法院队伍建设至关重要，可以说没有一支高素质的法官队伍，法治建设就是天方夜谭。要提高法官素质，就必须走法官职业化的道路，使其成为职业知识素质、职业观念素质和职业道德素质三者兼备的司法专业人才。纪检监察可以为法官职业化建设营造健康向上的环境。当前我国社会正处于转型时期，各种利益诱惑对司法的侵蚀较为严重，法官在审理案件过程中经常处于各种利益交织的风口浪尖，外部环境对个人的影响作用十分明显，法官也是普通公民，也需要在当地社会生活，同样有七情六欲，稍不注意就会堕落腐化。强化法院纪检监察有利于肃清法院系统的不正之风，为法官的职业化提供良好的保障①。

3. 法院管理规范化的需要

人不是天使，需要用制度来约束。有权力必有监督，有权力必有责任。良好的制度才是法院管理的根本途径。制度建设带有根本性、全局性、稳定性和长期性。在人民法院的各项工作当中，到处都能见到各种制度规定。大到适用法律，小到言行举止，都要靠制度去规范、约束、运行。从组织法官开展活动看，无论思想政治教育，还是改革，总是以制度的发展为落脚点，成果靠制度来巩固，创新靠制度来体现。制度的发展既是工作成绩的一个重要窗口，又为下一步工作的开展奠定了基础的制度建设，是文明进步程度和管理水平的反映。但是制度建设并不仅仅是制度设计和制定，重要的价值在于执行。有了好的制度，但落实不了就形同虚设，设计和制定得再好也会前功尽弃。纪检监察工作是制度的"忠实卫士"，对不按制度办事者严格追究其责任，真正使制度发挥作用，形成由制度制约权力的良好局面。

二、当前人民法院纪检监察工作中存在的问题

1. 机构设置不合理

法院纪检监察机构行政化色彩浓厚，纪检监察部门人员多数由非法官的行政人员组成②。基层人民法院一般只设立纪检组长、监察主任这样的

---

① 张建南：《以十八大精神为指导 不断推进法院系统廉政建设》，《中国纪检监察报》2012 年 11 月 21 日，第 3 版。

② 王家庚：《基层法院纪检监察工作的完善》，《江苏法制报》2012 年 4 月 19 日，第 C 版。

领导职务，而没有设立专职的纪检员，这与当前日益复杂的纪检监察工作形势显然不相适应，也使得纪检监察工作空有其表。目前，法院系统的纪检监察工作基本沿用了行政监察模式，从受理、调查到报请院长批准处理等，完全是行政化的模式，缺乏明确的证据规则和程序标准。因此，很多法院在纪检监察人员的任用上并没有特别重视对其业务素质的考量。一些法院甚至将纪检监察部门作为退居二线人员或闲置人员的安置岗位，使得纪检监察工作完全流于形式。

2. 监督方式的局限性

实践中，基层人民法院的纪检监察机构除了通过开展党风廉政宣传教育，学习贯彻相关文件来进行事前预防外，很少主动去进行监督检查。而法院纪检监察部门实际所处理的问题绝大多数来源于信访或是已经被相关部门所知悉的问题线索。其监督具有一定的被动性和滞后性[①]。同时，法院纪检监察部门监督的范围也存在着局限性，大部分的违纪违法监督针对的是法官在承办案件过程中发生的问题或错误，而对于单纯的法官违法乱纪行为却很少进行监督。此外，尽管法院的纪检组长通常也作为院党组成员进入法院行政管理的领导层，但实践中，法院纪检监察部门对院领导班子成员很难进行实质性的监督。

3. 处理力度不够

作为法院的内设机构，纪检监察部门从维护法院自身利益和整体形象角度，一般不愿意过多地查处本院干警的问题，更不愿意将本院存在的问题过多地对外公开。因此，一些法院的纪检监察部门在工作中，监察力度不够。即便是查出了问题，在处理时往往也避重就轻，尽量将问题内部消化，或是大事化小、小事化了，象征性地处理一下。法院纪检监察是法院系统内的自我监督，自我监督这种方式本身就是一种悖论，如果自己能够监督自己就根本无须监督了。

三、完善人民法院纪检监察制度的设想

面对日益发展的新形势，法院的纪检监察部门只有积极探索在纪检监察方面的新方法和新内容，大胆创新，逐步建立和完善符合审判工作规

---

① 陈俊才、黄德斌：《基层法院如何创新纪检监察工作》，《江苏法制报》2011年11月10日，第 C01 版。

律、中国特色的法官惩防制度体系，才能有效地预防和遏制司法领域中的腐败现象，捍卫司法权威和提高司法公信力。

1. 建设相对独立和稳定的法院纪检监察队伍

要充分发挥纪检监察工作的作用，需要一支相对独立、稳定并且具备较高业务素质的纪检监察队伍。因此，在选拔任用纪检干部时，要着重加强对其政治素质、业务素质和品德修养的考核。同时要花大力气保障纪检监察队伍的相对独立性和稳定性，在人员配备和经费保障上应当给予其单独的保障。同时要完善纪检监察工作的相关程序规定，为纪检监察工作营造良好的工作环境，保障其处理问题的独立性和公正性。而制度建设是当前纪检监察工作的重中之重。要完善人民法院内部监督机制，使纪检监察工作更好地为审判工作服务，增强党风廉政建设的成效，就必须改革与当前形势不相适应的体制和制度。针对党风廉政建设中出现的新情况、新问题，纪检监察机关应当不断修订和完善工作机制和相关制度，把纪检监察工作逐步纳入科学化、制度化、规范化管理的轨道①。

2. 明确纪检监察工作的职能范围

要改变法院纪检监察工作中的被动局面，首先应当明确纪检监察工作本身的职能和监督范围，将纪检监察工作的重心由错案追究转移到对法官日常行为规范的监督上，真正发挥纪检监察工作惩治和预防腐败的职能②。针对不同地区的实际情况，可以着重从以下方面进行监督：①法官在承办案件过程中是否接受当事人、辩护人、代理人以及受委托从事审计、评估、拍卖等中介机构的财物、请吃饭及其他利益；②是否向当事人推荐、介绍律师或为律师介绍案件以及向律师索取好处；③是否有在委托评估、拍卖活动中徇私舞弊以及为案件当事人推荐、指定资产评估、拍卖等中介机构的行为；④是否违反规定插手、干预、过问案件或为案件当事人通风报信、说情打招呼，严重影响案件公正审理；⑤是否有滥用审判、执行职权，违反规定采取强制执行措施，严重侵害群众合法权益；⑥是否故意向合议庭、审判委员会隐瞒事实证据或提供虚假情况等枉法裁判；⑦是否故意泄露合议评议，审判委员会讨论案件的具体情况和其他审判、执行秘密；⑧是否有利用司法职权或其他职务便利从事经营活动谋利；⑨是否在业外活动中不遵守社会公德、法纪严重影响法院法官形象。

---

① 杨树明、费文彬：《进一步推进法院反腐倡廉建设》，《人民法院报》2012年11月7日，第1版。
② 王春女：《浅析基层法院如何有效开展纪检监察工作》，《企业导报》2014年第4期，第126页。

对以上九种情况的检查监督均由纪检监察部门直接立案查办，一经查实，依纪依法从严查处，同时依据党风廉政建设责任制追究相关人员的责任。

3. 创新监察方式

加强纪检监察的工作力度，创新监察工作方式，把事前教育预防与事中介入调查和事后问责查处的方式有机结合起来。纪检监察部门对发现或反映的违法违纪问题应严肃查处，要严格按照相关规定，发现一起，查处一起；发现一人，处理一人①。此外，还要正确处理好教育查处与爱护干部的关系。纪检监察工作的性质决定要对违法违纪干警进行教育查处，纪检监察工作是一项得罪人的工作，法院干警应当树立正确的思想，认识到纪检监察部门的教育处理是对干部的关心爱护。纪检监察干部要切实履行职责，大胆管理，严格要求，经常对干警思想上的偏差进行纠正，对行为上的失范进行批评，未雨绸缪、防患未然，确保单位不出问题，确保干部不出问题。

4. 将法院信访工作纳入纪检监察工作之中

当前，信访已经成为广大基层人民法院审判以外的主要任务。而基层信访很多时候又与纪检监察工作紧密相关。但目前绝大多数法院的信访工作还是由立案部门来负责的。然而法院的立案部门本身已经承担了一部分审判职能。由立案部门管理信访案件往往容易出现一些问题。当前基层信访工作压力较大，而立案庭本身已经担负着法院的立案、审查、诉前调解、保全等职能，部分法院的立案庭还要负责对外委托鉴定。如果再由其担负信访工作，很容易因为任务过多而导致工作力度不够。再者，信访案件往往会涉及法院内外多个职能部门的协调②。而立案部门本身作为一个审判服务部门，对内很难协调好各相关庭室之间的关系，对外也因为立案人员对诉讼信访案件先入为主，容易使当事人产生合理怀疑。而纪检监察部门作为审查和追究违纪违法的专门部门，容易协调各庭室之间的关系。同时由于法院纪检监察部门不直接参与案件办理，由纪检监察部门承担信访工作可以避免原办案人员先入为主，避免引起当事人的合理怀疑，有利于信访工作的顺利开展。

---

① 戴南：《加强法官队伍建设 确保司法公正廉洁》，《中国纪检监察报》2008年3月11日，第1版。

② 王家庚：《法院纪检监察工作应处理好几种关系》，《江苏经济报》2015年7月15日，第B03版。

第九章
构建法官责任制度，切实防治司法腐败

法官责任制度是诉讼制度的重要组成部分，也是促进司法公正廉洁，维护整个司法体系正常运行的重要保障。法官责任制度的构建关系到司法的公正和权威。在当前司法环境下，不宜片面强调对办案法官个人追责。应当建立全国统一的法官监督和保障机制，构建符合我国法官职业特点的职权明确、考核到位、追究有力的责任体系，从源头上防治司法腐败。法官责任制度不仅是国家对法官违反法定义务、超越法定权限或者滥用职权行为进行的法律上的惩罚，而且是规定法官对其违法行为所应承担的不利法律后果的制度，法官责任制度是发展法官制度的需要，也是深化我国审判改革的必由之路。

一、构建法官责任制度之必要性

1. 防止权力异化，保障司法公正廉洁之需要

孟德斯鸠曾指出："一切拥有权力的人都容易滥用权力。"[①]任何权力的运行都存在着自我变异的可能性，司法权作为公权力的一种同样难逃藩篱。宪法赋予了法官审判权，审判权的行使是通过法官具体实施的，审判权对于纠纷的裁决具有最终确定的效力，任何机关和个人都无权改变，由此可见审判权之重要，如果不加以规范和监督，法官在行使审判权的过程中必然会存在权力寻租的现象。从小处来说会损害当事人的合法权益，

---

① [法]孟德斯鸠：《论法的精神（上）》，张雁深译，商务印书馆1961年版，第154页。

从大处来说会损害司法的公正和权威。法官责任制度的构建就是防止审判权异化的重要举措，法官享有着宪法赋予的权力，同样应承担相应的责任，只有权责统一，才能使审判权合法合理地运行，才能始终维护司法的公正廉洁。

2. 追责规范化，保障法官权利之需要

法官责任制度规定了法官违法行使审判权的不利后果，也规定了追究法官责任的法定程序和救济途径。法官责任制度一方面对遏制法官枉法裁判、惩治法官违反职业义务行为、保证司法公正有着积极的作用；另一方面它又能防止国家对法官进行任意处罚，对维护司法独立、保障法官权利具有非常重要的作用。因此，法官责任制度具有惩罚和保障的双重功能。

二、错案追究之弊端

错案追究制度是我国现行法官责任制度的核心组成部分，它是一项旨在监督法官，确保案件审理质量的措施[①]。错案追究制度的实施产生了一系列的负面影响。

1. 违背司法活动之规律

司法活动追求的是法律事实而非客观事实，以实体意义上的错案观为基础的错案追究制度是以牺牲裁判的稳定性、司法的权威性和程序的正当性作为代价的。推行错案责任追究制度的出发点无疑是好的，一定程度上也提高了司法工作人员的责任意识，对规范法官的诉讼行为有着一定的积极作用。但在司法实践中，错案的标准是难以准确界定的，只要判决是依法作出的，那么即使判决结果与客观事实不相符合也是正确的，在法律规定的范围内，不同的法官可能作出不同的裁判，上级法院的法官所作出的裁判与下级法院的法官作出的裁判即便不同，也不得简单地认定下级法院的法官作出的裁判就是错误的。在司法活动的过程中，法官并不是独立的个体，而是在特定制度框架下发挥作用的，不同审级的法官所发挥的作用是不同的，对于其职责的考核以及责任的追究也应有所不同。而法官作为法律的实施者，从保障司法权威的角度，对法官的责任追究应当是非常谨慎的。单纯依靠追究承办法官的责任，不可能完全预防和遏制司法腐败，

---

① 魏胜强：《错案追究何去何从？——关于我国法官责任追究制度的思考》，《法学》2012 年第9 期，第55 页。

更不可能把错案发生概率降低到零。实际上，面对着复杂的案情和现实中种种客观因素的影响，法官出现错误在所难免①。而从整个审判过程来看，并不是只有最后的裁判才是造成冤假错案发生的主要原因，如果仅仅处理办案法官，而不理清冤假错案产生的过程，可能会放纵整个审判活动过程中的权力交易、伪证等不法行为，造成更大的消极影响。

2. 降低法官办案的积极性

错案责任追究制度在我国并不算新鲜，1998年9月，最高人民法院就公布了将《人民法院审判人员违法审判责任追究办法（试行）》和《人民法院审判纪律处分办法（试行）》作为全国人民法院系统违法审判责任追究的基本规范。但由于该办法过于原则性，实施过程中暴露出种种问题，其在实践中逐渐被弃用。其中最主要的原因是：错案追究制度的实施，加重了办案法官的压力，导致承办法官在办案过程中顾虑重重，不敢轻易按照自己的意思作出裁判，而更加依赖于请示、汇报等形式，以求降低自身的风险。而这实际上已经影响了法官办案的独立性。法官追责范围的扩大所带来的压力，严重影响了法官办案的积极性②。部分法官不堪重负，主动要求调离审判岗位，转向法院压力相对较小的行政、后勤服务等部门工作。而目前各省对于法官责任追究制度都还没有统一的操作性规范，法官责任追究标准、依据还不统一。部分地方的责任追究制度过于严格或宽泛，使得上级法院在一定程度上控制了下级法院的审判活动，违背了两审终审的原则，影响着司法的独立和权威。

三、构建我国法官责任制度之路径

法官职业本来应该是法治社会最为人尊崇、最为稳定和最有保障的职业，但目前我国法官职业却有着高度风险。由于部分社会公众法律意识淡薄，暴力抗法事件时有发生，对法官的人身安全造成了严重威胁，这使法官承受着较高的职业风险。而由于社会转型时期各种社会矛盾突显，各地法院普遍存在着"案多人少"的现象，法官的工作压力日益加大。多数法院一线办案法官长期处于超负荷的工作状态。而广大基层人民法院的法官待遇却得不到有效保障，这也使得一部分法官萌生了权力寻租的想法。因此，不先健全法官保障制度，就单纯去强调法官责任追究，既不利于保持

---

① 谭世贵、孙玲：《法官责任豁免制度研究》，《政法论丛》2009年第5期，第52页。
② 贺日开、贺岩：《错案追究制实际运行状况探析》，《政法论坛》2004年第1期，第152页。

法官队伍的稳定，也无法从源头上根治司法腐败现象。

1. 完善配套措施，健全法官保障制度

良好的法官保障制度是构建法官责任制度的基础。法官的职业化发展趋势是要将法官作为特殊公务员对待，并在任免、奖惩、福利等方面均建立一套独立的制度，以保证法官地位、收入的稳定性，增强法官职业的神圣和尊荣[①]。虽然《公务员法》将审判机关工作人员纳入公务员序列进行管理，使得法官职业的特殊化存在着法律层面上的障碍，并且法院系统长期使用的行政职级管理模式也很难在短期内有所突破。但是不能因此就削弱对法官的职业保障。我国的《法官法》对法官收入虽然作了规定，但各地经济状况不同，经费来源和标准存在着较大的差异。实践中，地方法院的经费主要来自于地方财政，因此在一些经济欠发达地区的法院，法官甚至不能按期领到足额的工资和相关津贴。而收入缺乏保障，也在一定程度上削弱了法官在面对各种利益诱惑时的自律能力。因此，应当切实加强法官的职业收入保障，建立起法官收入保障制度，并逐步提高基层法官的待遇，维护法官职业所应有的尊荣。另外，要建立法官职业安全保障制度，只要法官履行职务的行为正当，就应推定其已尽职而免除责任。只有消除了法官依法独立审判的后顾之忧，才能保证法官依法独立公正地行使审判权。此外，还要健全法官人身安全保障制度，对打击、报复法官的行为，进行严厉的责任追究[②]。同时，还要完善法官申诉、控告权利的保障制度，切实维护法官的申诉、控告权利和其他合法权益。

2. 完善立法，使法官责任制度法制化

法官责任追究属于法律保留之事项，故应该尽快制定一部法官责任法，或者修改《法官法》，在其中加入并细化法官责任的内容；明确责任主体，追责范围、责任形式、救济途径[③]。并依据司法原理，设计我国法官责任制度，改革现行司法裁判的行政管理体制，取消裁判文书的核稿、审批、签发制度，维护法官及合议庭审判独立的权利。追究责任的标准应从主观内心过错转向外在行为失当，法官的这种不当行为可分为三类：一

---

① 孙伟良：《我国法官权利保障的完善》，《郑州大学学报（哲学社会科学版）》2012年第1期，第55页。

② 宁杰、程刚：《法官职业保障之探析——以〈法官法〉中法官权利落实为视角》，《法律适用》2014年第6期，第89页。

③ 王迎龙：《司法责任语境下法官责任制的完善》，《政法论坛》2016年第5期，第137-138页。

是违反程序法规定的行为；二是违反职业性行为准则的行为；三是违反实体法的规定的行为，包括徇私舞弊、枉法裁判、贪污受贿等《刑法》所禁止的行为，还包括明显违反实体法规定的定罪量刑或者是非、责任标准而作出裁判或决定的。

3. 完善惩戒机构设置

设立专门的法官惩戒机构，关于法官责任的承担，按照国际上通行的做法，当法官不称职或行为不检使其不适于继续任职时，可以通过指控、弹劾程序对其作出停职或撤职的处理。我国也可以参考这一做法，在全国人民代表大会和地方各级人民代表大会常务委员会下增设一个专门处理法官失职行为的组织，推选部分人大代表为其成员，专门负责对失职法官的处理。并在适当的时候，对现有的有关法官惩罚和监督的法律法规进行整合，制定全国统一适用的更具操作性的法官责任办法。而在现阶段，则应严格依照《法官法》的相关规定来处理法官的奖惩，以维护法制的统一。

第十章
完善刑事再审程序，提升审判
监督效果

刑事再审程序是刑事诉讼程序中的重要内容，其设计是否科学，不仅关系到人民法院生效判决的稳定性，还关系到国家刑罚权实施的公正性以及诉讼当事人的权利保护。我国刑事再审程序存在的一些问题制约了刑事诉讼的效果，笔者认为应当从再审价值观念、再审提起主体、再审理由和方式等三个方面完善我国刑事再审程序。

一、我国刑事再审制度之渊源

1979 年我国颁布《刑事诉讼法》，明确把我国再审程序规定为"审判监督程序"，1996 年修订后的《刑事诉讼法》，吸收了一些国家再审制度的有关内容，对我国审判监督程序作了进一步修改、补充，共用五个条款将再审的提起、条件、程序、期限等作了明确规定，明确规定由最高人民检察院和作出生效裁判的上级检察院向同级法院提出抗诉，并明确规定检察院抗诉案件接受的法院应当组成合议庭重新审理，对于原判事实不清或证据不足的，可以指令下级法院再审[①]。明示了不经审理无权驳回抗诉，解决了侵犯抗诉权的错误做法。还用明文列举的方法规定了当事人等申诉的四项法定理由，并明确规定了再审时限，加上最高人民法院、最高人民检察院、公安部、国家安全部、司法部、全国人民代表大会常务委员会法制工作委员会的《关于刑事诉讼法实施中若干问题的规

---

① 江必新：《完善刑事再审程序若干问题探讨》，《法学》2011 年第 5 期，第66-71 页。

定》、最高人民法院《解释》、1997 年发布的《关于人民法院立案工作的暂行规定》、最高人民检察院《规则》、1998 年 6 月通过的《人民检察院复查刑事申诉案件规定》以及于 2002 年 1 月 1 日起施行的《最高人民法院关于刑事再审案件开庭审理程序的具体规定（试行）》等使再审制度基本定型。

二、刑事再审程序之弊端

1. 再审程序启动具有随意性

再审提起的主体不适格，造成再审程序的启动具有随意性。法院可以自主启动刑事再审程序，这是再审程序启动任意性的根本所在[①]。按照诉讼法的理论，诉讼程序的进行都必须以"诉"的存在和提起为前提，要遵循"不告不理"原则。法院不能同时充当诉的提起者和诉的裁判者，否则便违背了控审分离的原则，很难让人相信审判结果的公正性。但我国的任何一所法院都有权启动再审程序并作出裁判。不仅如此，对于被告人、被害人真正想通过申诉启动的再审，很多法院都是长期置之不理，一旦某党政领导人就有关案件作出"重要批示"，再审程序马上就会启动。法院自主启动再审程序，并可以无视当事人的申诉，这不能不说是一种制度的极大缺陷。

2. 再审提起的理由具有模糊性

我国刑事再审程序中，人民法院和人民检察院提起再审的依据是裁判"确有错误"这一模糊性的理由。程序的启动本来应由法律作出明确的限制，尤其对于那些不利于被告人的再审，更应有严格的理由限制，否则会更加助长法院和检察院启动再审的任意性。但在我国，法院和检察院只要认为原裁判确有错误，不管是事实上的错误还是程序上的错误，不管是有利于被告人的错误还是不利于被告人的错误，都可以启动再审。而什么是"确有错误"，法律并没有作出具体规定，这使得法、检机关在启动再审时更加具有任意性。

3. 再审的提起不受时效和次数的限制

无论案件经过多长时间，不管经过了几次再审，都可以对案件提起再

---

① 李辞：《我国刑事再审程序启动路径研究》，《江西社会科学》2015 年第 3 期，第 167 页。

审，这使得随时和反复地对案件进行再审成为可能。在这种情况下，即使判决已生效，抑或规定当事人申诉启动的再审不停止裁判的执行，也依然使得当事人的权利处于不确定的状态，随时可能被改变。如果法律的稳定性被动摇了，那么法律已不能起到定纷止争的作用了。

4. 再审的审理程序不具有独立性

通常来说，法院不能对自己已经审判过的案件重新进行审判。因此，很多国家都将再审的审理权交给更高一级的法院。但在我国，作出生效判决的原审法院不仅可以对当事人的申诉进行审查，也可以对案件进行再审。同一所法院在再审的程序中扮演了多个角色，几乎每一所法院都设有审判监督庭，使再审的启动分散于各级法院中，削减了上级法院对下级法院的监督力度，违背了建立审判监督程序的初衷。

三、完善刑事再审程序之建议

1. 重塑刑事再审程序的价值理念

我国现行刑事再审程序是以"实事求是""有错必纠""不枉不纵"为价值理念的，我们要对这一价值理念进行反思，改审判监督程序为真正的诉讼程序，祛除现行审判监督中较强的行政色彩。根据诉提起的理论，法院不应成为诉的发起者，与案件有关的当事人有权通过诉启动再审程序，检察院有权启动再审以行使其司法监督权，而法院只能被动地接受当事人和检察院提出的再审申请[①]。司法公正包括实体正义和程序正义两方面，而程序正义是对人权等价值进行保障的前提，是整个诉讼合法性的前提。缺少程序正义的审判，即使发现了事实真相，也是很难让人信服的。因此我们一定要转变"重实体、轻程序"的传统观念，不能把发现案件事实真相当作诉讼的唯一目标。

2. 取消法院提起再审之主体资格

法院不能对自己已经审判过的案件重新进行审判，否则审判程序将不具有独立性，也很难体现出审判监督的价值。因此，除最高法院作出的生效裁判外，其他任何裁判的再审，都应由原审法院的上级法院受理。同时，各级法院的院长也无权就本院的生效裁判提出再审。再审的受理交给

---

① 黄维智：《刑事再审程序改革问题研究》，《四川大学学报（哲学社会科学版）》2005年第5期，第125页。

上级法院，更体现了诉讼程序不断向前推进，加强了上级法院对下级法院的监督，审判监督的作用由此显现。

3. 明确提起刑事再审程序的理由

我国对于提起再审的理由只模糊地规定为发现原生效判决"确有错误"，这一标准在实践中不具有可操作性。各级法院往往根据自己的主观判断来认定是否确有错误，造成了同一案件在审判程序中的不确定性，这是有违法的稳定性和司法公正的。因此，我们应删除法律中"确有错误"的模糊规定，根据再审是否有利于被告人对提起再审的理由作出详细的划分①。这不仅可以根据新发现的事实和证据来启动再审，还可以是因为在原审中出现了徇私舞弊、枉法裁判的行为而引发再审。而且，不利于被告人的再审在提起上应该受到更为严格的限制。

4. 完善刑事再审案件的审理流程

一是审理方式。依照《刑事诉讼法》的规定，如果原来是第一审案件，应当依照第一审程序进行审理；如果原来是第二审案件，或者是上级法院提审的案件，应当依照第二审程序进行审理，但对是否需要采取开庭审理的方式未作专门规定。根据现有的诉讼理论和实践，在目前司法资源有限的情况下，可考虑以开庭审理为原则，以不开庭审理为例外。

二是审理范围。我国《刑事诉讼法》对于进入再审程序的案件，是否适用全案审查这一原则并没有明确规定。《最高人民法院关于执行〈中华人民共和国刑事诉讼法〉若干问题的解释》第308条规定，从司法解释的层面对再审案件的审理范围确立了全面审理的原则。

三是裁判效力。有学者主张，现行刑事再审程序依附于第一审程序和第二审程序的做法抹杀了再审程序与普通程序的区别，既不能体现出再审案件自身的特点，也难以满足再审案件特有的程序需求。因此，应当在包含公正程序基本要求和第一、二审程序基本要素的基础上，构建独立的刑事再审程序。

---

① 姜焕强、刘冰：《当前我国刑事再审程序存在的问题及改进路径》，《河北法学》2005年第12期，第154页。

第十一章
完善执行救助制度，彰显司法
人文关怀

执行救助制度是指案件在强制执行中，被执行人下落不明或者当前确无履行能力，致使案件不能执行，而申请执行人无经济来源，生活极度困难时，给其一定的款项以解决生活急需的一种司法救助行为。实施执行救助制度有着重要作用和深远意义，但该项制度的实施也存在着某些严重的隐患，为了更好地发挥执行救助金的积极作用，应当从执行救助金的适用范围、发放程序、资金来源和追偿等方面作出严格的规范。

我国的司法判决一直存在执行难的问题，这是我国的政治、经济、社会发展现状所导致的一种现象。一般情况下，生效的司法判决必须在法定期限内自动履行或者强制执行，但是负有履行义务的当事人因家庭困难而无法履行义务的情况也不在少数。如果放任此种现象不加处理，不仅会导致纠纷悬而不决，而且有损司法权威，易引发众多上访事件，不利于社会和谐稳定。在这种背景下，建立执行救助制度就有其合理性。

一、执行救助之价值

1. 体现司法的人文关怀

司法的人文关怀精神首先要求把人的生存和发展作为最高的价值目标。司法实践中有一部分难以执行的案件涉及赡养费、道路交通事故损害赔偿、人身损害赔偿、刑事附带民事赔偿等内容，由于被执行人没有能力履行义务，导致申请执行人的权利长期得不到实现，其因此陷入生活、生产困境，成为社会弱势群体。设立执行救助金制度，在对申请执行人进行救助的同时，也是对被执行人的一种间接救助，体现了司法的人文关怀[①]。

2. 促进社会和谐稳定

近年来，在非正常上访中涉诉涉法上访的比例越来越高，而涉诉涉法的案件中有很大一部分是因为案件长期没有得到执行。在被执行人没有履行能力的案件中，申请执行人为实现自己的权利，经常到法院及相关部门上访，有些申请执行人甚至采取了一些过激行为。因此，对此类案件中的特困申请执行人予以一定救助，解决涉诉群众最关心、最直接、最现实的切实利益，能够有效防止因执行难而诱发新的社会不安定因素[②]。

3. 有助于提升法院的正面形象

法院作为司法救济的最后一道防线，实施执行救助金制度，在一定程度上帮助申请执行人渡过难关，缓解了被执行人的履行压力，消减了双方对人民法院的不满和对立情绪，树立了人民法院司法为民、亲民的良好形象。

二、执行救助之隐患

尽管建立执行救助制度是解决当下我国执行难的一项重要举措，然而，这一举措本身具有潜在的隐患，如果这些隐患得不到有效的解决，执行救助制度的实际效果将与其宗旨背道而驰。

1. 司法功能之异化

按照严格的法学理论，司法机关除了具有判断权之外，没有其他任何权力。执行救助制度的出现，在一定程度上使得司法功能发生了异化。具有体现有三：①司法机关所掌握的判断权的依据是法律，换言之，司法机关除了服从法律以外，不服从其他任何意志。现行执行救助制度为司法机关课以额外的义务，这使得司法机关在考虑案件的法律问题时，不得不考虑法律之外的其他事项，如判决执行的可能性、双方当事人的心理等，从而使得司法独立受到来自其他因素的干扰，不利于树立司法权威。②我国

① 张龙、郭晓钰：《我国刑事被害人救助制度的现状与完善》，《中国司法》2015 年第 11 期，第 91 页。
② 闵建生：《和谐社会背景下执行救助制度的建立》，《法律适用》2007 年第 5 期，第 73 页。

司法机关的人事和财政受制于地方政府，而执行救助制度则从两个方面加剧了司法机关对行政机关的依附性①。一方面，执行救助制度的初衷实际上并不在于为困难家庭提供物质帮助，而是减少涉诉上访和维持社会稳定。这两项功能原本应当由行政机关实现，执行救助制度人为地将属于行政而非司法的事务强加到司法机关身上，使得司法机关成为实现行政目标、行政期待的工具。另一方面，目前的执行救助制度的资金来源主要是同级政府财政，这也在一定程度上加深了司法机关对地方政府的依赖，不利于司法独立。③司法机关所承担的社会职能是明确权利义务关系、处理纠纷和普及法治理念，而执行救助制度使得司法机关承担了超出其职权性质和范围的责任，这不仅加重了司法机关的负担，也使得司法机关承载了过多的社会期待，如果这种社会期待无法得到满足，将会严重影响司法机关的公信力及其外部形象。

2. 执行功能之弱化

在我国目前的司法体制中，执行判决是司法机关的职能。执行救助制度的建立，在某种程度上确实有可能缓解社会矛盾。但是，执行乃是生效判决的实施，即便在特定情况下，被执行人无法履行相应的赔付义务，也应当针对被执行人建立相应的制度，增强司法机关的判决执行效果，而非仅仅对申请执行人提供救助，显得本末倒置。而当前法院的经费保障本来就捉襟见肘，执行救助制度不仅会加剧这一问题，而且还可能导致当事人和法院规避执行，造成执行难上加难的严重后果。

3. 救助体制之弊端

目前，执行救助制度尚处于起步和完善阶段，在程序上存在若干漏洞，具体有：①救助基金来源问题。目前，执行救助基金的主要来源为政府财政，此外还包括社会捐助等。但在实际运作中，救助基金来源问题缺乏权威有效的规定，各地往往自行其是，主要依靠法院行政官僚与政府财政部门的行政官僚进行协商解决，且在实施过程中随意更改，从而严重影响执行救助制度的实效。②关于救助对象和范围问题。在实践中，对于救助对象的规定也不尽相同，大部分地方要求双方当事人都存在生活困难问题，但是，对生活困难如何界定、如何审核，以及对当事人的救助是否是资金限额等问题，各地往往缺乏统一规定，许多地方甚至没有规定。

---

① 梁帅：《我国执行救助基金制度的困境与出路》，《法律适用》2011年第9期，第28页。

③关于救助程序问题。实践中的程序问题包括：救助资金的发放应当是法院依职权发放还是依当事人申请？依职权发放需要哪些程序，依申请发放又需要哪些程序？当被执行人解决生活困难问题时，法院应当采取何种程序对被执行人进行追偿？上述细节问题，在各地执行救助制度的实施过程中往往没有明确规定。

三、执行救助之完善

为了扬长避短，充分发挥执行救助制度所体现的人文关怀精神，促进社会和谐稳定，需要从如下几个方面来规范和完善。

1. 明确适用范围

执行救助制度的缘起是执行难问题，而之所以出现执行难问题，原因错综复杂。执行救助金对于执行难题而言无异于杯水车薪，要使执行救助金切实发挥其积极作用，就必须严格规定其适用的范围，被执行人确无履行能力是适用执行救助金的基本前提条件[①]。在此基础上适用的案件主要为：①追索赡养费、抚养费、抚育费案件的申请执行人不能维持正常生活的；②刑事附带民事赔偿、交通肇事或其他人身伤害赔偿案件的申请执行人不能维持正常生活的；③追索劳动报酬或经济补偿案件的被执行人无履行能力，且申请执行人不能维持正常生活的；④申请执行人属其他特困群体，且不能维持当地最低生活标准的。执行救助金的发放对象仅限于特困群体，如果申请执行人参与打架、斗殴、扰乱社会秩序和社会治安或参与黄、赌、毒和其他犯罪活动，则不属于救助对象。

2. 规范申请与审查程序

申请执行人提出申请，应当以书面或口头形式提出。以口头形式提出，由案件承办人形成笔录，申请人签字确认。在申请执行人提出申请时，应要求附有证明其无法维持当地最低生活标准的证明材料。证明材料至少应包括两部分内容：①申请执行人证明自身无法维持当地最低生活标准的证明材料，包括案件基本案情、家庭收支情况等。②申请执行人所在地的村（居）委会、街道、乡镇出具的证明材料，包括申请执行人家庭经济困难情况及当地最低生活标准等。案件承办人审查材料，一方面要对申请执行人提出的申请及证明材料是否齐全、内容是否有效进

---

① 黄文艺：《我国法院案件执行救助制度的实践与完善》，《人民司法》2010 年第 5 期，第 5 页。

行审查；另一方面要将案件已穷尽一切执行措施和方法的调查材料整理附后，与申请执行人的申请材料一并提交给合议庭合议、分管领导审批和监察审计部门备案。

3. 保障救助基金来源

由各级政府财政来负担执行救助基金是必由之路，毕竟，执行救助事涉国家法律和判决的执行，不可能由社会捐助加以解决。目前可能的解决之道是，从法律法规的层面规定将执行救助基金纳入政府预算。其步骤是：各级法院对上一年度执行救助情况进行总结分析，提出预算方案，再将预算方案编入政府预算交付人民代表大会表决，以此确保执行救助基金的数额。

4. 追偿法定化

执行救助金发放后，法院即享有申请人对被执行人的债权。申请执行人在领取救助基金前，应填写救助基金申请表，并签订执行债券转让协议，法院发现被执行人有履行能力时继续执行，将所执行的款项补充到执行基金中。不能以原先的法律文书为执行依据，应在原执行依据的基础上重新制作裁定书，在裁定书中明确规定被执行人义务，包括迟延履行利息都是追偿的标的，并重新立案。对于依法追偿到的资金，应及时汇入执行救助基金专户，以便帮助更多有困难的权利人。至于立案后未能有效执结的问题，可依照相关法律规定办理解决。

第十二章
完善执行裁决权和执行实施权
之制约机制

　　贯彻审执分立原则，建立执行裁决权和执行实施权分权制约机制，已经成为法律理论和实务界的共识。但目前对于执行裁决权和实施权的改革探索尚未形成统一的机制，相关法律法规也不健全，以致执行权分权制约在一些地方流于形式。本部分内容在总结全国法院改革实践的基础上，从执行权运行机制、强化执行机构内部监督制约等方面入手，提出"两权"分立的模式，以期完善分权制约的执行体制。

一、执行裁决权与实施权"两权分立"之理论依据

　　执行裁决权是指人民法院依法享有的、对执行程序中不需要经诉讼程序确定的实体和程序事项，依法作出裁决的权力。执行实施权是指人民法院依法享有的以实现执行内容为目的，依职权施行执行措施，进行执行活动的权力。执行权的一切属性必然要通过一定的方式即执行行为体现出来，执行行为是执行权的具体表现形式，执行权的性质一直存在争议，概括起来大致有三种观点：第一种观点认为执行权是司法权，执行权是裁判权的派生权力，隶属于裁判权，执行权是裁判权的应有之义，因而执行权属于司法权。第二种观点认为执行权是行政权，执行权的行使方式即执行行为，具有确定性、主动性和命令性等行政特征。因此，执行行为与司法行为有显著区别，应当属于行政行为。第三种观点认为执行权兼具司法权和行政权的双重属性。

在执行工作中，司法权和行政权的有机结合构成了复合的、相对独立的、完整的强制执行权。这种观点得到越来越多的学者的认可，并被实践部门所接受。现在执行机构改革的方向基本上是按照执行行为是司法行政行为的思路发展的。基于执行力的本质属性和执行力相对于既判力的独立性，要求执行实施权的运作应当与执行裁决权运作相分离①。考究国外民事强制执行法，执行实施权与执行裁决权的分权行使是多数国家民事强制执行制度的通例②。

二、执行裁决权与实施权"两权制约"之现状

继 2000 年全国法院执行工作座谈会提出包括执行管理体制、执行机构、执行权运行机制和执行的方式方法的改革任务后，2009 年 3 月，最高人民法院在《人民法院第三个五年改革纲要（2009—2013）》中也提出改革和完善民事、行政案件的执行体制，严格规范执行程序和执行行为，提高执行工作效率。在执行分权改革中，出现了两权分立、三权分立乃至四权分立的分权模式，为统一改革模式，2004 年 12 月，最高人民法院在全国高级法院院长会议上要求"按照执行工作规律要求，探索建立执行实施权与执行裁判权两权分立、相互制约、相互协调的执行权运行机制"。2005 年开始至今，全国法院积极探索建立执行实施权和裁决权两权分立、相互制约、相互协调的执行权分权运行机制，大部分法院均实行了执行权两权分立的模式。在实践中，虽然各地各级法院做法不一，但归纳起来主要存在三种分权模式。

1. 分立模式

分立模式即在执行局以外单独设立执行裁判监督庭，将其作为独立的执行裁决机构。成立了独立于执行局的执行裁判庭，将原属执行局的部分职能交由执行裁判庭行使，执行裁判庭专司执行中属于司法裁决性质的执行裁决权，并对本院和所辖基层人民法院的执行工作进行监督③。执行裁判庭与执行局分属不同的副院长主管。在执行裁判庭人员配备上，考虑到

① 吴英姿：《审执分离与执行权制约——透过执行异议修正案的解读》，《山东警察学院学报》2008 年第 1 期，第 27 页。
② 谭经建：《执行裁决权与执行实施权比较研究》，《山东审判》2005 年第 5 期，第 33 页。
③ 2004 年 10 月，成都市中级人民法院成立了独立于执行局的执行裁判庭，随后成都市基层人民法院也纷纷开展了执行分权的改革。

该庭是行使司法裁决权性质的机构，故由具有法官资格的人员进入执行裁判庭，实行执行裁决权和执行实施权的分立。

2. 附设模式

附设模式即将执行裁决机构附设于审监庭——将执行裁决权和执行监督权放在审判监督庭。单独设立一个庭会造成审判资源的浪费、民庭业务量重，而审监庭的工作量本来不够饱和，这种现象在基层人民法院尤其突出，因此把该项工作放在审监庭有助于审判力量的合理调配，也便于监督权的行使。

3. 内设模式

内设模式即在执行局内部设立执行裁决机构。该模式是由执行局长行使执行命令权，由执行员具体实施，需要组成合议庭裁决的事项时，则由具有审判资格的局、处（室）长参加合议并作出裁定，其初衷是要实现执行局内部的两权分立。

在理论上，前两种模式虽然实现了两权形式上的完美分立，但在实际运行中存在很多问题：①没有法律依据；②各业务庭的工作都有专业性，把两种不同类型的裁决放在同一业务庭肯定会造成工作上的混乱，不利于工作的开展；③执行工作的特殊性决定了执行裁决要在保证公平的前提下注重效率，在目前法律无明文规定裁决时效的情况下把执行裁决交到其他庭室无疑会延长执行时间，增加当事人诉累，加剧执行难，严重时还可能会损害司法权威。第三种模式的效果也不尽如人意，大多数法院坚持了执行机构内部的分立，内部由几名法官与执行局长组成合议庭，专门负责裁决案件的处理，他们不承办具体的执行案件。但实践中又走回了老路，案件往往还是由执行员单独执行，一人负责到底。局、处（室）长对裁决案件进行合议变成了承办执行人员汇报案件，局、处（室）长研究决定的行政决策模式，这并不是严格意义上的合议制。究其原因还是考虑到效率问题，将裁决权与实施权合而为一便于行事。虽然在执行机构内部的两权分立还存在各种问题，但通过合理制度设置未必不能解决分权流于形式的问题[①]。

[①] 童兆洪、唐学兵：《我国民事执行改革实践演进及理性思考》，《法律适用》2005 年第 6 期，第 13 页。

三、完善执行裁决权与实施权"两权制约"机制之路径

司法改革的核心是在运行机制的设计上坚持公正与效率并重，执行权的运行要达到相互制约、相互监督的目的，必须建立完善的科学化的执行权分权制约机制[①]。最高院于 2000 年下发通知确定由高级人民法院统一管理本辖区的执行工作，以形成联动局面。目前，河南省高级人民法院出台了《关于执行指挥中心试点单位工作实施方案》，积极推进执行指挥中心的建设，所在市的中级人民法院也作为全省法院试点单位，依照省院相关要求，成立执行指挥中心。执行指挥中心的目标是：以执行信息化建设为手段，以被执行人信息查询系统为重点，全面建成上、下级法院联网与执行联动单位信息共享的执行指挥中心工作系统，实现全市法院执行工作规范高效、公正廉洁运行。因此，根据目前法院案多人少的实际，结合各省高级人民法院在建设的指挥中心的尝试，可以考虑在不同层级的法院实行不同的机构设置，真正实现现有资源的合理配置。

1. 统一名称，做到名副其实

统一执行机构的名称，使执行实施机构的名称与工作的主要内容相符合，与执行实施工作的主要特点、规律相符合，达到"名副其实"的目的。以笔者所探访的几个基层人民法院为例，虽然几个基层人民法院属于同一个中级人民法院，有的法院在执行局下设置了"两庭一室"（即执行一、二庭和综合室），有的法院只设置了执行局，还有的法院在执行局下只设立了综合室，但无论称谓如何，都实际地行使着执行实施权。这种命名的混乱也影响了分权的实施，因此，行使行政属性的执行实施权和管理权的机构应该统称为执行处（组、室），实行执行员制；行使司法属性的执行裁决权机构以"庭"为称谓，实行法官制。

2. 完善中级以上法院的执行机构设置

中级人民法院以上设置执行局，执行局内设立执行裁决庭、执行处（组）和综合室。与执行裁决权相适应，执行局成立执行裁决庭，行使执行裁决权。和其他审判业务庭一样，配备执行法官和执行书记员。执行裁

---

① 褚红军、刁海峰、朱嵘:《推动实行审判权与执行权相分离体制改革试点的思考》,《法律适用》2015 年第 6 期, 第 34 页。

决庭专门就需要裁决的事项作出裁决，并受理对下级法院裁决不满的申诉事项。上下级法院执行裁决庭各自独立行使裁决权，不存在领导与被领导的行政隶属关系[①]。上级法院对下级法院的执行裁决，只能是事后监督，不能事前干预，属于执行监督关系。在执行局内，根据对外执行实施权和对内执行管理权的需要，可在执行局内设立以下两个部门：①执行实施处（科），专司执行命令权、财产调查权、强制措施权、裁决建议权及其他事务性权力。②综合室，专司业务指导、统计分析、信访接待、内勤事务等统一管理职能。执行局的执行员可借鉴书记官单独序列管理改革的经验，对执行员实行单独序列管理，逐步实行执行实施权的警务化。在执行权分权制约机制完善的基础上，法律应当给予执行员以明确的地位，实行不同于法官资格的准入标准，并实行单独序列管理。在现行法律框架之下，明确执行员不属于法官序列，参照行政管理确定执行官相应等级，由执行局单独管理，并统一受上级法院执行局的领导；任命执行员必须通过严格的资格考试关，目前笔者所在省的法院系统已经严格执行了在省一级范围内实行统一的执行员资格考试。如此，完全可以保证一支高素质的执行队伍的执法水平。同时，执行实施工作具有专业性、武装性、机动性和威慑力的特点，执行实施权有司法警察参与，这也成为部分法院应对执行难的对策。上述三个内设机构在横向上各自独立，依法独立行使职权。

3. 完善基层人民法院的执行机构设置

在基层人民法院成立执行局，执行局内不设内设机构。执行局长由具有审判资格的法官担任，执行人员中至少保证有两名具有审判资格的法官，以便需要裁决重大事项时能组成合议庭。执行法官与其他执行员一样办案，一旦有需要裁决的事项，执行法官就在执行局长组织下采取独任或合议制行使裁决权，如果是执行法官本人办理的执行案件需要裁决且需要合议的，该执行法官应该回避，参照人民陪审员制度随即选择一名执行员组成合议庭。这样既能解决基层人民法院案多人少的矛盾，又能保证执行裁决权与执行实施权相分立，保证当事人的程序利益，还能适应执行工作对效率的要求。

综上所述，结合法院系统的实际以及执行工作的特点，执行裁决权和执行实施权应该而且可以分立，2007 年《民事诉讼法》修正案对执行异

---

① 齐奇：《执行体制和机制的创新与完善》，人民法院出版社 2008 年版，第 20 页。

议制度的修改，是按照审执分离和执行权制约这两个执行程序的基本原理来设计的。因此只要赋予当事人正当的程序性权利，引入外部监督机制，执行分权体制必能逐步完善。

第十三章
深化简易程序革新，提高刑事诉讼效率

简易程序的设置通过简便快捷的审判方式，最大限度地减少审判程序的成本耗费，在保障公正的前提下，使诉讼各方从审判程序中解脱出来，从而提高司法效率。其要义有三：①对于被告人，减少了诉讼对自身伦理、精神和经济上的消耗；②对提起公诉的检察机关而言，减少了事实清楚、证据确实充分的案件的司法投入，简化了繁杂的司法程序；③对审判机关而言，可以合理优化配置现有的审判资源，降低诉讼成本。简易程序的革新，是我国《刑事诉讼法》修改的亮点，但如何在现有法律规定的基础上实现轻微刑事案件审理的加速，仍需要进一步探索，实现司法效果优化。

公正与效益是现代诉讼程序所追求的两大价值目标，简易程序正是为了协调二者之间的矛盾，从而更好地利用有限的司法资源，保障被告人诉讼权利的实现而设立。在我国的现行法治当中刑事案件构成、司法资源状况和人们特定的诉讼心理决定了简易程序必定在我国的刑事司法制度中占据重要的地位。在《刑事诉讼法》的修改当中，我们能够清晰地看到立法部门对于简易程序所作的积极探索，扩大了简易程序的适用，追求公正与效率两大价值的统一，优化了司法效果[1]。但在轻微刑事案件发生率居高不下，现行法律当中缺乏快速审理机制，难以符合当今的时代潮流的背景下，有关简易程序的再探索显得尤为重要。

---

① 郭云水、罗春强：《公诉案件简易程序公正与效率价值分析》，《人民检察》2012 年第 20 期，第 49 页。

一、简易程序的适用及特点

一是简易程序的适用条件和适用范围。简易程序适用的层级为基层人民法院，由之前笼统的人民法院适用简易程序，明确指出了基层人民法院管辖的案件适用简易程序，根本上限定了简易程序的适用范围；适用条件重心的转移由原先的轻罪案件转变为被告人认罪的、事实清楚证据充分的案件，最高司法机关还制定了《关于适用普通程序审理"被告人认罪案件"的若干意见（试行）》，配套认定被告人承认自己所犯罪行。这样一种规定一方面解扩大了简易程序的适用范围，提高了司法效率，部分缓解了司法机关"案多人少"的矛盾[1]；另一方面通过积极条件与消极条件相结合的方式，对事实清楚、证据充分，被告人承认所犯罪行且对适用简易程序没有异议的案件可以适用简易程序，在《刑事诉讼法》的 209 条排除了被告人是盲聋哑人、尚未完全丧失辨认或者控制自己行为能力的精神病人或者案件有重大社会影响或者共同犯罪案件中部分被告人不认罪或者适用简易程序有异议等特殊情形，各个条件间相互独立，有较强的操作性，更利于维护刑事审判的公正性和正当性[2]。

二是在程序启动上贯彻尊重和保障人权的宪法原则，明确赋予了被告人可以决定是否同意适用简易程序审理的程序选择权，从而彰显了法治精神和保护人权的意识[3]，一定程度上阻却了控辩双方对于事实争议较大的案件进入简易程序的可能，确保了简易程序的效率和公正性。

三是在法庭程序上最大限度的简化。除了为了保障被告人的诉讼权利，保留了判决宣告前应当听取被告人最后陈述意见这样一个环节之外，2012 年修订的《刑事诉讼法》对于简易程序审理案件的程序不受关于送达期限、讯问被告人、询问证人、鉴定人、出示证据、法庭辩论程序的规定。将普通程序与简易程序在制度设立上符合了"繁简分流"的理念。

四是丰富简易程序案件的审判方式，强化案件质量保障。简易程序在适用条件和适用范围上的突破，三年以上的有期徒刑也可以适用简易程序，极大地增加了准确量刑的难度。如果仍实行独任审判，案件的质量和

---

[1] 郑学青：《刑事简易程序适用探讨》，《法律适用》2011 年第 9 期，第 117 页。

[2] 樊崇义、艾静：《简易程序新规定的理解与运用》，《国家检察官学院学报》2012 年第 3 期，第 32 页。

[3] 程凡卿：《简易程序中的人权保障》，《人民检察》2013 年第 16 期，第 63 页。

被告人的合法权益就可能缺乏保障，当事人对审判的公正性难免产生合理怀疑，这必然要求审判组织作出一定的调整。可能判处的有期徒刑超过三年就应当由合议制审判程序进行审理，从而保证被告人得到公正的量刑，案件质量得到有效的保障，彰显了对公正、人权的关切。

五是简易程序回归"等腰三角形"的控审结构，实现简易程序中控审分离。明确要求适用简易程序审理的公诉案件，人民检察院应当派员出庭，具有以下意义：①从制度上回归理性，阻却了实践中的监督不作为，从而强化和制约了检察监督权，避免监督的缺位；②保障了法官的中立性，符合诉讼制度中控审平衡的原理；③在公诉案件中保障了被告人的辩护权，在公诉人不出庭的情况下，省略公诉人出庭程序实际上就是省略辩论程序。在现行法律中，在公诉人不出庭成为常态的情况下，新修诉讼法中要求公诉人出庭，这有利于案件的查明①。

二、现行刑事诉讼简易程序完善中存在的问题

一是当事人的程序选择权有待进一步扩大。具体表现如下：①应当改变人民法院对简易程序的启动权。现行法律规定实际上将法院置于积极地位，与刑事诉讼的三角结构、法院超然的中立地位不相符合，法院在简易程序的选择中应当起到对控辩双方简易程序的选择的合法性进行审查的作用，恪守否定权，而不是积极主动地去适用简易程序。②出于被告人权益保护的角度，现行法律没有在简易程序的启动上给予被害人程序处分权。根据2012年修订的《刑事诉讼法》，被告人只有程序适用的否决权，基于对诉讼权利平等和控辩双方充分对抗的考虑，控辩双方应被赋予同等的简易程序启动权，即控辩双方都可以提出适用简易程序的建议，并且简易程序的适用要以对方同意为前提，在控辩双方合意的基础上，最终由法官决定是否适用简易程序②。

二是在简易程序变更为普通程序上，若法院发现不宜适用简易程序的情况，可依职权将其变更为普通程序进行审理，这样有以下几方面的不妥：①忽视了被告的选择权，每个人都有趋利避害的心态，当被告人发觉简易程序的审理置自己于不利境地时，没有有效的机制保障自己选

---

① 左卫民：《简易程序中的公诉人出庭：基于实证研究的反思》，《法学评论》2013年第4期，第103页。

② 谢登科：《论刑事简易程序扩大适用的困境与出路》，《河南师范大学学报（哲学社会科学版）》2015年第2期，第66-67页。

择程序的正当权利。②法院作为中立者，应当保障控辩双方的辩论权，而不是凭借自己的公权力，转变程序的适用。在"等腰三角形"的诉讼体系中，应当保障控辩双方平等地享有转变程序的权利，双方通过论辩程序转化的可行性，由法院进行裁量。③为维护法律的严肃性，为了防止法院、检察院利用程序的转换规避法律关于审限的规定，保障被告人的基本权利，法律应当有明确的关于简易程序变更为普通程序的规定，对程序的转换应当作出具体的、可操作性的规定，以保障公正与效率的统一。

三、对简易程序中轻微刑事案件快速审理机制的建议

在轻微刑事案件高发的今天，单一刑事简易程序已经不适应当今的形势。在对我国现有简易程序的模式进行制度的配套建设和适用的实践改革基础之上，借鉴国外立法，结合我国具体情况，建立多元化的刑事简易程序，实现对轻微刑事案件的快速审理已经势在必行。

一是对审前程序的简化，实现诉讼程序的无缝对接。我国现行的刑事诉讼简易程序当中并不包括审前程序的简化，但是审前程序的简化对于解决轻微刑事案件有其必要性，其在优化诉讼资源方面有很大的操作空间。例如，在司法实践中，轻微的故意伤害案件、盗窃案件、抢夺案件、交通肇事案件的现行犯，其案件事实清楚，证据利于现场的搜集。对于此类案件，可以进入快速审判机制，对于公安机关在当场抓捕的犯罪嫌疑人，可以直接将其送至检察机关进行立案，对于事实清楚、证据确实充分的，检察机关也可以当即向法院起诉。当然，这样的机制需要公、检、法三家紧密配合，缺乏配合的意识会导致这样一套简化程序操作困难。快速审判程序可以简略审前的侦查和审查起诉阶段，直接进入庭审，可以大幅降低审前的看守成本，提高诉讼的效率。这类案件必须也要有法律的规制，将审前程序的适用以法律的形式严格限定在事实清楚、证据确实充分的轻微刑事案件上，且要求公安机关当场抓获犯罪嫌疑人，同时要建立起相应的配合机制。对于那些连续犯或者现行犯罪的被告人牵涉其他犯罪的情形时，侦查机关可以在其服刑过程中深挖余罪、对被告人的其他罪行进行侦查。这样一种机制，既有利于被告人及时认罪，追究了被告人的刑事责任，追求了法律效果，又有利于司法资源的节约，促进了司法效率的提高，真正实现了公平与效率的统一。

二是构建中国式的书面审理程序。在借鉴德国和意大利的处罚令程序

以及日本的略式程序的基础上，通过立法明确书面审程序的适用条件及其适用程序。第一，立法在限定犯罪情节轻微，如可能判处拘役、管制、单处罚金的案件上，如果案件事实清楚、证据充分，且被告人认罪的，适用书面审程序进行处理具有可行性。尤其是我国劳教制度革新、社区矫正制度建立的时代背景下，拘役、管制刑的适用率会大大提高，书面审理此类案件势必会提高司法效率，保证案件得到快速解决。第二，在程序上，检察机关就适用书面审理程序征求当事人双方的意见，由双方出具同意书，检察机关将案件材料、量刑建议书及同意书一并移送法院，法院无须进行庭审程序，对案件的材料直接进行审理，类似于二审程序中的书面审理。必要时，法院可以讯问被告人，对被告人认罪的自愿性进行审查。第三，书面程序应当充分告知被告人，为防止被告人基本权利受到侵犯，需要规定以相应的被告人提出异议而终结书面审理的机制。

第十四章
构建刑事和解制度，优化刑事司法效果

我国正处在社会转型的关键时期，社会矛盾复杂，刑事案件数量和种类不断增多，对单纯依靠诉讼法和刑法来解决刑事纠纷的司法模式提出了巨大的挑战。和解制度的建立不仅符合我国"以和为贵"的文化传统，又与宽严相济的刑事政策相吻合，有利于和谐社会的构建。其有利于实现法律效果和社会效果的统一，具体表现在以下几个方面：①在当事人自愿、平等的协商机制下达成解决方案，体现了对人权的保护。②对历来强调惩罚和报应的传统司法模式的革新，保障了当事人主动参与，重点在修复犯罪损害。③虽然弱化了刑法的强制性和惩罚性，但有利于被害人权利损害的弥补，且有利于加害人积极悔罪，侧重于实体正义，更加务实。其初衷为最大限度地缓和"加害—被害"双方情绪的对立，恢复社会和谐①。

在我国的社会主义体制下，国家作为社会关系的保护者，更多通过刑事司法程序伸张正义，然而被害人作为犯罪的直接受体，其在诉讼中的作用和地位被弱化，被害人与犯罪者之间的补偿性解决机制被对抗性的司法机制所取代。如何更好地保护被害人的利益，同时又给犯罪者一个改过自新回归社会的机会，让被害人成为程序的推进者，努力促成和谐社会的构建？对于这个问题，实务界与学术界进行了有益探索，其中以刑事和解制度为核心的恢复性司法机制的构建与完善具有重大意义。

---

① 薛静丽：《刑事和解：价值凸显与权力互动》，《法学杂志》2015年第10期，第84页。

一、刑事和解制度之理论基础

刑事和解具体而言是指加害人与被害人通过面对面的商谈，协商解决刑事纠纷，双方形成由司法机关予以认可并作为对加害人处分依据的和解协议，旨在弥补被害人的损害，修复社会关系，恢复犯罪人与被害人之间的和睦关系[①]。刑事和解机制的理论和实践最先产生于西方国家，具体而言有以下三种理论。

一是平衡理论：以被害人在任何情况下对何为公平、何为正义的合理期待的相对朴素的观念为前提。当先天的平等和公正的游戏规则被加害人破坏时，被害人倾向于选择成本最小的策略技术来恢复过去的平衡。

二是叙说理论：将刑事和解当作被害人叙说伤害的过程，并将被害叙说视为一种有效的心理治疗方式[②]。

三是恢复正义理论：①犯罪不仅是对法律的违反、对政府权威的侵犯，更是对被害人、社会甚至犯罪人自己的伤害。②刑事司法程序应有助于对被害人伤害的弥补。③反对政府在犯罪行为的社会回应方面的权力独占，提倡被害人和社会对司法权的参与[③]。

二、刑事和解制度之现实意义

刑事和解制度的设计，不仅加强了刑事案件解决的公正性，同时具有重大的现实意义，为解决加害与被害双方关系的矛盾作出了构想，强调双方当事人之间和平解决，缓和了双方间的矛盾，其意义表现在以下几个方面。

1. 保障公民权利价值

和解的本质是当事人双方的合意，合意的形成必然伴随着当事人对于自己实体权利的处分，双方基于平等自愿的基础相互作出让步，从而达成协议。这是法律设计对双方当事人平等协商的权利的构建，尊重被害与加害双方的处分权能。

---

① 陈光中、葛琳：《刑事和解初探》，《中国法学》2006 年第 5 期，第 4 页。

② 崔爱鹏：《刑事和解理论基础新探》，《学习论坛》2011 年第 8 期，第 77 页。

③ 吴立志、徐安怀：《论刑事和解在我国司法实践中的完善——以恢复正义理论为视角》，《当代法学》2008 年第 6 期，第 79 页。

"职权式"的刑事案件解决机制往往伴有国家公权力的介入，受害人在国家强权的介入中不能得到充分发言权，且不利于加害人积极补偿被害人之损失，实质上损害了被害人获得物质赔偿的权利。和解机制的引入强调对被害人利益的保护，重视被害人与加害人间权益的平衡，充分保障了被害人的话语权，尊重了被害人行使权利的自主性，实现了国家权力和个人权利的平衡。

对于加害人而言，通过积极履行赔付补偿义务，给予其一次改过自新、重新融入社会的机会，有利于保障加害人的基本人权。

2. 恢复价值

一是有利于社会关系的恢复。和谐社会的核心需求就是要将被冲突或犯罪行为破坏的社会关系予以恢复，以和解的方式处理刑事案件，有利于实现法律效果与社会效果的统一。例如，在自诉案件中，大多数情况发生在相对封闭的区域内，被害人与加害人之间彼此熟悉，更多属于共同生活的家庭成员、负有抚养义务的亲属之间，之所以发生犯罪行为，是生活中民事纠纷激化的结果。采用和解机制，对于维系被害人与加害人间的关系，全面恢复相互间的感情，有判决无法达到的效果。中国五千年传统文化中铸就了乡土社会的情节，刑事和解机制的引入，有利于社会关系的内在修复，体现出司法机制中以人为本的思想。

二是有利于被害人民事权益和精神损害的恢复。和解程序的展开，以被害人的利益为中心，提升了被害人的诉讼地位，维护了被害人的尊严。在这个机制当中，加害人主动道歉悔罪、积极履行相应义务，保证了被害人精神损害的恢复，淡化了被害人"同态复仇"的情绪，也降低了被害人再度被同一加害人侵犯的可能及对此的担心。我国公诉程序往往难以有效解决被害人的民事赔偿请求，致使被害人因加害行为造成生活的困境。平和的和解机制使民事赔偿请求能够迅速到位，缓解被害人的生活压力，使其物质权益得到保护，也彻底改变了自诉案件与轻微刑事案件中被害人地位工具化的尴尬现象。

三是自诉案件与轻微刑事案件中，监禁意味着加害人人生的污点，甚至在监禁过程中因羁押造成"交叉感染"，短期的监禁也对这些加害人回归社会产生各种顾虑，甚至引起累犯数量的增加。和解机制的引入，减少了加害人对自身不确定的前途命运的担忧，更加自然地实现了加害人再社会化。同时，通过双方就犯罪的影响进行讨论，使加害人能深刻地体会其行为后果，从而促使其真诚地认错、觉悟。这样的有利因素彰显了人性化的色彩，避免了加害人仇恨社会的极端主义思想的萌生。

3. 效率价值

对于当事人而言，"侦查—起诉—审判—执行"这样一个完整的司法程序流程在运作过程中必将耗费大量的经济资源。被害人与加害人间通过和解机制，双方通过平等协商解决案件，更多以撤诉的方式终结司法程序，节约了大量人力、物力和财力，客观上有利于彻底解决刑事案件，避免了当事人的诉累，节约了诉讼成本，且有利于被害人获得加害人的赔偿。这样一个机制有利于实现被害人与加害人的"双赢局面"[1]。

对司法机关而言，首先表现在个案程序上，司法机关只需要审查和确认和解协议是否在真实、合法、自愿的基础上形成，以和解协议为起诉裁量或审判裁量的直接依据，从而提高对个案处分的效率。以和解方式形成的解决方案，双方当事人利于接受，尽可能地减少了申诉、上访、缠访的现象，促进了司法效率的提高。其次表现在间接提高刑事司法工作的整体效率上，刑事和解能快速、合法、有效地解决大量轻微案件的责任归属，那么，司法机关就能够更加有效地集中人、财、物方面的资源，重点处置对社会秩序造成严重破坏、社会影响较大的案件。再次，刑事和解对加害人而言是一个透明、公正的纠纷解决机制，这相比于封闭、冷峻的刑事治罪程序，更能够赢得犯罪嫌疑人的认同与好感，削弱其反社会意识，刑事和解机制提高了对加害人再犯预防的效率。

三、构建刑事和解制度之建议

1. 明确刑事和解制度适用的范围，适度突破现行刑事和解制度适用

就侵害法益而言，刑事和解原则上适用于侵害个人法益的案件，被害人与加害人双方就自身的权益进行处分，而对于公共利益的侵犯具有不可让渡性和强制性。但在如交通肇事罪这一过失性犯罪当中，立法的目的是为了保障社会公共利益，但部分交通肇事人主观恶性较小，被害人及社会公众对其容忍度较高，应在现行和解制度基础上综合考量加害人的主观意志，综合适用刑事和解机制。

就加害人主体而言，对于未成年犯，已在《刑事诉讼法》中专章规定了附条件不起诉制度，在刑事和解适用对象上理应将过失犯、初犯、偶犯

---

① 孙洪坤：《刑事和解的博弈论》，《学术界》2015 年第 2 期，第 103 页。

的成年加害人以及 75 周岁以上的老年人、孕妇等特殊主体囊括进来，其犯罪的主观恶性较浅，教育、改造的难度不大，从加害恢复的角度出发，彰显了社会的包容性和以人为本的理念。

就适用程序而言，在原有的侦查、审查起诉、审判阶段适用刑事和解程序的基础上，适度在执行程序上引入和解机制。针对被害人物质损失的赔偿在刑事诉讼中难以落实的问题，犯罪人在任何时候真诚悔罪都应被鼓励，执行阶段的和解于犯罪人、被害人而言可达到两利，对于达成和解的犯罪人，可据情减刑、假释和适用缓刑。

2. 加强对刑事和解的监督

司法机关应充分尊重当事人对自己权益的处分，在未损及社会公共利益且双方当事人自愿的前提下，保障被害人与加害人间的"契约自由"。

司法机关加强对刑事和解制度的监督。对于自诉案件而言，被害人可以通过撤诉的方式，让加害人免于刑事处罚。对于公诉案件而言，加害人的主观恶性可能更强，司法机关秉承公正严谨的态度，加强对刑事和解的审查，达成刑事和解并不意味着必然从宽处理，还应综合考量其他的情节，从而更好地实现法律效果。

司法机关应当深入调研，构建刑事和解的配套机制。这主要体现在两个方面：①要建立和解以后不予刑事处罚的替代性处罚措施。为了使被害人更真切地认识到自己行为的性质、对社会造成的危害，更真切地反省自己的行为、思考未来的合社会规范的行为，有必要在全面维护刑事和解目标的前提下，不排除适用替代性的行政处罚措施。②建立刑事和解后再犯罪的从严处罚机制。这样一种机制既体现了法律的人性化，使轻微案件的偶犯人、初犯人更好地融入社会；对再犯罪建立起趋严的反应机制又加强了法的威慑力，防微杜渐，降低加害人在刑事和解后再次犯罪的可能性。

第十五章
废止调解率考核制度，尊重法官独立裁判权

　　调解率考核制度是近年来我国法院在实践中发展出来的一项制度，该制度要求法官所审理之案件需有一定比例是以调解方式结案的，其目的在于通过"案结事了"以维护"社会稳定"。实际上，调解率考核制度无助于其预设的目的的达成，即非但达不到案结事了的效果，反而可能引发当事人对司法公正的质疑，同时可能加大法官的负担。调解率考核制度同时亦违背了审判独立的原则，侵蚀法官之独立裁决权，违背了法院的层级独立原则。为此，为使当事人之处分权与法官之独立判断权得到充分尊重，调解率考核制度应当废止。

　　为了能在保证人民法院公正执法的基础上，提升司法人员的工作效率，法院在队伍建设中不断探求新的管理模式，绩效考核制度由此应运而生。绩效考评体系旨在提升法官素质和审理水平，而调解率考核作为其中一个考核点，是指将案件的调解率作为法官审判政绩的统一考核指标。制定调解率考核制度的初衷是为了科学管理各级人民法院的审判人员，提升各级人民法院和司法人员的工作效率。但在考评成果的激烈竞争之下，很多人民法院将提高调解结案和服判息诉的比例作为目标，致力于创造数据上的奇迹。为了实现高调解率，人民法院将目标瞄准法官，制定了调解率考核制度，硬性规定法官经手案件的调解率。调解制度是法律制度中重要的一环，但极端地使用调解的方式来结案，反而有悖于调解制度的意义。

一、调解率考核内存逻辑悖论

调解率考核制度创设的目的在于促使法官更多地行使其调解权，提高调解结案率，从而达成权利保护和服判息诉的效果。为此，调解率考核制度似乎是科学的管理模式，能促进调解制度的发展。然而，将调解率作为法官考核指标体系的构成部分，无疑是运用行政管理的手段干预法官的案件审理[①]，其本身存在逻辑上的悖论，也有违司法自身的规律。

1. 调解率考核制度无法达到案结事了之目的

调解是一种用和平的方式协调各方矛盾的软手段，调解率考核制度被认为是构建和谐社会的方式。但在调解率考核制度的加入之后，出现的实际情况与其目的完全相反[②]。为了使法院的调解撤诉率能达到一定比例，法院用考核的方式要求法官调解案件的数量必须达到一定标准，法官在不得已之中，难免会出现把不适合调解的案子也迫使双方当事人用调解的方式结案的情况。然而，案件能否以调解方式结案，并不是法官所能决定的。对于诉讼中的案件，在当事人不同意调解时，若法官不惜违反诉讼法关于审理时限的规定进行调解，当事人相互间的对抗情绪有可能转向法官，使之成为矛盾的焦点。这不仅达不到案结事了的效果，反而可能引发当事人对司法公正的质疑，进而产生更大的社会矛盾。

2. 调解率考核制度无法达到减轻法官负担的目的

在诉讼请求与日俱增的今天，科学合理的模式能有效减轻法官的重担。一般来说，相较判决而言，调解的流程要相对简单。调解率考核制度的创设，即要求法官运用相对简化的流程追求案结事了的目的，从而减轻自身的负担。然而，调解成功与否，并不是权力运行的结果，不为法官之意志左右。为此，一味地要求调解，会令法官为了达成调解率考核的要求而不断促使双方当事人调解，为此法官必须不厌其烦地一再与当事人促膝长谈，甚至用自己的财产资助当事人，在案件繁多的情况下，调解率考核完全不会减少其负担，反而是一个无限增加其工作量的因素所在。

---

① 周强：《诉讼调解申请执行率高的现状、成因与对策——以基层法院司法实践为研究样本》，《法治论坛》2011年第2期，第353页。

② 刘敏：《法院不应追求调解率——对调解率节节攀升的反思与批判》，《研究生法学》2012年第2期，第47页。

3. 调解率考核制度无助于提升法院公信力

调解率创设的理由还在于,对于有调解希望的案件应优先调解,用软手段来协调当事人的纠纷,令双方感情仍能维系。但调解率考核制度的极端性将案件通用调解的方式结案,不仅无法解决双方的积怨,反而会引发新的矛盾,这样不仅无法提升法院的公信力,甚至会造成法官好心办坏事的结果。唯有科学合理地使用调解和判决制度,才能将司法权威提升到一个新的高度。

二、调解率考核有违审判独立

调解率考核制度运用行政管理手段促使法官加大案件调解的力度,实质上会对法院和法官的裁判权行使造成压力,有违审判独立的原则。

1. 调解率考核制度有违法官独立原则

《中共中央关于全面深化改革若干重大问题的决定》提出,完善主审法官、合议庭办案责任制,让审理者裁判、由裁判者负责。这个改革要求所涉及的,实际上就是法官在审判过程中的独立,即法官应当依其对事实的认定和对法律的理解进行裁判。法官独立是审判独立的应有之义。《宪法》第131条规定,人民法院依照法律规定独立行使审判权,不受行政机关、社会团体和个人的干涉。法院独立行使审判权是司法独立性的体现,司法独立能够使法院足以抵制来自各个方面的不当干预,即各级人民法院在审判中独立行使审判权,包括其上级人民法院在内的其他人民法院都无权进行干涉。而在人民法院的工作机制中,依《人民法院组织法》的规定,审判权的行使主体并非法院本身,而是合议庭中的法官,法院作为一个整体,其无权干预法官对个案的处理。而调解率考核制度给予法官调解结案的压力,这种做法对案件的审判形成干涉,漠视了审判权的独立性。总而言之,法官独立是司法独立的一个关键点,也是司法公正得以实现的重要保障,倘若调解率考核制度的行使与其相违背,法官应有拒绝使用的权力。

2. 调解率考核制度有违法院层级独立原则

根据《人民法院组织法》第11条的规定,人民法院审判案件,实行两审终审制,实行该制度的目的在于通过两级人民法院的分别审理,确保案件得到公正的审理。如果法院之间实行的是领导关系,上级人民法院可以对下级人民法院的审判工作发号施令，指示下级人民法院作出判决，那么两审终审制将形同虚设，上诉也就没有任何意义了。另外，依《人民法院组织法》的规定，上级法院对下级法院之监督权的范围包括下级人民法院已生效的判决和裁定以及审判工作，这种监督主要通过二审程序、审判监督程序、死刑复核程序来实现。各级人民法院设立调解率考核制度的依据是最高人民法院的《关于进一步贯彻"调解优先、调判结合"工作原则的若干意见》，但指导性意见不能成为影响法官审判权独立行使的理由，即使这个意见是由最高人民法院所发布的亦是如此。也就是说，法院的审判活动不受任何干涉，法院只需对产生自己的本级权力机关即人民代表大会负责。出于法院独立办案不受他人（包括上级）干涉的考虑，下级法院与其上级法院属于业务指导关系，而不是领导与被领导的关系，因此即使是上级法院也只能通过判决的形式更改下级法院作出的判决，而不能用行政命令的形式①。所以最高人民法院通过下达内部文件"建议"下级人民法院设立调解率考核制度，该活动的实质是对下级法院审判工作的一种内部干涉，有违《宪法》的规定，不利于法院层级独立的实现②。

三、案件调解应当回归调解制度应有之面目

调解率考核制度是在"大调解"的司法背景下产生的。"大调解"的司法理论产生于社会纠纷的凸显时期，要求法院在社会纠纷的处理过程中发挥更加积极的作用，使之成为社会纠纷处理的终端机制。为充分发挥法院在社会纠纷调处过程中的作用，法院即创设了调解率考核制度，通过考核的方式促使法官更多地通过调解以解决纠纷。然而，"大调解"的司法理念本身有违司法规律，诉讼中的调解制度应当回归其应有的面目，调解率考核制度也就应当予以废止③。

1. 案件调解应当充分尊重当事人的意志

案件调解是当事人行使其处分权的一种方式。就是说，在法律关系当中，特别是民事法律关系当中，当事人对其权利享有一定的处分权。这种

---

① 于浩、徐媛媛：《法治框架下的"大调解"考略》，《法律适用》2013 年第 4 期，第 118-119 页。

② 王禄生：《地位与策略："大调解"中的人民法院》，《法制与社会发展》2011 年第 6 期，第 23-26 页。

③ 洪冬英：《论大调解格局下的人民调解制度定位》，《河南财经政法大学学报》2013 年第 4 期，第 78-82 页。

处分权的存在，是调解制度存在的基础，调解的达成，正是当事人通过协商而放弃一部分权利以达成一致意见的结果。为此，调解制度的运行应当以尊重当事人的处分权为前提。而案件调解率考核制度本身是一种对当事人之处分权造成侵害的制度。具体而言，案件调解率考核制度要求在法官所处理的案件中，有一定比例的案件是通过调解的方式结案的。然而，案件能否达成调解，应当是由当事人通过协商决定的，能够达成调解的案件数量也并不一定符合调解率考核制度中的"调解率"要求。这种情况就有可能使法官为满足调解率之要求而强行调解、久调不判，进而使当事人认为判决无望而"接受"法官调解的要求。这种接受非基于当事人真实的意思表示，因而构成对当事人之处分权的限制。从这个角度而言，调解制度即应当回归其应有的面目，法院不能通过调解率考核制度对法官施压，进而通过法官迫使当事人达成调解。这与当事人意思自治原则相悖。因此，调解率考核制度即应当从法官考核制度中剔除。

2. 案件调解应当充分尊重法官的裁判权

在案件审理过程中，法官应当享有充分的裁量权，可以根据其对事实的认定和对法律的理解作出判断。法官的独立判断首先是司法独立应有之义。司法独立的终端为法官独立，即法官对案件的审理不受外力的干预，能够依其内心认知作出独立的判断。从经验的维度分析，法官之所以需要享有独立的判断权，其缘由在于：一方面，法官是庭审的直接参与者，其对庭审过程的全程参与，确保了其能够直接接触到案件事由和听取当事人的意见，对案件事实有最为直观的了解。另一方面，法律所预设的"法官"角色，必然是拥有丰富的法律知识和证据判断能力的法律职业者，其在案件审理过程中的专业判断权即应当受到尊重。而案件调解制度则是对法官之独立裁判权的干预。这是因为，在庭审过程中，除法定情形外，是否需要主持调解以及调解不成后案件如何处理，这都属于法官之裁量权的范围，需要法官从法律、经验和当事人的意见等多个维度进行考量。调解率考核制度所预设的"调解结案的案件必须达一定比例"的目标将对法官之独立判断造成干扰，使之不能充分依案件行使裁量权。为此，调解率考核制度应当废止，使"法官在案件审理过程中享有的独立裁判权"得到充分尊重。

第十六章
破解涉诉信访难题，建立涉诉信访终结机制

涉诉信访是指因当事人对人民法院处理的诉讼案件和执行案件不满而发起的信访，是我国信访制度的一个主要组成部分，主要特点是以法院为主要受访机构。其设置、运作、功能以及相适应的政治文化和社会意识形态完全是中国特色的。近些年来涉诉信访总量居高不下，其中非正常访增多，其中重复信访、群体信访和越级赴省赴京信访数量持续上升。这给各级法院带来极大的工作压力，审判除了以法律为准则，还不得不考虑信访因素，严重损害法律权威。另外法律制度外的解决信访反映的问题，打破了司法裁决具有最终效力这一基本原则，加剧了全社会的"信访不信法"。

一、如何完善涉诉信访工作机制

现存的涉诉信访制度已不能适应市场经济和法治社会建设的需要，应该从制度设计上重新定位信访的价值和功能。主要方向是强化信访作为公民政治参与国家治理的渠道，把公民权利救济的功能从信访制度中分离出来，以确定司法救济的权威性。

一是以程序监督代替结果监督，提高公众对司法过程的监督，而不是对具体案件审判结果进行对错判断。人民代表大会、纪律检查委员会和法院信访部门可以受理对法官司法行为不满的申诉，从而促进法官提高司法能力、公正廉洁。取消人民代表大会、纪律检查委员会和上级法院对具体审判结果的监督，避免出现"法院之上的法院""法官之上的法官"损害司法裁决的终局性，进而实现法律纠纷在司法内部最终解决。

二是以程序内的权利救济代替程序外救济。目前我国是两审终审制度，审判监督程序、民事诉讼有再审程序，程序内的救济制度比较完善。程序外的救济制度广泛存在使得程序内的救济制度的功能受到削弱和丧失。现实审判过程中当事人上访不上诉，判决未出先上访例子屡见不鲜。

三是以有限的程序性救济代替无限的实体救济。司法制度不是万能的，也不是完美无瑕的。司法审判遵循公平、正义、效率等价值。救济权利要着眼于程序上的救济，而不是一味地实体救济，程序就有明显可识别性，对实体救济没有穷尽的可能。信访救济要考虑到权利救济与司法裁判稳定性之间的关系。

二、建立"诉"与"访"分离制度

现行诉讼法规定的再审有三个形式，法院自行决定再审，当事人申请引发法院决定再审和检察院抗诉引起的再审。一般认为法院依职权再审严重违背诉审分离的基本诉讼规律，与法院的中立、消极地位不符。法院的无限制再审，为信访当事人提供了某种希望和指引，由此导致对法院的涉诉信访永无止境。

一是限定法院依职权决定再审，划清"诉""访"界限[①]。法院依职权决定再审的权力，为干涉司法审判独立提供某种合法渠道。现实中普遍存在经人民代表大会、纪律检查委员会、政法委员会或信访单位转批申诉案件，要求启动再审程序。法院必须用大量司法资源，处理转办督办的信访案件，其中不乏为少数特权当事人提供司法便利的例子。同时，信访和再审也混为一体，形成信访为了再审、再审服务于信访的局面。所以要限定法院的再审权力，有效堵塞信访转化为再审的渠道。

二是完善检察院抗诉制度，把信访转化为司法监督。当前宪法法律赋予检察院行使司法监督权，可以对法院审判活动进行检查监督。完善检察院抗诉制度，为当事人提起诉讼上的救济机会，也有利于把信访活动转化到正常的司法救济道路上来。

三是逐步取消法院内部处理涉诉信访的机构。司法审判独立，逐步把信访等非审判工作从法院中剥离出来是法治发展的必然趋势。在信访问题突出的情况下，"谁出信访，谁负责；谁处理不好，处理谁"使得法院各

---

① 刘伟丽：《推进我国涉法涉诉信访法治化的思考》，《中州学刊》2015年第4期，第59页。

个审判、执行职能部门都牵涉到信访案件中，法官办案有两个准则"一符合法律规定，二不产生信访问题"。因此，应逐步取消法院信访功能和机构，有效节约司法资源，维护司法独立和司法权威。

三、研究建立涉诉信访终结机制

现行国务院颁布的《信访条例》规定了三级终访工作机制。涉诉信访作为信访制度的组成部分，通过法律程序解决问题后，也应建立终结机制。终结制度是指对于涉诉信访案件，经过复查、再审后认为没有错误的，不再将此案件作为信访案件重复受理、交办、通报的制度。这是确保发挥涉诉信访功能、维护司法裁判的终局性与权威性的必要措施。有关调查表明，涉诉信访终结制度的缺失，是导致重复信访、越级上访等非正常访居高不下的原因之一。这些现象造成了司法资源的严重浪费和对司法权威的损害。

一是规范和细化相关终结涉诉信访的规定。为了有效解决涉诉信访终结问题，2009 年出台的《中央政法委员会关于进一步加强和改进涉法涉诉信访工作的意见》指出，对合理诉求确实解决到位、实际困难已妥善解决的问题，经过公开听证、公开质证、公开答疑，由省级以上政法机关审核后，按有关规定作出终结决定，各级政法机关不再受理、交办、通报，以维护司法裁判的权威性和终局性。河北省高级人民法院也出台过《关于进一步完善涉诉信访工作长效机制的意见（试行）》，对涉诉信访终结机制作出明确规定，对已经最高人民法院复查甄别不予立案、复查驳回、再审判决的案件，或者已经省高级人民法院复查驳回或再审的案件，在明确稳控主体、制定稳控方案、落实稳控措施的前提下予以终结。但是这两个意见没有细化信访终结机制的适用范围、条件和程序，也没有对案件重复信访要承担什么样的后果进行规定。

二是规范涉诉信访复查程序，限定程序、限定范围、限定期限。目前信访工作本质上是一种行政权，解决问题具有非规范性、非程序性和结果的或然性。在涉诉信访案件的要求下，法院必须按照行政逻辑办案，只看结果不问过程，无形中损害了司法特有的程序性和证据性。第一，复查先要查看信访案件所属司法环节，对尚未穷尽司法救济程序的涉诉信访案件，应引导当事人走正常的诉讼程序。对没有走完司法程序或者主动放弃司法程序而转向信访的，对其信访事项不应支持。第二，复查也要看是否属于涉诉范围，对不属于法院管辖的案件，及时引导当事人走其他救济途径。第三，复查通过的信访案件也要限定期限，最高法院一般认定三个月内不能重复受理。

三是合理处理无理上访问题，这是涉诉信访能否真正终结的关键。诉讼信访案件终结后，对涉诉信访事项规定不得以相同事由再次提出信访，直接对重复、无理信访的不再受理、转办、核查，从形式上终结信访程序。然而现实存在已经终结的上访案件，其当事人仍然无理上访，终结程序也就有名无实、名存实亡。人民法院只能从维护社会和谐稳定的角度出发，动员相关组织和当事人近亲属共同做感情沟通和心理疏导工作；对上访者进行法制教育和批评劝导，讲明违法闹访、极端上访的严重后果；对情节严重者或者屡教不改的，进行劳动教养等处罚。现实中，以上对待无理上访的措施，因人而异，效果各有差异。上级机关一般要求法院与当事人签订"息诉罢访"协议，法院一是造假协议欺骗上级，二是花钱买平安，长期来看造假没有解决问题，花钱方式又助长了无理上访和非法上访的风气①。

---

① 崔凯、陈娴灵：《涉法涉诉信访改革的重点、难点和对策——以 H 省等多地调研为分析依据》，《河南财经政法大学学报》2014 年第 1 期，第 72 页。

第十七章
完善庭审旁听制度，切实推进司法公开

庭审旁听制度是审判公开原则的必然要求和重要内容。近年来庭审旁听制度的落实力度显著加强，但客观上其实施效果与社会期望还存在一定差距。当前庭审旁听制度面临着普通案件旁听率低和热点案件旁听难的困境，这与制度存在缺陷、法院变相阻碍、公众的厌诉心理、媒体行为失范、基础设施不足等因素有关，因此，必须在考虑我国国情的基础上，有针对性地改进和完善庭审制度。

完善庭审旁听制度，规范庭审直播和转播，是推进审判公开、提高司法透明度、提升司法公信力的重要举措。在人民法院的审判活动中，社会公众、新闻媒体和特定主体参与旁听，不仅可以强化对司法的监督，规范审判人员的审判行为，提高司法公正的质量，而且能够起到具体生动的普法教育作用。当前我国司法公信力严重不足，而完善庭审旁听制度，鼓励公民充分地行使参与案件旁听的权利，则是一种提升司法公信力的有效方法。

一、庭审旁听制度之困境

近年来，随着公民权利意识的逐步增强以及互联网技术的普及，庭审旁听制度的落实也取得了很大的进展。但庭审旁听制度的运行依然还存在着两大问题[1]：一是大部分普通案件旁听率低；二是少数受社会公众关注

---

[1] 高一飞、贺红强：《庭审旁听权及其实现机制》，《社会科学研究》2013年第1期，第74-79页。

的热点案件旁听难。普通案件旁听率低表明普通公民与司法之间存在隔阂，案件的审理和裁判仅仅是法院"闭门造车"而与社会公众关系不大。热点案件旁听难意味着现有的庭审旁听制度无法满足公民的合理需求。热点案件的社会关注程度高，而参与热点案件的旁听又十分困难，这更加大了公民与司法之间的鸿沟[1]。公民与司法之间缺乏互动，公民对司法的认可必然下降，司法公信力和权威更无从建立。如何走出庭审旁听制度当前的困境，成为亟待解决的问题。

二、造成当前困境之原因

庭审旁听制度运行效果不尽如人意的原因是多方面的，其中较为突出的有以下几点。

一是庭审旁听制度的设计不尽合理：①庭审旁听制度的立法位阶低。作为落实公开审判这一宪法原则的主要措施，庭审旁听制度应在立法中予以确立。但目前我国现行法律中并无内容详尽、有操作价值的庭审旁听规范，相关内容体现于最高人民法院的内部规定中。这种规定位阶低，随意性强，内容分散且规定不一致。②缺乏统一规范的操作规则。旁听制度许多内容的具体解释由法院掌握，实际上各级法院拥有很大的自由裁量权。③规定中权利义务不对等现象突出。规定的重心普遍在于旁听人员的义务以及违反义务应承担的法律责任，而对旁听人员的权利规范或不详尽，或有规定但无保障，缺乏旁听反馈机制的建构，也缺乏相应的救济制度，针对法院的监督措施与惩戒制度基本缺失。由于主动权掌握在法院手中，导致操作尺度随意。例如，遇到人情关系案、权钱交易案、社会关注的热点案件，法院可能进行人为干预，以各种方式阻碍公众旁听，而公众却缺乏有效的监督手段与救济途径。

二是法院对旁听制度的变相阻碍。虽然审判公开对提高庭审质量、促进司法公正有着重要意义，但从法官个体来说则意味着要接受社会公众的监督和制约，这多少会对法官（法庭）的工作造成一定的压力。尤其是敏感案件、热点案件、新型案件，法官对公开审判有所顾虑，担心舆论干预判决、媒体评论判决。而庭审旁听制度的疏漏给法院变相阻碍公民参与旁听留下可承之机。常见方式有：①对相关规定进行任意解

---

[1] 何家弘、王燃：《法院庭审直播的实证研究》，《法律科学（西北政法大学学报）》2015年第3期，第54页。

释。以安全、保密或者特定的人群（如记者）不宜旁听为由，剥夺和限制公民的旁听权利。②开庭审理的信息公开不及时。尽管立法规定人民法院公开审判的案件，应当在开庭三日前公告当事人姓名、案由和开庭的时间、地点，但实践中很多法院的开庭公告更新不及时，或公开内容过于简单，这样使得公众很容易错过旁听的时机。③随意增加办理旁听手续的要求。最高人民法院规定"出示身份证（或其他有效证件），领取旁听证"，而一些地方法院则改为扣押身份证、预留复印件等其他要求，故意增加旁听难度使很多人打消旁听念头。④人为制造旁听席不足的局面。法院面对热点案件通常故意选择旁听席较少的审判庭，人为制造旁听席位不足的局面，导致在一些社会影响较大案件中出现"一证难求"的现象。⑤旁听证的发放程序不规范。当席位不能满足前来旁听人员的数量时，旁听证如何发放，各地做法不一。有些法院是任由群众哄抢，有些是按照先到原则。有些个案中法院为了避免公开审判，采取内定旁听人员（包括法院事先邀请）的方式占据旁听席位，使得公开审判流为形式。实践中也有某些个人或团体为了达到秘密审判的目的，组织人员提早占据所有旁听席位，侵占其他公民旁听的机会，对此法院也无从管束。

三是普通民众的参与热情不高，我国司法传统的关门主义及神秘主义造成了民众与司法的隔阂，不少民众还有传统的畏讼心理，将进法院视为可耻或可怕的事。旁听手续的烦琐与法院的变相阻碍、各种旁听纪律的约束加剧了这种疏离感。加之案件审理期限冗长，庭审过程不可避免的沉闷与乏味等因素都进一步降低了普通民众的旁听兴趣。因此现实中大部分案件缺乏普通大众的参与，去旁听的人员要么是案件当事人的亲朋好友或者其他利益相关人，要么就是法学专业的学生等专业群体。

四是媒体与司法的关系失衡，媒体是旁听权受到排斥与阻碍的主要对象。这是因为：一方面，媒体的传播能力远大于普通公民，法院对媒体天然有一种防备感；另一方面，媒体行为失范加剧了法院对媒体的不信任感。某些媒体为了获得广泛的关注，一味追求经济利益，不惜歪曲报道，小题大做，无限夸大，大肆渲染，使得本无可厚非的行为在媒体的误导下成为公众指责的对象，进而损害整个司法系统的形象，从而导致司法与媒体这两支社会重要力量关系失衡并陷入恶性循环。

五是基础设施供给不足，有些地方法院场地不足，审判空间较为狭小，不能提供旁听的基础设施，甚至某些法院的案件就在办公室开庭。不少法庭现代化程度不高，设备科技含量低。一些基层人民法院没有配备公开开庭需要的证据展示电子系统、电子监控系统、公告电子显示屏等专门设备。这些因素都影响了旁听制度的实施。

三、完善庭审旁听制度之建议

一是完善庭审旁听制度的立法。目前各地法院关于旁听的实践做法不一，工作开展起来随意性大，公民参与的愿望和热情也受到了很大的影响。因此，对庭审旁听制度进行立法时应简化与规范参加旁听的手续，统一规定旁听人员经过安检，出示有效证件（如身份证、学生证、驾驶证），即可获得旁听证。应细化旁听证的发放规则，对于旁听席位紧张的案件，旁听人员名单的确定规则要科学、透明。原则上先到先得，对于旁听人数众多的案件，可采用提前报名抽签决定的方法。应保障旁听人员的权利，对旁听人员的纪律约束要符合比例原则。对法官及法院工作人员侵犯旁听公民合法权益的行为作出禁止性规定，设置违反司法公开行为的惩戒措施。

二是建立吸引和激发公众参与热情的机制，对司法过程的冷漠态度在于目前的司法制度没有建立一套吸引和激发公众参与热情的机制。应当建立行之有效的旁听反馈机制，庭审过程中，公众配合法庭秩序保持肃静是必要的合理的要求。但庭审之后，公众对庭审活动中存在的问题应有渠道去反映，因此，应规定受理公众意见建议的负责部门及答复期限，以保障公众的民主权利。建立具有可操作性的权利保障措施，旁听人员权利遭受侵害时应有救济途径。

三是尽快制定新闻自由法、情报公开法等法律，为媒体监督司法拓展监督空间，切实保障媒体的监督权。在制定这些法律时，应对媒体采取保护为主、限制为辅的原则。使媒体享有的言论自由能最大限度地得到实现。在司法领域中引入情报公开制度，最大限度地满足媒体与公众的知情权。凡公开审理的案件应准予媒体采访报道，司法机关通过新闻发言人制度等方式，建立与传媒通话的正常渠道；对社会有重大影响的案件，司法机关应给予媒体以特殊便利，在法律规定的范围内，配合媒体适时报道。对媒体正当履行职责的行为不予以过多限制，在处理有关新闻侵权案件时，对媒体责任的认定应适当宽松。

四是加强物质保障，提供必要的物质保障是落实旁听制度、改善人民法院工作的必备条件。当然，最理想的方式还是实现案件审理网上直播。

这样公众就不必亲临现场，在异地即可"旁听"，而且还可以随时、反复或者有选择地进行"精彩回放"。通过这种技术手段完全可以避免法院的变相阻碍，为公民"旁听"庭审提供便利条件。

第十八章
推行裁判文书改革，增强裁判文书说理

裁判文书是法官在诉讼中进行事实认定和法律适用并据以作出裁判结论的非规范性法律文件。裁判文书说理是指法官阐明认定事实和适用法律的理由，对裁判结论进行论证和说明的过程。随着司法改革的稳步推进，裁判文书的说理问题引起了理论界和实务界的普遍关注。增强裁判文书的说理性，提高司法的透明度，大力推动司法民主化进程已成为一种社会共识。

推行裁判文书改革以来，裁判文书在格式化和规范化方面取得了显著成效，裁判文书的质量也因此得到了较大改观。但正是由于对格式化与规范化的过分追求，造成了裁判文书说理不足的现状。规范化有余而说理性不足严重制约了裁判文书质量的进一步提高。这一问题应当在综合考量诉讼制度的影响、法官素质的制约、案件数量的重压等因素下予以解决。

一、裁判文书说理之必要性

裁判文书是人民法院公开审判活动、裁判理由、裁判结果的重要载体。合法公正的裁判结果是裁判文书的价值追求，而充分的说理论证则是裁判文书的灵魂。

1. 说理论证是公权力运行之基础

说明理由是公权力运行的必要条件。法院行使三大公权力之一的司

法权，其核心是审判权，其权力的运行不仅直接关乎当事人的切身利益，而且对社会利益均衡有着重要影响。如果具有法律效力的裁判不说明理由或不充分说明理由，那么就会使公众无从知悉裁判的根据，从而动摇公众对司法权的认可和信赖。法官在裁判案件中说明理由是对其裁判结论的合法性、公正性进行论证的过程，也是彰显其正当行使审判权的过程。

2. 法律之适用在于解释

法律解释乃是法律适用之不可欠缺的前提。妥当的法律适用，必有妥当的法律解释。法律必须经由解释，方能适用，因为法律用语多是高度抽象的专业术语，须加以阐明：不确定之法律概念，须加以具体化；法律之冲突，更须加以调和。因此，法律解释即成为法律适用之基本问题，法律漏洞的填充，法律缺陷的弥补也无法离开法律解释。而且，法官解释法律就成为其必备的技能，在裁判文书的说理上更无法离开解释法律的造诣。法官解释之过程即说理之过程，说理是连通事实、法律和裁判之间的桥梁。

3. 说理之于司法的健康运行功不可没

裁判文书说理具有重要的作用和意义，具体有三：①约束肆意裁判。自由裁量权的存在以及裁判说理性的欠缺极容易造成法官的肆意裁判。裁判文书说理通过客观的书面形式表达出来，为法律共同体以及社会公众的监督和评价提供了有利条件，进而可以有效约束法官肆意裁判[①]。②提高法官素质。裁判文书是法官职业素养水平的重要体现，增强裁判文书的说理性可以促使法官不断提高自身素质。③提升司法权威，裁判文书说理将案件处理过程全面地展示给公众，接受公众的监督，增强公众对裁判结论的认可，有利于形成公民与司法之间的良性互动，提升司法权威。

二、当前裁判文书说理不足之现状

公正合法的裁判应当建立在严谨的逻辑推理之上，法官的任务在很大程度上是要详尽而清晰地阐述有关证据采信、事实认定、法律适用、裁判结果之间具有的内在逻辑。当前裁判文书说理性不足主要表现在两个方

---

① 王申：《法官的理性与说理的判决》，《政治与法律》2011 年第 12 期，第 86-87 页。

面：忽视法律解释和简化逻辑推理。造成裁判文书说理性不足的原因是综合多样的，主要有以下三个方面。

1. 诉讼制度的影响

英美法系奉行当事人主义，我国法系采取职权主义。就前者而言，在整个诉讼过程中法官处于消极的地位，审判以当事人为中心，力图通过充分的说理论证让当事人理解裁判结论，因而其说理透彻、易懂。后者相反，法官在审判中处于中心地位，积极介入诉讼，对法律程序、事实认定都具有主导权，审判的最终目的是公正处理案件，因而结果比过程更加重要。这种思维模式同样导致了裁判文书的职权主义色彩，过分强调了裁判的法院权威，忽视了与当事人之间的交流和对话，语言多是结论性质的，而论述性质的相对较少。另外英美法系实行判例制度，法官对个案的判决很可能成为后人援引的判例，一份内容翔实、论证充分、说理清晰、公正合法的裁判文书将载入史册、流芳后世。这项制度激励法官尽可能地撰写说理性较强的裁判文书。我国法系奉行法典主义，认为法律的规定是全面详尽的，法官的职责是适用法律，裁判文书的说理与结果相比无足轻重。无论撰写说理性多强的裁判文书都只具有个案意义[1]。我国的诉讼制度与法系相近，虽然进行过诉讼制度的改革，但法官的传统思维依然根深蒂固，并且我国也缺乏裁判文书说理的激励制度。

2. 法官素质的制约

目前我国法官素质总体不高并且参差不齐，受过系统正规法学教育的法官不足总人数的一半。法官应该具备的一些基本素质都有所欠缺，如专业理论功底有限、语言表达能力不足、司法文书写作水平欠佳等都对撰写高质量的裁判文书造成了极大的制约。裁判文书连接着法院和公众，不管法院的法定地位如何，最终的裁判文书才是法院权威的基础和保障。因此，仅做到判决结果的正确是不够的，它还必须是公正的、合理的、有说服力的、容易让人理解的。司法判决的任务是向整个社会解释、说明该判决是根据相关事实和法律作出的公正合法的裁判，并说服整个社会，使公众满意，使相关诉讼参与人没有异议，从而降低诉讼成本。因此，裁判文书说理和结果同等重要，而我国法官的整体素质现状使得要达到这一要求还有很长的路要走。

---

[1] 刘莉、孙晋琪：《两大法系裁判文书说理的比较与借鉴》，《法律适用：国家法官学院学报》2002 年第 3 期，第 18 页。

3. 案件数量的重压

近年来法院受理的案件数量不断增长，我国基层人民法院均不同程度的遭遇"案多人少"的困境。据统计，仅 2012 年 1~6 月，全国法院系统收案 6 294 339 件，而我国一线法官人数只有约 20 万人，基层人民法院法官的审结任务之重可想而知。虽然在基层人民法院，年结案数在几百件的"办案能手"并不少见，但由于案件数量过多，法官工作量过大，司法裁判文书的质量难免不尽如人意。一份高质量裁判文书至少包括四个环节：对证据采信的清晰说明；对案件事实的完整阐述；对法律适用的详细解释；对裁判结论的充分论证。任何一个环节都需要耗费大量的时间和精力来完成。超负荷的审案量使法官难以在每一个案件的审理中都达到这些要求，撰写说理充分的裁判文书自然力不从心。

三、增强裁判文书说理性之建议

1. 遵循繁简分流的原则

近年来，我国年均案件量大约为 1200 多万件，如果片面追求裁判文书的说理性，那么就会占用法官大量的工作时间。这就极有可能降低案件裁判以及制作裁判文书的效率。因此，应根据案件的具体情况作出繁简之分，做到简案简写、繁案详写。对热点案件、复杂案件、疑难案件、新型案件要详写；对争议较大或争议点较多的普通案件也应当详写；对争议不大、简单明了的普通案件则可简写。说理的作用在于平息争议、化解矛盾。遵循繁简分流①的原则，既可以兼顾法官办案的效率，又能让更有说理价值的案件进入法官详细说理的范围。

2. 完善诉讼制度

进一步推行诉讼模式的改革，完善诉讼制度，真正确立当事人主义模式。目前我国在证据采信、事实认定、法律适用方面的规定都还比较粗略和零散，缺乏统一规范的操作细则，这导致法官（法庭）的自由裁量权过大，而且可能形成两个极端：①部分法官在业务能力上缺乏自信，反而不愿过多展现自己采信和心证的过程与理由。②部分法官借此滥用职权、恣意判决，当然也不可能在裁判文书上详细阐述判决理由。因此，为减少判

---

① 王刚：《民事裁判文书繁简分流的标准与形式》，《法律适用》2006 年第 4 期，第 95-96 页。

决中的暗箱操作，应健全我国的证据制度与法律适用规则，通过细化法定证据规则、规范取证手段、法定证明标准等，减少证据采信、事实认定中的随意性。同时，从程序上规定必须在判决前将是否采信证据及理由对当事人公开。

3. 建立判决说明理由的惩戒制度和救济制度

一方面，应通过法官职业规范确立法官（法庭）在判决书中说明理由的责任。应规定只要是关系当事人的权利、涉及法定程序、影响案件审理的事项，除法律有特别规定的以外，都应一一在裁判文书中如实反映出来，以完整再现诉讼活动的全过程。同时，应结合案件质量评查与审判绩效考核制度，设计具体的惩戒制度，对裁判文书说理不足的按照过错责任原则追究案件法官的责任。另一方面，为有效地在诉讼全过程中贯彻审判公开的思想，必须实行同步监督和同步救济而非通过事后的二审或再审程序来纠正错误，其要义有：一是通过立法确定，裁判文书说理不足应作为程序上的错误对待，当法官（法庭）的裁判文书不完整或说理不足时，当事人有提出质疑并要求纠正的权利。二是通过立法确定，法院对当事人提出的质疑应当在法定期限内予以答复。当事人质疑的理由成立时，法院应当立即纠正程序上的错误；对于当事人质疑的理由不成立的，法院应当依法驳回。

4. 完善法官的激励制度

目前我国法官案件负担加重，同时管理趋严，但激励不足，这样容易产生"约束疲劳"。激励性机制不以纠错和处罚为手段，而是以激励的方式促进法官提升司法能力，提高审判效率，增进司法责任心。要用激励制度促使绝大多数法官有动力撰写理由论述充分的司法判决书[①]。要逐步创造条件建立法官权利保障机制，保障法官的物质和政治待遇，使法官有正常的、制度化的晋升机制，同时保障法官的工作条件。

---

① 马明利：《构建裁判文书说理的激励机制及实现条件》，《河南社会科学》2009 年第 2 期，第 106 页。

第十九章
规范庭审直播，划定公开限度

在我国，庭审直播已经成为人民法院践行司法为民、推行司法公开的重要举措，已经在全国各级法院逐步推行。从世界范围看，庭审直播能够从禁止走向许可，是公开审判和法庭秩序的多维要求，是司法民主化的必然趋势。庭审直播涉及的权利博弈注定使其成为一把"双刃剑"，而要充分发挥其良性作用，则应从案件范围、启动程序、播放方式等三个方面规范庭审直播。

庭审直播是指通过电视、互联网或者其他公共传媒系统对法院公开开庭审理案件的庭审过程进行图文、音频、视频的播放。庭审直播主要有广播、电视直播、网络图文直播和网络视频直播等形式。我国推进庭审直播，是继裁判文书公开上网之后有关司法公开改革的又一重大举措，但由于理念的不同，庭审直播一直是一个饱受争议的话题。

一、庭审直播之权利博弈

一是公众监督与司法独立之博弈。监督权是《宪法》赋予公民的一项基本权利，公民有监督国家机关及其工作人员的公务活动的权利，公众和媒体的对审判的监督既有利于司法公正，也有利于法治宣传与教育。然而司法独立是确保司法公正的必要前提，审判独立则是司法独立的核心——审判独立意味着法官要独立行使审判权，法官在作出裁判时不能受到任何形式的外部权势或压力所控制或影响，否则审判独立和司法公正就将失去基本价值。庭审直播将庭审全过程展现在公众眼前，摄像机和镁光灯的闪烁可能会影响法官的审理和情绪；审判结束后，必然会有传媒就庭审直播过程之中所传达的案件信息进行分析和评判，在片面追求轰动效应的利益驱动下，传媒有可能对部分情节进行夸大与渲染，这就会给法官断案带来强大的舆论压力和心理负担，如此一来，就有可能产生舆论干预司法甚至是舆论审判的问题。公众监督与审判独立之间的协调直接关系着庭审直播的全面推行。

二是知情权与隐私权之博弈。我国《宪法》规定，人民法院审理案件，除法律规定的特殊情况外，一律公开进行。《人民法院组织法》《刑事诉讼法》《民事诉讼法》和《行政诉讼法》都规定了审判公开的原则。对于依法公开审理的案件，公众可以旁听。从权利平等的角度看，每一个公民都有权对每一个公开审判的案件进行旁听，庭审直播只是从技术上落实了公民的知情权，使其不再受到时间和空间的制约。而我国《宪法》《民法通则》等也规定了公民享有隐私权，隐私权是公民的一项基本人格权利。公民的知情权作为一项宪法性权利固然需要保障，而当事人的隐私权作为一项基本人格权利亦不容忽视，绝不能因为满足公民的知情需求而去侵犯当事人的隐私权利。在庭审直播的过程中，无论是原告还是被告，抑或受害人或者证人，他们在法庭上陈述的内容有可能涉及本人或者他人不愿公开的私生活，这就很容易导致对相关公民隐私权的侵犯①。公开审判的案件中公民享有旁听的知情权，而这种旁听的知情权因受时间和空间的限制，实际上范围极其有限，而庭审直播则超越了时间和空间的限制将这种知情权无限地扩大了。知情权的扩张在某种程度上意味着隐私权的限缩。

二、庭审直播之价值分析

事实上，任何一项改革措施都是一把双刃剑，任何制度的设计和运作绝不会至善至美，必然是有利有弊的，庭审直播自然也不例外。然而，与庭审直播所可能带来的负面影响相比，其自身所蕴含的法治意义上的价值，则更值得我们去关注和重视。相应地，那些直播推行过程之中所出现的不和谐音符，亦可以通过相关规范性措施予以消除。

一是司法人权理念的充分彰显。人权是人之生存和发展所应该享有的基本权利，尊重和保障人权是现代民主宪政的一项基本原则。自人权入宪后，我国的人权事业便步入了快速发展的阶段，相应地，有关人权的司法

---

① 姚广宜、张新阳：《微博直播庭审中的利益冲突与调整》，《当代传播》2016 年第 1 期，第 57 页。

保护不断加强，人权保障也成为司法改革的重要导向，庭审直播的推出便是司法人权理念的一次充分彰显，必将进一步提升司法的公信力和权威性。目前，司法活动不够公开，司法效率相对不高，司法制度仍然缺少一种让社会民众赖以信任的基础。其突出表现之一便是已审结案件的上访率居高不下，涉诉信访形势得不到有效改善，究其原因，就是司法人权理念不强，司法人权保障功能弱化。从这个意义上来说，庭审直播将整个庭审过程展现在公众面前，并不是一场司法政治作秀，而是司法人权理念的充分彰显、司法人权保障功能的有力强化——它不仅能够规范法官的审判行为，避免司法活动因过于随意而损害当事人应有的合法权利；也为公众提供了监督和参与庭审的机会，有力保障了公众的知情权、监督权与参与权。

二是司法公开公正的有效实现。英国法律格言云："正义不仅应当实现，而且应当以人们能够看得见的方式得到实现"，这就引申出一个推行司法公开、以公开促进公正的命题。司法公开主要是通过审判公开来实现的，庭审直播则是审判公开中的重要一环。尽管审判公开早已成为我国一项重要的法律原则，近年来最高法院也不断出台促进审判公开的措施，但从全国普遍的情况来看，审判公开仍有流于形式之嫌，一些法院特别是基层人民法院仍然有审判神秘化的倾向，存在着群众旁听难、记者采访难、合议庭功能弱化等问题，从而使司法的公正性大打折扣。现在法院彻底向公众打开法庭大门，并对案件审理过程进行电视或网络直播，将法官的审理活动置于社会公众的监督之下，这不仅有利于将回避、辩护、辩论等程序性规定落实到位，确保诉讼当事人平等地参与庭审活动，平等地影响裁判结果，也可以实现对司法主体的有效监督与制约，防止司法权力滥用和审判暗箱操作，进一步杜绝司法腐败现象，确保司法实体公正[①]。

三是法制个案教育的良好途径。"法律必须被信仰，否则它将形同虚设。它不仅包含人的理性和意志，而且也包含了它的感情，它的直觉和献身，以及它的信仰。"伯尔曼的这句名言早已为每位法律人所知悉。法律的生命在于实施，实施的基础则在于信仰。要构建一个真正以公民为基础的现代法治社会，通过个案教育培养公民的法律意识和法律信仰，就显得尤为关键和必不可少。庭审是法院办案最重要的环节，本身就是一部生动的法制个案教育素材，与书面上"死气沉沉"的法律知识相比，它跳出了灌输式教育的思路，实现了与受众的双向沟通——通过庭审直播将案件

---

① 王东：《论微博直播庭审对司法公信力的多维建构》，《理论界》2014 年第 10 期，第 89 页。

审理过程活生生地呈现在公众眼前，不仅可以使公众在观看直播的过程中接受潜移默化的法制教育，对于法院执法办案的过程和相关法律的适用从无知走向了解，还将最大限度地实现公众对司法过程的参与，为公民法律意识的发育提供土壤，为公民法律信仰的长成提供平台，并进而为法治公民社会的形成与发展提供有力的支撑。

三、庭审直播之实践规范

要使庭审直播的法治价值最大限度地得到实现，还必须对庭审直播予以规范，使庭审直播工作在公开、有度、有序的秩序下进行，充分发挥庭审直播的价值效应。

一是明确庭审直播的案件范围。自贝卡里亚在其名著《论犯罪与刑罚》中提出"审判应当公开，犯罪的证据应当公开"后，许多国家都在立法中将司法公开作为一项基本诉讼原则而加以确立下来。但是，司法公开并不是无限度的公开，庭审直播作为司法公开的一项重要内容也应当有其合理的范围。所谓公开，就是要求法院审判案件一般以庭审直播为原则，不得任意限制；所谓有度，就是要求法院确定庭审直播案件时不得超出法定范围和方式；所谓有序，则是要求法院和媒体进行庭审直播时，应严格依照法定程序进行。为此，最高人民法院规定，人民法院可以选择公众关注度较高、社会影响较大、具有法制宣传教育意义的公开审理的案件进行庭审直播、录播。对于下列案件，不得进行庭审直播、录播：①涉及国家秘密、商业秘密、个人隐私、未成年人犯罪等依法不公开审理的案件；②检察机关明确提出不进行庭审直播、录播并有正当理由的刑事案件；③当事人明确提出不进行庭审直播、录播并有正当理由的民事、行政案件；④其他不宜庭审直播、录播的案件。

二是规范庭审直播的启动程序。在庭审直播的启动程序上，根据审判独立的原则，对于审判的实体问题和程序问题，只有法院才有独立的决定权。据此，庭审直播、录播程序是否启动的决定权在法院，这也是国际上的通行做法。我国最高人民法院曾经规定，通过电视、互联网等媒体对人民法院公开审理案件进行直播、录播，须经高级人民法院批准后才能进行。之后，为扩大案件范围，简化审批程序，最高人民法院则进一步明确，人民法院进行网络庭审直播、录播的，由审判庭向本院有关部门提出申请。有关部门审核后，报主管副院长批准。必要时，报上级人民法院审核。人民法院通过中央电视台进行庭审直播、录播的，应当经最高人民法院审核。通过省级电视台进行庭审直播、录播的，应当经高级人民法院审核。随着网络技术的发展，法院运用现代网络技术拓宽了司法公开的渠道，网络庭审直播（包括图文、音频、视频直播和录播）越来越普遍。这类直播、录播如果都由高级人民法院审核是不现实的，也会限制和制约这项公开举措的发展，所以各级人民法院决定直播的，只需由本院主管副院长负责审核，必要时，报上级人民法院审核。

三是规范庭审直播的播放方式。应当树立保护诉讼当事人和参与人与案件无关的个人信息不被传播的理念，当直播中涉及与案情无关的诸如家庭住址、个人照片等自然人的基本情况时，要进行必要的技术处理。因为对这些个人基本信息的适度保密并不对司法透明所追求的价值目标构成阻碍。另外，对有证人出庭的案件，让证人在公众面前曝光，无疑会加重他们的心理负担，因此，对证人作证部分也应进行必要的技术处理。在方式上，涉及未成年人、被害人或者证人保护等问题，以及其他不宜公开的内容的，应当进行相应的技术处理。据此，选择进行庭审直播，首先应充分考虑对国家秘密、商业秘密、个人隐私、未成年人合法权益的严格保护，严禁播放含有传授犯罪手段及有伤风化情节的庭审内容[①]。

新闻媒体作为公民的表达平台和信息中心，对与公共利益相关的重大案件进行跟踪报道，有利于舆论监督保障司法公正，减少司法审判中的腐败因素。同时，网络直播的庭审会被成千上万的公众所关注，更会引发媒体跟踪报道的冲动。因此，最高人民法院应当与有关新闻主管部门在充分沟通的基础上，出台司法报道工作的规范性规定，严格限制媒体对未审结案件的评判，明确规定媒体宣传不能涉及案件本身，禁止媒体在案件审结前发表观点，以防止开放式的现代舆论对司法的权威和尊严造成损害，产生"以公正形式换来不公正结果"的矫枉过正效应。

---

① 刘小鹏：《庭审网络直播与当事人隐私权保护的冲突与平衡》，《法律科学（西北政法大学学报）》2015 年第 3 期，第 71 页。

第二十章
被告人附条件的认罪从轻处罚
制度之完善

近年来，随着社会的急速发展变革，我国刑事犯罪率呈明显的上升趋势。为了提高刑事诉讼效率、合理配置司法资源，加强被告人参与、更好地实现公平正义价值，有必要建立被告人附条件的认罪从轻处罚制度。其要义有二：①程序参与、任何人无须自证其罪等理念的深化传播加上实践中对刑事诉讼效率的要求，为被告人附条件的认罪从轻处罚制度的建立提供了合理性和必要性支持；②被告人附条件的认罪从轻处罚需要制度及程序的保证和规制。

1996 年修改后的我国《刑事诉讼法》首次对被告人认罪案件规定了相应的简易程序，2003 年由最高人民法院、最高人民检察院和司法部印发的《关于适用简易程序审理公诉案件的若干意见》和《关于适用普通程序审理"被告人认罪案件"的若干意见（试行）》对简易程序进行了完善，并规定了普通程序简化审的内容。但此种简易程序仅体现了对诉讼效率的保障，并未给予被告人认罪程序的支持，被告人参与的主动地位不明显。基于此，我们需要建立被告人附条件的认罪从轻处罚制度。

一、制度建立之理论基础

1. 无害正义理论

如果能在被告人承担犯罪责任的同时，让被害人的具体损失得到补偿；犯罪人发自内心进行悔罪、消除犯罪诱因，实现犯罪的个别、主动预防；犯罪人重新融入社区，安全秩序重新构建，业已损害的社会关系能得以修复，这种刑事司法实现的将是一种"无害的正义"[①]。说它是无害，主要是最大限度地减少传统司法方式带来的负效应，并非指所有与犯罪事件相关的主体都在其中得到了"正收益"。对于受到损害的被害人和所在社区来说，主体地位受到尊重、事实损害获得弥补是一种正的收益；但被害人仍然要为其犯罪行为承担法律责任，只是承担的方式不再是被动地接受刑罚和监禁，而是通过赔礼道歉、赔偿损失、社区服务、生活帮助等积极的、负责任的行为，主动地向被害人、社区承担责任。犯罪人的收益就是在其主动地承担责任后，可能获得免于或者减轻刑事追究、对犯罪人从轻处罚，使其得到重新融入社区的机会。无害正义理论，是对西方"恢复性司法"[②]实际效果的一种总结和抽象，也是对报应型司法和监禁矫治方式进行理性反思后的思想升华。

2. 刑罚个别化理论

作为一个原则概念，一般认为，刑罚个别化是由德国学者瓦尔伯格率先于 1869 年提出的，随后法国学者雷蒙·萨雷伊于 1898 年在其所著《刑罚个别化》一书中正式提出了刑罚个别化的理论，并将其区分为"法律上的个别化、司法上的个别化和行政上的个别化"，分别意指制刑个别化、量刑个别化与行刑个别化，他不仅明确提出了刑罚个别化的概念，而且使刑罚个别化从一些零零碎碎的观点上升为一种理论。而另外两位刑法学家——德国的李斯特和意大利的菲利则进一步推动了刑罚个别化理论的发展。其中，李斯特于 1882 年在马布克大学作了以"刑法的目的观念"为题的演讲，具体地展开了耶林主张的目的刑思想，在目的意识的法益保护上寻求刑罚客观化的方向。他反对报应刑论，力主目的刑论，认为刑罚是以预防再犯、防卫社会为目的的。同时，他主张以犯罪反复的强弱为标准将犯罪人加以分类，根据犯罪人的不同情况，给予其不同处遇以防再犯。

二、制度建立之价值追求

1. 彰显公平正义

实体正义上，对于检察机关掌握的证据不足以将被告人定罪处罚的案

---

① 傅达林：《刑事和解：从"有害的正义"到"无害的正义"》，《社会观察》2005 年第 12 期，第 24-25 页。

② 张荆：《"恢复性司法"的颠覆性价值》，《青少年犯罪问题》2013 年第 4 期，第 110-111 页。

件，依被告人的主动认罪而对其进行一定程度的从轻处罚，这与宣告被告人无罪相比，相对公正的实现是不言自明的。同时，对明晓行为危害、主动承认罪行的被害人减轻处罚，不仅遵循了不同情况不同对待的公平原则，也是摈弃"同态复仇""惩治为主"等旧观念，以教育促新生的刑罚目的的体现①。另外，程序正义上，建立专门的被告人附条件的认罪减刑制度将更为有效地保证被告人在刑事诉讼程序中的参与权，进而保证诉讼程序的公正性。同时，受到刑事侵害的被害人通常急需平复受损利益，在被告人主动认罪的情形下使被害人得到更及时有效的救济，这是"迟到的正义"所不能替代的。

2. 提高诉讼效率

首先，被告人附条件的认罪减刑将极大缩减冗长的庭审过程，使案件的定罪量刑得到快速解决；其次，给主动认罪的被告人以一定的减刑，将会起到鼓励认罪的实际效果，从而减轻法院、检察院甚至公安机关的负担，将有限的司法资源运用到更为需要的案件之上。

三、制度构建之设想

1. 规定附条件的认罪从轻处罚案件审理程序

正式审判程序被认为是迄今为止人类发明的最能充分保障诉讼当事人权利和最有利于发现案件事实真相的审理程序。但正式审判程序也存在一些缺陷，如程序烦琐、耗时长、需花费大量的司法资源等。这些缺陷往往抑制了司法机关处理案件的诉讼效率，导致诉讼拖延。被告人如果已经认罪，则更无必要采用普通程序审理案件。针对被告人附条件的认罪减刑案件，诉讼程序亦应加以简化②。具体为：第一，检察院告知。侦查终结的案件移送检察机关审查起诉时，检察院在第一次讯问犯罪嫌疑人时应告知其有权自愿地选择是否适用有条件的认罪减刑程序。因为任何人无须自证其罪，因而这种程序的选择权应完全由犯罪嫌疑人行使。第二，犯罪嫌疑人认罪。如果犯罪嫌疑人自愿选择了认罪减刑程序，则其认罪必须具备以下条件：①认罪前提。认罪须出于自愿，不应存在威胁诱导或刑讯逼供，只有此种认罪才具有相应法律效力。②认罪时间。认罪须发生在案件移送

---

① 彭新林：《论认罪态度与死刑的限制适用》，《学术交流》2014年第3期，第53-57页。
② 彭波：《宽严相济体现司法进步》，《中国司法》2016年第10期，第5页。

检察院后、法院开庭审理前。侦查阶段犯罪嫌疑人的认罪并不能单独作为定罪证据，因而其无法终结侦查阶段，更无法引起认罪减刑程序；而被告人在庭上的认罪是一种自认，是正在进行的审判程序的一部分，其仅可作为法官量刑的考虑情节之一，而不可启动与之平行的附条件的认罪减刑程序。③认罪形式。在检察院审查起诉阶段，检察院通过证据展示使犯罪嫌疑人就控方对案件事实的证明作出较为准确的判断，在此基础上犯罪嫌疑人自愿作出的对犯罪行为的承认行为即认罪。应该注意的是，这种认罪是对犯罪行为的承认，是一种对事实的承认，而不要求犯罪嫌疑人对该行为准确的法律定性亦予以承认。第三，检察院提起公诉。公诉书中应说明犯罪嫌疑人的认罪情况和减刑建议。第四，法院审理。法院应采取简易程序对案件进行开庭审理。检察院在公诉词中应将被告人对认罪减刑程序的选择情况和被告人的具体认罪过程向法庭作出陈述。法官对被告人进行询问，确保被告人认罪的自愿性和真实性。法官经询问、核实后，应对被告作出经适当减刑的判决；若法官经审查认为被告人之认罪非自愿而为，或有证据表明检察院与被害人间存在隐瞒真相的现象，又或此种减刑受到被害人的强烈抵制，则简易程序终止，案件改由普通程序审理。同样，若法院判决未体现减刑，则检察院应提出抗诉。

2. 增设刑事处罚令程序

在借鉴我国法系相关制度的基础上，我们可以构建我国的刑事处罚令程序①。第一，侦查监督。人民检察院侦查监督部门在监督公安机关侦查过程中发现可以适用刑事处罚令程序的情形，可以向公安机关提出建议。公安机关认为案件适宜适用刑事处罚令程序，则应在法定的较短时间内完成侦查并将案件移送人民检察院；如果公安机关认为案情重大或有其他情形，应走正常诉讼程序，则可拒绝检察院的相关建议。第二，审查起诉。人民检察院公诉部门对适用刑事处罚令程序的轻微刑事案件，应当制作适用处罚令程序申请书，在提起公诉时一并提出。被告人及其辩护人也可以主动向人民检察院提出适用处罚令程序的书面申请，对此人民检察院没有正当理由不得拒绝。赋予被告人此种程序选择权是为了保障其程序主体地位，使其能够充分参与决定自身命运的诉讼程序，以体现司法民主的精神。第三，人民法院对申请的审查。如果法官认为案件符合适用刑事处罚

---

① 冯喜恒：《刑事处罚令程序中的量刑协商——德国的实践及其对我国设立认罪认罚从宽制度的启示》，《浙江理工大学学报（社会科学版）》2016年第2期，第157-163页。

令程序的条件，则应在法定期限内签发处罚令；如果认为案件不应适用该程序，人民法院应当根据案件具体情况适用其他被告人认罪案件处理程序。第四，刑事处罚令内容。处罚令应当包括被告人的姓名、出生地、住所、被指控的犯罪行为发生的日期和地点、犯罪事实及相应的证据、适用的法条原文、应当判处的刑罚、接受处罚令的法律后果等。第五，被告人异议。被告人收到刑事处罚令后，可以自行决定是否接受该处罚令，但此种异议应在法定期间内作出明示。若被告人仅对处罚令所判刑罚不服，但仍然认罪，则可以书面异议的形式通知法院，案件将适用简易程序；若被告人不认罪，则案件转而适用普通程序。

第二十一章
完善量刑指导意见，促进量刑公正和均衡

严重犯罪极大地危害国家和人民的安全与利益，影响社会和谐与稳定，我国《刑法》对严重犯罪设置了严厉的刑罚制裁措施，但是在具体司法实践中如何落实宽严相济的刑事司法政策，当严则严，罚当其罪，实现量刑公正和均衡，有力打击犯罪分子和震慑社会不稳定人员，达到有效遏制犯罪、预防犯罪的目的，历来都是一项复杂的司法实践难题。最高人民法院应在总结各地审判实践经验的基础上，及时出台科学完善的量刑指导意见，各高级人民法院也要结合本地实际制定实施细则，统一规范对严重犯罪的量刑，有效实现打击与预防犯罪的目的。

一、落实宽严相济刑事司法政策之背景

我国当前正处于社会主义初级阶段，国际局势紧张，国内各类矛盾复杂多变，刑事犯罪处于高发期。在这种历史条件下，应严格贯彻落实宽严相济的刑事司法政策，在对轻微犯罪和一般犯罪依法采取宽缓刑罚的同时，要突出惩治重点，有力打击严重危害国家安全、社会治安和人民群众利益的犯罪行为，有效实现刑法的功能，以应对当前复杂的局面，维护国家团结和社会稳定。最高人民法院《关于贯彻宽严相济刑事政策的若干意见》规定，宽严相济刑事政策中的从"严"，主要是指对于罪行十分严重、社会危害性极大，依法应当判处重刑或死刑的，要坚决地判处重刑或死刑；对于社会危害大或者具有法定、酌定从重处罚情节，以及主观恶性大、人身危险性大的被告人，要依法从严惩处。从严政策与从宽处理轻微

犯罪政策的有机结合，才是宽严相济刑事政策的完整含义，才能正确指导刑事司法实践，否则，单方面的从严或从宽的刑事司法政策，都不可能起到有效打击犯罪、预防犯罪、保护人权的目的和任务。

近年来，量刑公正问题日益成为社会各界关注的焦点问题，人们对量刑公正的内涵和质量也有了更高的要求，即不仅要求量刑的结果应当合法、适当，而且要求量刑的过程应当公开、透明。应这一需要，人民法院提出要"贯彻罪刑相适应原则，制定故意杀人、抢劫、故意伤害、毒品等犯罪适用死刑的指导意见，确保死刑正确适用。研究制定关于其他犯罪的量刑指导意见，并健全和完善相对独立的量刑程序。"在此基础上，人民法院系统展开了量刑规范化改革。

二、量刑标准的必然性

为了更好地贯彻宽严相济的刑事司法政策，从严惩治严重犯罪，维护社会和谐稳定，对如何做到从严惩处，对哪些犯罪从严以及从严的程度，既需要宏观政策的指导，更需要具体可操作的量刑标准。制定科学统一的量刑标准，是规范和制约法官自由裁量权，避免量刑失衡，实现量刑均衡，依法有效打击严重犯罪的必然选择。目前，最高人民法院出台的《人民法院量刑指导意见（试行）》中，对量刑的指导原则、基本方法、常见量刑情节的适用以及十五种常见犯罪的量刑作出了明确规定，在司法实践中具有一定的指导意义。不少省、市也分别制定了相应的实施细则。但是《人民法院量刑指导意见（试行）》在实施中也存在不少问题，尤其是依法打击严重犯罪的力度不够，这些问题都亟待解决。

一是规定的罪名太少，仅规定了常见的十五种罪名的量刑，还有相当多的常见罪名没有规定，尤其是对危害国家安全犯罪、恐怖组织犯罪、黑社会性质组织犯罪、故意杀人犯罪、职务犯罪、严重危害金融秩序犯罪、严重危害食品安全犯罪等均未作出规定[①]。正是由于多数犯罪没有作出具体规定，许多法官在量刑时不仅对没有作出规定的其他罪名不能自觉按照《人民法院量刑指导意见（试行）》规定的方法来开展量刑工作，甚至连十五种常见犯罪都不能严格遵照执行。

二是规定的刑种不全，只对有期徒刑、拘役、管制等的量刑提出了指导意见，而且规范的幅度较大；对可能判处无期徒刑、死刑刑罚的量刑并

---

① 罗华：《量刑规范化改革困境及破解》，《人民论坛》2016 年第 23 期，第 65 页。

未涉及。这就造成对于主要管辖可能判处无期徒刑以上刑罚案件的中级人民法院来说，在量刑规范上反而处于一个盲区。中级人民法院刑事审判庭的法官对《人民法院量刑指导意见（试行）》是基本没有试行的。而从严处理严重犯罪的主要司法机关则是中级人民法院，因此，不把判处无期徒刑以上的犯罪纳入人民法院量刑指导意见中加以规范，将会直接造成重死刑案件的量刑失衡，非常不利于有力打击严重刑事犯罪。

三是量刑标准科学性不足，《人民法院量刑指导意见（试行）》规定的标准还不够成熟，有些罪名的量刑指导意见在实践中操作起来不甚合理，也有一些罪名在《刑法修正案（八）》出台后必须作出修改。《人民法院量刑指导意见（试行）》中没有对刑罚的裁量方法和各类情节的调节比例进行有效的解释，不能充分合理地阐释作出这种规定的原因和理由，不能让案件当事人和公诉人信服，在此情况下，甚至法官本人也无法确信自己的判决是否公正公平。

三、完善量刑指导意见之设想

针对《人民法院量刑指导意见（试行）》的上述问题和不足，最高人民法院应在各地司法实践中试行的基础上，总结经验，进行全面修改完善，及时出台人民法院量刑指导意见，依法规范指导包括严重犯罪在内的各类犯罪的量刑。

一是既要赋予法官一定的自由裁量权，又要尽量缩小量刑幅度。每起案件的事实和情节千差万别，任何规范都不可能面面俱到，各国刑法一般都规定相对不确定的法定刑赋予法官一定的自由裁量权，以适应复杂多样的情形[1]。因此，量刑规范也必须允许法官拥有一定的裁量权。但是，如果不对法官在裁量时的自由加以控制和约束，将自由限制在更小的范围和幅度内，又可能会出现量刑失衡的现象，这正是量刑规范的主要价值和功能[2]。

二是既要有具体罪名的量刑标准，又要规定科学合理的量刑方法。不但要在分则中对更多的罪名给出具体的量刑标准，还应当在总则中明确定性分析与定量分析相结合的科学合理的量刑方法，完善起点刑和基准刑的

① 刘军：《从法定刑到宣告刑之桥梁的构建——以〈人民法院量刑指导意见（试行）〉为蓝本对量刑基准的解读》，《当代法学》2011 年第 3 期，第 76-77 页。
② 周洁：《量刑规范化与法官自由裁量权的衡平》，《山西农业大学学报（社会科学版）》2013年第 5 期，第 517 页。

确定方式，充分考虑各类量刑情节的调节比例，缩小量刑的幅度，从而寻找最适度的宣告刑。尤其应当注意将各类量刑情节的调节比例规定在一个比较小的幅度内，甚至部分情节就是一个准确的比例，而非一个幅度，而且这个比例的适度性应当有较强的说服力。一部原则科学、方法得当、标准合理、操作方便的量刑指导意见，不仅能确保法官量刑时主动接受而依法适用，还可以规范公诉人提出的量刑建议，辩护人的量刑意见也能得到合理限制。从而使法官、检察官、辩护律师等通过采用其中的量刑方法和标准，计算的刑期能够达到基本一致。

三是既要规定一般刑事案件的量刑标准，又要规定严重刑事案件的量刑标准。在分则中，应对尽可能多的罪名的量刑作出具体规定，尤其是对于常见的危害国家安全和社会治安的犯罪，严重影响人民群众安全感的犯罪，以及贪污渎职犯罪，严重危害金融秩序犯罪和食品药品安全犯罪等，务必有明确的量刑指导意见，确保严重犯罪和社会关注度较高犯罪等更多数的案件的量刑公正和均衡。

四是既要规定有期徒刑及以下的量刑方法，又要规定无期徒刑、死刑的量刑标准。《人民法院量刑指导意见（试行）》中未能尝试对无期徒刑及死刑的量刑标准作出规定，可以看出最高人民法院对重死刑犯罪量刑的谨慎态度。但是在两个《关于办理死刑案件审查判断证据若干问题的规定》和《关于办理刑事案件排除非法证据若干重大问题的规定》出台后，对死刑案件的证据标准均作出了明确规定，对于有充分的适格证据能够证明的犯罪符合了判处无期徒刑、死刑刑罚的情形，在量刑指导意见中还是应当明确规定从有期徒刑升格为无期徒刑，以及升格为死刑或死刑缓期两年执行的条件，作出相对具体的说明。另外《刑法修正案（八）》规定对部分严重犯罪可以作出限制减刑的决定，对适用限制减刑的情形也应在量刑指导意见中作出更为具体的规定。解决部分严重犯罪量刑标准问题，统一无期徒刑和死刑的适用，准确惩处此类严重犯罪，既能体现出量刑的公正与均衡，又能彰显司法机关打击严重犯罪的决心和勇气。

最高人民法院应当在量刑指导意见中对量刑的基本原则、基本方法、步骤、各类情节的调节比例等，作出明确规定。各省市也应该结合本地政治经济社会形势，以"实施细则"的形式对量刑指导意见作出部分相应的调整，在操作规程上也应当更为具体和细化，便于执行，但是量刑的方法和幅度应基本符合量刑指导意见的规定，不能偏离其基本精神和指导原则。

第二十二章
建立老年人犯罪适度从宽处理的司法机制

我国历史上"矜老恤老"的刑罚思想传承不绝，继承了传统法律文化，适应了和谐社会发展的需要。从社会实际来看，老年人社会已经到来，老年人口的剧增了导致一系列社会问题，这些必须要在法律中得以体现[①]，建立老年人犯罪适度从宽处理的机制就是对这一问题的回应，其制度设置包含三个方面的内容：①老年人犯罪适度从宽处理机制的适用条件；②老年人犯罪适度从宽处理机制的适用范围；③老年人犯罪适度从宽处理机制的适用程序。

一、老年人犯罪适度从宽处理的条件

哲学上的条件是制约和影响事物存在、发展的外部因素。老年人犯罪从宽处理的条件是其外部因素，应当对影响其发展的条件予以明确。根据《刑法修正案（八）》关于老年人犯罪的规定有以下关键词：七十五周岁、可以、应当。关于老年人犯罪的修正案一经出台，大部分学者是不满的，体现在对从宽处理条件的苛刻：①规定年龄过大，很多人提出七十周岁的年龄上限并未设定，七十五岁的年龄规定上限过高；②故意犯罪的"可以"，既然是一条对老年人犯罪予以宽容的条文，刑罚上的指导作用应予以尽显，已经是七十五岁的老人，"应当"减轻处罚实则无妨。

---

① 杨鸿台：《预防与矫治准老年人违法犯罪的社会政策制订与立法完善》，《犯罪研究》2014 年第 3 期，第 33-34 页。

既然已经作了如此规定，若对老年人犯罪予以从宽处理，应遵从以下两个条件。

一是年龄审查。非常现实，官员年龄造假是为了权力的扩张，老年人为了得到刑罚上的从轻处理，难保某些人不会为了获取刑法上的宽容而铤而走险，犯罪未满七十五周岁而虚报年龄，这为权力寻租制造了空间，为违法与犯罪增加了博弈的空间。为了确保七十五周岁以上的老人享受刑罚从宽，应当做到以下两点：①争议的出现，当受害人或其家属对年龄提出异议时，或即使未提出异议，但无法确定老人的年龄时，可参照《民法通则》关于年龄的计算标准；②科技手段的介入，如骨龄测试，适用于争议的解决无法通过普通手段，穷尽其他年龄测算措施仍无法确定年龄的情形。

二是刑罚控制。"老弱不用刑"是我国刑罚史的原则，即使在刑罚尺度比较严厉的古代亦是如此，在《大清新刑律》中就有八十岁减轻刑事责任的规定。我国刑罚分为主刑和附加刑，老年人应较少适用主刑，尽量适用罚金等附加刑；主刑中应减少适用死刑、无期徒刑，较多适用管制、拘役等。故意犯罪的，可以从轻或者减轻处罚；过失犯罪的，应当从轻或者减轻处罚。区分故意与过失犯罪，亦应区分从轻与减轻。在量刑规范化上，各级人民法院应更早出台轻处罚的适用明细，以使量刑规范化，贯彻刑罚平等原则。

二、老年人犯罪适度从宽处理的范围

老年人犯罪应适度从宽，但不应全部予以从宽，更不能置刑法的惩罚性不顾而违反刑法的适用原则。"适度"贯穿于刑事处理的整个过程，从侦查批捕阶段开始，经审查起诉阶段，法院对具体罪名的适用过程也应当被包括在内。

1. 侦查批捕阶段

慎用拘留、限制自由的措施，不影响案件侦查的情况采取监视居住、取保候审等措施，事实上，在刑事案件中，对老年人的刑事拘留也是慎重适用的，只是没有明确的法律规定。因为老年人身体状况的限制，以及对社会危险性并不大，所以限制适用刑事拘留并无问题。老年犯罪嫌疑人是一群特殊的群体，身体、精神和心理的承受能力不像其他成年人，故应当采取宽容的方式，从侦查阶段就应当予以适用，慎用批准逮捕。《中华人民共和国治安管理处罚法》（以下简称《治安管理处罚法》）第 21 条规定了已满 70 岁的老年人不适用行政拘留措施，这对刑事处罚的批准待遇有一定的指导性作用，可以作为老年人犯罪案件中逮捕措施适用的参照。

2. 审查起诉阶段

给予人性关怀。照顾老年犯罪嫌疑人的身心特点，对于老年人犯罪案件应当尽量组成专业的审查起诉小组，快速予以办理，简化办案程序，保护老年人的自尊。要给予其法律援助，指定专业律师给予辩护，允许老年犯罪嫌疑人的亲属在场，给予其人性关怀。在起诉与不起诉的问题上，如果能采取不起诉方式处理，应尽量予以适用，这是检察官的自由裁量权，要慎用更要敢于适用。对于老年人过失犯罪、情节较轻的、初次犯罪、被胁迫等情形，甚至可以通过与被害人达成"诉辩交易"的方式达到不起诉的目的。检察院应当在该阶段充分行使自己的职权，对老年犯罪嫌疑人予以从轻和减轻处罚，向法院建议适用刑法和量刑时考虑老年人的特殊性，在没有法律明文规定的情况下，应贯彻宽严相济的刑事政策，真正保证老年犯罪嫌疑人能够得到适度从宽处理。

3. 审理量刑阶段

查清犯罪事实和适用具体罪名时，应本着客观、实事求是的原则，审理时反而不能带着从轻、减轻的心理，如若这样则不利于查清案件的事实，适用罪名时也可能导致错误。但应充分保障老年犯罪嫌疑人的辩护权，不能以老年人的生理特点为借口而剥夺其自我辩护的权利，其委托代理人的辩护代理意见应得到保障。审理过程中应当采取人性化的措施，语言上通俗易懂，口气上缓和亲切。量刑时，应贯彻《刑法修正案（八）》的规定，予以从轻或减轻处罚，增加缓刑的适用，量刑规范化。量刑的指导性规定应由高级人民法院以上的审判委员会通过，在下级法院审理时适用，考虑到地方特点和老年人的具体情况。因为七十五岁是底线，年龄过高的老年人应当特殊对待，尽量少用、不用刑罚，达到从宽处罚的目的。法官的自由裁量可以大胆适用，从人性出发、以事实和法律为基础，对老年人予以从宽处理。

4. 刑罚适用阶段

上述提到老年人应较少适用自由刑，但绝不是不适用自由刑。老年人可不适用死刑和无期徒刑，但是有期徒刑、拘役和管制依然可正常使用。在适用徒刑刑罚时，对表现较好、可减刑和假释的老年人可降低适用的标准，如无社会危害性，可予以减刑或假释[①]。第一，八十岁以上的人可免于刑事处罚，基于年龄大的人有身体和心理上的原因，刑罚应以治病救人为原则，大龄老人可免于刑事处罚。第二，对于累犯的老年人，不应当从宽或减轻处罚。为了维护法律尊严、体现刑罚改造功能，多次犯罪的老年人也应当从严处理。第三，对于初次犯罪、情节较轻的老年人，应适用缓刑。缓刑适用是节约司法资源并且改造服刑人的有效手段，应予以适用。第四，减刑适用应结合老年人的表现，如若表现无危害性，即使没有立功、受奖或者其他减刑条件也应予以适用，由于老年人身体条件的限制，减刑的适用可更好地体现改造效果。对老年人从轻或减轻处罚，刑罚的执行是关键，在刑罚适用阶段对老年人予以特殊对待，是真正能体现刑法原则和刑罚功能的措施。

三、老年人犯罪适度从宽处理的程序

在刑事诉讼程序中为老年人提供特殊保障，具有明显的必要性，我国刑事司法工作以人为本，刑事程序立法是老年人犯罪从宽处理得以科学发展的重要路径，在实体法已经作了规定的情况下，程序立法尤为必要。此外，各部门应在法律规定的范围内出台更多的部门规章、规定，统筹协调、全面保障，为老年人犯罪从宽处理提供保障。

1. 程序法立法

刑法修正案对老年人犯罪予以规定，但是在《刑事诉讼法》中还没有对此予以程序上的保障。2008 年开始，中央政法委员会和最高人民法院、最高人民检察院开始对老年人犯罪的从宽处理予以探索，注重对从宽处理的条件、范围和程序等方面统筹兼顾，综合处理。鉴于《刑法》已经予以规定，其他配套程序法和部门规章也应具体予以落实，因为再美好的理论如若不能应用于实践，或者实践失败，对于理论都是致命打击。要让实体法得到具体实施，则程序法的保障不可或缺。《刑事诉讼法》的修改应当加入老年人犯罪从宽处理的规定，除此之外，构建适当从宽处理法律机制的重点在于从刑事程序的不完备之处出发，探索与老年犯罪嫌疑人、被告人身心特点相适应的侦查手段、强制措施和办案方式，并在程序法中予以规定、实施。

---

① 潘庸鲁、沈燕：《老年人犯罪刑罚从宽——社会学和刑法学二维视角考量》，《上海政法学院学报（法治论丛）》2013 年第 3 期，第 139 页。

2. 部门法规、规章保障

应明确保障"从宽处理"的司法理念和原则，如六部委规定、最高人民法院司法解释、公安部和最高人民检察院的规定都可以用来保障老年人犯罪从宽处理，部门规定应将从宽处理的司法理念和原则渗入其中。充分尊重和保障人权是宪法原则，而对老年犯罪嫌疑人的特殊保护更能体现该宪法原则。法律规定的原则性较强，而部门规定不仅能较多的适用于刑事案件，而且具有效率高、速度快、保护力度大的优点，构建老年人犯罪从宽处理的司法机制，绝对不能忽视该领域的作用。各级人民代表大会和人民政府也应当综合考量，结合地方特点出台更多的司法保障手段，将司法保障机制和社会保障机制等手段结合起来，更好地贯彻落实《刑法修正案（八）》第 1 条的规定。

第二十三章
完善犯罪记录制度，落实宽严相济刑事政策

犯罪记录制度是近代国家针对依法被宣告有罪或判处刑罚的犯罪人员设立的一项专门的法律制度。该项制度旨在通过调适国家利益、公共利益和犯罪人员的正当利益，在确保国家有效管控犯罪、维护社会秩序并实现社会自我防御功能的同时，敦促犯罪人员自省并保障其能够顺利回归社会。犯罪记录制度是现代社会管理制度中的重要组成部分，该制度有利于落实宽严相济刑事政策，完善从严处理严重犯罪的诉讼程序，有力打击严重犯罪，帮助服刑期满人员顺利回归社会，加强社会管理创新，实现维护社会稳定和构建和谐社会的目标。我国现阶段有关犯罪记录方面存在严重的功能失衡问题，我国应当尽快从犯罪人员犯罪信息登记制度、犯罪记录通告或查询制度、犯罪记录的封存和消灭制度等三个方面建立健全犯罪人员犯罪记录制度。

一、建立健全犯罪记录制度之重要意义

犯罪记录制度是刑法制度中的一项重要制度，也是现代社会管理创新的一项重要内容。近年来，我国犯罪记录工作有所进展，有关部门为建立犯罪记录制度进行了积极探索[①]。例如，公安机关已经建立并开始运行了全国违法犯罪人员信息库。检察机关从 2006 年起就开始推行行贿犯罪档案查询工作，并于 2009 年 9 月 1 日起开始实施《关于行贿犯罪档案查询工

---

① 李玉萍：《犯罪记录制度初探》，《法律适用》2010 年第 12 期，第 86 页。

作规定》。部分地方法院、司法行政机关也开展了未成年人犯罪记录封存试点工作。2012年5月，最高人民法院、最高人民检察院、公安部、司法部和国家安全部联合发布了《关于建立犯罪人员犯罪记录制度的意见》。该《意见》对犯罪记录制度提出了相对具体的工作要求，对我国犯罪人员犯罪信息的登记主体和登记内容、犯罪人员信息管理方式方法、犯罪人员信息通报和查询等工作机制以及违反规定处理犯罪人员信息的责任等作了相关规定，并提出建立未成年人轻罪犯罪记录封存制度。这一规范性文件正式全面开启了我国建立犯罪记录制度的序幕。

作为刑事诉讼工作与社会管理工作两者之间的连接点，这一制度适应了我国当前经济社会发展的需要，能够有效化解社会矛盾，维护社会稳定，促进社会和谐。建立犯罪人员犯罪记录制度，对犯罪人员信息进行合理登记和科学管理，健全犯罪记录查询机制和封存机制，对于完善刑事诉讼制度具有重要作用，具体来说能够实现"四个有助于"：一是有助于有关立法部门、司法部门和行政部门全面掌握与运用犯罪人员的信息，适时制定和调整刑事政策及公共管理政策，改进和完善相关法律法规；二是有助于侦查机关查找和发现犯罪线索，侦破案件，有效防控犯罪，保障社会治安，维护社会稳定；三是有助于审判机关准确认定被告人是否具有犯罪前科，能否构成累犯及再犯，实现准确适用法律，精准量刑，从而有力打击严重犯罪；四是有助于保障有犯罪记录的人的合法权利，帮助刑满释放人员顺利回归社会，防止其因受到社会歧视而重新走上犯罪道路。

二、我国犯罪记录制度亟待解决之问题

一直以来，我国都将犯罪记录制度的目的和功能定位于预防和打击犯罪，而较少注意犯罪记录制度的人权保障功能。正如《关于建立犯罪人员犯罪记录制度的意见》所指出的，犯罪记录制度在我国是一项崭新的法律制度，刚刚起步，很多规定不够明确具体，具体而言，我国当前的犯罪记录制度存在以下几个亟待解决的问题。

一是犯罪信息登记信息内容规定不全面，违反规定处理犯罪人员信息的责任没有具体确定。犯罪人员信息登记机关录入的信息包括以下内容：犯罪人员的基本情况、检察机关（自诉人）和审判机关的名称、判决书编号、判决确定日期、罪名、所判处刑罚以及刑罚执行情况等。如果将案情简介、起诉意见书的罪名及文书号、起诉书的罪名及文书号等

也进行登记，则更为妥当。《关于建立犯罪人员犯罪记录制度的意见》对有关部门和人员应负的责任作了原则性的规定，但是规定得比较含糊，不便操作[①]。例如，"情节严重或者造成严重后果的"，具体的含义是什么，到什么程度才是严重，应负行政责任还是刑事责任；如何确定提供犯罪人员信息、负责登记和管理犯罪人员信息的部门及其工作人员、使用犯罪人员信息的单位和个人；应由哪个部门来具体负责监督管理等。因为没有规定具体施行期限和实施主体，我国不可能在短时间内建立起全国统一的犯罪记录体系，而仍然需要各有关部门先行在各自管理领域内探索试验。

二是犯罪人员信息查询机制和通报机制存在问题。《关于建立犯罪人员犯罪记录制度的意见》要求国家机关基于办案需要，在犯罪人员信息登记机关查询有关犯罪信息，有关机关应当予以配合。目前，只能由公安机关、国家安全机关、人民检察院和司法行政机关分别负责受理、审核和处理有关犯罪记录的查询申请。但是上述机关在提供犯罪信息查询服务时，所面对的查询对象范围如何确定，是否只能是有关国家机关和单位，还是可以面向全部社会大众；查询内容包括哪些项目，是全部可以查询，还是只能查询部分项目；查询的正当理由有哪些，是否可以不问理由地查询，还是仅限于有关刑事诉讼的需要或者升学、入伍、就业资格、条件等少数法定的理由[②]。尤其是《关于建立犯罪人员犯罪记录制度的意见》规定辩护律师为依法履行辩护职责，要求查询本案犯罪嫌疑人、被告人的犯罪记录的，应当允许，这一规定是否合适？若今后将查询对象仅限于有关国家机关或单位，辩护律师作为个人能否要求查询犯罪记录，这值得商榷。另外，对于信息通报的期限、方式等，并未作出具体规定，犯罪人员信息登记机关也未确定，通报信息工作暂时无法正常开展。目前，各有关部门之间也有信息互通机制，但多为内部协商而成，没有统一明确的规定，执行力度不足，出现漏报、误报的概率较高。

三是犯罪记录消灭和封存制度严重滞后。我国长期以来实行的前科报告制度在本质上是一种资格刑，犯罪人在受到刑罚制裁后依然遭受着种种资格上的限制，形成"标签效应"，很难真正地回归社会。为了切

---

① 李玉萍：《〈关于建立犯罪人员犯罪记录制度的意见〉理解与适用》，《人民检察》2012 年第 16 期，第 33 页。

② 高一飞、高建：《中国犯罪记录查询制度的改革和发展》，《中国刑事法杂志》2013 年第 5 期，第 89 页。

实保障人权，改造犯罪人，现代国家通行的做法是建立犯罪记录消灭或封存制度。消灭犯罪记录则是指在刑罚执行完毕后，符合一定条件时，经过一定程序抹去该犯罪记录，行为人自此在法律上被视为没有犯过罪的人。封存犯罪记录是指对于被宣告有罪或者判处刑罚的犯罪人员，在刑罚执行完毕后，符合一定条件时，关于该人的犯罪记录不再对第三人公开。我国现行《刑法》第 100 条第 1 款规定了前科报告制度，要求曾受过刑罚处罚的人在就业、入伍时要如实汇报曾受处罚的情况。由此反映出我国现有关于犯罪记录的立法存在着严重的功能失衡问题，仅仅注重国家对犯罪人的监控而忽视了对犯罪人的人权保护和改造。《刑法》第 100 条第 2 款规定："犯罪的时候不满十八周岁被判处五年有期徒刑以下刑罚的人，免除前款规定的报告义务。"此即未成年人轻罪犯罪记录消灭制度的立法渊源。

三、建立健全犯罪记录制度之建议

一是明确犯罪记录主体，确保犯罪信息登记的权责归属。在综合考量我国现有立法规定以及实践可操作性等因素的情况下，可以依托政法机关和政法部门现有网络资源，确定在司法行政部门下设统一的犯罪记录部门，负责全国范围的犯罪记录管理工作。根据侦查业务分工，国家安全机关负责登记有关国家安全案件信息，公安机关负责登记普通刑事犯罪案件信息，检察机关可以在行贿档案的基础上进而将全部职务犯罪案件信息纳入其登记范围。在审判环节结束后，法院将全部获得生效有罪判决的犯罪人员信息进行登记。在刑罚执行阶段，监狱、看守所将全部刑满释放的犯罪人员登记在册，社区矫正机关将判处管制、缓刑以及假释的犯罪人员登记在册。以上各部门应当在三年以内建成部门信息库，在各部门信息库建成的同时，立即着手建立全国统一的犯罪信息库，由新成立的国家犯罪记录管理部门统一管理，该部门由国家司法行政部门管辖。

二是规范犯罪人员信息查询和通报机制，犯罪记录管理部门应当保障有关信息能够得到有效、合理运用，统一负责受理、审核和处理有关犯罪记录的查询申请。在向社会提供犯罪信息查询服务时，必须严格依照法律法规关于升学、入伍、就业等公共领域资格准入要求的条件，依照程序向有关单位提供查询服务。司法机关基于办案需要，如侦查机关为侦破案件发现线索、审判机关对于认定被告人构成累犯和再犯等，需要在犯罪记录管理部门查询有关犯罪人员信息时，信息登记机关应当予以配合，及时提供相关信息。健全犯罪人员信息通报机制，确保登记信息内容的全面准确。为保障犯罪人员的有关信息能够得到及时、全面登记，不漏记、错记犯罪人员的信息，应当建立健全犯罪人员信息通报机制。在犯罪记录管理部门确定以后，人民法院应当及时将生效的刑事裁判文书以及其他有关信息通报同级犯罪记录管理部门和负责案件侦查的机关的犯罪人员信息登记部门；监狱、看守所应当及时将《刑满释放人员通知书》寄送被释放人员户籍所在地犯罪记录管理部门；社区矫正部门应当及时将《社区服刑人员矫正期满通知书》寄送被解除矫正人员户籍所在地的犯罪记录管理部门。

三是建立犯罪记录封存和消灭制度，确保犯罪人员顺利回归社会。犯罪记录必然会对有犯罪记录者的工作、生活和学习产生不利影响，形成"标签效应"，甚至会使这些人由于难以被社会所接纳而再次走上犯罪道路[1]。因此，我国应当在司法实践中建立犯罪人员的犯罪记录封存和消灭制度。目前我国法院系统开展的判决书网上公开查询制度与犯罪记录封存制度相违背，检察机关行贿记录档案也是面向社会公开查询。犯罪记录信息应当严格保密，防止外泄，非经审核符合查询条件的，犯罪记录管理部门不得提供信息查询利用。我国 2012 年修改的《刑事刑诉法》已经确立起未成年人犯罪记录封存制度，这为全面实施犯罪记录封存和消灭制度奠定了坚实基础。但是对于部分严重犯罪的犯罪记录，如危害国家安全犯罪、恐怖活动犯罪、黑社会性质组织犯罪以及毒品犯罪等，只能纳入犯罪封存制度范围之中而不能纳入犯罪记录消灭制度的范围。对于因其余罪名被判处有期徒刑以上刑罚的犯罪人员，如果在刑满释放五年之内没有新的犯罪行为，可以纳入犯罪记录封存和消灭制度范围。

四是明确违反规定处理犯罪人员信息的责任，确保犯罪记录制度的严格实施。为加强对犯罪记录的管理，应当明确负责提供犯罪信息、负责登记和管理犯罪信息的工作人员、使用犯罪人员信息的有关单位和人员，在违反规定处理犯罪信息后应承担的责任。对于情节严重或者造成严重后果的情形，应当在有关实施细则中明确，追究直接责任人及负有领导责任人员的责任。一般对于造成在刑事案件中错误适用法律、对被告人错误定罪

---

[1] 李玉萍：《〈关于建立犯罪人员犯罪记录制度的意见〉理解与适用》，《人民检察》2012 年第 16 期，第 31 页。

量刑等情形的，应当追究直接责任人涉嫌渎职犯罪的刑事责任。对于因出现工作失误，造成被记录人在入伍、升学、就业等资格准入过程中出现违反规定情形的，一般应当承担相应的行政责任，由司法行政机关给其相应的行政处分。

第二十四章
完善刑事被害人救助制度，落实
刑事司法的价值追求

刑事被害人救助制度的建立具有坚实的理论基础，国家法律责任说认为基于契约成立的国家负有给予被害人救助的义务；社会福利说则认为，基于国家保障公民基本生存权利的福利政策，国家应当对作为弱者的被害人进行救助。近年来，我国一些地方制定了专门的刑事被害人救助条例和细则，建构了内容体系较为完整的被害人救助制度。最高人民法院应当制定通行全国的刑事被害人救助细则，对被害人救助的主体、救助范围、救助程序、救助标准等事项作出明确规定。权利保护是刑事司法制度运行的根本价值追求，此价值追求的实现，不仅需要司法机关通过严格适用刑事法追究犯罪人的刑事责任，还需要司法机关在刑事诉讼过程中给予被害人充分的救济。实践中，一些犯罪人由于经济条件有限，无力承担相应的赔偿责任，从而使得被害人的权利得不到救济。在这种情况下，以权利保护为根本价值追求的刑事司法制度即应当建立起被害人救助制度，使受到犯罪行为侵害的被害人能够获得充分的救助。

一、建立刑事被害人救助制度的理论基础

我们在构建刑事被害人救助制度时，必然首先应当考虑该制度的理论基础，选择不同的理论基础就决定了不同的刑事被害人救助制度模式。在世界范围内，关于刑事被害人救助制度的理论，影响较大的是国家法律责任说和社会福利说两种学说。

第一，国家法律责任说。国家法律责任说是建立在卢梭的社会契约论

的基础之上的，即国家与公民签订了契约，每个社会成员将自己的一部分权利让渡给国家，国家因此担负起维护公民合法权益的义务。国家有义务保护公民的人身安全，预防犯罪的发生，而在公民遭受到人身、财产的侵害时，即国家未尽到保护义务，刑事被害人有权要求国家对其所遭受的损失予以相应的补偿。或者从另一个角度来看，国家垄断了使用暴力镇压犯罪和惩罚犯罪的权力，公民是不能通过私力救济来实现这一目的的，如果国家既不能保护被害人免于侵害，又不能使被害人得到犯罪人的合理赔偿，那么国家就应该给予被害人适当的补偿①。

第二，社会福利说。该学说认为，在公民遭受犯罪侵害时，国家并不承担被害人的补偿法律义务，只是在被害人因犯罪行为受到侵害而陷入生活困难境地的情况下，基于国家保障公民基本生存权利的福利政策，而对有需要的被害人进行救助②。

在以上这两种主流的学说中，比较适合中国国情的应是社会福利说。国家法律责任说是将公民受到的犯罪侵害视为国家不作为而导致的，故国家应当承担相应的补偿责任，但是这样一来，救助对象就扩展到全部受到犯罪侵害的被害人的范围了，对象的广泛性给国家的财政也增添了不少的负担，很有可能在实际的运作过程中由于资金困乏的问题导致整个制度的运行难以为继。

社会福利说将刑事被害人的救助对象设定为因犯罪侵害而生活陷入困境的被害人，将最需要救助的刑事被害人作为救助对象，最能够抓住刑事被害人救助制度的实质，在当前我国的国情之下，刑事犯罪受害人的范围是极其广泛的，对每一个刑事被害人进行救助的可行性是很小的，采用社会福利说针对因犯罪侵害而陷入生活困境的刑事被害人进行救助，既有利于发挥国家的重要作用，又为民间力量的介入预留下巨大的空间，所以当前我国构建刑事被害人救助制度应当建立在社会福利说的基础之上。

二、我国刑事被害人救助制度基本情况

关于刑事被害人救助制度，我国并没有制定通行全国的相关法律。当然，很多地方的人民代表大会或者法院制定有各自的救助条例、救助细

---

① 倪怀敏：《论对刑事被害人的法律救助》，《西南大学学报（社会科学版）》2009年第2期，第94页。

② 康伟、柳建华：《刑事被害人救助社会福利说之提倡》，《河北法学》2009年第12期，第137页。

则，对被害人救助的对象、条件、程序等内容进行了规定。

1. 刑事被害人救助规则制定情况

如上所述，刑事被害人救助尚无通行全国的立法，最高人民法院也没有制定相应的规则。不过，许多地方法院制定了各自的被害人救助细则①。具体而言，2004 年，山东淄博市中级人民法院制定了《关于建立犯罪被害人经济困难救助制度的实施意见》，这是我国地方法院制定的第一个关于被害人救助的细则。同年 11 月，山东省青岛市人民法院也建立了相应的刑事被害人救助制度。2009 年，河南省郑州市中原区法院制定《刑事救助基金使用办法》。同年 4 月，无锡市第十四届人民代表大会常务委员会制定了《无锡市刑事被害人特困救助条例》，这是我国的第一个关于刑事被害人救助的地方立法。2010 年，宁夏回族自治区十届人民代表大会常务委员会制定了《宁夏回族自治区刑事被害人困难救助条例》，这个条例则成为刑事被害人救助方面的第一个省级立法。

2. 刑事被害人救助制度的基本内容

对当前关于刑事被害人救助制度方面所规定的规范进行分析，当前各地刑事被害人救助制度一般包括以下内容。

一是救助对象。当前立法的救助对象仅仅为受到刑事侵害且生活存在困难的被害人。例如，《无锡市刑事被害人特困救助条例》规定的救助条件中要求被救助人必须是"因刑事被害人医疗救治等原因造成家庭生活陷入严重困境"的被害人；《宁夏回族自治区刑事被害人困难救助条例》也规定，被害人在申请救助时，必须提供特殊生活困难证明。淄博、青岛等地的规范性文件也要求被救助对象必须是生活上存在困难的被害人。从这个角度而言，当前救助制度之救助对象范围与国家福利说的基本精神是相契合的。

二是救助机关。一般包括公安机关、人民检察院和人民法院。例如，《无锡市刑事被害人特困救助条例》规定，救助申请应当在刑事诉讼期间内向相应的案件承办机关提出：①刑事案件处于立案侦查阶段的，向公安机关提出；②刑事案件处于提起公诉阶段的，向人民检察院提出；③刑事案件处于审判阶段的，向人民法院提出。根据此条的规定，实施救助的机关即包括了公安机关、检察院和法院。《宁夏回族自治区刑事被害人困难

① 宋英辉、陈剑虹、王君悦等：《特困刑事被害人救助实证研究》，《现代法学》2011 年第 5 期，第95-109 页。

救助条例》也规定，被害人需要获得救助的，即向办案机关提出申请，而依该条例第 3 条第 2 款的规定，办案机关则包括公安机关、检察院和法院。由公安机关、检察院和法院三者共同作为救助实施主体是值得商榷的，后文将展开论述。

三是救助程序。一般包括申请、审理和决定等环节。例如，《无锡市刑事被害人特困救助条例》即规定，救助申请属于本机关受理，对于申请材料齐全、符合要求的，承办机关应当受理。对于申请材料不齐全或者不符合要求的，承办机关应当在收到救助申请材料的当日，告知申请人补正。承办机关应当在受理救助申请之日起十个工作日内提出救助意见，并办理相关的审批手续。经审批决定给予救助的，应当在收到决定之日起三个工作日内一次性发放救助金；不予救助的，应当及时告知救助申请人并说明理由。这个程序中包含了申请、受理、审查和决定等环节，甚至还包括了说明理由环节。同样，《宁夏回族自治区刑事被害人困难救助条例》和其他地方的相关细则所规定的救助程序一般也包括了申请、审理和决定等环节。

四是救助标准。《无锡市刑事被害人特困救助条例》规定，人民法院、人民检察院、公安机关应当综合考虑刑事被害人遭受犯罪行为侵害所造成的实际损害后果、医疗费用、家庭实际困难等情况，提出救助意见和救助金额。救助金一般不超过一万元，特殊情况不超过五万元。《宁夏回族自治区刑事被害人困难救助条例》第 9 条也规定，对被害人的救助，需要依其家庭经济情况、当地最低生活水准等决定救助金额，救助金额一般不超过一万元，有特殊困难可适当提高，但最高不超过五万元。

三、刑事被害人救助制度的完善

如上所述，我国并没有制定通行各国的关于刑事被害人救助制度的法律，只有一些地方进行了试验性的立法。这些地方的立法经相当时期的施行而被实践证明为有效的，其社会效果是值得肯定的，立法经验也值得借鉴。基于刑事被害人救助制度之于刑事司法制度目的之实现和社会和谐之维护的重要作用，我国应当建立起全国性的刑事被害人救助制度[1]。当然，全国性的制度建立之初不可避免地具有一定的试验性，因此可以采取

---

[1] 吴琼、孙洪坤：《论建立我国特困刑事被害人救助制度》，《安徽大学学报（哲学社会科学版）》2010 年第 1 期，第 144 页。

先由人民法院制定救助细则的方式建立起刑事被害人救助制度，人民法院的救助细则经实践证明为合理有效后，即可上升为全国性的立法。人民法院的救助细则可作以下规定。

1. 救助主体

如上所述，当前相关立法中规定的救助主体一般为公安机关、检察院和法院。将公安机关、检察院规定为救助主体可以使被害人在刑事案件经公安机关立案之后向公安机关、检察院提出申请，并获得迅速的救济。然而，刑事救助的目的是对受到"犯罪行为"侵害的受害人提供救助，公安机关和检察院作为侦查、公诉机关，其并不能决定某一行为是否为犯罪行为，认定犯罪和犯罪所造成的损失的权力由人民法院行使。侦查、公诉机关在人民法院作出有罪判决前为被害人提供救助的，则可能释放出"被害人受到犯罪行为的侵害"的信息，从而可能使法院形成先入为主的偏见，进而影响审判的公正性。另外，侦查、公诉机关也无法对被害人受到的损失进行准确的认定，由其作为救助主体显然是不合适的。基于此，刑事被害人救助细则的制定，不宜将公安机关、检察机关规定为救助主体，而应仅仅将人民法院规定为救助主体，在人民法院中则应当设立专门受理、审查和决定被害人救助的机构。当然，由人民法院全权负责救助事宜有可能造成救助的迟延，阻碍被害人获得迅速救助。为解决这个问题，救助细则一方面应当建立起被害人救助与民政、劳动和社会保障的联系机制，由社会保障等部门对被害人实施救助，但这种救助并非刑事被害人救助，而是一般的最低生活保障救助。另一方面则可建立起人民法院的预先救助制度，即对于案情简单、案件事实清楚、证据确凿的，则可在审判前先行进行救助。

2. 救助对象

如上所述，当前救助制度中的救助对象仅仅为生活困难的被害人，这个范围的界定符合社会福利说的要求。从我国的具体情况来看，我国应当采纳社会福利说的基本观点，将刑事被害人救助作为一种社会福利，将救助对象范围仅仅规定为有生活困难的被害人，从而在保护刑事被害人权利、减少国家财政和提高救助的实效性之间达成平衡。

3. 救助程序

当前救助程序一般规定了申请、受理、审查、决定等环节。救助细则可以参考这些细则建立起一般救助程序和特殊救助程序。一般救助程序则与审判程序相衔接，待判决作出之后，再根据判决认定的犯罪及犯罪造成的损失计算救助额度。特殊救助程序则是上述的先行救助程序，即在被害人有特殊生活困难提前向人民法院提出申请时，则可由人民法院的专门机构从公安机关、检察院机关中先行调取案卷，对案件事实和被害人基本情况进行审查，从而决定是否给予救助。

4. 救助标准

当前立法中规定救助标准的金额一般为一万元以下，并规定特殊情况下可提高救助标准。这种规定是较为合理的。当然，在最高救助标准的确定上，则需要依各地经济发展水平而决定。

参 考 文 献

一、中文著作

北京大学法律系：《宪法资料选编》，北京大学出版社 1981 年版。

蔡定剑：《历史与变革——新中国法制建设的历程》，中国政法大学出版社 1999 年版。

陈光中：《中华人民共和国刑事证据法专家拟制稿（条文、释义与论证）》，中国法
    制出版社 2004 年版。

陈瑞华：《问题与主义之间》，中国人民大学出版社 2003 年版。

陈陟云：《法院人员分类管理改革研究》，法律出版社 2014 年版。

程竹汝：《依法治国与深化司法体制改革》，上海人民出版社 2014 年版。

韩大元、林来梵、郑贤君：《宪法学专题研究》，中国人民大学出版社 2008 年版。

黄素萍：《法院组织制度研究》，群众出版社 2009 年版。

江伟：《证据法学》，法律出版社 1999 年版。

江伟：《中国证据法草案（建议稿）及立法理由书》，中国人民大学出版社 2004 年版。

李龙：《法理学》，人民法院出版社、中国社会科学出版社 2003 年版。

李龙：《西方宪法思想史》，高等教育出版社 2004 年版。

刘瑞川：《司法的精神》，人民法院出版社 2006 年版。

莫远航：《人民法院管理理论与实务》，人民法院出版社 2007 年版。

齐奇：《执行体制和机制的创新与完善》，人民法院出版社 2008 年版。

任广浩：《当代中国国家权力纵向配置问题研究》，中国政法大学出版社 2012 年版。

沈宗灵：《法理学》，北京大学出版社 2003 年版。

宋远升：《检察官论》，法律出版社 2014 年版。

孙谦：《检察理论研究综述（1999—2009）》，中国检察出版社 2009 年版。

孙谦、郑成良：《中国的检察院、法院改革》，法律出版社 2004 年版。

孙谦、郑成良：《司法改革报告——有关国家司法改革的理念与经验》，法律出版社
　　2002 年版。

谭世贵：《中国法官制度研究》，法律出版社 2009 年版。

外国司法体制若干问题概述课题组：《外国司法体制若干问题概述》，法律出版社
　　2005 年版。

王乐龙：《刑事错案：症结与对策》，中国人民公安大学出版社 2011 年版。

王利明：《司法改革研究》，法律出版社 2000 年版。

张文显：《二十世纪西方法哲学思潮研究》，法律出版社 1996 年版。

张文显：《法理学》，高等教育出版社 2007 年版。

张泽涛：《司法权专业化研究》，法律出版社 2009 年版。

中共中央马克思恩格斯列宁斯大林著作编译局：《列宁全集（第 12 卷）》，人民出版
　　社 1986 年版。

中共中央马克思恩格斯列宁斯大林著作编译局：《马克思恩格斯全集（第 1 卷）》，
　　人民出版社 1956 年版。

中共中央马克思恩格斯列宁斯大林著作编译局：《马克思恩格斯选集（第 3 卷）》，
　　人民出版社 1995 年版。

周佑勇：《行政法学》，武汉大学出版社 2009 年版。

二、译著

[英]丹宁勋爵：《法律的训诫》，杨百揆等译，法律出版社 1999 年版。

[比]范·胡克：《法律的沟通之维》，孙国东译，法律出版社 2008 年版。

[英]哈耶克：《通往奴役之路》，王明毅译，中国社会科学出版社 1997 年版。

[英]哈耶克：《自由秩序原理》，邓正来译，生活·读书·新知三联书店 1997 年版。

[奥]汉斯·凯尔森：《法与国家的一般理论》，沈宗灵译，中国大百科全书出版社 1996
　　年版。

[英]卡尔·波普尔：《开放社会及其敌人》，陆衡等译，中国社会科学出版社 1999 年版。

[法]孟德斯鸠：《论法的精神（上）》，张雁深译，商务印书馆 1961 年版。

三、期刊论文

艾佳慧：《"大调解"的运作模式与适用边界》，《法商研究》2011 年第 1 期。

包献荣：《法官错案责任倒查问责制之构建初探》，2015 International Conference on
　　Law and Economics，2015 年 6 月 6 日。

卜建林、姜涛：《个案监督研究——兼论人大审判监督的合理取向》，《政法论坛》2002 年第 3 期。

卜建林、田心则：《论我国检察机关领导体制和职权的改革与完善》，《国家检察官学院学报》2006 年第 5 期。

曹志勋：《对民事判决书结构与说理的重塑》，《中国法学》2015 年第 4 期。

陈超、吴海涛：《刑事被害人救助制度实证研究》，《人民司法》2009 年第 11 期。

陈辐宽：《检察改革的问题、使命与前景》，《法学》2015 年第 9 期。

陈光中：《比较法视野下的中国特色司法独立原则》，《比较法研究》2013 年第 2 期。

陈光中：《刑事诉讼中公安机关定位问题之探讨》，《政法论坛》2012 年第 1 期。

陈光中、崔洁：《司法、司法机关的中国式解读》，《中国法学》2008 年第 2 期。

陈光中、葛琳：《刑事和解初探》，《中国法学》2006 年第 5 期。

陈金钊：《法官司法缘何要奉行克制主义》，《扬州大学学报（人文社会科学版）》2008 年第 1 期。

陈俊：《中国特色社会主义法律体系的形成：内涵与走向》，《中国社会科学院研究生院学报》2011 年第 6 期。

陈瑞华：《从"流水作业"走向"以裁判为中心"——对中国刑事司法改革的一种思考》，《法学》2000 年第 3 期。

陈卫东、李训虎：《检察一体与检察官独立》，《法学研究》2006 年第 1 期。

陈文兴：《司法权配置的两个基本问题》，《法学杂志》2007 年第 5 期。

陈文兴：《我国司法经费保障体制的弊端与完善》，《人民检察》2007 年第 13 期。

陈永生：《司法经费与司法公正》，《中外法学》2009 年第 3 期。

陈志成：《从"单位人"转向"社会人"——论我国城市社区发展的必然性趋势》，《温州大学学报》2001 年第 3 期。

陈陟云：《法院人员分类管理及审判权运行改革的实践向度》，《中国法律评论》2014 年第 4 期。

程凡卿：《简易程序中的人权保障》，《人民检察》2013 年第 16 期。

初殿清：《"补正"与"矫正"：刑事再审制度功能再探——兼论我国〈刑事诉讼法〉的修改》，《上海大学学报（社会科学版）》2014 年第 1 期。

褚红军、刁海峰、朱嵘：《推动实行审判权与执行权相分离体制改革试点的思考》，《法律适用》2015 年第 6 期。

崔爱鹏：《刑事和解理论基础新探》，《学习论坛》2011 年第 8 期。

崔凯、陈娴灵：《涉法涉诉信访改革的重点、难点和对策——以 H 省等多地调研为分析依据》，《河南财经政法大学学报》2014 年第 1 期。

樊崇义、艾静：《简易程序新规定的理解与运用》，《国家检察官学院学报》2012 年第 3 期。

樊崇义、龙宗智、万春：《主任检察官办案责任制三人谈》，《国家检察官学院学报》2014 年第 6 期。

范纯：《当代日本司法制度改革评析》，《日本学刊》2007 年第 3 期。

范忠信：《中国传统司法的伦理属性及其影响》，《河南省政法管理干部学院学报》2005 年第 3 期。

丰霏：《法官员额制的改革目标与策略》，《当代法学》2015 年第 5 期。

冯喜恒：《刑事处罚令程序中的量刑协商——德国的实践及其对我国设立认罪认罚从宽制度的启示》，《浙江理工大学学报（社会科学版）》2016 年第 2 期。

付其运：《从规则主义到建构主义——以判文解释为视角》，《山东青年政治学院学报》2011 年第 4 期。

傅达林：《关注司法改革的"顶层设计"》，《中国改革》2006 年第 2 期。

傅达林：《刑事和解：从"有害的正义"到"无害的正义"》，《社会观察》2005 年第 12 期。

傅郁林：《以职能权责界定为基础的审判人员分类改革》，《现代法学》2015 年第 4 期。

高保京：《北京市检一分院主任检察官办案责任制及其运行》，《国家检察官学院学报》2014 年第 2 期。

高新华：《论司法程序性裁判》，《国家检察官学院学报》2008 年第 1 期。

高一飞：《评重庆打黑行动中的媒体与司法》，《法学杂志》2010 年第 4 期。

高一飞：《庭审直播的根据与规则》，《南京师大学报（社会科学版）》2007 年第 3 期。

高一飞：《庭审直播问题的法与理》，《法学》2006 年第 11 期。

高一飞、高建：《中国犯罪记录查询制度的改革和发展》，《中国刑事法杂志》2013 年第 5 期。

高一飞、贺红强：《庭审旁听权及其实现机制》，《社会科学研究》2013 年第 1 期。

高一飞、聂子龙：《论我国看守所立法》，《时代法学》2012 年第 2 期。

公丕祥：《当代中国能动司法的意义分析》，《江苏社会科学》2010 年第 5 期。

顾海波：《法学教学法进一步改革的几个问题》，《沈阳农业大学学报（社会科学版）》2003 年第 1 期。

顾永忠：《论看守所职能的重新定位——以新"刑事诉讼法"相关规定为分析背景》，《当代法学》2013 年第 4 期。

郭毅敏、闻长智、袁银平：《法官员额：理论逻辑、现实背景及制度构建》，《湖北行政学院学报》2007 年第 1 期。

郭云水、罗春强：《公诉案件简易程序公正与效率价值分析》，《人民检察》2012 年第 20 期。

韩大元：《关于检察机关性质的宪法文本解读》，《人民检察》2005 年第 13 期。

韩大元、于文豪：《法院、检察院和公安机关的宪法关系》，《法学研究》2011 年第 3 期。

韩登池：《司法三段论——形式理性与价值理性的统一》，《法学评论》2010 年第 3 期。

郝香、司稳玲：《媒体监督司法的新路径：微博直播庭审》，《青年记者》2015 年第 2 期。

何家弘：《证据法功能之探讨——兼与陈瑞华教授商榷》，《法商研究》2008 年第 2 期。

何家弘、王燃：《法院庭审直播的实证研究》，《法律科学（西北政法大学学报）》 2015 年第 3 期。

何士青、翟凯：《论涉诉信访的司法终结》，《理论与改革》2015 年第 4 期。

贺日开、贺岩：《错案追究制实际运行状况探析》，《政法论坛（中国政法大学学报）》2004 年第 1 期。

洪冬英：《论大调解格局下的人民调解制度定位》，《河南财经政法大学学报》2013 年第 4 期。

胡继华：《浅谈人民法院"执行难"的成因及解决路径》，《新疆广播电视大学学报》2009 年第 2 期。

胡健华：《正确理解上下级人民法院之间的关系》，《人民司法》1988 年第 8 期。

胡健华、李汉成：《正确认识上下级法院之间的关系——法院改革探讨之四》，《人民司法》1992 年第 11 期。

胡云腾：《论裁判文书的说理》，《法律适用》2009 年第 3 期。

[美]华尔特·墨菲：《宪政主义》，张千帆译，《南京大学法律评论》2000 年第 2 期。

黄桂晗、李晓东：《法院队伍职业化建设问题研究——以完善职业保障为重点》，《光华法学》2014 年第 1 期。

黄雀莺：《论法院和检察院的权力配置关系》，《福州大学学报（哲学社会科学版）》2015 年第 3 期。

黄松有：《当前解决人民法院执行难问题的对策》，《科学社会主义》2006 年第 3 期。

黄松有：《检察监督与审判独立》，《法学研究》2000 年第 4 期。

黄维智：《刑事再审程序改革问题研究》，《四川大学学报（哲学社会科学版）》2005 年第 5 期。

黄文艺：《我国法院案件执行救助制度的实践与完善》，《人民司法》2010 年第 5 期。

季金华：《制衡与互动：司法权威的制度支撑》，《新疆大学学报》2002 年第 3 期。

贾新怡、唐虎梅：《以效益为核心 提高司法经费管理水平》，《中国财政》2006 年
第 4 期。

江必新：《司法理念的辩证思考》，《法学》2011 年第 1 期。

江必新：《完善刑事再审程序若干问题探讨》，《法学》2011 年第 5 期。

江国华：《国家监察体制改革的逻辑与取向》，《学术论坛》2017 年第 3 期。

江国华：《论宪法能力》，《法律科学（西北政法大学学报）》2010 年第 2 期。

江国华：《审判的社会效果寓于其法律效果之中》，《湖南社会科学》2011 年第 4 期。

江国华：《实质合宪论——中国宪法三十年演化路径的检视》，《中国法学》2013 年
第 4 期。

江国华：《司法立宪主义与中国司法改革》，《法制与社会发展》2016 年第 1 期。

江国华、周海源：《〈司法基本法〉与中国司法改革》，《哈尔滨工业大学学报（社
会科学版）》2014 年第 1 期。

江国华、周海源：《司法民主与人权保障：司法改革中人民司法的双重价值意涵》，
《法律适用》2015 年第 6 期。

江涛、程晓斌：《民事执行权运行机制改革：问题反思与前行之路》，《人民司法》
2014 年第 3 期。

姜方利：《论高龄犯罪的刑事责任和法律不完全性的困境和权衡》，《佳木斯职业学
院学报》2015 年第 11 期。

姜焕强、刘冰：《当前我国刑事再审程序存在的问题及改进路径》，《河北法学》
2005 年第 12 期。

姜敏：《刑事和解：中国刑事司法从报应正义向恢复正义转型的路径》，《政法论
坛》2013 年第 5 期。

姜明安：《正当法律程序：扼制腐败的屏障》，《中国法学》，2008 年第 3 期。

蒋惠岭：《"法院独立"与"法官独立"之辩》，《法律科学》2015 年第 1 期。

蒋惠岭：《顶层设计视角下的中国司法改革战略》，《行政管理改革》2015 年第 2 期。

蒋惠岭：《司法体制改革面临的具体问题》，《贵州法学（总第 8 期）》2014 年版。

金鑫：《跨行政区划司法机关设置的改革：缘起、经验与实现》，《武汉大学学报
（哲学社会科学版）》2015 年第 5 期。

金泽刚：《司法改革背景下的司法责任制》，《东方法学》2015 年第 6 期。

靳羽：《处在十字路口的法院经费保障体制：困境加剧抑或曙光乍现》，《法治研
究》2008 年第 10 期。

康伟、柳建华：《刑事被害人救助社会福利说之提倡》，《河北法学》2009 年第 12 期。

李辞：《我国刑事再审程序启动路径研究》，《江西社会科学》2015 年第 3 期。

李广兴：《法官职业保障刍议》，《山东审判》2003 年第 4 期。

李海滢：《我国刑事被害人救助制度的未来走向——以国家刑事赔偿、国家刑事补偿
　　与刑事被害人救助关系辨析为进路》，《齐鲁学刊》2012 年第 2 期。

李汉斌：《论法官职业保障与激励机制的完善》，湘潭大学硕士学位论文，2007 年。

李红勃：《迈向监察委员会：权力监督中国模式的法治化转型》，《法学评论》2017
　　年第 3 期。

李杰：《认真对待法官的权利——从法官人身安全保障角度谈起》，《中国法学会审
　　判理论研究会第一届年会论文集》，2007 年。

李连博、潘霓：《和谐社会语境下宽严相济刑事司法政策之解读》，《广西警官高等
　　专科学校学报》2009 年第 1 期。

李麦玲：《我国法院经费保障体制研究》，《财会通讯》2010 年第 30 期。

李青龙：《〈检察院组织法〉修改的若干思考》，《江南社会主义学院学报》2016 年
　　第 4 期。

李世书：《中国古代司法伦理道德观透视》，《信阳农业高等专科学校学报》2006 年
　　第 1 期。

李卫东：《法官惩戒制度探讨与完善》，《前沿》2003 年第 8 期。

李小萍：《论法院的地方性》，《法学评论》2013 年第 3 期。

李秀鹏：《完善我国特赦制度的构想》，《人民检察》2010 年第 7 期。

李雅琴：《论立法规划的性质》，《河北法学》2010 年第 9 期。

李玉华：《对看守所深挖犯罪的质疑与反思》，见卞建林、侯建军：《深化刑事司法
　　改革的理论与实践》，中国人民公安大学出版社 2010 年版，第 123 页。

李玉明：《中国特色社会主义司法制度的构建与完善——以司法传统与司法国情为视
　　角》，《法律适用》2009 年第 1 期。

李玉萍：《〈关于建立犯罪人员犯罪记录制度的意见〉理解与适用》，《人民检察》
　　2012 年第 16 期。

李玉萍：《犯罪记录制度初探》，《法律适用》2010 年第 12 期。

李长健：《论法治概念与法治判断的要素》，《黑龙江社会科学》2005 年第 4 期。

梁帅：《我国执行救助基金制度的困境与出路》，《法律适用》2011 年第 9 期。

林莉红、邓刚宏：《审前羁押期间被羁押人权利状况调查报告》，《中国刑事法杂
　　志》2009 年第 8 期。

林铁军、赵晓耕：《论刑事再审理由的解释》，《烟台大学学报（哲学社会科学
　　版）》2016 年第 3 期。

凌斌：《法官如何说理：中国经验与普遍原理》，《中国法学》2015 年第 5 期。

刘斌：《从法官"离职"现象看法官员额制改革的制度逻辑》，《法学》2015 年第

10 期。

刘蝉秀：《检察长列席审委会制度实证考察》，《国家检察官学院学报》2014 年第
3 期。

刘军：《从法定刑到宣告刑之桥梁的构建——以〈人民法院量刑指导意见（试行）〉
为蓝本对量刑基准的解读》，《当代法学》2011 年第 3 期。

刘军平：《法治文明与立法科学化——立法技术略论》，《行政与法》2006 年第 4 期。

刘兰秋：《日本检察制度简介（上）》，《国家检察官学院学报》2006 年第 5 期。

刘莉、孙晋琪：《两大法系裁判文书说理的比较与借鉴》，《法律适用（国家法官学
院学报）》2002 年第 3 期。

刘莉芬：《论我国检察权配置的现状与优化构想》，《中国刑事法杂志》2011 年第
8 期。

刘练军：《我国宪法上的司法制度省思》，《江苏警官学院学报》2010 年第 3 期。

刘茂林：《香港基本法是宪法性法律》，《法学家》2007 年第 3 期。

刘敏：《法院不应追求调解率——对调解率节节攀升的反思与批判》，《研究生法
学》2012 年第 2 期。

刘淑君：《法官独立行使审判权探析》，《甘肃政法学院学报》2002 年第 1 期。

刘旺洪：《论人大对司法的个案监督》，《南京师大学报》2002 年第 4 期。

刘伟丽：《推进我国涉法涉诉信访法治化的思考》，《中州学刊》2015 年第 4 期。

刘小鹏：《庭审网络直播与当事人隐私权保护的冲突与平衡》，《法律科学（西北政
法大学学报）》2015 年第 3 期。

刘旭：《当代中国涉法涉诉信访症结及改革》，《中共天津市委党校学报》2016 年第
6 期。

刘忠：《规模与内部治理——中国法院编制变迁三十年（1978—2008）》，《法制与
社会发展》2012 年第 5 期。

龙宗智、袁坚：《深化改革背景下对司法行政化的遏制》，《法学研究》2014 年第
1 期。

罗华：《量刑规范化改革困境及破解》，《人民论坛》2016 年第 23 期。

吕伯涛：《董必武：人民司法传统的缔造者、传承者和发展者》，《法学杂志》2011
年第 10 期。

吕忠梅：《司法公正价值论》，《法制与社会发展》2003 年第 4 期。

吕忠梅：《职业化视野下的法官特质研究》，《中国法学》2003 年第 6 期。

马剑：《人民法院审理宣告无罪案件的分析报告——关于人民法院贯彻无罪推定原则
的实证分析》，《法制资讯》2014 年第 1 期。

马明利：《构建裁判文书说理的激励机制及实现条件》，《河南社会科学》2009 年第

2 期。

马英川：《检察人员分类管理制度研究》，《法学杂志》2014 年第 8 期。

孟涛：《改革开放以来法院体制的分权与集权——中国国家司法能力建设的变迁轨迹》，《新视野》2010 年第 4 期。

苗炎：《司法民主：完善人民陪审员制度的价值依归》，《法商研究》2015 年第 1 期。

闵建生：《和谐社会背景下执行救助制度的建立》，《法律适用》2007 年第 5 期。

倪怀敏：《论对刑事被害人的法律救助》，《西南大学学报（社会科学版）》2009 年第 2 期。

宁杰、程刚：《法官职业保障之探析——以〈法官法〉中法官权利落实为视角》，《法律适用》2014 年第 6 期。

潘庸鲁、沈燕：《老年人犯罪刑罚从宽——社会学和刑法学二维视角考量》，《上海政法学院学报：法治论丛》2013 年第 3 期。

彭波：《宽严相济体现司法进步》，《人民日报》2016 年 9 月 5 日。

彭穗宁：《市民的再社会化——由"单位人"、"新单位人"到"社区人"》，《天府新论》1997 年第 6 期。

彭新林：《论认罪态度与死刑的限制适用》，《学术交流》2014 年第 3 期。

钱锋：《法官职业保障与独立审判》，《法律适用》2005 年第 1 期。

钱宁峰：《我国人大与司法机关之间关系的宪法文本分析》，《学海》2005 年第 5 期。

秦德君：《渐进的修补：政治设计的社会运用》，《探索与争鸣》2010 年第 3 期。

秦前红、苏绍龙：《深化司法体制改革需要正确处理的多重关系——以十八届四中全会〈决定〉为框架》，《法律科学（西北政法大学学报）》2015 年第 1 期。

秦倩、李晓新：《国家结构形式中的司法权配置问题研究》，《政治与法律》2012 年第 10 期。

秦宗文：《刑事和解制度的实践困境与破解之道》，《四川大学学报（哲学社会科学版）》2015 年第 2 期。

全国人民代表大会：《立法预测》，《人大研究》1994 年第 12 期。

山东省高级人民法院政治部组织人事处：《法院人员分类管理研究》，《山东审判》2005 年第 1 期。

申小红：《刑事被害人救助制度比较》，《湖南科技大学学报（社会科学版）》2013 年第 5 期。

沈德咏：《坚持中国特色社会主义司法制度》，《人民司法》2009 年第 11 期。

沈德咏：《中国司法文化：从传统到现代》，《人民司法》2011 年第 9 期。

沈亮、陈鸿翔、罗智勇：《我国刑事被害人救助制度初探》，《中国审判》2007 年第 12 期。

石东洋、刘新秀、葛瑾：《主审法官责任制的理论逻辑与制度设计》，《宁夏党校学报》2014 年第 6 期。

石茂生：《司法权力泛化及其制度校正——以司法权力运行为中心》，《法学》2015 年第 5 期。

石茂生、赵世峰：《司法程序的构成要素和价值特征》，《河南司法警官职业学院学报》2009 年第 1 期。

石少侠：《我国检察机关的法律监督一元论》，《法制与社会发展》2006 年第 5 期。

石小娟、蒋冰晶：《司法执行救助制度规范化路径》，《法学杂志》2009 年第 2 期。

宋英辉、陈剑虹、王君悦等：《特困刑事被害人救助实证研究》，《现代法学》2011 年第 5 期。

宋雨泽、王震：《老年人犯罪中审前分流制度的构建》，《黑龙江省政法管理干部学院学报》2015 年第 3 期。

宋振策：《跨行政区划法院和检察院及其刑事管辖权研究》，《石河子大学学报》2015 年第 5 期。

苏力：《关于能动司法与大调解》，《中国法学》2010 年第 1 期。

苏力：《基层法院审判委员会制度的考察与思考》，《北大法律评论》1998 年第 2 期。

孙洪坤：《刑事和解的博弈论》，《学术界》2015 年第 2 期。

孙慧丽：《执法者权威面临挑战》，《北京观察》2004 年第 9 期。

孙伟良：《我国法官权利保障的完善》，《郑州大学学报（哲学社会科学版）》2012 年第 1 期。

孙笑侠：《司法权的本质是判断权——司法权与行政权的十大区别》，《法学》1998 年第 8 期。

谭经建：《执行裁决权与执行实施权比较研究》，《山东审判》2005 年第 5 期。

谭世贵：《人民法院机构精简和职能转变之构想》，《中国律师》2000 年第 2 期。

谭世贵：《我国司法改革研究》，《现代法学》1998 年第 5 期。

谭世贵、孙玲：《法官责任豁免制度研究》，《政法论丛》2009 年第 5 期。

汤维建：《司法体制的四大矛盾与四大不足》，《同舟共济》2013 年第 10 期。

唐炳洪、王艳：《论审判公开与庭审直播》，《当代法学》2001 年第 6 期。

唐虎梅、李学升、杨阳等：《人民法院经费保障体制改革情况调研报告》，《人民司法》2013 年第 21 期。

陶猛：《穿行于事实与法律之间——和谐社会语境下法官内心确信规则之治》，《法律适用》2007 年第 1 期。

田鹏辉：《刑事被害人权利救助的多维视角》，《社会科学战线》2013 年第 1 期。

童心：《我国执行机构权力配置的理性考量》，《当代法学》2011 年第 3 期。

童兆洪、唐学兵：《我国民事执行改革实践演进及理性思考》，《法律适用》2005 年第 6 期。

童之伟：《落实审判制度改革的宪法空间》，《凤凰周刊》2014 年第 1 期。

王春女：《浅析基层法院如何有效开展纪检监察工作》，《企业导报》2014 年第 4 期。

王东：《论微博直播庭审对司法公信力的多维建构》，《理论界》2014 年第 10 期。

王福华：《大调解视野中的审判》，《华东政法大学学报》2012 年第 4 期。

王刚：《民事裁判文书繁简分流的标准与形式》，《法律适用》2006 年第 4 期。

王晋、刘志远：《刑事被害人救助制度基本问题研究》，《法学杂志》2009 年第 11 期。

王静、李学尧、夏志阳：《如何编制法官员额——基于民事案件工作量的分类与测量》，《法制与社会发展》2015 年第 2 期。

王立：《法院人员分类管理制度的路径与期许》，《中国党政干部论坛》2015 年第 1 期。

王利明、姚辉：《人民法院机构设置及审判方式改革问题研究（上）》，《中国法学》1998 年第 2 期。

王禄生：《地位与策略："大调解"中的人民法院》，《法制与社会发展》2011 年第 6 期。

王庆丰：《省以下地方法院人财物统一管理中的四个关系》，《人民司法》2015 年第 5 期。

王瑞恒、任媛媛：《建立我国涉诉特困群体执行救助制度的思考》，《辽宁师范大学学报（社会科学版）》2011 年第 3 期。

王瑞君：《体系性思考与量刑的规范化——以〈量刑指导意见〉及实践为分析对象》，《政法论丛》2014 年第 6 期。

王申：《法官的理性与说理的判决》，《政治与法律》2011 年第 12 期。

王申：《司法行政化管理与法官独立审判》，《法学》2010 年第 6 期。

王松：《创新与规制：民事裁判文书的说理方法》，《人民司法》2008 年第 5 期。

王显荣：《法官独立——司法公正之根本前提和司法独立应有之义》，《河北法学》2006 年第 3 期。

王杏飞：《能动司法与民事执行救助》，《暨南学报（哲学社会科学版）》2011 年第 6 期。

王秀哲：《检察机关的公诉权与公益诉讼权》，《法学论坛》2008 年第 5 期。

王玄玮：《检察职权转型、范围调整与检察院组织法修改》，《云南大学学报（法学版）》2015 年第 2 期。

王玄玮：《论检察权对行政权的法律监督》，《国家检察官学院学报》2011 年第 3 期。

王迎龙：《司法责任语境下法官责任制的完善》，《政法论坛》2016 年第 5 期。

王永杰：《论微博直播庭审的利弊权衡》，《南都学坛》2013 年第 4 期。

王震：《论老年人犯罪与我国死刑废除路径选择》，《三峡大学学报（人文社会科学版）》2015 年第 5 期。

魏胜强：《错案追究何去何从？——关于我国法官责任追究制度的思考》，《法学》2012 年第 9 期。

魏胜强：《论审判委员会制度的改革——以我国台湾地区大法官会议制度为鉴》，《河南大学学报（社会科学版）》2013 年第 3 期。

温岭法院课题组：《关于执行救助资金使用管理情况的调研——基于温岭法院的实证分析》，《广西政法管理干部学院学报》2012 年第 5 期。

[德]沃尔夫甘·许茨：《司法独立——一个过去和现在的问题》，李士彤译，《环球法律评论》1981 年第 4 期。

吴传毅：《论正当法律程序的作用及其原则》，《行政论坛》，2008 年第 3 期。

吴纪奎：《论刑事案件庭审直播的规制》，《中国刑事法杂志》2014 年第 6 期。

吴健雄、李春阳：《健全国家监察组织架构研究》，《湘潭大学学报（哲学社会科学版）》，2017 年第 1 期。

吴立志、徐安怀：《论刑事和解在我国司法实践中的完善——以恢复正义理论为视角》，《当代法学》2008 年第 6 期。

吴明智：《论立法程序的公正性》，《广西民族大学学报》2006 年第 2 期。

吴琼、孙洪坤：《论建立我国特困刑事被害人救助制度》，《安徽大学学报（哲学社会科学版）》2010 年第 1 期。

吴献举：《庭审直播与新闻侵权》，《新闻爱好者》2006 年第 12 期。

吴英姿：《审执分离与执行权制约——透过执行异议修正案的解读》，《山东警察学院学报》2008 年第 1 期。

武飞：《涉诉信访与司法公正》，《河南财经政法大学学报》2013 年第 2 期。

肖扬：《中国司法：挑战与改革》，《人民司法》2005 年第 1 期。

谢登科：《论刑事简易程序扩大适用的困境与出路》，《河南师范大学学报（哲学社会科学版）》2015 年第 2 期。

谢家银、陈发桂：《诉访分离：涉诉信访依法终结的理念基础与行动策略》，《中共天津市委党校学报》2014 年第 6 期。

谢小剑：《省以下地方法院、检察院人财物统一管理制度研究》，《理论与改革》2015 第 1 期。

谢佑平、万毅：《法律权威与司法创新：中国司法改革的合法性危机》，《法制与社会发展》2003 年第 1 期。

谢岳、汪薇：《从调解到大调解：制度调适及其效果》，《中共天津市委党校学报》
　　2012 年第 4 期。

徐汉明：《论司法权和司法行政事务管理权的分离》，《中国法学》2015 年第 4 期。

徐同武、孟凡立：《论新一轮司法改革背景下司法人员职业保障制度的完善》，《法
　　治论坛》2015 年第 3 期。

徐昕：《司法改革的顶层设计及其推进策略》，《上海大学学报（社会科学版）》
　　2014 年第 6 期。

徐昕、黄艳好、汪小棠：《中国司法改革年度报告（2013）》，《政法论坛》2014 年
　　第 2 期。

薛静丽：《刑事和解：价值凸显与权力互动》，《法学杂志》2015 年第 10 期。

闫雨、王鹏祥：《老年人犯罪刑事责任探析》，《天津法学》2013 年第 3 期。

严海良：《法律教育：法律职业视角的考察》，《河海大学学报（哲学社会科学
　　版）》2002 年第 4 期。

严仁群：《美国宪法下的法官弹劾与司法惩戒》，《法学杂志》2004 年第 6 期。

杨飞、吴美来：《我国刑事被害人救助制度的审视与完善》，《法律适用》2011 年第
　　8 期。

杨浩：《刑事和解制度的现实与重构》，《法学论坛》2014 年第 5 期。

杨鸿台：《预防与矫治准老年人违法犯罪的社会政策制订与立法完善》，《犯罪研究》2014
　　年第 3 期。

杨荣东：《浅析罪责刑相适应原则》，《云南警官学院学报》2009 年第 1 期。

杨兴培：《中国社会老年人犯罪的多维分析研究》，《犯罪研究》2015 年第 3 期。

杨寅：《普通法传统中的自然正义原则》，《华东政法学院学报》2000 年第 3 期。

杨知文：《现代司法目标与中国法院审判组织改革》，《贵州大学学报（社会科学
　　版）》2013 年第 2 期。

姚广宜、张新阳：《微博直播庭审中的利益冲突与调整》，《当代传播》2016 年第
　　1 期。

姚建才：《错案责任追究与司法行为控制——以佘祥林"杀妻"案为中心的透视》，
　　《国家检察官学院学报》2005 年第 5 期。

姚莉：《比较与启示：中国法官遴选制度的改革与优化》，《现代法学》2015 年第
　　4 期。

姚显森：《论刑事和解案件司法公信力的法制保障》，《中国刑事法杂志》2014 年第
　　5 期。

姚志伟：《无知之幕与正义的蒙眼布——对程序正义的反思》，《政法学刊》2011 年
　　第 1 期。

叶必丰：《论部门法的划分》，《法学评论》1996 年 3 期。

叶青、张栋、刘冠男：《刑事审判公开问题实证调研报告》，《法学》2011 年第 7 期。

叶晓龙：《论检察机关自侦案件的侦查监督》，《中国刑事法杂志》2003 年第 5 期。

尹振国：《对当前主审法官责任制改革的理性审视》，《武汉理工大学学报（社会科学版）》2016 年第 1 期。

应松年：《中国行政程序法立法展望》，《中国法学》2010 年第 2 期。

应星：《作为特殊行政救济的信访救济》，《法学研究》2004 年第 237 期。

于浩、徐媛媛：《法治框架下的"大调解"考略》，《法律适用》2013 年第 4 期。

于志刚：《构建犯罪记录查询制度之思考》，《人民论坛》2010 年第 23 期。

于志刚：《关于对犯罪记录予以隐私权保护的思索——从刑法学和犯罪预防角度进行的初步检讨》，《河南大学学报（社会科学版）》2010 年第 5 期。

于志刚：《中国犯罪记录制度的体系化构建——当前司法改革中裁判文书网络公开的忧思》，《现代法学》2014 年第 5 期。

喻中：《如何理解"检察院是国家的法律监督机关"宪法第 129 条对于中国宪政体系的意义》，《长白学刊》2009 年第 3 期。

袁轲：《论检察官办案责任制改革》，《湖南警察学院学报》2016 年第 1 期。

袁青彪、张献琴：《检察人员分类管理改革的新突破》，《中国检察官》2016 年第 1 期。

占善刚、严然：《"省统管"背景下地方人大监督同级司法机关问题研究》，《学习与实践》2015 年第 10 期。

张步洪：《跨行政区划检察院案件管辖》，《国家检察官学院学报》2015 年第 3 期。

张洪松：《司法经费省级统管改革的政治分析》，《理论视野》2015 年第 4 期。

张建军、郑建秋、张步洪：《韩国检察人员分类管理制度简析》，《人民检察》2005 年第 1 期。

张荆：《"恢复性司法"的颠覆性价值》，《青少年犯罪问题》2013 年第 4 期。

张立锋、杜荣霞：《论普通程序简化审与简易程序合并的现实意义——兼论刑事简易程序改革的模式选择》，《苏州大学学报（哲学社会科学版）》2008 年第 6 期。

张龙、郭晓钰：《我国刑事被害人救助制度的现状与完善》，《中国司法》2015 年第 11 期。

张其山：《接近程序正义》，《华东政法学院学报》2004 年第 6 期。

张笑英、杨雄：《司法规律之诠释》，《法学杂志》2010 年第 2 期。

张云鹏：《论刑事简易程序被告人的选择权》，《辽宁大学学报（哲学社会科学版）》2006 年第 5 期。

张泽涛：《法院向人大汇报工作的法理分析及其改革》，《法律科学》2015 年第 1 期。

张泽涛：《法院向人大汇报工作与司法权的行政化》，《法学评论》2002 年第 6 期。

张泽涛：《个案监督亟须澄清的三个误识》，《法商研究》2005 年第 2 期。

张震：《基本法律抑或宪法性法律——〈村民委员会组织法〉的宪法考量》，《内蒙古社会科学》2007 年第 5 期。

张志铭、李学尧：《论法院人员分类改革——以法官职业化为指向》，《法律适用》2007 年第 1 期。

张智辉：《关于人财物统一管理的若干思考》，《法治研究》2015 年第 1 期。

张卓明、倪斐：《司法为民的关键在于司法公正》，《法制现代化研究》2009 年第 10 期。

赵春玲：《恢复性司法视域下的刑事和解评析》，《理论与改革》2013 年第 3 期。

赵荣蓉、郭魏：《检察权配置中存在的问题》，《山西省政法管理干部学院学报》2010 年第 3 期。

赵书文：《刑事和解制度中当事人之间的博弈与对策》，《河北法学》2014 年第 4 期。

赵晓耕、神尾将司：《现代中国的调解制度改革 "大调解" 体现的传统法意识——以情、理、法为材料分析》，《河北法学》2013 年第 10 期。

郑锦春、王戬：《检察机关法律监督与相互制约的底线分析》，《内蒙古社会科学》2010 年第 5 期。

郑青：《对主办检察官办案责任制的几点思考》，《人民检察》2013 年第 23 期。

郑青：《我国检察机关办案组织研究与重构》，《人民检察》2015 年第 10 期。

郑学青：《刑事简易程序适用探讨》，《法律适用》2011 年第 9 期。

支振锋：《 "体制决定论" 的力度与限度——从司法机关人财物省级统管切入》，《法学杂志》2014 年第 4 期。

支振锋：《庭审网络直播——司法公开的新型方式与中国范式》，《法律适用》2016 年第 10 期。

周帼：《中国传统司法的伦理特质及其现代价值》，《河北学刊》2011 年第 1 期。

周海源：《迈向规则主义的司法——中国司法改革回顾与展望》，《天津行政学院学报》2015 年第 4 期。

周洁：《量刑规范化与法官自由裁量权的衡平》，《山西农业大学学报（社会科学版）》2013 年第 5 期。

周其华：《检察机关司法权配置研究》，《国家检察官学院学报》2000 年第 4 期。

周强：《诉讼调解申请执行率高的现状、成因与对策——以基层法院司法实践为研究样本》，《法治论坛》2011 年第 2 期。

周世雄、段启俊、王国忠：《刑事被害人救助机制研究》，《湖南社会科学》2010 年第 2 期。

周永坤、朱应平：《否决一府两院报告是喜是忧》，《法学》2001 年第 5 期。

朱兵强：《深化司法体制改革与法官职业权利保障制度的完善》，《时代法学》2015
  年第 5 期。

庄绪龙：《裁判文书"说理难"的现实语境与制度理性》，《法律适用》2015 年第
  11 期。

宗会霞：《办案质量终身负责制的价值证成和规范运行》，《政治与法律》2015 年第
  3 期。

左卫民：《简易程序中的公诉人出庭：基于实证研究的反思》，《法学评论》2013 年
  第 4 期。

左卫民、刘涛：《取向与框架：两大法系刑事证据法之比较——兼论中国刑事证据立
  法的基本走向》，《中国法学》2001 年第 5 期。

左卫民：《省统管法院人财物：剖析与前瞻》，《法学评论》2016 年第 3 期。

左卫民：《中国基层法院财政制度实证研究》，《中国法学》2015 年第 1 期。

左卫民、冯军：《以监督权为视角：最高法院与全国人大关系的若干思考》，《社会
  科学研究》2005 年第 4 期。

四、报纸

陈俊才、黄德斌：《基层法院如何创新纪检监察工作》，《江苏法制报》2011 年 11
  月 10 日。

崔永东：《司法责任制的传统和现实》，《人民法院报》2015 年 6 月 5 日。

戴南：《加强法官队伍建设 确保司法公正廉洁》，《中国纪检监察报》2008 年 3 月
  11 日。

高一飞：《社区矫正法应明确执法人员地位与职权》，《检察日报》2017 年 2 月 6 日。

江国华：《深刻认识司法改革的四个问题》，《河南日报》2014 年 11 月 26 日。

李娜：《全面深化狱务公开推动制定社区矫正法》，《法制日报》2015 年 2 月 12 日。

刘武俊：《特赦：开启法治文明新篇章》，《人民法院报》2015 年 8 月 31 日。

孟建柱：《深化司法体制改革》，《人民日报》2013 年 11 月 25 日。

蒲晓磊：《有必要设立未成年人社区矫正专章》，《法制日报》2017 年 1 月 3 日。

任先博、霍瑶：《那些离职的法官哪去了》，《南方都市报数字报》2014 年 8 月 15 日。

舒圣祥：《"政府发函求法院轻判"是权力干预司法的可耻标本》，《深圳商报》
  2013 年 10 月 23 日。

王家庚：《法院纪检监察工作应处理好几种关系》，《江苏经济报》2015 年 7 月 15 日。

王家庚：《基层法院纪检监察工作的完善》，《江苏法制报》2012 年 4 月 19 日。

王敏远：《破解司法责任制落实中的难点》，《人民法院报》2015 年 9 月 26 日。

徐汉明：《积极稳妥地推进设立跨行政区划检察院》，《检察日报》2014 年 12 月 31 日。

闫继勇：《推进法院经费保障体制改革》，《人民法院报》2009 年 9 月 19 日。

杨树明、费文彬：《进一步推进法院反腐倡廉建设》，《人民法院报》2012 年 11 月 7 日。

张建南：《以十八大精神为指导 不断推进法院系统廉政建设》，《中国纪检监察报》2012 年 11 月 21 日。

张先明：《坚持顶层设计与时间探索相结合，积极稳妥推进司法体制改革试点工作——访中央司法体制改革领导小组办公室负责人》，《人民法院报》2016 年 6 月 16 日。

赵纲：《中国证据法草案及立法问题探讨》，《法制日报》2003 年 7 月 17 日。

郑赫南：《司法领域"试验性立法"开先河》，《检察日报》2014 年 6 月 30 日。

周强：《最高人民法院工作报告——2016 年 3 月 13 日在第十二届全国人民代表大会第四次会议上》，《人民日报》2016 年 3 月 21 日。

邹坚贞：《法官离职调查：压力大待遇低系主因》，《中国经济周刊》2015 年 5 月 26 日。

后　记

　　这套书是 2009 年度国家哲学社会科学基金重大招标项目"中国特色社会主义司法制度研究"（项目批准号：09&ZD062）最终成果。事实上，这套书的原稿就是约 80 万字的结项材料，从项目开始到最终成稿，历经十年的打磨、沉淀和"折腾"，虽呕心沥血，但仍觉勉为其难，在出版社的反复催促下，本书终归还是要出版面世。对于其中的不足之处，也只能留待日后去完善。

　　十八大以来，中国司法体制的改革进入了全面深化改革的历史时期。在变革的时代，司法学的研究难以再固守以往的理论，而必须着眼实践，不断地吸收改革之后的新经验与新理念。当然，对本书的写作而言，这样的"变数"也为我们增添了不少"负担"，在数次"大修"和日积月累之下，最终付梓的稿件也变得冗长而庞杂。

　　感谢课题组成员的精诚合作。特别是感谢课题组实务专家龚嘉禾先生（湖南省检察院前检察长）、董皞教授（广州大学前副校长）。记得2009 年招标答辩之时，龚嘉禾先生正在中央党校学习，答辩前夜，龚先生就课题所涉及的实践议题和答辩应注意事项作了颇具针对性的指导。董皞教授则背个双肩包从广州飞到北京后，直奔答辩现场，与我一起参加答辩。各位老师的大力支持，国华在此深表感谢。

　　课题组成员吴健雄教授（湖南省检察院研究室前主任）承担了子课题"中国司法制度双核模式研究"，该研究成果被吸收到其博士论文之中，为本书所吸收。课题组成员吴展博士（上海海关学院副教授）承担了子课题"中国司法的规约体系研究"。该研究成果吸收到其博士论文之中，也为本书所吸收。在此谨表谢忱。

　　武汉大学 2010 级和 2011 级政法干警班的同学和武汉大学宪法行政法2014 级和 2015 级的硕士研究生，参与了实证调研工作，并整理了 100 多本调研原始资料（现收藏于武汉大学法学院图书馆）。我的学生何盼盼、周海源、郭文涛、杨程、罗航、苏怡等同学，在书稿整理和校对过程中做了大量的工作。在此一并表示感谢。

　　本套丛书出版还得到了国家"2011 计划"司法文明协同创新中心的支持与资助，在此，要对中心联席主任张文显教授、张保生教授、王树义教授表示衷心的感谢。对中心诸位老师，特别是陈光中先生、卞建林教授、柳经纬教授、肖永平教授、占善刚教授、林莉红教授、罗吉教授等也深表谢忱。感谢你们的教诲、鼓励和支持。

　　感谢科学出版社的领导，感谢刘英红编辑和编辑部其他老师的辛勤工作。

江国华

2018 年 5 月 20 日

于武汉珞珈山